高等院校经管类专业核心课程

U0608163

现代市场经济学

王毅武　康星华　编著

经济管理出版社

图书在版编目（CIP）数据

现代市场经济学/王毅武，康星华编著. —北京：经济管理出版社，2009.8
高等院校经济类管理类专业核心课程
ISBN 978-7-5096-0730-5

Ⅰ.现… Ⅱ.①王…②康… Ⅲ.市场经济学—高等学校—教材 Ⅳ.F014.3

中国版本图书馆 CIP 数据核字（2009）第 146213 号

出版发行：经济管理出版社

北京市海淀区北蜂窝 8 号中雅大厦 11 层
电话：(010)51915602　　邮编：100038

印刷：北京银祥印刷厂　　　　　　　经销：新华书店

组稿编辑：王光艳　　　　　责任编辑：王光艳　宋　娜
技术编辑：黄　铄　　　　　责任校对：超　凡

720mm×1000mm/16　　　　　18.75 印张　378 千字
2009 年 8 月第 1 版　　　　2009 年 8 月第 1 次印刷
印数：1—5000 册　　　　　　定价：36.00 元
书号：ISBN 978-7-5096-0730-5

前　言

　　市场经济是人类现代文明的基本形式，也是世界各国资源配置的主流方式。

　　现代市场经济学是近现代以来人类思想文化的共同财富，也是马克思主义经济学说在新时代的新成果。

　　从传统计划经济体制向市场经济体制转轨是中国改革开放 30 年来的伟大实践与创新，也是中国人民追求与实现现代化的必由之路。

　　社会主义市场经济理论是邓小平理论在新时期新阶段的新发展，也是马克思主义中国化的新形式。

　　科学的理论是社会实践的行动指南，理论的科学是社会实践的思想升华。没有理论错误而实践不出问题的，也没有实践出了问题而理论不错误的。坚持理论与实践相统一，一切从实际出发，实事求是，通过市场经济之路胜利地走向中华民族百年来梦寐以求的经济、政治、文化与社会的现代化，已是不远的将来和不争的事实！

　　成功的事业，需从科学的理论开始；对于现代市场经济理论的认识和把握，就从这里开始……

目　录

第一章 导 论

商品是市场经济的细胞，体现并联结着市场经济条件下各种复杂的经济关系，包含着现代经济社会一切矛盾的胚芽。认识、理解和把握市场经济的内涵与特征、条件与过程、发展与趋势等一系列市场经济学的基本问题，必须先从认识商品开始。

第一节 商品与商品经济

商品，是商品经济的基本要素。没有商品，就没有商品经济。商品，我们几乎天天看、天天用，然而其中包含着的复杂关系与矛盾却不是每个人都了解、都能说清楚的。

一、商品

商品，是用来交换的劳动产品。

商品最本质的因素是价值，它是抽象劳动的凝结，体现着商品生产者之间的经济关系。商品价值量的确定，必须以社会必要劳动时间为依据，并同劳动复杂程度和劳动生产率有密切关系。这是理解商品内在特性的两个要点。

1. 商品的二因素

商品是为交换而生产的劳动产品，它具有使用价值和价值两种属性。

（1）使用价值。所谓使用价值，是指物品的有用性或效用，也就是物品能够满足人们某种需要的属性。使用价值是商品的自然属性，它是由商品的物理、化学、生物等自然特征决定的。例如，同样是帽子，由于物理结构不同，草帽遮阳、棉帽御寒、柳条帽则用于安全保护等。使用价值在一切社会都存在，它是构成社会财富的物质内容，是人类社会赖以生存和发展的物质基础，本身不反映任何社会关系。使用价值是千差万别的，不同物品具有不同的使用价值，同一物品又可以有多种使用价值。例如，钢铁可以用来制造菜刀、笔尖等生活资料，满足人们生活上的需要；又可以用来制造机器、钢管等生产资料，满足人们生产上的需要。随着生产和科学技术的发展，人们在实践中积累的经验越丰富，就越能发现同一物品更多的使用价值。

使用价值是商品必须具备的要素。只有对人们有用的物品才有可能成为商品，对人们毫无用处的东西绝对不可能成为商品。但这并不意味着一切有使用价值的物品都是商品。有使用价值的物品要成为商品，还必须进入交换，具备交换价值。同时具备使用价值和价值的物品则成为商品。

（2）交换价值和价值。交换价值就是一种商品可以和其他商品相交换的属性，它首先表现为一种商品同另一种商品相交换的量的比例关系。例如，1担米和10尺布相交换，10尺布就是1担米的交换价值，或者说，1担米值10尺布；如果1担米同5双皮靴相交换，5双皮靴就是1担米的交换价值。

一种商品同另一种商品相交换，在不同的地点、不同的时间可以有不同的交换比例。这容易使人们产生一种错觉，似乎交换价值是偶然决定的。其实不然，在商品交换价值的偶然性背后存在着必然性，商品交换价值的偶然性不过是必然性的表现。不同商品可以按一定的比例相交换，表现它们之间存在着某种质上相同，因而可以进行量的比较的东西，这个质上相同的东西是什么呢？就是所有商品都是劳动产品，都耗费了商品生产者的劳动。这种劳动是无差别的一般劳动，即人们的脑力和体力的支出。无差别的一般人类劳动在商品中的凝结，就是商品的价值。各种商品的价值在质上是一样的，只有量的差别，因而可以互相比较和交换。可见，价值是交换价值的基础，它决定了商品交换价值的大小。

价值作为凝结在商品中的一般人类劳动是看不见、摸不着的。它的数量的大小只有通过商品之间的交换关系，以交换价值的形式表现出来。因而，交换价值是价值的表现形式。价值是商品的社会属性，体现着商品生产者之间相互比较和交换劳动的社会经济关系。

（3）使用价值和价值的关系。商品是使用价值和价值的矛盾统一体。其统一性表现为：使用价值和价值共存于商品体中，相互依赖不可分割。价值的存在要以使用价值的存在为前提，使用价值是价值的物质承担者，价值存在于使用价值中，没有使用价值的物品就没有价值，不能成为商品。有些物品虽然具有使用价值，但由于它不是劳动产品，没有价值，因而也不是商品。有些物品既是劳动产品又有使用价值，但是不通过交换供社会消费，没有交换价值，也不属于商品。商品必须同时具有使用价值和价值两种要素，缺一不可。

商品的使用价值和价值是矛盾的，其矛盾性表现为：使用价值和价值互相排斥，不为一主所共有。一切商品对于商品生产者来说，是为了获得价值，而不是为了获得使用价值；对于消费者来说，是为了获得使用价值，而不是为了获得价值。商品生产者为了取得价值，就必须向消费者让渡使用价值。生产者和消费者都不能既占有商品的价值，又占有使用价值。因此，使用价值和价值互相排斥，通过交换过程而分离。只有通过成功的交换，生产者实现了价值，消费者获得了使用价值，才能使商品的内在矛盾得到解决。

2. 生产商品的劳动二重性

商品具有的使用价值和价值两因素，是由生产商品的劳动二重性决定的。生产商品的劳动，一方面是具体劳动，另一方面是抽象劳动。

（1）具体劳动和抽象劳动。人们生产商品，总是在一定的具体形式下进行的。例如，菜刀是铁匠用锻造工具对钢铁进行加工生产出来的；衣服是裁缝用剪刀和缝纫机对布料进行加工生产出来的。市场上各式各样的商品都是分别由不同的商品生产者、运用不同的劳动资料、按不同的操作方法、对不同的原材料进行加工的结果。生产每一种商品，其劳动的目的、方法、手段、对象和结果都是各不相同的。这种在一定具体形式下进行的劳动，就叫做具体劳动。每一种具体形式的劳动，都能够生产出某种特定的产品。每一种产品都能满足人们特定的需要，因而具有特殊的使用价值。千差万别的具体劳动，创造出各不相同的使用价值。具体劳动与特定的社会生产关系无关，它反映的是人与自然之间的关系。

生产各种商品的劳动，在具体形式上没有可比性，但其产品可以互相比较和交换。这表明，在各种不同的具体劳动背后，一定隐藏着某种质上相同的东西。这个质上相同的东西是什么呢？如果撇开劳动的具体形式就不难看出，不管铁匠锻造菜刀，还是裁缝缝制衣服都得消耗劳动力，即消耗体力和脑力。这种撇开各种具体形式的一般人类劳动，就是抽象劳动；抽象劳动形成商品的价值。任何社会的生产劳动都要消耗劳动力，但并非这种消耗都是抽象劳动，从而形成价值。只有在商品经济条件下，为实现不同商品之间的交换，才有必要将各种具体劳动转化为同质的抽象劳动加以比较。所以，抽象劳动是商品生产所特有的历史范畴，它体现着商品生产者之间的经济关系。

（2）具体劳动和抽象劳动的关系。具体劳动和抽象劳动是统一的。商品生产者在从事具体劳动的同时，也就付出了抽象劳动，它们不是独立存在的两种劳动或两次劳动。无论在时间上还是空间上，具体劳动和抽象劳动都是不可分割的，是生产商品的同一劳动过程的两个方面——没有具体劳动，也就没有抽象劳动，抽象劳动寓于具体劳动之中；抽象劳动又是各种具体劳动彼此联系与同化的表现，也是商品生产者借以相互联系的纽带与桥梁。

3. 商品的价值量

商品的价值有两种规定性，即质的规定性和量的规定性。价值的质的规定性，即价值属于无差别的一般人类劳动的凝结；价值的量的规定性，即价值的大小及其变化规律。

（1）个别劳动时间和社会必要劳动时间。商品的价值是由什么决定的呢？价值既然是一般人类劳动的凝结，那么价值量就应该由生产商品所耗费的劳动量来决定。衡量劳动量大小的自然尺度是劳动时间，因此商品的价值量也就由生产商品所耗费的劳动时间来计量。生产一种商品所耗费的劳动时间越长，则凝结在商品中的劳动量就越多，价值量也就越大；反之，商品的价值量就越小。如此说来，是不是一个商品生产者的生产条件越差，劳动越不熟练，越懒惰，劳动生产率越低，生产商品所花费的劳动时间越长，他生产的商品的价值量就越大呢？当然不是，因为商品价值量的确定，还涉及以何种劳动时间为依据的问题。

每一种商品的生产都是由许多生产者进行的，由于他们的生产条件有好有坏，劳动熟练程度和技术水平高低不等，因而他们生产同种商品所耗费的劳动时间也就有多有少。例如，生产1匹布，有的耗费8小时，有的耗费10小时，还有的耗费12小时。商品生产者实际耗费在某种商品上的劳动时间，叫做个别劳动时间。对于同一种商品，社会只承认同一的社会价值。所以，商品的价值量不可能由互不相同的个别劳动时间来决定，而只能由社会必要劳动时间来决定。

什么是社会必要劳动时间呢？马克思说："社会必要劳动时间是在现有的社会正常的生产条件下，在社会平均的劳动熟练程度和劳动强度下创造某种使用价值所需要的劳动时间。"[①] 这就表明，社会必要劳动时间至少要由两个标准条件决定：第一，由生产的客观标准条件，即现有的社会正常生产条件所决定。这是指现时某一生产部门中大多数生产者已达到的生产条件，其中最主要的是生产工具。第二，由生产的主观标准条件，即社会平均的劳动熟练程度和劳动强度所决定。在社会正常的生产条件下，由于生产者的劳动熟练程度和劳动强度不同，生产同种等量商品所耗费的劳动时间是不相同的。在这种情况下，社会必要劳动时间就是他们平均的劳动熟练程度和劳动强度所花费的劳动时间。

社会必要劳动时间的客观规定，对于每个商品生产者来说都具有十分重要的意义。如果生产者生产单位商品的个别劳动时间低于社会必要劳动时间，商品按社会必要劳动时间决定的价值量销售，他就可以获得较多的盈利，并在竞争中处于有利地位；反之，如果生产者生产单位商品的个别劳动时间高于社会必要劳动时间，他的商品也只能按社会必要劳动时间决定的价值量出售，其耗费的劳动就有一部分得不到补偿，从而出现亏损，在竞争中处于不利地位，甚至可能导致破产。

（2）简单劳动和复杂劳动。商品价值量的确定，同劳动的复杂程度有密切的关系。各个商品生产者的劳动，根据其复杂程度不同，可区分为简单劳动和复杂劳动。简单劳动是指不需要专门训练和培养的一般劳动者都能胜任的劳动。复杂劳动则是需要经过专门训练和培养，具有一定知识和技能的高级劳动者才能从事的劳动。例如，樵夫或拉人力车的劳动就是简单劳动；钟表匠或教师的劳动则属于复杂劳动。简单劳动和复杂劳动区分的标准，主要是根据科技发展水平及其在生产中的应用程度确定的，因而这种区分具有相对性，即在不同国家或同一国家

---

① 马克思恩格斯全集. 第23卷 [M]. 北京：人民出版社，1972. 52

的不同时代，具有不同的区分标准。某一时期、某个国家的复杂劳动，对另一时期、另一国家来说，可能视为简单劳动。但从一定时期、一定国家来看，这种区分又是确定的。

决定商品价值量的社会必要劳动时间是以简单劳动为尺度的，那么复杂程度不同的劳动所生产的各类商品的价值量又是怎样确定的呢？马克思指出：这是通过"各种劳动化为当作它们的计量单位的简单劳动的不同比例"[①]来实现的。就是说，是通过把一定量的复杂劳动化为多倍的简单劳动来实现的。少量复杂劳动等于多倍的简单劳动；少量复杂劳动创造的价值等于倍加的简单劳动创造的价值。因而，复杂程度不同的劳动所生产的商品，可以按照一定的比例相交换。例如：1个U盘可以同3袋精制面粉相交换。这种少量复杂劳动的产品同多量简单劳动的产品相交换的比例，不是商品生产者自行计算出来的，而是在长期反复的交换实践中自发形成的。

（3）劳动生产率和价值量的关系。社会必要劳动时间不是固定的，它会随着劳动生产率的变化而变化。劳动生产率是指劳动者生产某种使用价值的能力或效率，可以有两种表示方法：一是单位时间内生产的产品数量；二是生产单位产品所耗费的劳动时间。劳动生产率的高低受多种因素制约，如劳动者的平均技术熟练程度、科学技术的发展水平及其应用程度、生产过程的社会结合（分工协作、劳动组织、生产管理等）形式、生产资料的质量和效能、自然条件的优劣等，这些因素的可变性决定着劳动生产率的变化。

随着劳动生产率的变化，商品价值量发生相应的变化。从部门平均劳动生产率和单位商品价值量的关系看，部门劳动生产率越高，一定时间内生产的商品就越多，从而凝结在单位商品中的劳动量就越少，单位商品的价值量也就越少；反之，部门劳动生产率越低，单位商品的价值量就越大，从而凝结在单位商品中的劳动量就越多。所以，单位商品的价值量同生产该商品的部门平均劳动生产率成反比，而与体现在该商品中的社会必要劳动量成正比。但是，无论部门平均劳动生产率怎样变化，它在同一时间内所创造的价值总量总是不变的。商品价值量的变动，还同个别企业劳动生产率的变化有密切的关系。如果部门平均劳动生产率不变，而个别企业的劳动生产率发生变化，则单位商品的价值量不变。其原因在于，决定商品价值量的社会必要劳动时间不是取决于个别企业的劳动生产率，而是取决于部门平均劳动生产率。因此，仅仅个别企业的劳动生产率发生变化，绝不可能引起单位商品价值量的变化，但它在同一时间内所创造的社会价值总量会发生变化。

[①] 马克思恩格斯全集. 第23卷 [M]. 北京：人民出版社，1972. 58

二、商品经济

商品经济是商品的生产与交换关系的总和。它是自然经济发展的结果，也是市场经济的基础。

商品经济是人类社会发展到一定历史阶段的产物。它的产生必须具备两个条件：第一是社会分工。它是商品经济产生的基础。因为社会分工，才提出了进行交换的要求，也才有了进行交换的可能。社会分工的特征表现为每一个劳动者只从事某种局部的、单方面的劳动，只生产某些甚至某种单一的产品。而人们的需要或需求则是多方面的。为了满足多方面的需求，生产者便必然要相互用自己生产的产品去交换自己不生产而又需要的产品。这种商品生产和商品交换就是商品经济。第二是所有权不同。它是商品经济产生的前提。因为生产资料和劳动产品属于不同的所有者，才发生了交换行为。可见，商品经济最初既是社会分工的产物，又是私有制的产物。在私有制条件下，产品交换的双方是独立的利益主体，互相交换产品也就是交换各自的劳动，双方实际上是经济利益的对应面。这就决定了双方的交换不能是"不等式"的，而只能是"等式"的，即商品经济中的等价交换原则。劳动产品的交换既然是等价的商品交换，那么生产者的生产过程就成为以直接交换为目的的商品生产过程。

在原始社会末期，随着社会生产力的发展出现了偶然的交换；当发生了畜牧业和农业的分工时，商品交换逐渐扩大；后来发生了手工业和农业的分工，从而出现了直接以交换为目的的商品生产；商品生产的产生使商品交换经常化，进而产生了货币，出现并形成了商品经济。

商品经济是在自然经济的缝隙中生长的，主要产生于奴隶社会和封建社会，只是到了资本主义社会，随着商品经济的不断发展，商品之间的交换主要由市场调配，这时的商品经济才取代自然经济成为市场经济，并成为一种普遍的经济形式。

商品经济的产生和发展是以一定的经济条件为前提的。这些经济条件主要有：

1. 社会分工

人们为了获取不同的物质资料，就要从事各种不同质的有用的具体劳动。这种不同质的有用的具体劳动一旦各自独立，发展成为一个由属、种、亚种、变种分类的多支体系，就表现为社会分工。在社会分工体系中，每个生产者固定地从事某一具体劳动，劳动具有单一性和独立性；各自不同的具体劳动，创造出各自不同的产品。同时，每个生产者的需求又是多样化的。为了满足生产者各自的需要，彼此之间用自己的产品交换对方的产品，由此就产生了生产者之间相互交换各自劳动产品的必要性。

2. 生产资料和劳动产品归于不同的所有者

不同的生产资料和劳动产品的所有者不能无偿地占有对方的产品，彼此要取得对方的产品必须通过等价交换，即把各自的产品作为商品来交换。在生产资料私有制经济中，生产产品的劳动是私人劳动，生产的产品是私人劳动的产品。这种独立的互不依赖的私人劳动的产品，是作为商品互相对立的。在生产资料公有制经济中，生产资料和劳动产品归于不同的所有者，是由以生产资料公有制为主体，各种经济成分并存的所有制结构的性质决定的。各种不同的所有制形式是各种具有独立经济利益的不同经济实体，它们之间也必须按照等价交换的原则发生商品交换关系，实现各自的经济利益。商品经济产生和发展的主要经济条件，决定了劳动产品必然成为不同生产者之间相互交换其劳动的物质承担者，决定了商品生产和商品交换必然成为不同生产者之间经济交往关系的实现形式。

第二节　市场与市场经济

商品经济的运行，总是以市场为载体的。市场经济是商品经济发展的必然。

一、市场是商品经济发展的产物

所谓市场，从字义上解释，市就是交易，场就是场所，人们通常习惯于把商品交易的场所称为市场。经济学意义上的市场，是指整个商品流通领域或商品交换关系的总和。它是同商品、货币、价值、价格等相联系的经济范畴，是社会分工和商品经济发展的产物，列宁指出："哪里有社会分工和商品生产，哪里就有市场。"[①] 社会分工和商品经济越发达，市场的规模和范围也就越大，作用与意义也就越重要。在前资本主义社会，由于社会分工比较简单，商品生产和商品交换始终处于自然经济的缝隙之中，因而市场的空间范围极其狭窄，经济容量也非常有限，市场十分原始，完整的市场体系远未形成，是一种处于萌芽期的、不成熟的市场。

到了资本主义社会，随着社会分工和商品经济的高度发展，狭小的地方市场联结成统一的国内市场，并且逐步形成了超越国界的世界市场。资本主义商品经济中的市场具有无所不包的性质，进入市场的商品数量、品种、范围与日俱增。不仅一切物质产品都纳入了市场之中，而且科学、文教活动、艺术、体育活动等都以商品形式进入了市场流通。市场交换工具和各种交换机构（商业、金融业）

---

① 列宁全集. 第 1 卷 [M]. 北京：人民出版社，1955. 83

获得巨大发展，形成了一个无处不在、无处不包的多样化的、完整的市场体系。

市场的产生和发展表明，商品经济的发展是市场发育的基础，而市场的发育状况则是商品经济发展阶段的标志。简单商品经济所产生的市场，是内容单一、规模狭小的地方性市场；建立在资本主义发展初期的商品经济基础上的市场，已经是内容比较丰富，空间范围扩展到全国乃至向国外延伸的市场；现代商品经济的市场，则是无所不包的、覆盖和牵动各国的世界市场。发达的市场既是商品经济高度发展的产物，又是发达商品经济存在和发展的必要条件。

现时社会主义经济既然是商品经济，因而作为商品流通与交换载体的市场不仅不能取消，而且必须发展。不仅要发展商品市场，还要建立生产要素市场，培育各类市场全面发展和彼此密切相联系的市场体系。我国的市场由于种种原因，长时期内先天不足而后天失调。改革开放以来，虽然商品市场和某些生产要素市场有了较大的发展，但总的来说市场发育还不完善。加速培育和建立商品市场、生产要素市场，完善中国特色社会主义市场体系，已成为现阶段急需解决的主要问题之一。

二、商品经济与市场经济的关系

商品经济的高度发展，促使一切经济行为与活动和市场发生联系，并且受市场机制的广泛调节，由此形成了市场经济。

市场经济和商品经济是既有联系又有区别的两个经济概念。它们之间的联系性集中体现在市场机制和市场体系等范畴上。不存在没有商品的市场，也不存在没有市场的商品。商品经济是市场经济的本质内容，市场经济是商品经济的发达形式。

就市场机制而言，价格波动与竞争的力量既是商品经济的内在机制，也是市场经济的内在机制。商品经济的运行是通过价格、供求、竞争、税收、利率等市场机制的作用实现的，而市场经济就是依靠市场机制来配置资源的经济形式。显然，商品经济与市场经济有着共同的本质与机制。

就市场体系而言，随着商品经济的不断发展，市场的内容日趋丰富，不仅有琳琅满目的商品市场，而且出现了资金、技术、房地产、劳动力、信息等生产要素市场，从而形成了一个完整的市场体系。市场体系的形成既是商品经济发展的结果，也是市场经济发展的体现，两者有着共同的内在要求。当然，市场机制、市场体系等范畴和市场经济是有区别的。前者属于经济运行的机制或手段，后者属于经济运行的体制或模式。但不能否认这些范畴都是市场经济的基本内涵，并且在总体上体现着市场经济的运行过程，正像商品经济必然包含着市场机制和市场体系一样。所以，我们必须看到这些范畴的交叉联系性，它们既同商品经济相联系，又和市场经济相联系。

确认市场经济是商品经济的范畴，并不意味着市场经济等于商品经济。商品经济指的是经济形态和人们的经济关系，市场经济指的是运行机制及资源的配置方式。商品经济是相对于自然经济而言的，讲的是人类社会经济活动中交换行为是否具有商品性，或者说是否具有等价补偿的关系。它强调人们之间的劳动交换必须通过商品交换来实现，体现人与人之间的经济联系。至于市场经济，则是相对于计划经济而言的，讲的是在资源有限的情况下，社会如何把有限的资源配置到最需要的部门，产生相对最佳效益。市场供求变动引起价格变动，哪种产品价高利大，资源就往哪里流，这就是市场调节。如果是依靠行政命令、指标分解，实行政府配置资源，就是计划调节。与之相适应，如果是以市场作为资源配置的主要方式就是市场经济；如果是以指令性计划分配为主就是计划经济。这里说的是资源配置的方式，属于运行机制的范畴。

从历史发展的进程来看，市场经济是商品经济高度发展的产物。或者说，市场经济是发达商品经济的体现形式。商品经济早在原始社会末期已经产生，并在奴隶社会和封建社会获得较大发展。但是，在前资本主义社会，由于自然经济居于统治地位，严重阻碍着市场的扩大和完善，既没有形成全国统一的市场，也没有统一的市场价格，市场结构也比较单一。因此，这种经济称做简单商品经济，不能认为是市场经济。随着社会生产的高度发展，自然经济瓦解，商品经济发展成为占统治地位的经济形式。商品经济的高度发展促使社会经济联系日趋频繁，市场的范围急剧扩大，市场机制也日臻完善，从而使市场发育成内涵丰富的大系统。只有使市场发展到如此完备的商品经济，才能称得上市场经济。

市场经济与商品经济的联系和区别表明，市场经济就是商品经济，而商品经济则不一定就是市场经济。只有商品经济高度发展，形成完善的市场机制和市场体系，才会形成市场经济，这是一个长期的历史过程。我国的商品经济已经有了较大的发展，但尚未达到发达商品经济阶段，因而还不能称之为完备的市场经济，而只是市场经济的初期阶段或初始状态。

第三节　市场经济学的对象、任务与方法

在中国，市场经济理论是一门刚刚建立起来的崭新学科，但从世界范围考察，市场经济学已是一门比较成熟的科学。

综观世界，市场经济是近现代世界经济发展的主流形式。围绕这一主流所进行的研究和理论著述十分丰富，既有西方经济学家的丰硕成果，也有马克思主义学者的精辟论述，这些论述共同丰富了市场经济学的理论宝库。

一、市场经济学的研究对象

市场经济学是研究市场经济及其运行规律的科学，是对市场经济活动及其发展的理论总结。

历史告诉我们，市场经济是生产社会化和商品经济高度发展的产物。其本质是通过市场运行实现资源的优化配置。简言之，市场经济就是由市场配置资源的经济。不论社会制度如何，市场经济的这种本质规定是没有多大差异的。

所谓市场配置资源，包含两方面的内容：其一，指市场的作用，即通过价值规律和与之相关的价格、供求和竞争等机制，对社会经济资源的流动起导向和调节作用；其二，指资源的利用，即根据市场原则，各种经济资源包括资金、劳动力和物质资源等获得最有效的利用，优化组合而获得最好的效益。两者有机结合，构成市场经济的本质内容。

资源配置在社会经济发展的历史和现实中有三种方式：一是自然配置，这是一种古老的、低级的配置方式，发生在自给自足的自然经济环境中，资金、劳动力、土地和其他物资资源在封闭与隔绝的条件下为满足个人的需要而结合起来；二是市场配置，这是近现代世界经济的主流形式，凡是实行商品生产和商品交换的地方，都通行着市场配置资源的原则；三是传统"计划"配置，这是一种统制经济，依靠指令对资源实行调拨配置。在这三种资源配置方式中，随着社会经济的发展，当今唯有市场配置方式得到了进一步发展和完善。

市场配置资源是通过价值规律作用实现的。价值规律又是通过价格、供求和竞争机制发生作用的。任何一种资源，在市场经济条件下都表现为具体的商品形式，或为一般商品，如资金、技术、信息等；或为特殊商品，如劳动力、土地等。当这些资源——商品进入生产过程和流通过程，资源的流动会随着效益的变化而变化。每一种变化，无疑是资源的最佳配置和效益的最大取向。因此，市场经济又可称为按照价值规律由市场配置资源的经济形式。

二、市场经济学的基本任务

市场经济学的基本任务是由市场经济学的研究对象决定的，其基本任务主要是：

1. 阐明市场配置资源的基本规律

社会经济的发展同自然界的物质运动一样，是依一定规律有序可循的，任何一种运动与变化，也都是有条件的。社会经济的发展由人的生存与发展动机和能动力推动，虽然人的动机和能动力的差别会导致不同的甚至是相反的结果，但并不能因此就认为其发展是无序的、无规律可循的。在市场经济条件下，社会经济资源如何配置、遵循什么原则、如何取得最大效益、如何避免风险等，虽不能说有一个统一的公式，但存在条件的最佳组合、内在联系和制约，以及相辅相成、相得益彰等问题。这就是市场经济活动的基本规律，阐明这些规律是市场经济学的首要任务。

2. 阐明人们市场经济活动的方向与准则

市场经济学是一门经济理论学科，但又不是一门纯理论学科，具有很强的综合性、应用性及软科学性，它应当成为人们在市场经济活动中的行动指南。市场经济学的任务就是要阐明如何驾驭市场经济的基本规律，即说明其操作性。比如，市场经济学中的价值规律，这是最一般的又是贯穿于经济活动各个方面的规律。人们不仅要认识它，而且还要善于利用它。人们欲获得社会经济活动的最佳效益，最重要的就是要懂得适应和运用各种经济规律，以规范自身的行为。

3. 阐明市场经济的运作及其过程

市场经济学既是理论学科，又是应用学科，因此在理论说明上，不仅有定性与规范分析，而且有定量与实证分析。这些分析是为了说明市场经济是如何运行的，其过程的演进需要什么样的条件，怎样才能使正常的经济行为和活动不致中断。经济学是讲究核算的。不然，何以区别盈利和亏损、利大和利小呢？从这种要求出发，市场经济学在分析各种经济活动时应有一些最基本的数量分析和曲线、公式与图示，用以说明市场经济过程中各种要素之间的此消彼长、相辅相成的关系。但是这种知识不像会计学、统计学和数学学科所要求的那样公式化，应用这些方面的知识是为了说明市场经济理论及其操作方法。

4. 阐明市场经济的发展与前景

市场经济学的理论有其自身的完整性与科学性，它的完整性在于它是人们关于市场经济理论的汇总与结晶，它的科学性在于它是人们关于市场经济认识的正确经验与结论。当然，市场经济学还是一门发展的科学。市场经济已有几百年的历史，整个市场经济学也在不断发展、充实和创新。市场经济没有完结，继续发展市场经济学也应是本学科的重要任务。

三、市场经济学的研究方法

市场经济学的研究方法，应由完成市场经济学的研究任务来选择。任务确定之后，完成任务的方法可以是多方面的。

1. 辩证唯物主义和历史唯物主义相结合

马克思主义哲学既是科学的世界观，又是认识和分析问题的根本方法。马克思研究资本主义经济时，始终贯穿着唯物辩证法和历史唯物论，贡献了世界著名的科学著作——《资本论》。市场经济经历了几百年，对市场经济的研究如果从亚当·斯密算起，已有二百多年历史。今天，在前人研究的基础上，继续深入开展市场经济的研究，需要站得更高，研究得更透彻。为了达到这个目标，必须以马克思主义的科学方法论为统率，贯穿于全部研究过程之中。

2. 理论分析与历史论证相结合

市场经济的规律性，存在于市场经济活动中。这种内在的联系通过纷繁复杂的现象表现出来，有时还可能被一些非本质表象所掩盖或扭曲。因此，要了解事物之间的本质联系，必须撇开那些纷繁复杂的具体现象，用抽象思维方法进行合乎逻辑的理论分析和论证才能真正说明事物的本质。换言之，要从现实经济生活过程中梳理、总结、概括与升华一系列概念、范畴、理论以说明事物自身的内容、本质、趋势的思维与研究方法，如分析与综合、归纳与演绎等。抽象思维方法是理论研究的高级方法，既要有艰苦的脑力思考，又要有一定的理论修养，没有这两方面的条件难以收到理想的效果。前者是脑力劳动的付出问题，后者是在实践中的学习和提高问题。为了求得真理，理论上的分析与论证往往还需要回到历史与现实中经受检验与证明。因此，反映社会经济发展的真实的系统的历史论证、具体事例的剖析，也是经济学家们常用的方法。把理论分析和历史论证结合起来，更能准确地把握和说明研究的对象，完成科学研究的任务。

3. 数据与实证相结合

经济学家从事市场经济研究的历史非常悠久且涉猎广泛，积累了丰富的知识。其中，值得学习和运用的研究方法是人类文明的宝贵财富。例如，经济学家们普遍采用数量分析法说明经济现象中一个因素量的变化引起其他因素量的变化关系。又如，引入数学模型对全部的理论分析和数据资料进行验证。再如，经济分析常采用的图表法，既直观又明晰。所有这些方法，用来研究和表述市场经济，都是非常有益处的。我们在市场经济学的研究中，既要继承与借鉴科学研究的有效方法，又要根据社会发展的新情况，依据新的知识，采用新的方法，利用新的手段，如计算机、社会调查等进行研究。

4. 静态研究与动态研究相结合

市场经济学的一个重要特点就是与社会经济发展的实践密切结合。从一个时期和一个阶段来说，对具体经济问题的研究不论是对过去的历史，还是对当时的现实来说，都是有时间及空间规定的，是静态的。这样才能深入考察与分析问题的方方面面、内部各种因素及结构，以及内外部条件的制衡状态和数量关系等。但是，市场经济各种力量的均衡是暂时的，时刻在变化着，不断地从均衡变成不均衡，从稳定变成不稳定。正是这种静态的相对性推动市场经济的发展。发展是经常的、绝对的。因此，人们不能用僵化的、形而上学的观点来研究市场经济，必须用动态的观点，即发展的观点来研究市场经济，说明发展的方向和趋势，说明静态下的数量关系是怎样、会变成怎样一种动态数量关系。这样，才能说明社会经济发展的真实情况。

市场经济学研究的方法可以有多种选择，上述方法是经常普遍采用的方法。

第四节　学习市场经济学的意义

构建、实施与完善市场经济是我国经济体制改革的目标模式，也是改革开放30多年来的伟大实践与成就。市场经济学在中国还是一个很年轻的学科，中国特色市场经济理论是中国共产党以及中国人民对马克思主义经济学说的伟大贡献与创新，是马克思主义经济学说中国化的具体形式。科学认识并把握这一理论的重大意义在于：

一、国际共产主义运动史上的伟大创举，社会主义经济理论的重大突破

众所周知，马克思、恩格斯所设想的未来社会主义社会，是没有商品、没有货币、没有市场的自由、平等、公正的发达社会，实现了物质资料生产的社会化、生产资料的公有化、社会资源配置方式的计划化以及个人生活消费品的按劳分配。在国际共产主义运动史上，第一个使用"市场经济"概念的是列宁。在苏维埃俄国实施"新经济政策"时，他一再强调只有通过商品交换、允许自由竞争，才能保持无产阶级与农民的联盟，才能恢复和发展生产，战胜敌人，巩固新生苏维埃政权。但是由于认识和实践的局限，他并没有认识到不仅在"过渡时期"，就是在整个社会主义历史时期都必然存在并且必须发展商品经济。直到逝世之前，他仍然坚持认为，社会主义的资源配置应当建立在计划的基础之上。列宁逝世后，在苏联党内和理论界，对社会主义是否允许保留商品货币关系，是否存在市场经济，曾发生过长达二三十年的争论。这个长期争论不休的问题，最终由1952年斯大林发表的《苏联社会主义经济问题》一书作了"结论"。斯大林一方面正确地指出了在社会主义整个历史时期都必须保留商品生产和商品交换，承认价值规律的一定调节作用；但另一方面，斯大林却认为只有消费资料的生产是商品生产，而生产资料只在形式上是商品，实质上不是商品。他还认为在社会主义国家，社会资源配置和调节社会生产的主要手段是计划；社会主义可以保留市场，但市场不能成为经济调节的主要形式。由此可见，马克思主义的经典理论家都认为生产资料公有制代替私有制后，社会资源的配置方式和社会经济的运行方式也相应地由市场调节转变为由计划调节。经典理论家的这种观点，对社会主义经济的理论和实践发生了深刻的影响，以致在当时几十年的时间内，人们习惯地把计划经济等同于社会主义，把市场经济等同于资本主义。

创立社会主义市场经济理论，是中国共产党人对马克思主义经济理论的独特

贡献，是国际共产主义运动史上的伟大创举。首先，社会主义市场经济理论的创立，是对社会主义同市场经济不能兼容这一樊篱的突破。社会主义市场经济理论明确指出，计划经济不等于社会主义，资本主义也有计划；市场经济不等于资本主义，社会主义也有市场。计划和市场都是经济手段，不是社会主义与资本主义的本质区别。这就彻底结束了人们在计划经济和市场经济是否属于社会基本制度范畴问题上的犹疑，解除了抽象争论姓"社"姓"资"的束缚，为社会主义市场经济新体制的建立扫清了思想障碍。其次，社会主义市场经济理论的创立是对传统经济理论的革命。在对商品、商品交换的含义界定上，社会主义市场经济理论认为，一切企业的交换都是商品交换，生产资源等一切生产要素都是商品，市场是配置资源的基本手段。在对所有制和分配制度的主张上，随着以市场取向为主要内容的改革的深化，所有制结构由单一的公有制变成了以公有制为主体、多种经济成分并存、允许并鼓励非公有制经济发展，这就动摇了传统经济理论的基础；传统经济理论以按劳分配为社会主义唯一的分配原则，改革使社会主义分配原则转换成了以按劳分配为主、多种分配形式并存并且允许生产要素参与分配；传统经济理论轻视消费者利益，改革则把消费者视如"上帝"，市场具有越来越重要的"投票权"。最后，社会主义市场经济理论是有计划商品经济理论的继承和发展。中共十二届三中全会提出的有计划的商品经济理论，克服了把社会主义同商品经济对立起来的观点，推动了社会主义商品经济的发展。但是，这一理论没有明确什么是资源配置和经济调节的基本手段和补充手段，而社会主义市场经济理论则明确了改革的取向是市场，改革的目标是建立社会主义市场经济体制。如果说有计划的商品经济理论明确了社会主义同商品经济的关系，那么社会主义市场经济理论则进一步明确了社会主义同市场经济的关系。市场经济理论的提出为彻底挣脱旧体制的束缚，为改革的进一步深化指明了方向，廓清了道路。

二、社会主义初级阶段的基本经济形式，现代化建设的强大思想武器

如果说社会主义初级阶段现代化建设的伟大实践，为社会主义市场经济理论的创立奠定了坚实的物质基础，那么社会主义市场经济理论的创立，则为改革开放的继续深入与现代化建设提供了强大的思想武器。

长期以来，我国经济发展和体制上存在的主要问题，一是国有企业缺乏活力，经济效益低；二是经济结构与布局问题比较多，加工工业的重复建设屡禁不止，产业结构调整步履维艰；三是政府管理经济职能的转变和宏观经济管理体制改革滞后；四是市场体系特别是生产要素市场不健全，市场机制作用没有得到充分发挥。这些情况说明，我国经济生活中存在的一些深层次矛盾都与企业、产品、劳动力等不能完全进入市场，市场机制难以充分发挥作用有直接关系。在这

种情况下，要实现社会主义现代化建设的宏伟目标，必须加快市场取向的改革步伐。

社会主义市场经济理论的创立，将极大地推动我国经济体制改革的进程。根据中国特色社会主义理论，建立社会主义市场经济体制是我国经济改革的目标模式。围绕着市场经济体制的建立，各项改革事业必将得到进一步发展。第一，将会推动国有企业特别是大中型企业管理与经营机制的转换，更快地使企业成为独立的市场主体，增强它们的活力，提高它们的经营素质。第二，将会大大加快我国市场体系的培育，特别是劳动力与金融市场的建立，加快价格改革的步伐，从而极大地推进商品生产和商品流通的发展。第三，将会大大推动分配制度、社会保障制度的改革，加快政府职能的转变。第四，将会进一步加快我国对外开放的步伐，有利于更多更好地借鉴和利用国外资金、资源、技术和管理经验，改善并促进我国经济结构的调整与良性发展。我国经济的开放度已有较大提高，特别是我国"入世"之后，在生产和贸易的许多方面进一步与国际市场接轨。在不太长的时期内，我国对外开放的领域将会进一步扩大，形成多层次、多渠道、全方位开放的新格局。第五，对加快经济发展，提高经济增长的质量，加快产业结构调整和升级步伐也都具有直接的推动作用。市场竞争原则必然会激发企业不断采用新技术和设备更新，主动追求技术进步，以提高劳动生产率；必然会驱使企业不断地积累资金，扩大生产规模，以增强生存和发展的能力；必然会迫使企业按照市场的需要开发新产品，开拓和占领新市场，以实现收益最大化。这些又都必然会推动企业乃至于整个社会经济不断地向深度和广度发展，并且保证在结构比较合理、经济效益不断提高的情况下，使国民经济以更快的速度向前发展。

三、民主与法制建设的强大推动力，和平统一祖国的合适路径

建立和健全社会主义民主与法制制度是我国现代化建设的重要目标。市场经济从一定意义上讲就是法制经济。社会主义市场经济体制客观上要求相应地发展社会主义民主，健全社会主义法制，通过民主化和法制化来保障市场经济运行规制的实现。发展社会主义市场经济的基本任务之一，就是要建立新的市场秩序，要规范政府与企业关系的法律制度和监督体系。发展社会主义市场经济必须反对垄断，反对不正当的竞争和种种侵权行为，以保护各种形式的市场主体的合法权益。发展社会主义市场经济还必须制定和完善种种调节市场当事人利益关系的法规与制度。因此，社会主义市场经济理论的创立，必然会大大加快我国民主和法制建设的进程，从而促进依法治国。市场经济的建立与发展在这方面的意义不可低估。

"一国两制"是实现祖国和平统一的基本国策。"两制"是指内地坚持社会主

义制度，而香港、澳门、台湾地区仍保留资本主义制度。但作为一国，不同的资源配置形式之间是难于进行经济的广泛自由交流的。内地实行市场经济体制后，海峡两岸在不同社会制度下都实行市场经济体制和市场经济运行机制，这就为不同社会制度下区域间的经济联系提供了重要的条件，提供了经济联系的国际"通用语言"，有助于逐步形成真正、统一的国内市场。内地建立和健全社会主义的市场经济体制，以及在这种体制下经济的迅速发展，也必然会进一步增强对中国台湾回归祖国的吸引力。

应当指出，建立并完善社会主义市场经济体制是一个长期的过程，是艰巨复杂的社会系统工程。积极投身到这一历史性的变革中，科学探索、认真研究这一伟大历史变革过程所出现的各种新情况、新问题，总结实践中产生的新经验，不断完善和发展社会主义市场经济理论，并用这一理论来动员群众、武装群众，推动我国社会主义市场经济体制的完善和商品经济的繁荣，是每一个中国特色社会主义建设者的光荣使命。

第二章 市场经济的形成

市场经济既不是从天上掉下来的，也不是人类社会一开始就固有的，而是在人们的社会经济生活的实践过程中产生和发展的。

第一节 市场经济的起源与发展

市场经济是在商品经济发展过程中逐步形成的，是商品经济高度发展的必然结果，商品经济是市场经济形成和发展的基础。随着社会生产力的发展及社会分工的规模扩大和深化，商品生产和交换覆盖全社会，市场经济成为社会经济运行和资源配置的现实形式与载体。这时，商品经济便跨入了它的高级阶段，即进入了市场经济发展阶段。

一、市场经济的起源

从本质上来讲，商品经济也是市场经济。商品经济的发展，一方面刺激以家庭为单位的小农经济（自然经济）增加生产和消费，另一方面又在竞争中竭力排挤以家庭为单位的小生产，致使小农家庭收入减少，同时还以种种"胁迫、利诱"手段，造成家庭劳动力外流。其结果，迫使自然经济条件下的小农户常常濒于破产与消亡，并对封建统治形成直接威胁。当商品经济冲破了封建势力的阻挡而蓬勃发展起来时，资产阶级的产业革命和民主革命便把人类带进了以工业为主导的商品经济的历史发展新阶段。

在世界历史上，从农业时代向工业时代转变是从西欧开始的。从14世纪到15世纪，欧洲接连不断的饥荒、瘟疫和战争使整个欧洲经济和社会的发展几乎完全停滞，促使不少欧洲人冒险探索前往东方的航线。1492年哥伦布到达美洲，欧洲列强开始在全球范围内进行大规模的殖民侵略活动，西班牙、荷兰等国的海外贸易迅速发展，世界市场急剧扩大。与此同时，英国的工场手工业迅速发展起来，大量农田被强行改为牧场，大量农民被迫离土离乡，进入手工业工场充当雇佣工人，史称"圈地运动"，又名"羊吃人运动"，这就是当年的资本原始积累。

随着社会进入工业经济时代，工业取代农业成为经济主导产业，相应地由企业取代个体家庭成为基本的经济组织形式，个体私有制悄悄演变为"扩大的私有制"；各种生产要素都变成了资本；资本家凭借手中掌握的资本，面向市场从事生产经营活动，普遍使用机器和雇佣工人，生产实现了商品化、专业化和社会化，一切产品都通过市场渠道按等价原则进行交换；市场竞争成为社会生产的普遍形式；自由、平等、信用、互利、合作成为最基本的价值理念，资本主义生产方式促成了市场经济的最终形成。

二、市场经济的发展

随着资本主义生产方式的进一步发展，交换舞台逐步扩大。世界市场开始形成。社会生产力的继续提高，促使资本主义工业国到世界各地抢占商品市场和原料产地，把许多殖民地半殖民地国家和地区卷入了资本主义世界市场体系，成为其经济附庸，世界市场进一步殖民化。工业强国争先恐后争夺殖民地、划分势力范围。20世纪上半期，资本主义列强为争夺势力范围，发动了两次世界大战。

第二次世界大战后，新的科技浪潮把资本主义生产方式带入了一个更高的发展层次。企业开始走向以现代公司制度为核心的现代企业制度。"扩大的私有制"又悄悄地演变为"集体的私有制"，随着公司制度的完善与成熟，企业开始超出国界，跨国公司形成，"集体的私有制"开始让位于"社会私有制"，市场经济逐步趋向全球化、一体化。

新中国成立前，我国是一个半封建半殖民地，典型的传统小农经济国家，只有沿海一带有些微不足道的近现代工业生产。中华人民共和国成立后，从1953年到20世纪70年代后期，排斥商品经济，在政府的强力推动下，以传统计划经济的方式努力实现现代化。1978年12月中共十一届三中全会之后，在新的历史条件下实行改革开放，以市场为导向的改革逐步成为人们的共识。1984年中共十二届三中全会提出发展有计划的商品经济，1992年中共十四大提出发展社会主义市场经济。目前，我国已经建立了市场经济体系的基本框架，开始步入市场经济国家的行列。

第二节 市场经济的基本特征与要求

市场经济作为一种集约的资源配置方式和有效的经济运行形式，与其他经济运行形式相比有其内在的规定、特征与要求。

一、市场经济的基本特征

总结市场经济发展的历史过程，可以归纳市场经济具有下列基本特征：

1. 市场主体自主化

在市场经济中，参与经济活动的每个经济单位，都必须具备生产经营的自主权。企业拥有独立自主的决策权，它根据市场价格作出生产什么、生产多少、怎样生产的决定，作出投资方向、投资规模的抉择。市场经济是由千千万万个企业进行分散决策的经济。它和传统计划经济实行集中决策，由行政指令决定企业活动的方式形成鲜明的对比。企业必须具有市场活动的全部权利，这也是企业走向市场必须具备的条件，包括生产经营决策权，投资决策权，产品劳务定价权，人事劳动权，工资奖金福利分配权，进出口经营权，组织、领导等内部机构设置权，生产设备处置权，纵横联营兼并权等。总之，企业必须有经营自主权，才能真正做到自主经营、自负盈亏、自我约束、自我发展。

2. 经济关系平等化

市场经济要求破除经济活动中的依附关系和等级观念，任何经济单位都要按照市场关系平等性原则相互往来。市场关系的平等性主要表现在，一是任何经济活动、经济关系都必须以市场为纽带，按平等性原则进行，反对任何背后交易、权钱交易；二是参加市场活动的行为主体没有高低贵贱之分，没有社会地位的差别，这里通行的是等价交换的平等原则；三是从个别商品来看，价格是不断变动的，但从市场总体来看，总价格与总价值相等，交换是等价的，任何人不得以非经济方式和手段占有其他商品当事人的劳动；四是在市场活动中，买卖双方都是自愿的、自由的，反对任何强买强卖的欺行霸市行为。

3. 市场管理法规化

市场经济是法治经济，是依法管理的经济。市场上一切经济活动都必须按照法律规范运作，企业的竞争和运行都必须按照一定规则进行。所有的管理部门都必须按照相关的法律来评价、控制和协调各种市场活动，经济活动的行为主体依法享有行为自由。

4. 经济效率最优化

在市场经济中，市场机制在社会资源的配置过程中起着基础性作用，是资源配置的主要方式。市场经济反对任何形式的平均主义。符合社会需求的社会必要劳动时间所决定的价值，是衡量市场活动中利益流向的公平尺度。由于各企业的生产条件和面临的市场条件各不相同，生产效率较高、竞争能力较强的企业，往往获得较多的利润，因而通过市场竞争能得到发展；相反，那些生产效率低下、竞争能力较差的企业则在市场竞争中处于劣势，甚至亏损和破产。这种生产效率、竞争能力的差别性，既作为一种内在动力，又作为一种外在压力，强制推动着每个企业降低生产成本、优化产品结构、注重技术改进、适应社会需求，从而使社会资源流向效率最好的企业，使整个社会经济效率最优化，提高社会总体经济效益。

5. 宏观调控间接化

在市场经济运行体制中，政府部门不直接干预企业的行为，而是通过大弹性、粗线条的指导性计划为主的引导和以财政、货币、产业、收入政策为主的干预来规范和调节企业的生产经营活动。例如，在价格形成机制上，除了极少数垄断性产品的价格和社会公益性事业的收费可能由政府按价值规律的要求定价外，其余商品的价格完全由市场决定，使灵活性的价格体系成为市场经济的凝结点和市场竞争的核心。总之，在市场经济运转正常的情况下，企业根据价值规律和市场需求，享有独立自主的经营决策权，政府不得以行政手段直接干预。

6. 市场体系开放化

市场经济的市场体系是向所有商品生产者、经营者、购买者开放，向不同所有制的企业开放，向国内、国际开放的开放系统。开放，是市场经济的要求，也是社会分工和协作的要求。人类社会生产力发展的历史，就是一部社会分工与交换不断扩大和深化的历史，因而也是一部开放不断扩大和深化的历史。社会分工的扩大和深化，必然促进商品经济的不断发展。商品生产和商品交换先是越出地域的界限，形成地区之间的开放及统一的国内市场，进而打破国家的界限，形成国家与国家之间的开放及世界市场。

超越国界的商品流动推动了国际分工和生产的专业化。国际大市场的竞争促使每个国家专门生产成本比其他国家相对较低的产品，进口比自己国家更便宜的商品和服务。任何一个国家的所谓"比较成本优势"，只能在世界市场的竞争中表现出来。自由的国际交换不仅实现了专业化的节约与集约，而且还创造了更大的市场，这样就有可能发挥大批量生产的优越性。要进行成本最小的社会化大生产，只靠本国的市场是难以容纳的。如果闭关自守，放弃国际商品交换，那就意味着放弃竞争与效率，从而也放弃了大生产的优势。同时，国际贸易和国际交换也加大了竞争压力，强化了竞争的作用，因而会促使市场的开放进一步加强。

7. 经济活动服务化

市场经济中，各企业以消费者的需求为生产经营的根本取向，消费者是"上帝"。生产者只有以最先进的技术和最低成本进行生产，并把技术成熟而且物美价廉的产品供应市场才能生存发展。生产者被迫适应市场，为消费者服务。因此，所有商品和服务的供应者最终都是为争取消费者的消费支出而竞争，体现着"我为人人，人人为我"的经济关系。可见，在市场经济中供给对需求变化迅速作出反应，其实质是面向消费者进行服务竞争，以追求利润最大化。因此，产品和服务的每个供应者都必须通过市场调查研究，尽可能精确地了解消费者的愿望。此外，供应者还大量通过广告来影响消费者的愿望，以吸引对其产品的需求。总之，市场经济活动的宗旨是满足消费者的需求和愿望。

8. 经济关系契约化

市场经济是一种以交换为基础的经济形式。在市场活动中，商品所有者在经济上是完全平等独立的，它们之间的交易是平等、自由的交易，一方只有符合另一方的意愿才可能让渡自己的商品，获取他人的商品。在市场交易中，不存在身份和地位上的高低之分，任何人都不能利用行政强制和某种暴力达到不平等交换的目的，契约自由是市场经济的基本内涵，契约的基础在于市场经济的"黄金法则"——诚信。因此，市场经济是一种契约经济。这种交易的平等和自由是通过法律认定和保护的，这是市场经济正常运行的基本保证。发达的、法制化的市场契约和竞争关系要求做到：使市场主体都能机会均等地按照统一的市场价格取得生产要素；使市场主体都能机会均等地进入市场，自主决策和经营；使市场主体都能机会均等地承担税负及其他方面的负担；使市场主体在法律和经济往来中处于平等地位。

以上特征，是市场经济的基本特征或共同性，是有别于自然经济和传统计划经济的。

二、中国特色市场经济的特点

中国特色市场经济和发达国家的市场经济既有共性，也有特殊性。其共性表现在产权明确性、全面开放性、自主决策性、效率至上性、平等竞争性和优胜劣汰性等方面。其特殊性主要表现在它是受中国特色社会主义基本制度的本质特征制约的，与中国特色社会主义基本制度紧密联系在一起的，在中国特色社会主义基本制度下运转的市场经济。

1. 以生产资料公有制为主导的多种所有制结构

我国的所有制结构是以公有制为主导，多种经济成分并存。这是中国特色社会主义市场经济区别于发达国家市场经济的重要标志，是中国特色社会主义市场经济的质的规定性的根本体现。

市场经济与公有制能否兼容？市场经济会不会导致公有制的崩溃和所有制的全面私有化？这是一个重大理论与实践问题。

我国的公有制包括国家所有制和集体所有制。集体所有制主体完全可以自主地进入市场这个理论已被改革开放的历史所证明，被乡镇企业蓬勃发展的实践所证实。问题是国有制经济与市场经济能否兼容？怎样兼容？具体做法是，通过理顺国家与企业的产权关系，实行党政分开、政企分开和所有权、经营权的分离，使国有企业真正成为独立的法人实体和市场主体。这样，平等的等价交换关系也就顺理成章了。

国有制经济与市场经济都是建立在社会化大生产和发达的社会分工基础上

的。现代化水平的国有企业与市场经济，在社会化大生产这一层次上是相通的，社会化大生产是国有企业与市场经济的共同生长点与生产力基础。

在市场经济竞争中，公有制是否会被销蚀、被溶化，走向全面私有化？特别是如何看待实行股份制？在国有企业实行股份制的过程中，股份制吸收个人资金和社会闲散资金，从而与国有资产结为一体，而不是化国有资产为个人资产，是变一部分消费资金为生产资金，而不是把国有资金私有化。这里，既有一个量的界限问题，也有一个公有制经济如何改善管理、提高效益、增强活力的现实问题，不可忽视。

就我国生产力发展的实际水平看，在一个相当长的时期内放手发展个体经济、私营经济、三资经济，对于促进整个经济的发展都是十分必要的；对于发展生产力、增强综合国力、提高人民生活没有现实威胁。而且，允许和鼓励非公有制经济发展，不仅可以大为增强公有制经济实力，而且也必将大大促进综合国力的增强。

2. 以按劳分配为导向的多种分配方式

在我国市场经济体制中，生产资料公有制的主导地位决定了按劳分配方式的导向地位。中国特色社会主义市场经济中，既然有非公有制经济成分的存在与发展，并在市场中与公有制经济进行平等竞争，也就必然存在按劳分配以外的其他分配方式。一般的个体经济是非资本主义经济，但私营经济、外资经济实质上则是资本主义经济，其分配方式是资本主义性质的。在股份制企业中，按股金数额所得的股息和红利，也是非按劳分配收入。同时，在市场交易与商业活动中，除了正常的流通领域中的按劳分配以外，还有大量的合法的非劳动收入。非按劳分配的按资分配可以刺激社会闲散资金、非国有资金和消费资金转化为生产资金，有利于经济建设。在市场经济的发展中，把非按劳分配方式与按劳分配方式结合在一个经济系统中，要特别注意非按劳分配收入的增长与按劳分配收入的增长之间的幅度与比例，避免基尼系数过大，出现严重的两极分化。要在效率与公平相统一的原则指导下，既允许一部分地区、一部分人先富起来、快富起来，又要通过国家调控和相关政策，鼓励走共同富裕的道路。这是市场经济同中国特色社会主义基本制度相结合的重要体现。

3. 以国家宏观调控为特征的计划性

市场并不是万能的，市场有其自身的缺陷和其难以解决的问题，因而现代市场经济的运行都有不同程度的国家宏观调控。发达国家的宏观调控尽管有单项性或整体性计划，实施国家干预，产生了某些积极效果。但是，其市场经济是建立在私有制基础上的，厂商对宏观计划和管理的接受程度因私利而左右，政策规定与调控行为也并不具有刚性。我国市场经济的宏观调控，则是由我国国情和中国特色社会主义基本制度的本质所决定的。其一，我国是一个单一制的多民族统一的国家，国家的整体利益和各民族利益的统一，要求国家对国民经济实行宏观调控；其二，我国生产力发展具有欠发达、不平衡、多层次的特点，要求国家运用宏观调控手段优化资源配置，平衡生产力发展与布局，实现共同富裕；其三，国家、集体和个人利益的一致性，也需要通过宏观调控手段来指导；其四，我国经济是以公有制为主导的市场经济，多种经济成分并存作为调节经济运行和配置资源的手段，既应当以市场机制为基础和主要方式，同时又要求加强国家宏观调控以协调各种经济成分和各方面的经济关系，实现国民经济的持续、稳定、协调发展。

国家对市场经济的宏观调控，随着经济改革的深化，主要体现在两方面：其一，在肯定市场机制基础性作用的前提下，宏观调控要反映市场各方面的经济关系，对市场施以宏观指导、引导或诱导，从而使市场机制充分发挥作用。宏观调控作为协调性手段，在市场经济中起校正与弥补作用，适度影响市场经济的运行和发展，提高其运行效益。其二，通过对于现代化建设的战略部署以及对于国民经济计划、所有制结构、分配结构、产业结构和生产力布局的设计，使用经济参数、政策约束、法律规范和行政管理手段规范和调节运行中的市场经济。这样，动态的、丰富的市场经济的实际运行状况就能和国家宏观调控目标相一致。正因为我国市场经济的运行是建立在生产力不发达，以及生产资料公有制为主导基础上的，因而我国的宏观调控比发达国家市场经济下的宏观调控力度更强、作用更大。

第三节　市场经济的模式

在市场经济的发展过程中，由于各国的经济发展水平不同、社会政治结构不同及价值观念不同，因而在其政治和经济中的计划因素的多寡、国有经济成分比重的大小、经济目标和政府和个人决策权利的大小等方面也不尽相同，其结果是产生了一些不同的市场经济的发展模式。

一、美国的市场经济模式

美国市场经济模式又称"自由主义的市场经济"，又称"个人资本主义"经济。它强调市场经济主体间按市场规律开展相对完全的自由竞争，通过优胜劣汰配置社会资源。政府主要通过制定和实施一系列的经济政策的法律，保证竞争秩序和市场活动的运行。这一模式的特点是：第一，国有经济的比重较低，一般在10%以下。美国国有经济仅占其国有经济比重的2%，国家所有制企业在全美国资本构成中的比重仅为10%。第二，政府对经济的管理突出显现为间接管理，主要通过调解市场参数来间接引导企业的经营活动，很少干预微观经济活动。美国市场经济模式的特点是以私有制为主导的自由市场经济体制、以间接和被动性为特征的国家干预和相互渗透的政府与私人垄断资本的关系。

1. 消费者导向

美国经济是一种消费者导向型市场经济模式，十分强调市场力量对促进经济发展的作用，认为政府对经济发展只能起次要作用，推崇企业家精神，崇尚市场效率而批评政府干预。这种市场模式的特点是生产要素有较高的流动性，政府进行调控与否往往以是否有利于消费者利益为目标，而较少从生产者角度出发。社会习惯与政府政策更多地着重促进私人消费而忽视储蓄。这种倾向不仅反映在个人与企业的行为方面，而且也反映在政府公共财政的大量赤字方面。

2. 经济管理体制与政府对市场的干预

美国是典型的现代市场经济国家，生产、流通、分配、消费等经济环节以市场调节为主，政府干预居次要地位。美国没有专门从事综合经济规划的机构，也从不制定任何产业政策，其资源配置主要通过市场分散进行。美国没有全国的经济计划，只是有的州及县、镇会编制计划。国家往往通过政府订货和采购影响经济。政府也对某些部门施加管理，如对能源、尖端技术、农业和环保等部门施工管理。但大公司却有自己的计划管理制度，一般都要编制长期发展计划与销售计划。美国政府对市场的调控主要是通过这样的渠道实现的：一是相当市场活动的"裁判员"，维护市场机制正常运转，保证竞争的公平和秩序。二是运用财政政策和货币政策调解经济活动。财政政策是美国经济体系的"内在稳定器"。三是为企业的经营活动创造良好的外部环境，培养科技人才，注入巨额科研经费。

3. 宏观调控体系

美国的宏观调控体系主要包括：第一，财政预算体系。美国实行联邦、州和地方的三级政策预算管理体系。联邦政府的财政收入约占全部收入的60%，地方约占40%。在联邦政府的预算支出中，约有10%用于补助州与地方。这样联邦政府可以凭借其财力，对州和地方的发展进行干预与影响，并可以在一定程度上促进全美国经济较平衡地发展。第二，银行金融体系。美国是世界各国中银行数目最多的国家，但每个银行拥有的平均资产数却不大。美国政府对银行的管理经过了集权—分权—集权的变化过程。目前，美国政府对银行的管理，法律规定了三个调控系统。一是联邦财政部的金融监察机构。政府对商业银行实行中央和州二级管理。二是联邦储备体系。由联邦储备区内的12家联邦储备银行及其领导机构联邦储备委员会组成，对领导机构组成也作了一系列具体规定，以保证不受短期的政治影响。国民银行都应参加联邦储备体系作为其会员银行。明确联邦储备银行和美国的中央银行负责制定、实施国家的货币政策，以保证国家的宏观经济目标。三是建立了联邦存款保险公司，以保护居民存款，使其在银行倒闭后少受损失。

二、日本的市场经济模式

日本的市场经济模式常被称为"政府主导型"的市场经济模式，或是行政导向型市场经济模式。与欧美发达国家相比，日本政府干预的力度和作用的范围都很大，主要靠中央计划和市场机制共同协调经济。日本市场经济模式的特点是以产业政策和经济计划为导向的政府干预，以财政政策和金融政策为主导的宏观调控和日本特色的企业制度。日本是一个高度竞争的市场经济国家。尽管其政府内设有经济计划部门，但日本是以私营经济为主体的，所以政府难以对社会经济活动进行干预。

1. 日本的外贸与产业政策

日本成功地执行产业政策有种种因素，其中之一是外贸政策与其产业政策的密切配合。在 20 世纪 50 年代，由于外汇短缺，它对进口实施了外汇配额和进口限额等控制措施，把稀缺的外汇储备主要用于重工业（钢铁与造船业）与石化工业，用于进口原料、设备及引进先进技术。为防止直接与国内倾斜产业相竞争，同时对进口外国产品的外汇实行了严格的进口配额控制。到 20 世纪 60 年代，由于所处的国际环境发生了变化，按照产业政策，日本逐步放宽了进口的配额管理。

2. 日本的产业政策

日本的国内产业政策有其悠久的历史。早在 20 世纪 30 年代，日本政府就通过行政控制与鼓励企业横向合作，以防止企业间的过度竞争。第二次世界大战后，日本的产业政策逐步成熟，其总的指导思想是保护夕阳产业的结构调整，选择培植在国内外市场有发展前途的产业，既鼓励竞争，又防止过度竞争。其实施手段则是多种多样。20 世纪 70 年代后期，日本采取了更强有力的政策措施，选定的倾斜产业部门是钢铁、煤炭采掘、海洋运输、电力与化肥，以后又把重点转到机械零部件与石化。日本采取了两种主要政策，一是优惠税率，二是通过政府金融机构在财政投资与贷款规划中实行优先分配。

日本的财政投资与贷款规划，被称为国家的第二预算。它的资金大部分来自邮政储蓄，而其使用无须经过议会讨论。该规划通过了特定的政府金融机构把贷款给予铁路、道路、电话等基础设施及优先发展的产业部门。

1955 年以来，日本政府先后制订了十多个中长期经济计划。这个计划明确地区分了对政府公共部门与民间部门的不同政策，而计划的重点则着重于政府公共部门。日本的经济计划，反映了日本政府与企业关系的特点。一是日本政府对私营企业的关注有其历史传统；二是日本政府在防止失业及商业不景气循环、改善社会基础设施、发展教育与训练设施、维持公平竞争规则、促进社会安全措施与防止环境污染等方面，日益承担起重要责任。日本的经济计划显示了其政府经济政策的总趋向，显示了其国民经济的未来发展方向。一方面用以确保日本政府各部门政策的协调性，另一方面则给私人企业提供较准确的预测性经济情报。在审议与制订计划方面，日本设有经济审议会，其委员组成有产业界、金融界、学术界、工会、新闻界等人士及消费者。在制订计划时，还要任命很多临时委员与专门委员。因此，其计划的制订过程具有广泛的代表性与较高的透明度。

3. 日本的宏观经济政策

首先，财政方面日本大部分财权由中央所掌握。从原则上讲，各地方自治体负有自主经营财政的责任。行政上必需的支出，由各地区负担。但由于各地方政府不可能都具备与所需经费相适应的税收财源，而中央税收额通常要占税收总额的70%，所以中央通过"下拨地方税"、"让与地方税"及"国库支出款"等，把中央收入的大部分拨付给地方政府。政府财政政策的调控经济包括两方面：一是政府直接对公共事业的投资，为私人资本创造投资条件并开拓国内市场；二是利用减免税收、价格补贴等手段，以诱导私人资本的发展方向。政府财政政策的基本方向，则是更多地用于解决社会福利等问题。

其次，金融方面，日本银行系统的发展及日本银行作为"银行的银行"（中央银行）有其悠久的历史。日本于1881年建立了中央银行，同年又颁布了"日本银行条例"。第二次世界大战后，日本重建了金融体系。日本现有两套金融机构，一套属于政府系统，另一套是在日本银行监督下的各类私营银行。

政府系统的金融机构，是日本从第二次世界大战后20世纪50年代逐步建立起来的，包括日本开发银行、日本进出口银行。此外还有10多个公库：国民金融公库、住宅金融公库、中小企业金融公库、农林渔业金融公库、北海道东北开发公库、国有企业金融公库、中小企业信用保险公库、医疗金融公库、环境卫生金融公库和冲绳振兴开发公库等。政府系统金融机构的资金来源的70%靠大藏省的"资金运用部"，它们又主要靠邮政储蓄的零散资金。大藏省集中了这些零散资金，使之成为政府系统金融机构资金的主要来源。

另一套金融机构是在日本银行调节和监督下的私人银行。日本银行对私人银行和金融市场的调节主要采取两种措施。一是依靠调整利率。日本银行界的利率都以日本银行的官定利率为标准，对私人企业的贷款利率只能在官定利率的上下浮动。为了促进经济发展，日本利率与其他主要资本主义国家中央银行的官定利率相比是最低的。二是靠信贷控制。

政府一方面控制存款利率，同时又实施外汇控制措施以防止资金外流。日本企业的自有资金比率在西方市场经济国家中是最低的。私营企业所需资金的40%~50%来自银行贷款与企业间的信贷。政府为了降低企业的资金成本，对债券利率也作了严格的控制。因此，日本的银行金融系统受到政府严格的干预。

最后，日本企业的特点。其他国家的经济是，如果实行防止外国企业竞争的保护措施，将会减弱本国私营企业的动态适应能力。但日本企业却在对外国实行保护的市场中，保持了强烈的竞争。日本企业间竞争的目标，不是寻求短期利润的最大化，而是追逐市场占有份额的扩大与维持。竞争结果，导致单位产品利润及产品价格的不断降低。企业还必须通过扩大生产规模并积累经验以不断地改进产品质量，求得在竞争中获胜。生产经验的积累又形成了日本工人队伍的稳定（终身雇佣制）及日本的年功序列工资制。这两种制度促进了有经验工人对低级工人知识和经验的传授。政府也鼓励私营企业对青工的教育和训练进行投资。日本企业能够适应经济变化（例如石油冲击与日元升值）的原因有：一是日本企业对职工提供了安全职业保障，但这不是对个别职工保持固定岗位，职工在企业内的岗位是流动的，企业也需为此付出巨大的再培训费用；二是日本企业从事多样化的生产活动；三是较易获得银行的低利率贷款，日本人民的高储蓄率为此也创造了条件；四是政府推动的合理化卡特尔，便于夕阳产业的结构调整。

三、德国的市场经济模式

德国市场经济模式，也称社会市场经济模式。德国认为它实行的是宏观控制的社会市场经济，既反对经济上的自由放任，也反对对经济过度的管制使其失去活力，而要将个人的自由创造和社会进步的原则结合起来。它既保障私人企业和私人财产的自由，又要使这些权利的实行给公众带来好处。在国家和市场的关系上，它的原则是国家要尽可能少干预而只给予必要的干预。国家在市场经济中主要起调节作用，并为市场运作规定总的框架。所以，德国实行的社会市场经济，实际上是国家有所调节的市场经济，以保证市场自由和社会公平之间的平衡。德国社会市场经济模式的主要特点是，有效的竞争秩序、政府的有限干预和社会公平。

1. 社会市场经济

德国的社会市场经济是以市场为基础的。凡是市场经济能自行调节的，都应让市场去解决。国家只是为市场的正常运作制定规则，并在市场失灵的地方进行干预。所以在德国，国家基本上不规定工资与物价，也不规定具体的生产指标。这些基本上都是靠市场供求关系自动决定的。

由于竞争是市场经济正常运行的先决条件，没有竞争就没有市场。因此，德国制定了《反限制竞争法》等一系列有关法律并建立了相应的机构，即卡特尔局（实际上是反卡特尔局），禁止企业与企业就生产、价格、销售、市场分割达成垄断协定，禁止妨碍或破坏市场的企业兼并，禁止垄断对外贸易，禁止其他损害消费者利益的垄断组织或集团；鼓励中小企业合作，积极参加竞争；保证企业有生产自由、经营自由、投资自由、雇工自由和劳资谈判自由。企业间兼并或合作协议，凡有利于竞争的都可以进行，但必须得到卡特尔局的批准，违反者将受重罚。此外，德国还制定有《反对不正当竞争法》以保护竞争者和消费者的正当利益。

2. 宏观经济管理

在社会市场经济中，国家并不直接干预经济过程本身，但并不是说国家没有任何经济计划。德国政府和各级地方政府都有一定的经济计划，有中期的、年度的和短期的。但这些计划仅仅规定一些综合性指标，对企业并没有约束力，而要通过财政、税收、信贷等手段来进行调节。

德国负责这种宏观经济管理的机构，是经济发展理事会和财政计划理事会等组织。经济发展理事会由联邦经济部长主持，由联邦财政部长、联邦银行行长、各州一名代表和一些地方的代表组成，每年至少开会两次，以协调参与制定经济政策的各部门的行动。财政计划理事会由联邦财政部长主持，由联邦经济部长、联邦银行行长、各州一名代表和地方的代表组成，负责协调中央、州和地方的开支与投资计划。德国还有一个协调委员会，由联邦政府、工会、企业主组织的代表参加，由经济部长主持，在工资和物价等方面协调意见和规劝。通过上述机制，国家对经济发展的情况有一个全面、及时、清楚而准确的了解，然后根据情况运用各种经济手段来吸引和规劝各方面的力量，从宏观上调节经济。

3. 德国联邦银行的特殊作用

在德国，联邦政府主要负责运用财政和税收的手段来调节经济，而主要负责运用货币和信贷政策的是联邦银行。德国联邦银行是德国的中央银行，其资本归联邦政府所有，只有联邦银行才有权发行货币。但联邦银行又是一个具有公共法人资格的联邦直接法人，独立于联邦政府，在行使职权时不受联邦政府指令的影响，但它要支持政府的总体经济政策。联邦银行的经费不列入政府预算，独立开支。当政府和银行在政策上发生分歧时可以协调，但联邦银行按理事会决议行事，联邦政府对这种决定只有暂时推迟实施的权利。

联邦银行根据对经济形势的预测和对市场行情的分析，决定收缩或放松发行量以保持马克的币值，稳定物价。联邦银行还可以用提高或降低商业银行在联邦银行的存款额，提高或降低它对商业银行的贴现率等，在金融方面刺激或冷却经济。

4. 德国的企业组织制度

德国的大的企业几乎都是股份公司。但德国股份有限公司不多，只占公司总数的5%左右。有些很大的企业也是有限责任公司，不上市。在大的股份公司中，股权相当分散。从20世纪80年代起，德国鼓励职工参加本企业的股份并给予奖励。目前，德国有相当数量的职工持有本企业股票。德国原来的一些著名的家族企业一般已变成大的股份公司，如克虏伯公司。

许多大公司中都有联邦政府和各级地方政府的股份，有时政府的股份足以控制这家公司，这样的公司实际上是国有企业或"公私合有"企业。如汉莎航空公司等。大众汽车公司原来也是国有的，后来联邦政府把部分股票转让给了私人，而变成了"公私合有"性质。戴姆勒—奔驰汽车公司也有约20%的股权属于巴登符腾堡州政府。但是，不论政府拥有企业多少股权，企业仍和一般股份公司一样运行，一样纳税，政府除收取税收外，还可以分到其拥有股权应分到的红利。

5. 社会保障体系

完善的社会保障体系是社会市场经济的一个重要内容。德国的社会保障体系主要包括失业保险、医疗保险、养老金保险和工伤事故保险等。失业保险是全体职工的义务保险，目前保险费约占工人毛收入的 4.8%，由资方和劳方各出一半。遇到失业时，缴纳过一定时期保险费并愿意接受劳工局为他安排适当工作的人，可以要求领取失业金。最高失业金为净工资的 68%，失业金最多可以领取一年，年老的失业者可以领取 32 个月。如果继续失业要申请失业救济，最高救济金可达净工资的 58%。

医疗保险有社会医疗保险和私人医疗保险两种。所有工人和收入在一定标准以内的职工及一些其他行业的人必须参加社会医疗保险。其他人在一定条件下，也可以自愿参加。社会医疗保险的保险费目前约为职工毛收入的 12.3%，也由劳资双方各付一半。社会医疗保险除包括治疗、药品等医疗补助外，还包括生育补助、丧葬费、家庭补助、住院费和某些休养费。参加社会医疗保险的人只需把医疗单交给为他看病的医生，由医生直接同医疗保险公司结账。

所有职工都必须参加养老金保险。保险费目前为毛工资的 17.7%，也由劳资双方各出一半。被保险者一般要缴纳 60~180 个月保险费才能享受到各种形式的养老金。通常男年满 65 岁、女满 60 岁，方可领取退休养老金。养老金的多少视参加保险时间的长短和劳动报酬的多少而定。养老金随着全体职工平均工资的增加而增加。另外，许多企业还向其工作人员提供额外的老年补贴，称为企业养老金，是法定养老金保险的重要补充。

工伤事故保险是对全体职工、农民的一种义务保险，保险费全部由企业主支付。1971 年以来，大学生、学生和幼儿园的儿童也被纳入保险的保护之列。

除了上述的各种社会保险外，德国还有儿童补贴、住房补贴等社会福利。战争受害者可以得到供养，伤残人在治疗和职业上可以得到专门的扶助。此外还有专门的救济金，对那些无依无靠的人进行救济。

四、中国的市场经济模式

中国的市场经济模式常被称为社会主义市场经济模式。自改革开放以来，中国经历了 30 多年的实践与探索，初步建立起了社会主义市场经济体制的基本框架，把中国特色社会主义制度和市场经济结合了起来。

中国特色社会主义条件下的市场经济，同资本主义条件下的市场经济在运行机制上是相通和相似的，具有市场经济的共性。主要表现在：

第一，承认个人和企业等市场主体的独立性。

第二，建立具有竞争性的市场体系。

第三，建立有效的宏观调控机制，弥补市场机制自身的不足。

第四，建立完备的法律法规体系。

第五，遵守国际惯例和规则，等等。

同时，在中国特色社会主义条件下，市场经济必然有其自身的特点。中国特色社会主义基本经济制度，在经济上是以公有制为主导；在政治上是以共产党为领导；在过程上是以中国的具体实际为平台；在目标上是实现现代化和共同富裕。中国特色的市场经济就是在这样的社会条件下运行的。

1. 中国特色市场经济体制自身具有的特点

（1）以公有制为主导的混合所有制结构。中国特色社会主义市场经济是以公有制为主导，其他多种经济成分共同发展。目前我国公有制形式主要包括国有制、集体所有制及不同公有制形式共同出资的股份制。由国有及由国有控股的大中型骨干企业在保证国民经济合理布局、节约资源和市场有序运行方面，发挥其特有的优势。而集体企业、私营企业、外资企业及其他所有者形式企业的不断发展，对经济建设发挥积极的作用。

（2）政府适度的间接性宏观管理。政府不直接干预企业的生产经营活动，其主要职能是制定和执行宏观调控，搞好基础设施建设，创造良好的经济发展环境。政府通过计划、财政、金融相互配合，综合运用经济、法律和必要的行政手段，创造一个稳定、安全和公正的社会环境，以确保市场经济的有序运行。

（3）目标是实现现代化和共同富裕。中国特色社会主义市场经济承认合理的收入差距但又避免两极分化。其中长期的奋斗目标是实现现代化，最终目的是实现共同富裕。

2. 中国特色市场经济在体制和机制方面的特点

（1）在所有制结构上，建立和完善公有制主导的多种所有制并存结构。国家鼓励个体、私营和其他非公有制成分发展，把它们作为市场经济的重要组成部分和初级社会主义社会基本经济制度的有机组成部分，但公有资产在社会总资产和经营性资产中要占大多数或优势，并体现在对整个国民经济发展的主导作用上。

（2）在分配结构上，建立和完善劳动分配为导向的多要素分配并存结构。这种分配结构既强调资本、土地、技术、信息等生产要素的所有者凭借所有权参与分配，又强调市场型按劳分配的机制和原则，同时政府又通过工资、奖金、税收、公共福利、社会保障等手段和机制，防止分配不公，调节个人收入的过分悬殊，以促进效率与公平的统一。

（3）在经济运行机制上，建立和完善国家主导型的市场经济运行机制。在充分发挥市场在资源配置中基础作用的同时，加强国家宏观调控，建立强市场和强政府的"双强"格局，使国家的经济职能充分有效地行使。同时，正确处理好中央与地方、政府和企业、目前利益与长远利益之间的关系，形成充满生机和活力的运行机制。

（4）在对外开放上，建立和完善自力主导型的对外开放形态。中国积极扩大和深化对外开放，已形成了多层次、多领域、多方位的对外开放格局。但是，在积极利用外国资金、技术、管理经验的同时，又强调独立自主和自力更生的原则，从而使中国的对外开放保持了独立的形态。

第三章 市场经济的产权

产权，即财产关系的法律体现，是建立在一定生产资料所有制基础上的财产归属和行为权利的总和。探究产权在市场经济中的地位、形式、交易、保值和增值，以及结构的变化等问题是市场经济学的重要内容。

第一节 市场经济与产权关系

产权是一个关系体系，它包括占有权、使用权、收益权和处分权四项权能。市场经济的重要基础，就是完善的所有制结构和明晰的产权关系。

一、产权概念的形成及内涵

市场经济的建立与发展要求严格的产权界定，否则市场经济就失去了其存在的意义。任何真正意义上的交易，实际上都是产权交易。在我国传统的生产资料公有制理论中并不存在"产权"这个范畴。人们通常在观念上只有所有权、所有制等概念。随着经济体制改革的深化，产权问题才突出地推到了我国经济理论研究的前沿。

20世纪30年代，美国经济学家罗纳德·哈里·科斯发表的《企业的性质》一文提出了产权问题。1960年，科斯又发表了《社会成本问题》一文，认为在产权明晰的条件下，只要交易费用为正值，产权在人们之间的分割、分配都会影响资源的配置和有效利用。这一观点被西方学者称为科斯定理。美国经济学家阿梅恩·A.艾尔奇安说："产权是一种通过社会强制而实现的对某种经济物品的多种用途进行选择的权利。属于个人的产权即为私有权，它可以转让以换取对其他物品同样的权利。"[1] 西方经济学者对产权概括为："产权不是关于人和物的关系，而是指由于物的存在和使用而引起人们之间的一些被认可的行为性关系，产权分配

---

[1] 珂梅恩·A.艾尔奇安. 新包格夫经济学百科全书. 第5卷 [M]. 麦克米伦公司，1987

格局具体规定了人们那些与物相关的行为规范，每个人在与他人的相互交往中都必须遵守这些规范，或者必须承担不遵守这些规范的成本。这样，社会中盛行的产权制度便可被描述为界定每个人在稀缺资源利用方面的地位的一种经济和社会关系。"①

上述关于产权概念的表述，基本上反映了西方学者赋予产权的内涵。归结起来，大体要点是：第一，产权首先是一种财产权利，是一种以财产所有权为基础的社会性权利。第二，产权和市场交易具有内在联系，市场交易就是产权的交易，产权是市场交易的前提。第三，产权体现为一种法律规范，具有排他性，外部力量不得侵权。第四，产权作为财产关系的体现，可以转让、分割或分离。

应当看到，西方学者研究产权主要是为了在市场经济关系中确定产权界区，保障和实现私有财产要求，进而达到资源的有效配置。因此，在西方产权概念中不能不反映资本主义私有制经济关系的特殊性。然而，超越西方产权的私有制性质，我们又可以看到：社会化商品经济发展到一定程度，必然要求财产关系走向社会化、市场化、规范化，私有财产向社会财产的转化，又要求实现财产所有权和经营权的界定与分离。这就要求明确不同所有者之间及所有者和经营者之间的产权界区，使财产权利在市场交易中得到保障和实现，从而避免财产所有者正当的权利与利益受到外部力量的侵犯。这种要求对中国特色社会主义市场经济运行同样是需要的。

二、产权制度与产权功能

一般意义上说，产权体现的是人与人之间的财产权利关系。更明确地说，产权是财产权利的社会形态。财产权利因所有制基础和社会经济属性不同，产权性质以及它的存在形态和运行方式也会有很大的不同。在理论与现实经济活动中，产权可以从两个层次上进行分解：第一个层次是归属产权，它是指人们对财产的占有、使用、收益、处分的权利，或者说是对财产的最终归属权；第二个层次是营运产权，具体表现为经营者对财产的有条件的实际占有、使用、收益、处置等行为权利。根据这种分解，归属产权的概念更接近于所有权，但有一个本质的不同，即所有权反映的是人与自然之间的资产权利关系，产权体现的是人与人之间的资产权利关系。更明确地讲，所有权是资产权利的自然形态，而产权是资产权利的社会形态。营运产权则接近经营权，但它们也有着本质的不同，营运产权包含经营者对资产有条件的实际占有，而经营权不存在这个问题。

产权关系的核心是运作规则或行为规范，而规则与规范产生于交易过程。交易的核心是所有权的转让。产权关系的确立本身既来自于这种转让过程，又给这

---

① E.富鲁布顿，S.佩杰威克. 产权与经济理论：近期文献概览 [J]. 经济文献杂志，1972（10）

种转让过程中的有效性提供了制度保障。如果资产所有者之间没有交易行为，进而也不会发生利益冲突，交易规则也就无从产生，产权也无须确立。但这并不意味着所有权也不存在。

在纯粹的公有制经济中，每个人对全体所有的资产拥有的所有权是平等的和无差异的，同时，任何个人又无法单独拥有属于自己的那"一小块"权利，或者说每个人都是"无资产"的。可是，产权的本质是一种排他性的权利，产权形成的一个基本条件是交易状态下私人（或集团）利益的冲突。在纯粹的公有制条件下，大家拥有同质的无差异的资产权利，追求共同的利益目标，不存在交易，实际上也就不存在个人利益以及利益冲突。在这种条件下，产权没有实际意义。

现实情况是分工及多种所有制并存，例如西方国家的混合经济即是如此。就公有制来说，也呈现出不同形式，主要有国有制、集体所有制等形式，因而产权也就具有实际意义了。后一种形式的公有制因为存在集团的利益冲突，而且个人可以从集团的利益中分得一定的个人利益，也就必然存在私人利益冲突。因此，它们的产权是明确的。国有制不过是公有制的一种实现形式，不同实现形式的公有制之间也就产生了产权问题。其他形式的非公有制因为存在着明确的私人（或集团）利益冲突，它们的产权也是确定的。

对产权的进一步分析就是它的规则，即产权制度。产权制度从来都是在社会的范围内考察的。从一般意义上讲，所谓产权制度，是指建立在一定生产资料所有制基础上的财产占有、支配、使用、收益和处置过程中所形成的对各类产权主体的地位、行为、权利、责任、义务、利益及相互关系加以规范的法律制度。生产资料国有制条件下的产权制度就是界定国家和企业之间在国有资产占有、支配、使用、收益和处置过程中的地位、行为、权利、责任、义务及相互关系的法律制度。

在合理的产权制度下，产权的功能主要表现为：第一，硬化财产约束。在产权关系明晰的条件下，所有者可以通过产权约束经营者，保障资产增值，实现所有者利益；经营者可以通过产权约束和激励机制，硬化预算管理，保障企业自身利益。第二，保障正当经营权利。产权具有排他性，企业一旦拥有产权，生产经营权将得到法律保护，他人不得侵犯。第三，促使资源优化配置。产权具有可分割、转让的特点，通过以产权转让为基础的企业间的资产联合、兼并、重组等形式，可以促进资产合理流动，提高营运效率。第四，规范市场交易行为。在产权界区明晰条件下，产权以保障受益和受损索赔原则抑制企业不正当交易行为，促使企业行为合理化。第五，可以产生一定的激励作用。在合理的产权制度下，资产的所有者根据归属产权中的收益权可以得到一定的利益保证，促使资产的所有者合理有效地利用自己所拥有的资产和资源。而经营者根据经营产权中的收益权得到应得的利益，可以促使经营者更加努力、高效地从事经营活动。第六，形成稳定的预期。由于产权是一种确认和保障财产持有人的财产权益的制度，所以一个社会的产权制度是否具有持续性和稳定性，直接关系到从事经济活动中的当事人能否形成稳定的预期。只有当社会能够明确地承认和保护产权，人们在交易活动中形成一个可以把握的、稳定的预期时，才会使企业经济行为长期化，着眼于谋求长远的利益，抑制、约束和克服各种不合理的短期行为。

可见，产权关系的明晰化、制度化，是进行市场交易的前提，如果没有对财产权利本身的界定，就难以存在交易。只有在交易活动中当事人拥有产权的前提下，才可能谈到产权的转让和资源的组合。在产权关系已经得到明晰界定的情况下，一个经济活动当事人要使用另一个经济活动当事人拥有的资源，需要根据该资源的产权"强度"，给予等价补偿。市场交换的实质，是产权的互换。拥有产权、进行交易的经济活动当事人，是市场活动的主体。市场主体的存在，是市场经济的基本要素与单元。

第二节　产权形式与交易

产权的内容是丰富的，形式也是多样的，有私有产权、公有产权，个人产权、集体产权，企业产权、国家产权，完整产权、部分产权，股权、债权、专利权、著作权等。这里主要结合我国国有企业的实际情况，讨论企业产权。根据不同的标准，可以对产权形式进行多层次、多角度的划分。

一、产权形式

产权形式指产权的隶属关系及其管理、处置的具体表现形式。从不同的角度来看，产权可以表现为不同的形式。

1. 按产权的投资来源划分

国有企业的产权属于国家所有，具体情况又可以分为三个层次。

第一，中央政府所有。这主要指由国家财政拨款或由中央政府财政担保还贷形成的财产，其产权属于中央政府所有，即归中华人民共和国所有。

第二，地方政府所有。这主要指由地方财政拨款或由地方政府财政担保还贷形成的财产，其产权归地方政府所有，法人代表是地方人民政府。在地方政府所有中，又可以分为省（自治区、直辖市）、地（省辖市）、县（县级市）三个层次。由哪一级政府财政拨款或担保还贷形成的财产，产权就归哪级地方政府所有。

第三，企业所有。在我国经济体制改革以前，企业基本上没有自有财产；通过经济体制改革，企业已经拥有了大量的自有财产。这些财产主要包括两个来源：一是通过自有资金投资形成的财产；二是通过归还银行贷款后，形成的新增财产。

2. 按产权的构成划分

国有企业的产权有多种组合形式，主要有：

第一，按投资的形态结构划分，可以把产权划分为实物投资、货币投资与所有权属于国家的发明创造、技术转让等无形资产的投资等几个部分。

第二，按财产的动态结构划分，可以把产权分为不能移动的土地产权、基本固定的厂房与设备等固定资产产权与可以随时变动的流动资金的产权等。长期以来，我们对国有企业的财产只划分为固定资产与流动资金两大类，忽视国有土地作为一种产权的存在，显然是不合适的。

第三，按产权的股份构成划分，这是国有企业在实行股份制时所必须解决的一种产权组合形式，即把国家拥有的产权转化为股权，产权构成也就变为股权构成。这种股权基本上是由国家对企业的所有权决定的，但却可以按具体归属分别采取国家股或法人股形式。在这里，它的最终所有权全部属于国家，所有制的性质并没有改变，变化的主要是产权的形式。有人把由产权转变为股权，由国家所有转变为法人所有视同所有制转变，这是一种误解。

3. 按产权与经营权划分

这是又一种极其重要的分类形式。

第一，产权与经营管理权的理论划分。马克思主义经济学认为，产权与经营管理权是可以分离的。在研究资本的流通过程时，马克思曾经论述过这种分离的两种形式，一种是资本所有权与资本经营权的分离，即货币资本家握有资本，但他并不直接进行生产，而是贷款给产业资本家，自己凭借贷出资本获得利息。这里，两类资本家实际上形成了伙伴关系，一个是法律上的资本所有者，另一个是实际上的资本所有者。另一种是所有权与占有权、使用权、支配权的分离。在资本主义的土地经营与股份企业中都存在着这类情况。在中国特色社会主义条件下，由于与资本主义一样都是社会化大生产和市场经济，因而各种固定资产与流通资金仍与资本主义有若干相同属性，马克思主义的上述论述，仍然是我们研究所有制改革，特别是产权制度的重要理论依据。

第二，产权与经营管理权的实际划分。在国有企业中，实行所有权与经营管理权的分离是我国国有企业体制改革的一个重要方面。对于所有权与经营管理权的划分，一般有两分法（所有权与经营管理权）、三分法（所有权、经营权与处置权）、四分法（所有权、占有权、经营权、处置权），每种各有其道理。一般情况下，两分法可以说明问题。值得重视的是这种分离究竟是有限的相对分离还是无限的彻底分离。通过试行股份制，已经在一部分国有企业中建立了以公股为主的股份企业，让国家通过控股保留对企业的最终财产所有权与处置权使企业作为法人成为经济上的资本所有者，成为独立的能够真正实行自主经营、自负盈亏、自我约束、自我发展的商品生产者与经营者。从这一意义上说，相对分离中有绝对分离；这种绝对分离，也可以说是相对分离中的绝对。

第三，产权与经营管理权在政府部门间的划分。对国有企业的产权与经营管理权的划分，不仅涉及政府与企业的关系，而且涉及政府有关部门之间的关系。就一方面而言，要在政府主管部门之间实行"政企分开、政资分开"，即由国有资产管理部门或国家投资公司行使由国家投资形成的财产管理、监督权，由企业的行业主管部门行使对企业的经营管理权，两者之间分工协作，互相制约，共同促进企业生产的发展与效益的提高。这一分工应遵循精简机构、提高效率的原则，切忌管理交叉、部门繁多。

二、产权交易

产权交易，是指资产所有者将其资产所有权和经营权全部或者部分有偿转让的一种经济行为与活动。这种经济行为与活动是以实物形态为基本特征的出卖财产收益的行为，是多层资本市场的重要组成部分。

1. 产权交易与产权交易市场

产权的交易，即产权的有偿转让，是拥有财产所有权或使用权的主体转换，是一种财产占有关系的变更。因此，产权交易的内涵表现为：一是财产所有权和支配权一并转让，包括物质形态的资产如厂房、机器设备、土地、原材料等要素权的转移，也包括非物质形态的财产，如货币资金、债权债务、技术专利和商标权等的转让；二是单纯的使用权转让，如财产租赁关系、货币资本借贷关系及企业经营中的经理负责制、承包制、代理制等；三是股份的转让，在股票发行市场上，股份公司将股权转让给股东，在股票交易市场上，股权则在股民之间流动。股权转让的前提是财产的实际占有权和股权的分离，是所有权内的终极所有权和法人所有权的分离，而不仅仅如同我国的承包制等形式那样的所有权和使用权相分离。股权转让是层次最高的产权转让方式，是市场中经济产权交易的重要内容。

产权交易市场，指产权交换关系的总和，是产权交易的实现形式。产权交易市场可以分为三个层次，即全部产权交易市场、使用权交易市场和股权交易市场。其中，第一类属于最低层次，第二类次之，第三类则是商品性社会化大生产发展的产物，在市场体系中居于最高层次。可以说，它是建立和完善市场体系的权威标志，从而也是市场经济的显著特点。

2. 产权交易的具体形式

（1）资产产权市场。企业就其实体而言，是生产要素的集合。在企业中，所有生产要素如设备、土地、物资、资金、技术、劳动力等分别以有形资产或无形资产的形态存在，或者说以资产的价值形态或实物形态存在。既然所有的生产要素都可以进行商品化经营，可以通过市场关系转让，那么作为生产要素的综合体，作为资产的整体，企业本身也可以进行商品化流动。企业的转让，是资产产权的转让。产权转让有不同的情况：可以转让资产所有权，也可以转让经营权而保留所有权；所有权也可以分化为股权而转让部分资产。

资产产权市场交易的前提是资产产权关系的明晰化。只有各类资产所有权关系界定清楚，才有可能实际转让企业资产产权。真正的产权关系，存在着三个相互关联的环节：①产权界区，即不仅明确不同资产形态的所有者，而且明确与资产有关的经济当事人的不同权利范围和财产边界；②产权经营，即在资产增值的目的下，产权经营者或把货币资产变为实物资产，或把实物资产变为货币资产，将资金投向有利可图的场所，使资产不仅能保值，而且能增值；③产权流动，即资产的所有者对不同的当事人转让所有权或经营权。从产权关系的上述要求看，我国经济体制改革前的企业并不符合。

资产产权转让是市场竞争的产物。在市场竞争中，有的企业处于优势，为了更快地实现生产的扩张，必然要通过新增投资或购买其他企业的资产来扩大优势。而竞争中处于劣势的企业无法维持，只能出让资产产权，寻找新的途径。企业与企业之间，企业与银行之间发展信贷关系，也自然会产生以资产所有权来抵偿债务的最终结果。因此，竞争与信用的发展，是资产产权转让的两个推动力。

建立资产产权市场，对于资产产权的转让是十分必要的。市场上有信息交流，便于买方和卖方实现意愿沟通，提高交易的透明度，培育竞争机制；市场使交易双方选择范围拓宽，资产产权可在更大的范围流动；通过市场方式来进行资产评估，可以避免盲目的讨价还价；同时，有资产产权市场就有交易的市场规则，交易双方有章可循；资产产权的交易当事人还能及时得到审计、工商、税务、公证等部门的综合服务。

（2）企业兼并。企业兼并是通过产权转让实现企业资产的重组。由于企业资产产权的转让，资产的价值形态、实物形态实现了新的组合，生产要素重新在不同的生产结构上实现其功能，生产规模与方式发生了变化，从而实现资源的重新配置并且在新的基础上实现优化。

企业资产重组可以通过企业兼并来实现。企业兼并是企业资产所有权的一种交易方式，它以企业破产为前提。在市场竞争中，如果企业无法按期偿还债务，无法履行作为法人的义务，就要依法宣告破产。破产企业如果不解散，最好的出路是被另一个企业兼并。企业被兼并后失去法人资格，通过清产核资，由兼并企业投资收购，成为兼并企业的一部分资产。兼并者承担被兼并者所有的债务，同时取得后者的全部经营权。

以企业兼并为典型形式的资产重组，在经济上有重大意义：①体现市场经济的竞争性。那些经济效益差的企业，由于持续出现亏损，并且不可能通过内部整顿来扭转这种状况，就要被市场淘汰；而经济效益好的优势企业，通过兼并得以进一步增强实力，提高市场占有率，从而使整个社会的生产力水平得以提高。

②促进企业生产集中。通过兼并，以优势企业为核心，高效地利用原来经营不善的企业资产，提高生产的规模经济效益，促进企业经营专业化、规模化、集约化的形成。③企业资产重组是存量调整的具体形式，能够有效地解决由于投资失误使固定资产和流动资产效益不佳所造成闲置或浪费的问题，有利于产业结构的调整与优化。

（3）股份制经营与股权转让。股份制经营，简单地说，就是通过发行股票以筹集资金并形成企业资产的市场运行方式。持有股票者作为企业的股东以股票份额作为占有企业资产的依据，并凭此分享企业的资产收益。企业的股份制经营使企业资产所有权与经营权的相互关系发生了重大变化，即资产所有权分离为两种产权——价值所有权与实际所有权。价值所有权转化为股权，股权归投资者所有；实际所有权归企业法人，其代表者职能由董事会承担。董事会对企业资产的运行与增值负责，承担资产风险，行为受股东利益的制约。经理（厂长）拥有经营权。在股份制经营下，资产产权处于这样的状态：最终所有权与企业经营权发生了完全的分离；企业资产的实际所有权制约企业经营权，但不是替代企业经营权；有经营才干的经理（厂长）运用经营权。这就保证了资产运行处于较为良好的约束运营状态。

企业资产的价值所有权转化为股权，便利了资产产权的商品化、市场化。在保证企业资产实体的稳定与完整，专注于生产力发展的同时，利用产权市场的转让机制，使企业资产的运行效果与投资者的信心联系起来。股东通过对企业股票的买进或抛售，对企业经营产生强大的外部约束力，社会资金更能迅速地集中于优势企业，而劣势企业的处境将更加困难。竞争机制在股权的转让市场上表现得更为明显和深刻。

股权转让通过股票的买卖进行。股票市场成为企业资产价值所有权转让的具体场所。这种资产所有权转让的便利性，促进企业形态彻底打破了封闭状态而开放化，企业间的持股、控股不断变更，企业生产要素的流动更加迅速，资源配置在市场上取得了新的途径。

（4）拍卖、承包、委托与租赁经营。拍卖、承包、委托与租赁经营是实现资产与管理重组的重要形式。资产产权与管理权分开，使它们独立化，并在市场转让中重新结合起来，这是提高社会生产效率的有效途径。这种市场转让，使管理社会化，有利于资产经营权向具有管理才干的人手里集中；有利于经营者的责、权、利有机结合，相互对称，使经营管理与利益挂钩，增强经营者的压力与责任感；有利于硬化企业的预算约束机制，优化市场经济运行所需要的微观基础；有利于为企业家队伍的发展壮大提供土壤和基础。

实现资产与管理的重组有两种方式：一是通过企业资产所有权的转让，实行企业拍卖。企业拍卖一般见于小型企业，拍卖后的企业资产脱离原有的所有者，归属新的主体，在新的管理之下运行。二是通过企业资产经营权的转让，对企业进行承包、委托或租赁经营。

企业的承包经营是指企业通过与经营者签订承包合同，确定经营者与企业所有者的责、权、利关系，使经营者对企业实行自主经营的经营方式。一般来说，企业实行承包经营责任制只是一种经济责任制，经营者是企业内部劳动者的一种特殊分工。承包合同虽然表明了经营者与企业所有者是一种商品经济关系，但经营者还可能是企业主管部门运用行政方式选择的。只有面向本企业之外实行全行业、全系统甚至社会性招标、投标，通过竞争选择承包者，才具有资产经营权的市场转让意义。

在承包经营中，企业资产经营权的转让是不完全的。经营者承包的不是企业资产本身，而是资产运用的某些经济指标。比较圆满的承包经营是由承包者承包一个指标体系，这个指标体系是由企业所有者制定的，这说明企业所有者仍然决定着企业资产的基本经营权。承包者得到的是部分经营权，承包者对资产经营的责任与利益也是部分的。

委托经营实质上是管理权的转让，与承包经营有本质区别。

企业的租赁经营是指企业所有者通过与经营者的租赁合同，将企业资产的经营权在一定期限内完全让渡给经营者，企业资产所有者依据出租企业资产收取租金，由经营者对企业自主经营，实际是产权的期限转让。

3. 产权交易的基本功能

产权交易的基本功能在于资本在重组过程中实现的产业组织结构与资源配置的优化。产权交易就其直接过程来看，就是重新分配资本即资本的重组。这一个过程包括两方面：一是资本权利结构的重新确定；二是资本权利结构既定，对资本数量的调整。前者实质上是所有制结构上的变革，后者是资本作为一种生产要素的重组。它同时实现了企业组织结构的调整与资源配置的优化。

在我国，企业产权交易的特殊功能在于如下几方面：

（1）有利于加速非公有制经济的发展，优化所有制结构。在多种经济成分并存的条件下，产权交易既可以鼓励与扶持资金流向和注入经营好的优势企业与行业，也可以通过拍卖一部分低效率或无效益的公有制企业转换为非公有制企业，不仅可以解决国有经济的亏损问题，而且加速了非公有经济的成长。

（2）有利于在所有制结构变动中提高资源配置效率。不合理的所有制结构必然影响资源配置效率。产权交易一方面导致资本权利结构的变化，另一方面又可在资本权利结构既定的条件下，导致资本数量的重新分配，即在不转移所有权的条件下实现生产要素重新组合。

（3）有利于解决资金存量呆滞与资金流量不足之间的矛盾。经济运行中常见这样的矛盾：一面是已投资形成的固定资产即资金存量大量地闲置或浪费，另一面是有很多好项目因无资金而不能上马或中途停工。这就要通过产权交易市场，使闲置的资金存量流到急需资金的企业与部门去，这样既可以提高原有生产要素的利用效率，又可以提高资金的利用效率，以解决资金不足的问题。

4. 产权交易的基本条件

产权交易要顺利、正常进行，必须完善一些基本条件。

（1）界定产权。生产资料所有制关系具有"人格化"的体现者和明确具体的法律表现，是产权进入市场交换的前提条件。

（2）确立规则。市场交易是有规则的，以商品为载体的产权交易同样是有规则的。产权交易规则不仅要考虑市场交易的一般规则，同时还要考虑产权交易的特殊性，以及国家的产业政策、区域发展政策、对外经贸政策等。

（3）实现有效的宏观调控。这是产权交易正常运行的重要条件与外部环境。当今世界，没有不干预经济的政府，也没有不受政府干预的经济，国有企业的产权交易更是如此。

（4）注重产权交易的法制建设。既然产权是财产关系的法律表现，是建立在一定的生产资料所有制基础上的财产归属和行为权利的总和，产权交易必然要靠法律来保障。否则，不仅产权交易无法实现，而且产权本身也会受到损害。因此，产权交易的法制建设是市场经济健康发展的必要因素。

第三节　产权的管理与趋势

在市场经济条件下，产权是一种特殊商品，是财产权利的社会形态。在商品经济关系中，不论是私有产权，还是公有产权，都存在财产权利不受侵犯和对产权进行有保障的、切实有效的管理问题。在私有制占支配地位的条件下，产权管理体现私有者或"集体私有者"之间的权益关系，他们遵守的信条是"私有财产神圣不可侵犯"。在公有制占支配地位的条件下，产权管理情况比较复杂，既体现公有制与公有制之间的关系，又体现公有制与非公有制之间的关系，还体现多种非公有制之间的关系。这种种不同的关系，必然产生与之相适应的不同管理体制与管理方式。产权管理的共同点是保护各种产权各自的权利和利益不受侵犯，取得产权的最大效益，其不同点是各种所有制产权有不同的管理体制和管理方式。

由于把产权仅仅当做一种特殊的商品看待，产权交易也就是商品交易，因此各种不同所有制产权的交易和管理，也就可以视同于商品的交易和管理，无须另当别论。唯有公有制产权的交易和管理，有其特殊性，故专门讨论。

一、国有产权的管理

由于中国特色市场经济的特性，以及作为一个由传统计划经济转化而来的市场经济，国有产权的管理尤其重要。

1. 国有资产的管理体系

新中国成立以来，已积累起巨额的国有资产。对于这些国有资产的增值与保值，是强化产权管理的根本目的。我国的国有资产管理，可分为政府—中介机构—企业单位三个层次，每个管理层次都建有相应的国有资产管理机构，使国有资产管理从上到下形成完整的管理体系。

（1）第一层次的管理组织。政府在整个国有资产管理体系中处于主导地位。按照行政层次的划分，这一层次的国有资产管理机构由中央（国家）国有资产管理机构和地方国有资产管理机构两个环节组成。地方国有资产管理机构由省（自治区、直辖市）、地（自治州）、县（自治县、不设区的市、市辖区、直辖市、旗）三级国有资产管理机构组成。

（2）第二层次的管理组织。它指介于政府、企业之间的国有资产管理组织。属于这个中介组织的有：控股公司、投资公司、股份公司、集团公司、行业总公司等。中介机构属于经济实体，如投资公司主要从事国有资产的投资经营管理活动；股份公司主要从事国有资产的股份经营管理活动等。国家的国有资产管理部门，可以根据需要向中介机构授权，对有关国有资产进行产权管理工作。在这种情况下，这些中介机构既要通过开展本级的国有资产经营活动，完成本级国有资产的保值和增值任务，又要负责对授权其管辖的企业国有资产营运情况进行检查监督，并负责国有资产经营收益的监缴工作等。

（3）第三层次的管理组织。它指经营国有资产的企业中的国有资产管理组织。在实行"两权分离"后，国有资产的所有权归国家各级国有资产管理部门行使，国有资产的经营权则要转移到经营国有资产的企业中去。为了强化产权管理，必须在国有企业中设置相应的国有资产管理组织，使产权管理延伸到每个经营国有资产的企业中去。这就要求把企业中的产权管理组织与企业本身的生产经营管理组织分开。例如，在国有企业里可以设置董事会或企业管理委员会，由国家的国有资产管理部门或其授权的国有资产管理中介机构委派或任命董事长、部分董事会成员等出任产权代表，行使对企业国有资产的产权管理和监督。

在建立国有资产管理体系的基础上，要理顺各层次相互之间的关系。首先，理顺国家国有资产管理部门与地方国有资产管理部门之间的关系，按照"统一政策，分级管理"的原则划分各自的国有资产产权管辖范围和权限。其次，理顺各级国有资产管理部门和本级国有资产经营管理中介机构及各国有资产经营企业之间的关系，在"两权分离"的基础上，进一步明确国有资产营运过程中的各自管理、经营、使用国有资产的权、责、利关系。

2. 国有产权制约机制

建立国有产权制约机制，主要是通过加强国有资产管理的法规制度建设，明确产权关系，界定产权的管理职能，规范各利益主体的行为，确保各项资产经营活动的有序进行。根据国有资产管理的不同要求，可以在宏观、中观、微观三个层次上建立产权制约机制。在宏观层次上，要依据国民经济发展的总体要求，对全部经营性国有资产，从增量投入和存量调整两方面来保证配置上的经济合理性，从而实现产业结构的合理化，达到提高宏观总体效益的目的。在中观层次上，要开展国有资产经营活动，培育并完善产权市场，增强国有资产的竞争性和流动性，机动灵活地调整存量资产的配置，提高运营效率。在微观层次上，要使所有权的制约机制进入企业，合理界定所有者和经营者的职能，完善法人治理结构。一方面，要维护经营者应有的经济自主权，排除对经营者不适当的干预，充分发挥其搞好经营管理的积极性；另一方面，要以所有权制约经营者的行为，保证国有资产的保值与增值，建立产权收益与工资奖金的正常制衡机制，维护所有者的权益不受侵犯。

3. 完善国有资产管理职能

国有资产管理部门作为国有资产所有者的代表，行使国家赋予的国有资产所有者的代表权，以及体现代表权的国有资产监督管理权、国家投资和收益权、资产处置权的职能。在国有资产的现实管理中，主要有两个基本问题较难处理：一是国家归属产权与对国有企业收益索取权之间的关系；二是国家财产终极处置权与国有企业法人财产治理权之间的关系。只有在改革与发展的框架内才能较好地处理上述两个难题。

（1）代表权职能。代表权职能，即代表国家行使所有权的管理。国有资产既不能由各部门各地区分别行使所有者代表权，也不能由个人分别所有，只能由单位或一个代表国家意志和利益的有形组织作为所有者主体，即所谓国有资产的"人格化"。全国人民代表大会是国家的最高权力机关，是国有资产所有权的当然代表。我国现行体制是国务院受全国人民代表大会的委托主持国家行政事务，因而当然也就成为国有资产的管理主体即行政代表，行使国有资产所有权的管理。过去各职能部门和地方政府分别行使所有者代表权，结果形成了事实上的"部门所有制"和"地方所有制"，"条块分割"，阻碍国有资产的有效管理和合理流动。在实践中，国有资产管理部门应成为所有权的唯一代表主体，代表国家专门行使所有权职能。与之相适应，原来的各主管部门需要逐渐转向行业管理，执行国家的产业政策与区域发展政策等，成为行业主管部门。

（2）监督管理权职能。对国有资产的运营和使用实施监督。任务有两个：一是维护国有资产所有者的权益不受侵犯，不受损害；二是保证国有资产的保值和增值，提高资产运营的经济效益。必须从维护和巩固国有制的角度，加强对国有资产运营全过程的有效监督，确保国有资产的不可侵犯性，严密防止国有资产流失，不断提高国有资产的运营效益。

（3）投资权和收益权职能。所有者行使投资权，是生产关系再生产的一般规则。国有资产管理部门作为所有者的代表，自然具有投资权，以实行其保证国有资产保值、增值的职能。收益权，是指国有资产管理部门作为国有资产所有者的代表，对国有企业交纳所得税后的利润拥有分配决策权和取得收益的权利；对合资企业、股份制企业交纳所得税后的利润，拥有按照国家投资份额或协议的规定取得收益的权利。收益权是所有权在分配中的集中体现，它是行使所有权不可分割的内容。收益既是衡量经营有效性的尺度，又是进行投资的重要依据和前提。要确立收益管理在资产管理中的中心地位，强化收益对投资和经营的制约。

（4）处置权职能。处置权职能是指国有资产管理部门有权根据国民经济发展的需要和企业的经营状况，对国有资产实行发包、出租、参股、兼并、出售、拍卖等，并取得和使用与之相应的资产处置收益。这里要区分国有资产的产权处置和企业法人资产的处置。企业法人资产的处置，是指企业在生产经营过程中，资产的存在形态不断变换，如购进原材料、卖出产品、处理闲置设备等。只要资产的原值不受损失，这些经营活动改变企业经营权范围，不属于与所有权相联系的资产处置权。资产处置权则是指资产原本的产权处置，即终极处置权。国有资产同其他任何资产一样，作为一种商品是价值形态和实物（使用价值）形态的统一。在产权交易中，两种形态变换即由价值（货币）形态变为实物（使用价值）形态如厂房、设备等，或者反过来，由实物（使用价值）形态变为价值形态，前者为购入，后者为出售，不改变产权性质而只改变产权存在形态。在这种变换中，至关重要的是对国有资产的保值和增值，至少确保不得流失。

按照公有制和市场经济相统一的原则，构造新国有产权制度的基本结构和框架，将使传统的国有产权制度发生一系列根本性的变化，并会出现如下一些新特点。

第一，国有资产归属产权主体一元化和资产营运产权主体多元化并存，构成国有产权制度下的产权结构体系。国有资产归属产权主体一元化反映了国有制的本质要求，各级国有资产管理部门作为国有财产所有者代表或归属产权主体，它们之间不是两个对立的不同所有者，而是国有制统一原则下的责任关系。公有制可以有多种实现形式，国有制也可以有多种实现形式。资产运营产权主体多元化，既反映了公有制可以有多种实现形式，也反映了市场经济的要求。随着市场经济的发展，企业组织形式多元化也会促使资产营运产权主体进一步多元化，与归属产权一元主体并存并相辅相成。

第二，资产增值、盈利是国有产权制度中归属产权主体和营运产权主体的共同目标。归属产权的主要目的是力求国家投资的经营性资金保值和增值。而资产营运权的主要目标是力求经营资产获得盈利，实现利润最大化。两者实际上是一致的，所不同的只是双方实际利益的划分。这种以资产增值、营利为目标，是新的产权制度区别于传统产权制度的重要特征，从而形成新的激励动力机制。

第三，国家和企业之间、企业和企业之间的产权界区明晰，形成有效的经济制衡关系。就国家和企业关系看，国家作为归属产权主体，在产权结构中处于主导地位。但是，授权企业产权主体营运国有资产后，国家和企业之间在法律上形成平等关系，各自必须尊重对方的权利。企业保障国有资产增值，国家不干预企业的生产经营活动，而是作为归属产权主体依据管理商业化、价值化原则对企业进行间接的产权管理，保证企业成为自主经营、自负盈亏的商品生产经营者。就企业产权主体看，产权界区明晰促使企业间尊重各自的行为权利，包括商标、生产技术等知识产权，以保证市场公平竞争与诚信运营。

第四，资产营运产权和资产归属产权直接地和有条件地进入市场，产权发生现实转让。就资产营运产权来说，直接面向市场展开生产经营活动，随着不同企业间市场交易的进行，资产营运产权发生现实的转移。但是，资产的归属产权发生现实转移是有条件的。在国有制范围内，无论以何种方式进行市场交易、产权交易乃至企业破产、兼并或联合，企业间只是发生营运产权的转移，而归属产权并不发生转移。只有在不同所有制企业之间进行现实的产权交易，发生企业拍卖、兼并或联合等，国有企业的归属产权才会发生现实的转移。

第五，在新的产权制度中，资产经营收益分配采取双渠道分流。资产营运产权主体作为纳税人，首先将资产经营收益中的一部分以缴税方式作为国家财政收入，其余则在企业、个人、国有资产管理部门之间再次分配，以保证国有资产本金收入中的主要部分用以积累和再投资。

第六，企业经营制度形成以股份制为主体的多元形式。在市场经济条件下，国有资产管理部门将通过授权中介性投资公司、控股公司等作为国有产权代表对企业直接实施产权经营管理，在企业内部实现国有产权约束和激励机制的统一。实现这种产权约束和激励，主要采取股份经营制度。就发展趋势来看，多数竞争性企业和新创办企业将采取股份制经营，少数重要企业或风险较大的企业采取国有经营或承包经营等形式，以体现公有制实现形式多元化以及经营方式多元化的目标。

二、产权的发展趋势

在资本主义社会，产权是私有的，从而表现出分散、多元的特性。竞争的结果使得大量企业倒闭破产，或者被兼并、收购，最后形成寡头垄断和垄断。生产由分散转为集中，这就意味着生产方式也由分散向集中过渡。

现代高度发展的社会生产力，已经使资产阶级对生产资料和产品的占有，以及对政治、精神的统治，开始向经济、政治和精神发展的障碍转化，资本主义的基本矛盾——生产社会化和资本主义私人占有之间的矛盾也在深化。资本主义生产把从前个人的生产资料变为社会化的，即由没有生产资料的人共同使用的生产资料，生产本身也从一系列的个人行为变成一系列的社会行为，产品也从个人的产品变成社会的产品。但是，这些社会化的生产资料和产品却不是归那些真正使用生产资料生产这些产品的劳动者所共有，而是归资本家所有。这就是资本主义生产方式的基本矛盾，是产生资本主义社会一切矛盾和冲突的根源。生产力的不断加速发展，要求生产资料从资本主义的桎梏下解放出来，其结果必然是私有制转变为公有制，资本主义灭亡，最后形成天下大同的局面。

欧盟的形成，以及跨国公司的发展，就是生产资料日趋社会化和国家走向消亡的很好的例证。欧盟的成立，使得区域内的生产要素加速流动与会聚，所有制的规模迅速加大，地区一体化格局逐步实现。

产权发展的这一结局，是由市场经济的发展趋势所决定的。市场经济的发展最终结果是生产资料公有制条件下的有计划的产品经济。这是生产关系一定要适应生产力发展规律作用的必然结果。生产关系一定要适应生产力发展的规律，是推动人类社会发展的根本规律。但是，以生产资料公有制为基础的计划产品经济的实现需要一个相当长的时期，需要经过若干代人的不懈努力。

第四章　市场经济的主体

市场经济主体是指市场上参与交易活动的组织和个人，适度包括政府。他们是市场经济的重要组织部分，是构成市场经济行为与活动的基础。

第一节　市场经济的利益主体及其关系

所谓经济利益主体，是指在社会经济活动中，具有自主权利，能够独立进行经济活动，发生经济往来关系并承担经济责任的个人或组织。在社会经济活动的范围内，企业、公司等具有独立法人地位的经济实体和独立进行经济活动的家庭与个人，是我们研究和分析的经济利益主体。

一般来说，在社会经济活动范围内，只有在一个经济实体或个人与另一经济实体或个人发生经济交往活动时，这个经济实体或个人才可作为经济利益主体而存在。例如，社会团体虽然是一个独立单位，但不进行商品生产和交换的经济活动，因而不是一个经济利益主体。只有在特定的条件下，个人或组织才成为经济利益主体，如社会团体对其财产拥有自主权，在这一点上，它才是经济利益主体。

经济利益主体是法律行为主体的重要内容。在市场经济条件下，法律上的行为主体当然就是独立的经济利益主体。在国家、企业、家庭与个人多元利益主体中，企业的作用与功能决定了其在市场经济活动中的基本利益主体的地位，是市场供给的主要方面，是市场经济活动的基本单元。

企业经济利益主体是指企业在社会经济活动中作为一个独立的经济实体，在经济活动过程中所具有的权利和应承担的义务。企业经济利益主体的实质，是以企业形式组成的所有者集体作为一个经济利益实体存在和发生作用，实际上是一种集体利益主体。

一、个人

在市场经济条件下，个人始终是社会物质财富、精神财富的创造者和劳务服

47

务的提供者，是社会经济活动的主力军。个人既是市场经济活动的受益者，也是市场经济活动的参与者。独立自主的个人是市场经济最基本的运作单位，是市场经济行为与活动的利益主体。市场经济条件下，人们对自身内涵的劳动能力、管理才能、知识技能和资历经验等进行充分有效的开发和利用，从而实现其潜在的效益和价值。

市场经济以一切商品的等价交换为基础，建构起了人与人之间关系的物性化趋向。这一物性化趋向的必然前提是个人独立自主性的确立，而逻辑结果则是个人潜能素质的充分发挥与提高。在市场经济中，人的存在是以满足社会需要的程度加以实现和衡量的，为了增强生存能力，提高生存质量，人就必须十分重视培养提高自己的劳动素质和能力，力求使自己的劳动最大限度地发挥满足社会需要的功能。随着个人在就业、收入和消费等方面有了更大的自主选择的权利，个人的经济行为开始成为微观经济活动的重要内容，并逐渐成为微观经济活动的主体。

二、企业

企业是市场经济的生产经营主体和基本组织单位，也是国民经济的基本细胞。

1. 企业的产生和企业的特征

企业是以利润为目标从事商品生产和流通、向社会提供产品或劳务、具有法人资格、自主经营、自负盈亏的经济组织形式。企业是市场里资本、土地、劳动力、技术等生产要素的提供者，又是各种消费品的生产者和销售者。离开企业及企业之间、企业与其他社会活动当事者之间的购买、生产和销售活动，市场就成了无源之水，无本之木。

任何社会的生产，都需要把劳动者和生产资料组织并结合在一起，这就是生产组织。生产组织包括对人的组织、对生产物质要素的组织，以及对人与物相结合的组织三个方面。从本质上讲，真正的企业是同社会化生产和市场经济的产生、发展联系在一起的。首先，企业是工业化的产物。机器大工业的产生、分工协作的广泛发展、生产技术的巨大革命、生产方式的飞跃性变革，要求分工协作的生产组织，于是企业应运而生。其次，企业是生产商品化的产物。生产的商品化，在发达的商品经济代替简单的商品经济的同时，以家庭为单位的商品生产模式就被企业商品生产模式所代替。最后，企业是生产社会化的产物。生产社会化包括资本的社会化、生产资料使用的社会化、生产过程的社会化、产品的社会化，这就要求各种生产要素广泛地进入市场，同时也要求生产单位以独立的产权主体从事生产经营，参与市场交易，并获得利润。这种产权主体必然是企业。

企业有以下几个基本特征：第一，企业是社会化生产过程中从事生产和经营的基本经济单位；第二，企业是从事商品生产和流通，向社会提供产品和服务的经济组织形式；第三，企业是以营利为目的的经济实体；第四，企业拥有独立的可支配的法人财产权，是自主经营、自负盈亏的生产经营法人组织。

2. 企业的地位与作用

企业是国民经济的主体活动单位，是市场经济运转的基础要素，在社会经济活动中具有十分重要的作用。

第一，企业是生产力的组织者，也是产品及劳务的供给和需求者。企业把生产资料和劳动力组合在一起，把潜在的生产力变成现实的生产力。一方面生产出物质产品、精神产品来满足社会需求；另一方面为生产产品和提供劳务而使用各种设备和材料，形成市场需求。从而促使市场经济机体不断运行、发展。

第二，企业是社会资源的有效配置组织者。企业由于其所处的地位和性质，决定了它在资源配置方面，比家庭经济组织或单纯的行政手段更加有效。这是因为企业的分工协作可以有效组合生产力；企业可以批量生产经营，节约成本；企业有严密的、科学的内部管理，可以合理地组合生产要素，有效利用资源；企业有利润最大化目标的驱动力和外部竞争的压力；企业参与市场活动，信息灵通，可以在较大范围内迅速对资源利用作出最佳选择，提高资源的利用效率。

第三，企业是社会经济运行的调节者。企业可以依据市场信号调节社会总供给和社会总需求，调节进口和出口，并通过资本的自由转移调节部门和地区经济结构，可以依据国家政策调节社会分配，调节产业结构和产品结构，从而调节资源的部门配置。

三、政府

市场经济条件下的政府往往具有双重身份，一是以社会中心的身份对市场经济的运行进行监管与调控；二是以市场主体的身份进行投资，并参与市场购买及其他活动。

1. 政府的投资

政府投资是政府以资产所有者的身份把资本投入到企业和各个部门。政府投资的主要来源是财政收入，以及银行贷款和国外贷款。政府投资的目的是：兴建带有基础服务性质的基础设施，为企业经济运行提供基础服务；兴办关系国计民生的基础产品和原材料、能源工业，保证国民经济的正常运行；进行科学技术教育开发，为国民经济发展提供先进的科学技术成果和各种人才；兴建国防工业；扶持和支持国民经济中具有重要地位而利润率较低的部门或企业；获得利润或红利增加财政收入，补贴财政支出。

政府投资不同于政府用于社会各项事业的财政支出，也不同于政府以利率、贷款、汇率，以及行政、经济、法律等手段对经济生活的干预。政府投资是以投资者的身份，取得一定利润收入和对企业的控制权，以便对社会经济实施调控。

政府投资可增加市场供给。

2. 政府的调控

在市场经济中，政府是市场的培育者、管理者、调控者，它以"看得见的手"来干预社会经济生活，与市场这个"看不见的手"有机结合起来保证市场经济健康运行。

政府干预市场经济运行，是市场经济发展过程中的必然产物。市场经济的缺损、缺陷、失灵和不足，必须由政府出面干预社会经济才能顺利发展。

市场经济存在着缺损、缺陷、失灵和不足是无法通过市场经济自身去弥补的，必须由市场经济以外的力量去完成，这个力量只能是政府。因为政府有管理社会经济的职能，可以从经济运行的大局和整体出发，制定宏观经济目标和规划，为经济发展规定明确的方向，并通过各种政策的贯彻实现目标和规划；可以从社会整体利益出发通过行政的、法律的、经济的等各种手段和措施，维护社会安定和正常的经济秩序，保证市场经济有良好的社会环境，可以利用政权的力量开辟国内外市场，等等。离开了政府的干预，市场经济就难以顺利发展。

3. 政府的身份

在市场经济中，政府是以不同身份参与市场活动的。具体有：

第一，以社会中心管理者的身份，通过设立各种管理机构，制定各种方针、政策、规定、命令，运用各种经济杠杆，以监管和调控社会经济发展。

第二，以社会权利中心的身份，通过各种立法和司法，规范市场经济活动，保障各经济主体的利益和社会根本利益。

第三，以生产资料所有者的身份，参与投资和其他经济活动，对社会经济产生巨大影响。

第四，以社会最大购买者、消费者和生产经营者的身份，参与社会资本运动全过程，以影响经济发展。

第五，以社会公众利益代表者的身份，维护社会发展，保护环境，保证人民的长远和整体利益不断增长。

第二节　市场经济与消费者

市场经济与消费者之间具有不可分割的联系。市场经济为消费者提供充裕的用品，满足消费者的需求。消费者的正常需求与消费则促进市场经济的健康发展。

一、消费在市场经济中的地位与作用

消费作为社会再生产的一个环节，有其重要的地位和作用。静止地观察，在生产、分配、交换、消费这四个环节中，生产是起点，消费是终点。但从生产连续性看，消费既是上一次循环的终点，又是下一次循环的起始，因而在再生产过程中有着特殊的地位和作用。

1. 从消费与生产的关系看消费的作用

消费对生产在一定意义上的决定作用主要表现在以下两方面：

第一，消费为生产创造新的需要。消费是再生产过程的先导。因为当消费者在消费现有产品时，又会对生产提出新的要求，从而创造出生产的内在动机、动力，推动社会生产的不断发展。

第二，消费为再生产创造劳动力。社会生产必须具备两个基本条件，一是生产资料；二是劳动力。消费不仅保障社会生产所需要的劳动力，而且还通过不断提高人民的生活水平，提高生产者的素质、热情和进取精神，进而成为发展生产的动力。

2. 从消费与交换的关系看消费的作用

在市场经济条件下，交换以货币为媒介，所以交换又表现为流通。流通是生产和消费的中介，没有流通，生产和消费都不能实现。但是，消费对流通也有反作用。

第一，消费的规模和速度制约着流通的规模和速度。生产作为供给的一方，不断地向流通领域提供消费品。而消费作为需求的一方，则不断地从流通领域取得消费品。消费规模扩大，速度加快，要求流通的规模和速度也要相应地加快。一旦消费规模缩小，就会有一部分产品在流通领域积压下来，迫使流通的规模缩小。如果两方面不均衡，就可能出现供大于求或供不应求的局面。而无论哪一种情况，都会扰乱再生产的正常秩序。

第二，消费为市场交换提供信息。从市场反映出来的信息，既是企业经营决策的重要依据，又是制订宏观经济计划、利用经济杠杆调节经济的重要依据。人们消费倾向与行为的变化，首先直接通过调节市场反映出来，表现为在流通中的商品有些积压、有些短缺、有些滞销、有些畅销，作为市场信息最终在生产领域引起反馈。在市场经济中，必须十分重视消费信息，利用市场机制，按照消费需要安排生产。

3. 从消费与分配的关系看消费的作用

分配是消费的媒介，消费是分配的最终实现。分配关系决定消费的状况和性质，分配的多少决定消费的数量与结构等。但反过来，消费对分配也有一定的制约作用。

第一，消费是分配的实现。在市场经济条件下，人们通过分配取得一定数量的货币。这部分货币收入能否实现就要看消费的状况。如果人们用这部分货币在市场上购买不到满意的消费品，就会有相应的货币得不到实现，消费和分配的关系就会出现不正常，这就要采取措施来控制分配或抑制消费，或者增加生产和供应，使分配与消费相适应。

第二，消费制约着分配的界限。在国民收入分配中，保证劳动者原有的消费水平，是积累的最高界限和消费的最低界限，确定了这个界限才有利于正确处理积累与消费的关系。同时，消费还对分配产生着巨大的压力，它迫使分配不能总是停留在原来的水平上，要求人们的消费水平具有不断提高的趋势。

4. 消费在整个再生产过程中的地位

消费在社会再生产的各个环节中处于终点，是产品的最终实现，因此它是对社会再生产过程和经济发展的最终检验。比如，社会生产两大部类的比例关系、生产发展速度、产业结构、经济效益、社会再生产各个环节相互衔接和经济运转等是否正常，都可以从消费上表现出来。如果再生产哪一个环节出了问题，就会最终表现为消费出现困难。消费如果正常，就证明经济发展是正常的。如果人民消费水平长期得不到提高，所需要的各种生活资料得不到应有的满足，就说明社会再生产的运转发生了问题，就必须对国民经济进行及时调整。因此，消费在国民经济发展中、在再生产过程中有着十分重要的地位。

二、消费者行为、消费者主权及消费者利益

了解消费者行为的特征和某些规律性，掌握消费者偏好及其动态变化，从而有效地组织生产，是实现消费者主权和维护消费者利益的重要途径。

1. 消费者行为

消费者行为就是人们在选择、购买、使用产品和服务以满足需要和愿望时所从事的活动，此种活动既是物质性的，又是心理和情绪活动的过程。一般来说，消费者行为有如下一些特征：

第一，消费者行为是有特定目的、动机的活动。目的就是满足某种需要和愿望，行为本身是实现目的的手段。

第二，消费者行为是一系列相关步骤的过程或程序。消费者行为大体上是按照购买前活动—购买活动—购买后活动的程序进行的。例如在决定购买某一商品之前，先注意广告，看有关商品的展览，观察别人使用该商品的情况，与家人和朋友讨论取得相关信息，然后作出决定。在进行实际购买时，则遍访商店看货，对商品进行比较评价，然后决定在什么地方购买、购买什么型号等。购买之后，还有商品的储存、加工和使用，获得对所购商品的体验，由此考虑下一次购买。一般说来，消费者决策程序与过程大多如此，当然也有随机的或偶然的购买行为。

第三，消费者行为在时限上的差异和复杂性。时限指的是进行决策的时间及整个决策过程持续的长短。复杂性则涉及与决策有关的活动的数量和决策本身的难度。两者是互相关联的，在其他因素相同时，决策越是复杂，费时也越长。例如，买几斤蔬菜，只需问一问价格，就可以购买；而买一台冰箱，就复杂得多。为避免这种复杂性和费时较长的决策活动，消费者往往试图找出一条途径简化和加速决策过程，如降低决策标准，不求最满意，只求不影响使用；认定和相信名牌产品等。

第四，消费者行为是受外在因素影响的行为。主要表现在：一是示范作用。在社会上，较低的社会阶层总是把比自己高的社会阶层的生活方式当做自己消费行为的典范。二是目标引力，即消费品对消费者的吸引力。比如，消费者本来不想购买某种时装或耐用消费品，但在商品本身或其广告的吸引下，决定改变主意而去购买。三是货币幻觉。在人们的货币收入和物价同比例上升的条件下，人们的实际收入是不变的。这本来不至于影响实际消费，但消费者有货币幻觉，往往只看到货币收入的增加，自以为实际收入增加了，因此他会按自己的货币幻觉去行动，增加自己的购买量。

此外，消费者行为还受文化、市场环境、外部条件等因素的影响。这些影响在作用的范围、时间的长短上，对每个消费者也都有所不同。

2. 消费者主权及消费者利益

消费者主权或消费者权利，是指在生产者和消费者的关系中，消费者是起支配作用的一方。生产者应当根据消费者的意愿与偏好来安排生产。在充分竞争的市场经济中，消费者按照自己的意愿和偏好在市场上自由选购所需要的商品，消费者的选择通过市场传递给生产者，生产者根据反馈的信息调整生产，尽可能满足消费者的需要。生产者之间的竞争，迫使每个生产者必须尊重消费者主权，接受"消费者的意愿"，否则他们的产品就没有销路。消费者的消费支出就是消费者对各种产品及其生产者所投的信任票。"消费者是上帝"，"生产什么东西取决于消费者的货币选票"，消费者主权原则的实现保证了经济资源的有效配置，意味着经济效率的提高。如果违背了消费者主权原则，消费者偏好得不到尊重，需要得不到满足，就会造成产品滞销，资源浪费。因此，在市场经济条件下，充分实现消费者主权也就显得十分重要。

消费者主权的核心是消费者利益，尊重消费者主权首先要使消费者的意愿和偏好得到实现。为维护消费者利益不受损害，保护其合法权益应制定保护消费者的政策。

第一，确保商品质量。由政府及有关组织颁布商品最低限度的质量标准，并由政府的有关机构对商品进行检验。同时，要求企业把商品可能的效用依诚信原则向消费者公布，从而使消费者能选择到合乎标准的商品。

第二，正确的消费宣传。一方面商品广告和商品说明书要诚实可靠，另一方面要通过一定的宣传形式向公众进行商品效用的教育，指导消费者正确地进行消费决策。

第三，限制不适当消费。通过宣传、税收或其他强制性措施，限制烟、酒等及某些有刺激性药物的销售与消费。

第四，强制特殊消费。教育、医疗、保险对整个社会和个人都是十分必要的，社会要通过法律或经济手段来强制人们进行这类消费。

第五，对提供某些劳务和商品的人的素质进行必要的限制。例如，对提供医疗服务的医生、提供法律服务的律师和提供教育服务的教师的资历和素质作出规定，并进行考核，考核合格后方可从事此类服务。

第六，限制价格政策。防止消费者受垄断厂家的剥削，并能保证社会上所有人都得到基本生活品。

第七，建立民间的消费者团体。例如，消费者协会、群众性的市场检查组织等，依靠新闻媒介和社会舆论，传播市场信息、商品知识，表彰和宣传优质产品和服务，揭露损害消费者利益的现象，抵制伪劣产品和劣质服务，从而使消费者利益真正得到保护。

三、消费者收入来源与分配形式

市场经济条件下，消费者主体收入的来源在于他所提供的劳动的数量和质量，即社会的不同生产资料所有制经济单位在作了必要的扣除之后，按照劳动者提供的劳动量来分配个人消费品。这部分属于劳动收入。同时，由于其他经济形式的存在，非劳动收入也是消费者收入来源的组成部分。

1. 个人收入分析

（1）个人收入的构成。我国社会主义初级阶段，分配方式以按劳分配为主体，多种分配方式并存，带来了多样化的个人收入。

个人收入指个人和家庭在一定时期（例如一年、一个月）获得的用货币表示的消费资料。它主要有：劳动收入；利息收入；利润收入；租金收入；风险收入；福利收入；其他收入（如保险公司向个人支付的赔偿费、个人出卖废品的收入、通过个人之间财产转移而形成的收入）。以上各项个人收入，按其来源的性质不同，可以划分为两大类：第一项是劳动收入，后面几项是非劳动收入。

各种个人收入都是通过一定的分配方式获得的。除了按劳分配，其他分配方式主要有：按资金（财产）分配、按劳动力价值分配、按经营风险分配、按生活保障需要分配等。

（2）工资、奖金、津贴。工资是国家机关、企事业单位对职工实行按劳分配的主要形式，奖金、津贴则是实现按劳分配的辅助形式。通常将工资、奖金、津贴一并称为职工的工资性收入，工资总额是它们之和。

工资是体现劳动者收入的货币形式，反映劳动者同国家、集体之间根本利益一致的关系，劳动者之间按等量劳动取得等量报酬的平等关系。

1）工资的结构。不论是企业职工工资，还是机关和事业单位职工工资，一般都由三个部分组成，这三个部分具有不同的功能。

第一，基本工资。这是最基本的劳动收入，是用来满足职工最基本生活需要的。基本工资数量的确定，主要考虑职工对生活必需品和劳务的最低需要及其价格水平，还要考虑不同年龄职工平均负担的人口等。基本工资要随人均国民收入或国民生产总值的提高而适当增加，要随物价的变动而作调整。

第二，工龄工资，又称年功工资。这是随着工作年限增加而增加的工资，实际上是对年龄较大、工龄较长的职工过去所作劳动贡献的一种追加的报酬。工龄工资可以以年为单位确定适当的标准。标准过低，起不到应有的作用；标准过高，则会相对降低现实劳动贡献的报酬。

第三，劳动工资。这是根据职工向社会提供的劳动量来确定的工资。按劳分配主要是通过劳动工资来实现的。

2）工资的基本形式。工资的基本形式是依据劳动计量方法不同而划分的。劳动者的劳动有三种存在形态，即潜在形态（劳动能力）、流动形态（劳动时间）、凝结形态（劳动成果）。计时工资和计件工资是按照不同的劳动形态来计量劳动和计算劳动报酬的。

第一，计时工资，是以劳动时间作为计算单位支付的劳动报酬。我国一般实行月工资。实际上它是将劳动的潜在形态和流动形态结合起来计量劳动报酬的。一般依据劳动熟练程度不同划分为若干个工资等级，再根据不同部门、不同工种的劳动强度、劳动复杂程度确定每个等级的工资标准，然后评定每个劳动者在一定期间内属于哪个工资等级，按照工资等级和工资标准按月发给固定的工资。计时工资由于是以劳动的天然尺度（劳动时间）作为劳动计量的单位，因而具有广泛的适用性，不论哪个部门，不论是生产部门还是非生产部门，均可采用。但是，实行计时工资时，实际上是以劳动能力作为确定工资等级的主要标准，只能反映劳动者一定时期可能提供的劳动量，而不能完全反映实际提供的劳动量，使得劳动报酬与实际劳动量可能不一致。所以，在实行计时工资时要加强思想教育和管理，实行严格的劳动定额和岗位责任制，而且还要以奖金作为补充，来克服计时工资的不足。

第二，计件工资，是根据劳动者完成的合格产品数量、质量或作业量支付的劳动报酬。它是以劳动的凝结形态来计量劳动的。一般根据生产单位产品或完成单位作业量所需要的劳动时间和计时工资标准来确定计件单价，然后根据劳动者实际完成的产量或作业量发给工资。计件工资由于是以劳动成果作为计量劳动报酬的单位，能将劳动报酬与劳动成果直接联系起来。一般在能够确定劳动者个人生产的产量或完成的作业量，并且工作质量便于检验的部门或工种，实行个人计件工资。如果难以确定个人劳动成果，但能确定较小范围内集体劳动成果，则可实行班组计件工资。

3）奖金和津贴。奖金是实现按劳分配的一种辅助形式。它是对向社会提供了超额劳动所给予的报酬。不论实行计时工资还是计件工资，劳动者必须完成一定的劳动定额才能得到规定的工资。如果劳动者在劳动定额之外还提供了超额劳动，通常还能以奖金的形式获得对超额劳动的报酬。对超额劳动，社会也是要在作了必要的扣除之后才支付报酬的。

劳动者提供超额劳动有两种情况，奖金也有两种：一种是因为劳动者提供超额劳动，直接增加了社会财富（增产了或节约了），而发给资金。这种奖金主要是对计时工资的补充，它能克服计时工资不能灵活反映劳动者劳动变化情况的缺点。另一种是因为劳动者提供超额劳动，为增加社会财富创造了某种条件（如发明创造、技术革新）而发给奖金。这种奖励办法，对实行计时工资和计件工资的劳动者都是适用的。

津贴也是实现按劳分配的辅助形式。它是对从事特殊、繁重、艰苦、有损健康等劳动所给予的补充报酬。这些劳动指的是井下作业、水下作业、高空作业、高温作业、野外作业，以及高寒、缺氧、有毒有害等工作环境的工种、工作等。劳动者从事这些作业和工作，比从事一般作业和工作要付出更多劳动，消耗更多体力，需要有更多更好的生活资料进行补偿，才能维持劳动力的生产，才利于鼓励劳动者从事这些作业和工作。因此，对从事这些作业和工作的劳动者，在正常工资之外，还发给一定的津贴，是符合按劳分配原则的。

（3）我国农村的包干分配。包干分配，也叫大包干，按承包产量分配。它是实行家庭联产承包责任制以后农业集体经济中劳动报酬的主要形式。

我国实行农业合作化以后，工分制曾是农村集体经济中劳动报酬的主要形式。实行家庭联产承包责任制以后，经营方式发生了变化，收入分配形式也发生了变化，工分制已不再适用。与家庭联产承包责任制相适应的分配形式是包干分配。集体对农户承包耕种的土地预先规定产量，并按产量的一定比例规定农户应上交的国家税收和集体提留，农户收获后，先完成上交任务，剩下的部分则归自己。包干分配的主要优点是将农民的个人收入同他的劳动成果直接联系起来，方法简便，利益直接，责、权、利结合，体现了国家、集体、个人利益一致的关系，有效地克服了平均主义和"大锅饭"，有利于充分调动农民的生产积极性。

实行包干分配，主要的因素仍然是按劳分配，就集体来说仍然具有组织收入分配的职能，只不过是预先进行罢了；就农户来说，其生产成果的多寡、好坏，固然要受其他因素的影响，但主要还是取决于农户所付出的劳动。当然，在农户的收入中也包含一部分由非劳动因素带来的收入，如土地级差地租、投资效益等。

2. 按劳分配及其必然性

马克思在《哥达纲领批判》一文中曾经指出，社会主义社会个人消费品的分配将是这样进行的：劳动者"从社会方面领得一张证书，证明他提供了多少劳动（扣除他为社会基金而进行的劳动），而他凭这张证书从社会储存中领得和他所提供的劳动量相当的一份消费资料"。① 按照马克思的论述，按劳分配是社会主义的分配原则。

在社会主义制度下，个人消费品实行按劳分配具有客观必然性。这是由社会主义社会的经济条件决定的。

第一，社会主义社会建立了生产资料公有制。马克思指出："消费资料的任何一种分配，都不过是生产条件本身分配的结果。"② 所谓生产条件的分配，就是指生产资料与劳动力所有制。产品的分配方式是由生产资料与劳动力的结合方式决定的。一定的分配方式是一定的生产方式的结果。人们占有生产资料不是为占有而占有，而是为了实现一定的经济利益。一定的经济利益必须通过一定的分配方式才能实现，所以一定的分配方式又是一定的所有制的实现。在社会主义经济中，生产资料归劳动群众公共所有，决定了产品要按照广大劳动者的利益来进行分配，否则劳动群众对生产资料的公共所有便不能在经济上得到实现，生产资料公有制也就成了空话。可见，生产资料公有制是按劳分配的历史前提。

第二，社会主义阶段生产力水平还较低。恩格斯当年在谈到未来社会是按照劳动量分配个人消费品还是实行其他分配方式的时候，曾指出："分配方式本质上毕竟要取决于可分配的产品的数量。"③ 上面已说明，在公有制基础上，是可能按照劳动群众的利益进行个人消费品分配的，但究竟选择哪一种分配方式，却要取决于有多少可供分配的产品。也就是说，要取决于社会生产力的发展水平。在原始公社，生产力水平极低，可分配的产品极少，不实行平均分配人们便无法生存。将来到了共产主义社会，生产力高度发展，产品极大丰富，则可以实行按需分配。社会主义社会的生产力水平远远高于原始公社，但还不具备实行按需分配的物质条件。

第三，在社会主义阶段，劳动存在重大差别，还是谋生的手段。在社会主义社会，劳动的重大差别主要表现在，历史上形成和遗留下来的旧的分工还不可能消灭。旧的分工意味着一部分人专门、固定地从事体力劳动、简单劳动，一部分人专门、固定地从事脑力劳动、复杂劳动，人们终身被束缚于某一种职业。消灭这种旧的分工的基本条件，是社会生产力高度发展，劳动生产率极大提高，从而可以大大缩短劳动时间，使每个劳动者都有机会全面发展自己的才能。显然，在社会主义阶段还做不到这一点，旧的分工也就消灭不了。在劳动的重大差别还存在的条件下，人们还不会把劳动当做生活的第一需要，而是当做谋生的手段。在

① 马克思恩格斯全集. 第3卷 [M]. 北京：人民出版社，1976. 11
② 马克思恩格斯全集. 第3卷 [M]. 北京：人民出版社，1976. 13
③ 马克思恩格斯全集. 第4卷 [M]. 北京：人民出版社，1976. 475

这种情况下，只有按劳分配才能发挥劳动群众的才能，调动劳动群众的积极性，从而有利于社会生产力发展。

只要上述三个经济条件还存在，还没有发生根本性的变化，实行按劳分配就是必然的。

3. 多种分配形式并存的原因

在我国社会主义初级阶段，实行以按劳分配为主体，多种分配方式并存的个人收入分配制度具有必然性，这是由现阶段客观存在的经济条件决定的。

第一，以公有制为主体的多种所有制并存是多种分配方式并存的重要原因。在全社会的所有制中公有制是主体，在个人收入分配中就必然是按劳分配为主体。现阶段，除了公有制经济，还有个体经济、私营经济、外资企业等非公有制经济。一定的生产资料所有制，必然有一定的分配方式和它相适应。承认非公有制经济，就要承认与它们相适应的分配方式，也就是说，要承认按生产资料分配、按劳动力价值分配等分配方式的合法存在。如果不承认这些分配方式的存在，生产资料非公有制所有权便不能在经济上实现，承认多种所有制存在就成了空话。

第二，商品经济的存在和发展是多种分配方式并存的又一原因。在商品经济中，商品的价值是劳动者的劳动创造的。但是，商品价值的形成过程和实现过程还受其他许多因素的影响。例如，自然资源的优劣、资金数量的多寡、市场条件的变化等非劳动因素，会使得质量相同、数量相等的劳动形成和实现的价值量不同，从而获得的收入也不相同。这里，实际上就存在着按非劳动因素分配收入的方式，如按资金分配、按经营风险分配等。承认商品经济，也就要承认这些分配方式的存在是合法的。

四、个人收入的使用与收支调节

随着城乡群众收入的增加和商品经济的发展，个人收入的使用日趋多样化了。个人收入的主要去向有：交纳税款、消费支出、储蓄存款、手持现金、参与投资、其他支出（归还借款、转移支付等）。由于个人收入增加及使用方法的多样性、灵活性，个人的经济行为对国民经济的影响日益增大。

1. 个人消费支出

（1）影响个人消费支出的因素。

1）个人的消费追求。人们的生活需要，主要包括生存需要、发展需要、享受需要。为了满足需要，人们要消费物质资料和服务。生存需要，是指维持人的生命，养活子女延续后代，维持劳动力简单再生产的需要。为了满足生存需要，要消费食、衣、用、住、医等方面的基本物质资料。不管人们有多少个人收入，即使收入为零，也是要消费这种物质资料的。发展需要，是指人们全面发展自己的体力和智力的需要，主要是学习、提高文化水平和科学技术水平的需要。享受需要，是指人们休息好、获得有益于身心健康的娱乐，以及发展社会交往的需要。为了满足发展需要和享受需要，除了要有个人能自由支配的时间，还要消费相应的物质资料和服务。

总的来说，人人都是要消费的，而且在个人收入可能的范围内都追求更高的消费。但是，人们对消费的追求又是有差别的。当然，为了满足最基本的生存需要而消费，这是人人相同的。其他方面的消费，则存在着或大或小的差别。年龄、性别不同的人，民族、信仰不同的人，职业、文化素质不同的人等，对消费的追求有着显著差别，有的人消费欲望比较强，有的人消费欲望则比较弱；有的人对这方面的消费追求比较多，有的人则对那方面的消费追求比较多些。

2）个人收入的水平。个人收入减去应缴纳的税款，是个人可支配的收入。从可能性来说，个人可支配的收入都是可以用于个人消费支出的。从一般情况看，个人可支配收入越多，个人消费支出就越大，个人生活水平就越高。个人消费支出是随着个人收入水平的提高而增加的。但是，在不同情况下，个人消费支出占个人收入的比例（可称为消费倾向）是不同的。一般说来，在"温饱型"生活中，消费倾向将等于1或接近于1，而在"小康型"、"富裕型"生活中，消费倾向则较小。

由于个人收入水平不同，在个人收入增量中用于个人消费支出部分（其比例称为边际消费倾向）也是不同的。一般来说，收入高的人，其边际消费倾向是递减的，只有当情况发生变化时，例如货币支付范围扩大（如购买住宅、房租提高、子女上大学）、新产品出现，边际消费倾向才可能不变或增长。收入低的人，由于过去对消费的追求因支付能力有限而受压抑，收入一旦增加时，在相当长一段时间里是不会出现边际消费倾向递减的，只有在特殊情况下（如存钱准备替儿女办婚事），才会出现相反的情况。

3）消费品和服务价格变动。一般说来，个人的收入不变，如果消费品和服务的价格提高，人们便会减少购买；价格降低，则会增加购买。但不同的消费品和服务的需求弹性是不同的，其价格变动对个人消费支出的影响也就有所不同：生活必需品价格变动对购买影响小，非生活必需品价格变动对购买影响大；可以被其他商品替代的商品价格变动对购买影响大，难以被其他商品替代的商品价格变动对购买影响小。同时，价格变动对收入不同的人来说，影响消费支出的程度也是不同的：价格变动对高收入者的消费支出影响较小，对低收入者的消费支出则影响大。另外，对价格变动的预期，在影响个人消费支出方面的作用也是十分显著的，看涨的商品刺激人们争相购买，看跌的商品则推迟人们的购买行为。

4）消费品和服务的吸引力。吸引力大的商品和服务，能激发消费者购买和多购买。商品的吸引力，首先取决于商品本身的性能、质量、外形、包装、价格、信誉，同时取决于购买是否方便（如是否自选、邮购、赊购，商店位置是否合适、服务态度是否好），有的商品还要看售后服务的质量。在有些情况下，商品是否有吸引力，还决定于购买者的使用条件。例如，住地无电供应，家用电器对购买者就缺乏吸引力。住房狭小，大型冰箱、大型彩电对购买者的吸引力就不大。维修困难也会减少对购买者的吸引力。

（2）个人消费结构的变化趋势。个人消费结构指个人用于各类消费品和服务的支出在个人消费总支出中所占的比例。消费的类别，按消费行为可分为吃、穿、用、住、行、医、学习、教育、娱乐、旅游等；按消费内容可分为生存资料、发展资料和享受资料。

个人消费结构主要取决于个人收入的水平和产业结构的状况，归根结底是由社会生产力的发展程度决定的。在不同的国家和一个国家的不同时期、不同地区，消费结构是不相同的。撇开个人之间的差别，从全社会范围看，合理的消费结构是与人均国民收入水平相适应的、产业结构能够承受的，有利于促进社会和经济发展的消费结构。落后于生产力的消费结构，超越生产力的消费结构，都不是合理的消费结构。

合理的消费结构并没有固定的模式。随着社会生产力的发展，人均国民收入水平的提高，产业结构的演进，消费结构也会发生相应的变化。与经济发展相伴行，消费结构变化的主要趋势是：

1）随着个人收入增加和生活水平的提高，个人收入用于食品的支出在消费支出中的比重（恩格尔系数）将下降。这是因为，个人消费食品的数量是有限的，收入增加后，用于食品的支出比其他消费支出增加缓慢，它在消费支出中的比重就呈下降趋势。在特殊情况下，这一趋势可能受阻，但从较长时间来看，下降趋势则是十分明显的。

2）随着个人收入增加和生活水平的提高，个人收入用于服务的支出在消费支出中的比重将上升。这是因为，随着人民生活水平的提高，消费生存资料、发展资料和享受资料都将增加，但消费生存资料的比重将下降，消费发展资料、享受资料的比重将上升。虽然三种资料中都是既有物质产品又有生活服务，但在发展资料和享受资料中包含更多生活服务。例如，交通邮电费、教育费用、娱乐费用、书报费用、旅游费用等主要购买发展资料和享受资料的费用，随着人们收入的提高将在消费支出中占更大的比例。这种情况，正是生活水平和生活质量提高的重要表现。

3）随着个人收入增加和经济文化的发展，人们消费的资料的质量将不断提高。尤其是生存资料，消费数量的增长是有限的，质量的提高则是无止境的。改革开放以来，我国人民生活水平不断提高，已由"温饱型"转向了"小康型"，不仅表现为消费的资料全面增加，而且表现为消费由低标准逐渐向高标准发展，吃的方面由填饱肚子变为注意营养，讲究色香味，穿的方面由只求遮身保暖变为时尚漂亮，用的方面由低档逐渐变为中高档，住的方面由只要能安身开始变为方便舒适。消费结构的这种变化要求产业结构作出相应的调整，推动了生产技术的提高。

2. 个人储蓄存款

不论个人收入水平如何，人们手中总是经常持有一定量的现金。手持现金的目的，一是为了应付日常消费支出的需要，二是为了应付可能发生的临时、紧急的需要，三是为了随时购买尚未买到的商品。但是，为了这些目的持有现金的数额是有很大伸缩性的。此外，由于其他各种原因，社会上还存在超过上述需要的现金持有额。所以，除了为应付日常消费支出的现金外，个人手中持有的其余现金与储蓄存款是可以互相转化的。

个人储蓄存款的意义在于，部分个人收入存入银行等金融机构，变为它们可以运用的货币资金，增加了社会的资金供给；对个人来说，则推迟了购买力的实现，推迟了消费支出。在短缺型经济中，在社会总需求超过社会总供给的情况下，增加储蓄的作用尤为显著，不仅可以缓解商品供求矛盾，有利于经济稳定，而且因资金供给增加而有利于经济增长和商品供应增加。当然，如果储蓄存款过度，以致消费支出停止增长或增长过慢，商品市场不能扩大，对整个社会的经济增长也是不利的。

影响个人储蓄存款数量的因素很多，主要有以下几个因素：

第一，个人收入水平增长速度。一般来说，收入水平较高，储蓄存款就较多；收入增长较快，储蓄存款增长也较快。这个因素对储蓄存款数量具有决定性的作用。

第二，存款利息的吸引力。如果利率较高，特别是定期储蓄的利率较高，使人们感到存款不仅不会贬值，而且还可带来有意义的增值，就可能把手持的相当部分现金转为存款，把某些预定的消费支出变为存款，把活期存款转为定期存款，把持币待购变为存款待购、不购，这样就会显著增加储蓄存款的数量。不过，存款利率是有限度的，存款的平均利率不能超过社会资金平均利润率，否则金融机构的资金成本过高，工商业使用银行贷款就变得无利可图了。

第三，商品价格上涨速度。商品价格上涨率低于同期存款平均利息率，利息是正数，存款就能增值，这有利于鼓励人们储蓄存款。如果商品价格上涨率高于存款平均利息率，利息成为负数，引起存款贬值，就会挫伤人们储蓄存款的积极性，转而寻找其他使货币保值的办法，如无适当办法，便会企图以购买商品使货币尽量保值。

第四，存款取款是否方便。人们手中有了余钱，是否到金融机构储蓄起来，实际上是要在安全、利息、方便三者中作出比较和选择。如果存款取款方便，人们就比较愿意将暂时不用的货币存入金融机构。如果存款取款很不方便，不少人则宁愿牺牲安全、利息，而不愿储蓄存款。人们要求存款取款方便，主要是要求储蓄的方式多种多样，存款期限有长有短，金融机构营业时间对职工便利，手续简便，地点近，费时少，替储户保密等。

3. 个人投资

个人投资指的是个人以货币增值为目的而支出货币的行为。个人投资是由个人手持的现金或储蓄存款转化而来的。

我国当前个人投资的形式主要有：第一，参加社会集资，不直接从事生产经营活动。目前主要是购买各种债券（包括国库券、银行债券、企业债券等）。这同储蓄存款比较接近。购买股票也属这种投资方式。第二，个人独资或合伙集资，购买或租借生产资料，直接从事生产经营。目前，采用这种投资方式的多为私营企业、个体工商户、农村承包户、退职或停薪留职人员。第三，购买建筑物出租。

在我国，个人投资还较少，其规模的扩大，首先取决于个人收入水平的提高，这是扩大个人投资的基础。其次取决于资金市场的发育程度，完善、灵活的资金市场将为个人投资提供良好的条件。最后还取决于投资环境的形成和改善，如观念的变化、法制的健全、审批手续的简化、经营条件的改善等。

人们对投资方式的选择，是由诸多因素支配的：第一，预期投资收入。人们总希望选择预期收入最大的投资方式。如果预期收入小于储蓄存款利息，人们就会选择存款而不选择投资。第二，投资风险。人们一般愿意选择风险小的投资方式。但有的人却宁愿选择风险大而收益也多的投资方式。第三，资产的灵活性。较多的人愿意选择可以灵活转移和收回资金的投资方式。只有各方面条件比较具备的人才愿意选择直接从事生产经营这种最不灵活的投资方式。第四，个人的条件和志趣。例如个人拥有资金量、个人志向、经营能力，是否有公职或是否有其他就业机会等。

4. 对个人收支的调节

（1）对个人收入的调节。

1）调节个人收入的原则。对个人收入，有国家的调节，有集体和社会团体的调节，还有个人的自我调节。国家调节对个人收入的调节起主要作用。我国现阶段国家调节个人收入所依据的原则是：

第一，允许和鼓励一部分人、一部分地区先富裕起来，同时坚持全体人民共同富裕的方向。允许和鼓励一部分人先富起来，就是鼓励一部分人依靠诚实劳动和合法经营，获得较多的收入，生活比别人富裕。这样做有利于充分调动人们的积极性，促进社会生产力发展。不仅可以调动先富起来的人们的积极性，而且可以调动尚未富起来的人们勤劳致富的积极性。如果分配上实行平均主义，就会挫伤人们的积极性，鼓励懒惰，是不利于发展生产力的。坚持共同富裕的方向，就是要避免贫富悬殊，避免富者越富、贫者越贫，要使全体人民逐步都富起来。人们走向富裕虽然有前有后，有快有慢，但都能逐步增加收入，提高生活水平，走向富裕。这是中国特色社会主义的本质特征。

第二，在促进效率提高的前提下体现社会公平。提高效率，就是合理配置和充分利用资源，提高经济效益。为了促进效率的提高，就要在分配上让劳动效率、工作效率高的人能获得较多的收入，平均主义的分配不利于效率的提高。社会公平，就是竞争公平、分配公平。分配上的社会公平，一是体现为让诚实劳动、努力工作、合法经营的人获得较高收入，而不是让靠侵犯和损害国家、集体、他人利益的人获得益处；二是体现为避免高收入和低收入差距过大，防止贫富悬殊。实现社会公平，才能安定人心，保持人民之间的团结，保持社会的和谐和稳定，有利于社会生产力的发展和社会经济制度的巩固和完善。效率原则和公平原则应当兼顾。实现社会公平不能牺牲效率，促进效率提高不能取消社会公平，要使两者恰当地结合起来。

2）个人收入调节的重点。依据上述原则，个人收入调节的重点一是对个人的过高收入加以适当调节；二是对低收入、生活困难的个人、家庭和地区给予适当帮助。个人的过高收入，主要表现在工资外的收入上，在这方面较大可能出现收入差距悬殊和分配不公。国家的调节，要区别不同情况采取不同的方法，通过贪污盗窃、行贿受贿、走私贩私、偷税逃税、倒卖计划物资、倒卖批件、产销伪劣商品、炒卖外汇等而取得的非法收入，国家要依法取缔，对严重者要绳之以法。对合法收入则要加以保护，并且不宜封顶，这有利于经济和社会的发展。但对收入过高部分，国家应采用恰当方式适度加以调节，既使个人能获得较高的收入，又使其向社会多作一份贡献。国家对过高收入的调节，可以通过法律和法令作出某些限制性的规定，但主要依靠税收来实现，要规定适当的税种和税率，如个人收入调节税、遗产税等。要注意掌握调节的限度，做到公平合理，不至于打击人们劳动、储蓄、经营、投资等的积极性。对低收入、生活困难的个人和家庭，要根据不同的情况给予帮助，使他们得到必要的福利性收入。对于待业者、收入过低生活有困难的家庭、孤寡残伤、遭受严重自然灾害和其他意外事件的家庭，应当给予救济。对贫困地区实行国家援助，并动员先富起来的地区予以援助，帮助那里的人民发展经济，脱贫致富。

（2）对个人支出的调节。个人支出调节的意义在于，通过鼓励个人收入用于哪些方面，不鼓励用于哪些方面，将个人的经济行为引导到符合社会需要的轨道，在经济与社会的发展中发挥积极的作用。第一，可以缓解商品供求矛盾。当商品供应不足时，可引导城乡居民将一部分购买力延期实现。当市场疲软时，可鼓励城乡居民将个人收入较多地用于消费支出。第二，可以调整积累与消费之间的比例。当积累基金不足时，可通过鼓励个人压缩消费支出而把一部分个人收入转化为积累基金。第三，可以改善消费结构，使之与产业结构协调。通过引导消费，避免居民将个人收入集中用于购买某些紧缺的、产业部门尚来不及大量生产的商品，而使消费多样化，有利于产业的发展。

调节个人支出主要依靠经济手段，运用税收、利息、价格等经济杠杆。例如，通过给予利润再投资的税收优惠，鼓励私营企业将利润收入用作积累；通过调整银行存贷款的利息率，影响储蓄存款与相关贷款；通过调整商品的价格，影响个人对商品的购买；还可通过政策措施来调节个人支出。例如，通过实行住房商品化，鼓励将个人收入用于买房建房；通过增发国家债券和银行债券，吸收个人收入；通过征缴消费税、遗产税、赠与税、财产税等，缩小贫富差距，控制基尼系数；通过提高公共福利待遇和社会参保率，提高低收入人群的幸福指数；通过实行自费上大学，增加家庭教育费用支出等，都能有效地调节个人支出，促进消费结构合理化，影响个人消费支出与储蓄、投资的比例。

第三节　市场经济与企业

作为商品生产者和经营者的企业，是市场经济活动的主体。企业的状况如何，对于市场经济的发展，具有十分重要的作用。无论是何种社会性质国家的企业，都是如此。

一、企业在市场经济中的地位

企业是现代社会经济的细胞，不仅是市场的主体，而且是市场经济运行的基础。市场经济的发展要求企业以市场供求和价格为导向，自主经营、自负盈亏、自我约束、自我发展，只要企业充满活力，市场经济则生机勃勃。

1. 企业的一般特征

企业是随着市场经济的形成和发展而产生并逐步完善的，是商品经济和社会化大生产的必然产物。根据企业发展的历史以及企业的现代特征，可以将企业定义为：通过专门的经营活动，向社会提供商品和劳务，取得相应的经济利益并承担法律责任的社会经济组织。凡不从事直接的经营活动或不属于经济组织的，均不应视为企业。例如，各级政府的经济管理部门，其职责是代表政府对社会经济活动进行必要的监督、管理与指导，并不直接从事经营活动，由国家财政预算拨款的学校、研究机构、文艺团体、党派以及各种群众组织不属于经济组织，因而都不是企业。

一般来说，企业具有如下基本特征：

（1）营利性。企业首先是一种经济组织，但并不是所有的经济组织都是企业。从系统论的观点看，每一个企业都是一个具体而又实在的投入产出系统，它从外部环境取得各种资源，如土地、原料、资金、劳动力、技术、设备等，经过生产转换过程，取得一定的产出，产出大于投入，即是营利，反之即为亏损。同时，企业又是国民经济大系统的基本单元，因而还相应承担着有效利用由其使用的资源的使命，必须要注重社会效果。因此，企业的营利性又必须与社会效果相适应。企业具有营利性是指企业若无营利则意味着其丧失了存在的经济意义，而不意味着只有营利才能称之为企业。在现代社会激烈的经济竞争中，企业保持良好的营利状态并不是一件容易的事情。

（2）经营性。在现代市场经济条件下，企业的经营性即为其自身的生产与营销活动，围绕市场需求而展开的商品生产与销售是企业经营的核心内容。在现代经济社会中，工厂是为了销售而生产，商店是为了销售而进货，离开了商品的生产与销售，企业也就失去了其存在的意义。管理是现代企业经营的重要方面。

（3）整体性。现代企业是进行严密分工与协作的生产或经营组织，尽管组成企业生产或经营活动的各部分可能流程不同、员工不同、设备不同、技术不同、方法不同等，但任何一种商品的生产与销售都是全体职工共同劳动的成果，人的活动与物的配置务必一致，各部门、各机构的活动必须在统一的宗旨与指挥下协调运行。企业只有作为一个整体才能体现其目的的一致与功能的完整。企业内部的各部门或单位只是企业的必要组成部分，而不是独立的商品生产者或经营者。

（4）独立性。企业作为经济实体，要实现自主经营、自负盈亏、自我约束、自我发展的功能，必须具备独立性，即不仅是独立的商品生产者和经营者，而且具有自己独立的经济利益。企业之间的关系是平等的，遵循等价交换原则。为此，企业除了必须具备独立的法人资格以外，还必须独立会计，独立经济核算。但这并不是说，凡独立会计、独立经济核算的单位都是企业。企业独立性的另一层含义，则是其经济法律关系的主体性，即企业在经济活动中，作为当事人享有法律赋予的权利并承担相应的义务。首先，企业是依法登记的经济组织；其次，具有能够独立支配的财产；最后，以自己的名义参与经济法律关系。

2. 企业的类型

企业作为社会生产与流通的一种基本组织形式，随着社会分工的深化和商品经济的扩展，其形态也日趋多样化，出现了各种类型的企业。

（1）按照企业的法律资格划分，可分为法人企业和非法人企业。法人企业，是指具有法人资格，即在法律上具有独立"人格"的企业。一般来说，有限公司和股份有限公司是法人企业。其基本特征表现为：依法定形式设立，具有权利主体和行为能力，承担有限财产责任。

非法人企业，又称自然人企业，指不具有法人资格，在法律上不能作为权利主体的企业。一般情况下，独资企业和合伙企业通常被确认为非法人企业。非法人企业在法律上不能脱离其出资人而独立，这一点与法人企业不同。当非法人企业参与法律关系时，债务偿还承担无限责任。

（2）按照企业的组织形式划分，可分为独资企业、合伙企业与公司。独资企业，是指由一个人出资独立经营的企业，这是企业组织的最简单也是最初形式。

由于企业为企业主个人拥有和控制，因而在经营管理方面有很大的自由度，企业主完全可以依据对市场及环境的判断，按照自己的意志从事经营活动，自负盈亏，灵活经营。但这种企业资金来源有限，一般规模较小，发展受到较大限制，在风险较大的情况下，不确定性颇大。

合伙企业，是由两人以上共同出资、共同经营的企业。合伙企业具有简单易行、灵活方便的特点，比较稳定可靠，并且扩大了资金来源和提高了决策能力。

公司，是以营利为目的并依法登记成立的企业，是现代企业的组织形式之一。公司的资产可以和出资人的财产相分离而存在。资金一般可从两种途径获得：一是通过出售公司股票；一是通过借贷，如通过发行债券以获得长期借款。企业采取公司形式适应了社会化大生产和市场竞争的需要，对于筹集巨额资金、扩大经营规模、提高管理效率、增强企业竞争力发挥了重要作用。

根据股东对公司所负责任的不同，公司又可分为无限公司、有限公司、股份有限公司、两合公司、股份两合公司，以及保证有限责任公司。无限公司由两个以上的股东所组成，股东对公司债务负连带无限清偿责任；有限公司又称有限责任公司，由法定数量的股东组成，股东对公司债务所负责任仅以其出资额为限；股份有限公司又称股份公司，由有限责任股东组成，全部资本分为等额股份，股东仅就所认购的股份负责。这种公司是当今世界上最盛行的公司形式；两合公司是由无限责任股东与有限责任股东组成，无限责任股东必须对公司债务负连带无限清偿责任，有限责任股东则只以其出资额为限负责；股份两合公司由无限责任股东和有限责任股东组成，无限责任股东对公司债务负连带无限清偿责任，有限责任股东以其所认购股份金额负责；保证有限责任公司在清偿债务时，股东以出资额为限，不足部分由股东事先担保负责。这种公司为了自身的利益和信誉，一般都参加保险。

（3）按照企业的经济性质划分，可分为公营企业、民营企业和合营企业三大类型。公营企业一般是由政府独家投资并派员经营的企业，如国有企业；民营企业也可称私有企业，是由民间或个人提供全部资金的企业；合营企业又称公私合营企业，是由政府与民间共同出资设立的企业，兼具国有、私有双重性质。

（4）按照企业的经济部门划分。由于企业所归类的社会生产部门不同，主要有：工业企业，即从事工业性产品或劳务的生产经营活动的企业；商业企业，即在社会再生产过程中专门从事商品交换活动的企业；农业企业，即人们利用生物机能，通过自己的劳动强化或控制生物生命过程，从事农、林、牧、副、渔、采等生产经营活动的企业；农工商联合企业，是指适应社会生产力发展的要求，在自愿互利前提下，以农业为基础，实行农产品生产、加工、销售综合经营的企业；运输企业，即利用运输工具专门从事运输或直接为运输服务的企业；建筑安装企业，即主要从事土木建筑和设备安装工程施工的企业；金融企业，即专门经营货币和信用业务的企业；旅游企业，即以旅游资源为依托，服务设施为条件，通过组织旅行与游览活动向旅客提供劳务活动的服务性企业；物资企业，即组织物资流通和从事物资经营业务的企业；邮电企业，即通过邮政和电信传递信息，提供通信服务的企业。此外，还有外贸企业、军工企业等。当然，上述各类企业还可以继续细分，如工业企业依据工业产品不同的经济用途，又可以划分为生产生产资料的工业企业与生产消费资料的工业企业；运输企业按不同的运输方式又可以划分为铁路运输企业、公路运输企业、航空运输企业、水上运输企业，以及管道运输企业等。

3. 企业的活力

所谓企业活力，就是企业在社会经济活动中所具有的生存、竞争和发展能力，主要包括如下几方面。

第一，内在经济动力。企业活力首先表现为企业对自身独立经济利益的追求和实现，具有内在经济动力是企业活力的首要因素。企业如果具有内在的经济动力，就可以主要依靠自身的力量来推动生产经营活动，而不依靠行政和政治等非经济力量来维持生存。

第二，经济适应力，即市场应变力。适应表现在生产经营的各个方面，如产出规模适应力，即根据市场有效需求的变化，扩大或收缩产出规模的能力；产品适应力，即随市场需求的变化调整产品的品种、规格、花色、质量等的能力；管理适应力，即生产经营管理制度、经营方向、用人用工等，根据市场状况相应进行调整的能力等。经济适应力是企业生存和发展的基本生命力。

第三，经济增长力指企业在生产经营中盈利、积累、投资、扩大再生产的能力，直接关系到企业未来的壮大和发展。

第四，经济竞争力，即企业参与市场竞争并决定自身在竞争中优劣地位的能力。前三种能力，都直接与经济竞争力密切相关。因为，企业的活力是在市场竞争中实现的，而企业竞争力的大小，又是以前三种能力为基础的。竞争力是企业活力的重要内容及实现形式，企业竞争力的提高，意味着企业活力的增强。企业在市场竞争中取得优势地位，就意味着企业活力旺盛。可见，竞争力本身直接关系着企业的生存和发展能力。

4. 企业的目标与机制

企业是市场经济运行的"细胞"。市场经济的发展与企业是否充满活力有直接的关系。换句话说，市场经济的发展必须以完善的企业经营机制为基础。

（1）企业运行的目标模式与选择。企业运行目标制约着企业运行的基本特征和基本方向，规定着企业的运行机制，是企业运行的出发点和归宿点。因此，企业的运行目标是引导企业行为的航标，是企业运行的动力源泉和自觉遵循的行为准则，支配着企业经济运行的全过程。

一般来说，有什么样的企业运行目标，就有什么样的企业运行方式。一种企业目标一旦形成，便在很大程度上制约着企业运行的主要方式和准则。运行目标不同，运行的方向和轨迹便大为不同。企业运行目标一般有三种模式。

1）以总产值最大化为目标。以往传统的计划经济体制国家，在很长时期内由于企业财产所有权和经营权的高度集中，企业的主要任务就是执行体现国家政策的目标，而且必须把完成总产值指标作为生产经营的首要目标。这一目标决定了此类企业的运行方式具有以下特征：

第一，资源占用份额最大化。表现在生产上，只要新增加一单位资源投入量所增加的产值大于零，企业就宁愿更多地投入资源。这就使得企业行为始终处于"亢奋状态"，具有"数量驱动"的特征，而不顾是否会减少企业利润，甚至造成亏损。

第二，采取外延型扩大再生产方式。总产值最大化的企业运行目标，还表现为企业不可能主动进行技术革新，采取内涵扩大再生产的方式去发展生产，而宁愿更多地采取上新项目，通过外延扩大再生产的方式扩大生产规模。因为采取粗放方式，大量投资，往往使产值指标易于完成。

第三，重视产品数量，忽视产品的品种和质量。追求总产值最大化还决定了企业在生产活动中必须重量轻质量，妨碍提高产品质量和增加花色品种。

上述种种由追求产值最大化所驱动和制约的企业运行方式，给以往传统计划经济体制国家的经济建设造成了严重的损失，如技术进步和劳动生产率提高缓慢，产销脱节，资源配置不合理等。

2）以人均收入最大化为目标。以人均收入最大化为目标的企业运行方式有以下特征：

第一，资源配置具有阻滞性，即阻碍劳动力和资金在不同企业间的流动，限制各种经济杠杆所具有的调节资源在各部门、各企业间合理流动的功能。

第二，企业行为具有短期性，即倾向于较高的消费，而自我积累的动机较弱，致使国民收入中用于当前消费的部分比重过大，容易引起短缺和通货膨胀。同时，由于企业内部积累的动机较弱而对外借贷的动机较强，一旦国家为了维持一定经济增长率而软化银行约束，则往往导致信贷膨胀，造成宏观的全面失控。

3）以利润最大化为目标。以利润最大化为运行目标的企业运行方式，一般具有以下特征。

第一，把一定的技术条件所规定的生产函数——成本函数或供给函数同市场消费者对该产品的自主选择所形成的外部对企业的需求函数联系起来，选择实现利润最大化的最佳产量，使边际收益等于边际成本。

第二，在资源配置方面，力求使生产成本缩减到它的最低限度，这种方式成为企业提高效率和实现资源合理配置的有力杠杆。在市场竞争中，利润最大化目标会促使企业主要通过提高劳动生产率、降低成本来增加赢利，而不是企图通过提高价格来增加赢利。因此，企业注意先进技术的吸收、工艺的改进和先进管理方法的推广。

第三，与以总产值最大化或人均收入最大化制约下的企业运行方式比较，在利润最大化目标的驱动下，企业易于对市场信号和国家运用经济手段所进行的宏观调控作出迅速的反应，根据市场需求及时调整生产结构和规模，以实现最大赢利。因为强烈的利润动机是企业具有迅速的市场信号感受力的一般前提。从这个意义上说，企业追求利润最大化是市场机制顺畅实现和微观方面实现资源优化配置的基本前提。

（2）企业运行机制。企业运行目标确立后，必须要有合理的、完善的企业经营机制作保障。适应市场经济发展需要的、能够实现利润最大化的企业经营机制主要包括以下几方面：

1）动力机制。企业是一个输入资金、生产要素、技术和信息，输出产品和劳务，辐射出经济能量，具有自我组织能力的耗散结构。作为一个运行系统，企业的操作需要动力机制。企业动力机制的中心问题是激励机制。企业运行的主动力和逆动力，主要是靠物质利益来驱使和制动的。动力机制的枢纽是经济利益。

企业的主动力是企业自身利益与职工利益。两者结合的关键，是企业在完成国家上缴税收之后的盈利，以及本企业经过经营而获得的优于其他企业职工的生活条件及心理期待。主动力还经常表现为以下两种具体形式：其一是企业职工和领导的社会责任感；其二是职工和企业领导对劳动创造活动的兴趣。

企业的逆动力是指外界环境的激发力。随着宏观控制体系的逐步完善，企业行为约束的逐渐硬化，竞争的开展，企业在市场的汹涌波涛之中，处于逆水行舟之境，唯有努力改善经营才能获得生存与发展，这就使企业自然形成一种由环境激发而产生的动力。

2）输出机制。这是企业最主要的职能机制。通过这一机制，企业把输入要素转化为输出，从投入变成产出。从社会角度来看，这是人类劳动目的性的体现。企业的输出机制以经济效益为前提，良好的输出机制对于企业具有生存与发展意义。输出机制的运行方式主要有：工艺阶段的衔接，工艺过程的改进；生产的比例原则和合乎科学原理的运转；信息流的及时准确传输；技术成就迅速向生产过程的推广应用；企业各职能部门的高效率运转等。

3）调蓄机制。这是企业内部调控各种潜能的机制。在比较完善的市场机制环境中，企业所必需的各种输入要素的市场关系处于变动之中，这种变动作为外部环境作用于企业，是企业无法控制的。企业产品供求状况也处在变化之中，市场信号常常迫使企业作出反应，调整产品结构，收缩或扩大生产等。这样，企业只要具有对各种生产要素和潜能的调蓄机制，就可保证企业的正常运转。企业调蓄机制的主要运行方式有：后备生产基金、原材料的必要储备、产品的必要库存（以应付市场需要的突然扩大）、信息的储存、拥有专利权的数量、优秀干部的造就、企业职工的培训等。

4）抗逆机制。这是企业在外界环境发生变化时保持系统性能稳定的机制。

在市场经济环境中，企业作为独立的经济实体，不仅要保证生产要素（包括硬件和软件，即生产资料、劳动力以及技术和信息）的稳定输入，而且要实现 W—G 的"惊险的跳跃"。社会再生产过程中出现的种种不测情况，国内外政治经济形势复杂变化，都会使企业的外部环境发生震荡。这时，企业抗逆机制便会产生作用，以保证企业协调、正常运行，从而使环境干扰因素的影响减少到最低限度。企业抗逆机制的主要运行方式是：调整或改变生产方向，扩大或缩小生产规模，增加或裁减生产人员，更新产品结构，调整产品价格，加强广告宣传，适应消费者心理，引导消费变化等。在市场经济条件下，没有抗逆力的企业是不能生存的。

5）自我约束机制。这是企业在各种约束条件（预算约束、法律约束、供求约束等）之下实现自我控制的机制。建立自我约束机制的主要条件是使各种约束与企业的经济利益紧密结合起来，从而使企业产生内在的自我约束动机。否则，任何外部的、强制的约束，都是无力的。企业自我约束机制的形成和完善与外部环境有着直接的关系。

6）自我优化机制。这是企业根据以前的输入和输出、环境情况的变化，不断优化自身结构与性能，增加系统的组织程度和适应能力的机制。企业自我优化机制的运行方式，主要表现为企业内生产组织结构、"要素"性质和活动方式等的优化。企业自我优化机制的实现是连续不断的过程。

上述内容的总和，构成市场经济的企业运行机制。这些机制是有机联系的，具有整体性，并且受到宏观经济环境的制约。

二、企业的运行与约束

作为商品生产者和经营者的企业，其行为机制是由市场经济的客观规律决定的。利润最大化原则既是企业在市场中的行为选择，也是企业必须遵循的市场原则。市场对企业，既是压力，又是动力，它促进企业在竞争中不断改造和发展自己。

1. 企业成本分析

成本和企业各方面的经济活动有着直接或间接的联系，是企业经营状况与水平的综合反映。企业成本的高低，不仅决定企业经济效益的好坏和利润的多少，而且关系到企业产品有无竞争能力，直接涉及企业的生存和发展。因此，企业的各项生产经营决策都需要将效益和成本进行比较，都需要从管理的角度对有关成本的因素进行研究分析，从而达到在既定的产量下使成本最小，或在既定的成本下达到产量最大，最终实现利润最大化。

（1）成本类别。成本也称生产费用，是生产中使用的各种生产要素的支出。依据不同的分析目标，生产成本可划分为以下主要类别。

1）固定成本和变动成本。固定成本（FC）是指短期内不随企业产量的增减而变动的成本。它们是由一些不易调整的、使用期限较长的生产要素引起的费用，如厂房、设备、投资的利息、折旧费、多种保险费和某些税金等。这种成本不随产量的变动而变动，在短期内是固定的。

变动成本（VC）则是指那些直接随产量的变动而变动的成本。它们是可变生产要素引起的费用，如工人的工资，购进原材料、燃料、电力以及其他物品的支出等。在生产停止，产量为零时，变动成本也等于零。

2）平均固定成本和平均变动成本。平均固定成本（AFC）是指某种产品的总产量与固定成本总额之商，即平均每单位产品所消耗的固定成本。它变动的规律是，随着产量的增加，平均固定成本一直减少，最初减少的幅度很大，以后减少的幅度越来越小。

平均变动成本（AVC）是指某种产品的总产量与变动成本总额之商，即平均每单位产品所消耗的变动成本。它变动的规律是，开始时，随着产量的增加，生产要素的效率逐渐得到发挥，平均变动成本减少，但减少到一定程度后则由于收益递减又随着产量的增加而增加，如劳动力的效率及耐度是有限的。

3）总成本和边际成本。总成本（TC）是指企业生产一定数量产品的全部成本，即固定成本与变动成本之和。

边际成本（MC）是指企业每增加一个单位产品所追加的成本。它变动的规律是，开始时随着产量的增加而减少，减少到一定程度后，又随着产量的增加而增加。

需要指出的是，从决策目标出发划分的成本种类很多，如显性成本与隐性成本、可控成本与不可控成本等。

（2）企业成本函数。成本函数反映的是企业成本与产量之间存在的一种基本数量关系，而不是单纯计算列入成本项目中的支出。企业的成本函数不仅取决于表示企业投入产出技术关系的生产函数，而且取决于表示它在生产过程中使用的投入要素的价格。短期成本函数与长期成本函数是企业决策分析中经常使用的两种基本的成本函数。

1）短期成本函数。短期成本函数表明的是在较短时期内不考虑固定成本变动的情况下，边际成本、平均变动成本与平均总成本三者之间的函数关系。假设某企业的短期成本与产量之间的关系如表4-1所示。

表4-1　　　　　　　　　　短期成本函数

总产量	I			II		III	
	固定成本	变动成本	总成本	平均固定成本	平均变动成本	平均总成本	边际成本
0	20	0	20				
1	20	8	28	20	8	28	8
2	20	14	34	10	7	17	6

总产量	固定成本	变动成本	总成本	平均固定成本	平均变动成本	平均总成本	边际成本
		I		II		III	
3	20	17	37	6.7	5.7	12.3	3
4	20	19	39	5	4.8	9.8	2
5	20	22	42	4	4.4	8.4	3
6	20	28	48	3.3	4.7	8	6
7	20	35	55	2.9	5	7.9	7
8	20	44	64	2.5	5.5	8	9
9	20	63	83	2.2	7	9.2	19
10	20	95	115	2	9.5	11.5	32

根据表 4-1，可以绘出固定成本和变动成本及总成本曲线，如图 4-1 所示。

在图 4-1 中，横轴 OQ 代表产量，纵轴 OC 代表成本，FC 为固定成本曲线，它与横轴平行，表示不随产量的变动而变动。

STC 为总成本曲线，它不从原点出发，表明在没有产量时仍然有总成本。总成本曲线向右上方倾斜，表示它随产量的增加而增加。开始时，总成本曲线斜率大，以后较平缓，然后斜率又变大，这反映了它增加的规律是随产量的增加起初增加得快，以后增加变慢，最后增加又变快。

VC 为变动成本曲线，它从原点出发，表示没有产量就没有变动成本，它的形状与总成本曲线相同，也反映了同样的变动规律。还可以根据表 4-1 作出平均总成本、平均变动成本和短期边际成本曲线，如图 4-2 所示。

在图 4-2 中，OC 代表成本，OQ 代表产量，可以看出边际成本曲线、平均变动成本曲线、平均总成本曲线呈 U 形。这反映了三者大致相同的变动规律。从图 4-2 中，我们还可以考察三者之间的关系。当边际成本小于平均变动成本和平均总成本时，即当边际成本曲线位于平均变动成本曲线和平均总成本曲线下方时，平均变动成本和平均总成本处于递减阶段；反之，则处于递增阶段。它表现出如下两个特点：第一，边际成本曲线总是与平均变动成本曲线和平均总成本曲线的最低点相交。因为当边际成本小于平均变动成本、平均总成本时，新增加一个单位产量引起的成本增加总会小于全部产量分摊的平均数，从而必然使平均变动成本（平均总成本）下降。同理，当边际成本大于其他两者时，必然使平均变动成本（平均总成本）上升。只有当边际成本等于平均变动成本（平均总成本）时，平均变动成本（平均总成本）才不上升，也不下降，处于它的最低点。第二，边际成本曲线总是首先达到最低点，然后在上升过程中依次同平均变动成本和平均总成本的最低点相交。这是由于平均总成本中含有固定成本，因而后于平均变动成本达到最低点。

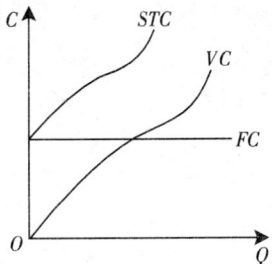

图 4-1 固定成本、变动成本、
总成本曲线图

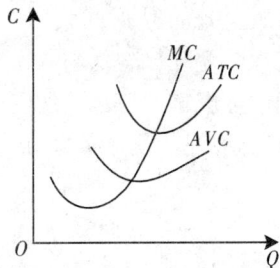

图 4-2 边际成本、平均变动成本、
平均总成本曲线图

边际成本曲线分别交于平均变动成本曲线和平均总成本曲线的最低点。这两点对企业生产决策具有重要意义。如图 4-3 所示,其中 OC 代表成本,OQ 代表产量,M' 点是企业的停止营业点,M 点则为收支相抵点。因为当价格为 P_1 时,企业在 M' 点生产 Q_1 产量所得收益正好弥补全部变动成本,经济损失只是固定成本——即使停产也要支付的费用。而在 M' 点左边或右边生产都会由于平均变动成本大于价格,收益不足弥补成本,损失增大。因此,如果企业进行生产,连变动成本也无法补偿,此种情况下企业绝不会再生产。当价格为 P_2 时,企业在 M 点生产 Q_2 产量所得收益正好等于平均成本,这说明企业在 M 点生产可以收支相抵或获得正常利润,只是不存在超额利润。

2) 长期成本函数。在长期成本中,企业所有的投入要素都是可以变动的,企业可以根据要达到的产量来调整一切生产要素,所以没有固定成本与变动成本之分,只有总成本、平均成本与边际成本之分。

长期总成本 (LTC) 随着产量的变动而变动,当没有产量时,就没有总成本。它的变动趋势也是随着产量的增加,开始时增加得快,以后增加变慢,然后增加又变快。长期平均成本曲线是一条与无数条短期平均成本线相切的线,如图 4-4 所示。

在图 4-4 中,OC 代表成本,OQ 代表产量。图中 SAC_1,SAC_2,SAC_3……系无数条短期平均成本曲线,它们表示不同生产规模的短期平均成本曲线。将这些短期平均成本曲线的最低点连接起来就是长期平均成本曲线 (LAC)。它也是一

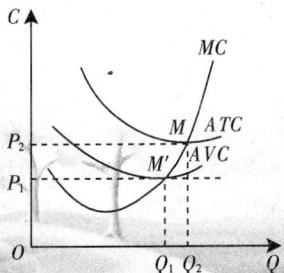

图 4-3 停止营业点与收支相抵点说明图

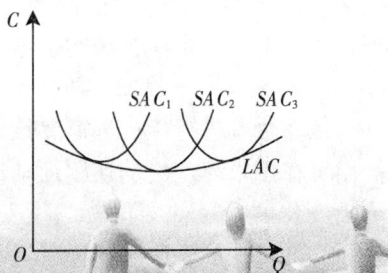

图 4-4 长期平均成本曲线图

条先下降后上升的 U 形曲线，但它下降与上升的坡度都较平缓，表明在长期成本中平均成本的变动比较缓慢。

长期边际成本（LMC）也是一条先降后升的变动较平缓的 U 形曲线。LAC 曲线与 LMC 曲线亦相交于 LAC 曲线的最低点，如图 4-5 所示。

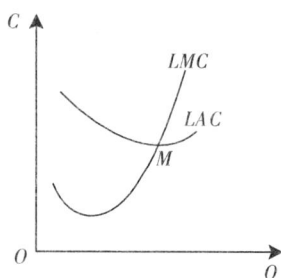

图 4-5　长期生产最佳规模说明图

图 4-5 中，OC 代表成本，OQ 代表产量。LAC 曲线与 LMC 曲线相交于 M 点，在这一点，长期平均成本等于长期边际成本，由该点决定的产量规模便是企业长期生产的最佳规模。

（3）企业成本控制。成本控制是指企业在生产经营过程中，对影响成本的各种因素进行预测、分析、引导、限制和监督，并采取有效措施及时纠正脱离目标成本的偏差，使实际发生的耗费保持在目标范围内的一系列工作。

成本控制按成本形成的时间顺序，可分为事前成本控制、事中成本控制和事后成本控制。事前成本控制是在产品投产前对影响成本的各经济活动所进行的事前规划、审核和监督，即对所有投资的效益进行事前控制，大体包括成本预测、成本决策、成本计划等内容。如对新建厂、新产品、新原料、新技术的成本事前预算。事中成本控制是在企业生产经营过程中，从产品投料到产出，对产品成本形成和偏离成本目标的差异进行的日常调控，主要包括对原料耗费、劳动资料使用、人工耗费、经常性费用开支的控制。狭义的成本控制，一般只包括成本的事中控制。事后成本控制是在产品成本形成之后的综合分析和全面考核。它主要对实际成本和目标成本的偏差进行分析，查明产生差异的原因，确定责任归属，用以考核责任部门和个人的业绩，以便制定有效措施，进一步降低成本。这些内容，实际上也是企业管理的基本方面。

2. 投入与产出的经济约束

任何企业进行生产都需要投入一定数量和质量的各种资源，只有投入才会有产出。在投入与产出的连续运动过程中，各项投入资源变为产品或产品的比率是不断变化的。这种变化着的投入量同产出量之间有着相互依存、相互制约的关系，综合反映了企业生产经营活动中的技术水平、管理水平和资源利用水平。

（1）投入与产出的划分。投入和生产要素具有几乎相同的含义，一般可以通用。不过，投入的含义比生产要素广一些，包括企业用于生产过程的所有消耗。产出则指生产过程结束时制成的产品或提供的劳务，与产量、产品等概念同义。

产品是各种生产要素在给定的技术条件下，按一定的配合比例共同发生作用而产生的结果。没有一种产品是只用一种投入要素就能生产出来的。因此，为了考察和了解不同投入要素间的相互依赖性和相互排斥性，以及投入要素使用量的变化同总产出变化之间的关系，有必要根据不同的标准将投入要素作出不同的划分。根据投入要素的物质存在形态，可以将企业的所有投入要素分为人的要素和物的要素两类。人的要素又通称劳动（L），按一般理解，劳动指的是人们从事生产时的各种形式的努力或活动，实质为脑力与体力的支出，如企业中的生产工人、技术人员、管理人员的劳动。物的要素往往又称做资产（K），资产主要指用于生产过程的一切人工物品，如厂房、机器设备、运输工具、原材料等，即生产资料中的人工部分。一般情况下，产出量的多少取决于投入数量的多少。

根据投入要素在一定时间内是否变化，又可以将它划分为可变投入要素和不变投入要素，简称可变投入和不变投入。可变投入是指短期内随产出变化可以调整或变动的要素。这些投入主要包括原材料、辅助材料、燃料、动力、运输、劳动力等。不变投入是指短期内不随产出数量变化而调整或变动的要素，如工厂场地、机器设备、建筑物、关键技术等。把企业的资源区分为可变投入和不变投入，对于经营决策具有重要的意义。因为由此提出了企业决策选择的方向和空间，如在不变投入固定的约束条件下，怎样寻求可变投入的最优组合；或者在总产出给定的约束条件下，怎样寻求可变投入的最佳组合；或者在总产出给定的约束条件下，怎样设计可变投入和不变投入的最佳配置方案。

（2）投入与产出的函数关系。生产是对生产要素的组合，而生产要素的组合和它能够生产出来的产量之间存在着一定的数量依存关系。生产函数就是用来表示一个企业（或整个社会）生产要素某种组合的一定投入量同它所生产出来的最大产量之间的数量依存关系。简单地说，生产函数就是表示生产要素的投入量与产品数量之间的依存关系。

假定用 Q 代表总产量，a，b，c，$\cdots$，n 代表各种生产要素的投入量，则生产函数的公式为：

$$Q = f(a, b, c, \cdots, n)$$

这一公式的含义是：在既定的技术水平下，在某一时间内，生产 Q 数量的产品取决于所有的 a，b，c，$\cdots$，n 等生产要素的投入量。如是 a，b，c，$\cdots$，n 已知，就可计算出 Q 的最大数量；或者，Q 已知，则可知道所需的 a，b，c，$\cdots$，n 等各生产要素的最低限度的投入量。

在一定的技术条件下，组合的生产要素之间存在着受制于生产技术水平的比例。例如，一单位劳动能够占有多少单位的资产。由于生产函数决定于技术水平的高低，所以一旦技术水平发生了变化，都会引起生产要素的重新组合，都会产生新的生产函数。

我们可以把生产某种产品一个单位所需要的各种生产要素的配合比例，称为技术系数。当生产某种产品所需要的各种生产要素的配合不可改变时，则生产函数被称为固定技术系数的生产函数；当生产某种产品需要的各种生产要素的配合比例可以在一定的范围内变动时，则生产函数被称为可变技术系数的生产函数。前者意味着生产要素之间彼此不能互相替代。例如生产一种产品只有劳动 L 和资产 K 两种投入要素，要扩大或缩减产量，就必须使 L 和 K 同比例增加或减少。假定 L 和 K 的配合比例为 L：K=1：3，那么若 L 增加 1 倍为 2 时，K 也必须增加 1 倍为 6，不然便会发生生产要素的闲置或浪费。而后者则表示生产要素在一定范围内可以互相替代，即为了得到一定数量的产出，可以采取多用 L 少用 K 的劳动密集型生产方法，也可以选择多用 K 而少用 L 的资产密集型生产方法。

3. 生产要素的合理投入

企业的产出取决于生产要素的投入，投入要素的不同数量及组合比例都必然会对产出量发生不同的影响。在既定的技术约束条件下，企业要想能够卓有成效地利用多种投入要素进行生产活动，就必须首先研究和确定企业生产要素投入的合理区域及最佳组合形式。

（1）边际收益递减规律。在一般情况下，生产一定量某种产品所需要的各种生产要素的配合比例，在一定限度内是可以变更的。而凡是生产要素的配合比例能够改变的生产函数，一般具有如下特点：如果其他生产要素固定不变，则仅增加某一种生产要素所增加的收益，迟早会出现递减的现象，这就是边际收益递减规律。例如，在生产中，假定产量由劳动力和生产设备两种生产要素所产生，在只增加设备而不增加劳动力，或者只增加劳动力而不增加设备的情况下，设备（劳动力）增加到一定阶段后，必然会使产量的增加额下降。

在理解这一规律时，要注意：第一，这一规律的前提是技术水平不变，即社会生产技术没有重大突破；第二，其他生产要素的投入量没有发生变动，即生产的规律没有改变；第三，随着某要素的增加，边际收益要经历递增、递减，最后成为负数的过程；第四，这一规律是从生产实践和科学实验中得出来的。在农业部门表现最突出，但在其他部门也同样存在。

（2）总产量曲线、平均产量曲线、边际产量曲线。总产量（TP）就是生产要素投入后生产出来的全部产量；平均产量（AP）指平均每单位生产要素所生产出来的产量；边际产量（MP）指每增加一单位某种生产要素所增加的总产量，即增加的最后一单位某种生产要素所带来的产量。

如果以 Q 代表某种生产要素的量，ΔQ 代表某种生产要素的增量，则可将总产量、平均产量与边际产量之间的关系表示如下：

$$TP = AP \cdot Q$$

$$AP = \frac{TP}{Q}$$

$$MP = \frac{\Delta TP}{\Delta Q}$$

假定生产某种产品中所用的生产要素是资产和劳动，其中资产是固定的，劳动则是可变的，则可作出下列总产量、平均产量与边际产量表，如表4-2所示。

表4-2   **总产量、平均产量与边际产量**

资本量（K）	劳动量（L）	劳动增量（ΔL）	总产量（TP）	边际产量（MP）	平均产量（AP）
10	0	0	0	0	0
10	1	1	8	8	8
10	2	1	20	12	10
10	3	1	36	16	12
10	4	1	48	12	12
10	5	1	55	7	11
10	6	1	60	5	10
10	7	1	60	0	8.6
10	8	1	56	-4	7

根据表4-2可以作图4-6。在图4-6中，横轴OL代表劳动量，纵轴OQ代表产量，TP为总产量曲线，AP为平均产量曲线，MP为边际产量曲线。从表4-2与图4-6中可以看出，平均产量的变动虽然也是呈现先上升后下降的趋势，但是边际产量的下降在前，平均产量的下降在后。边际产量大于平均产量时，平均产量递减。边际产量等于平均产量时，平均产量最大。所以，边际产量曲线必定通过平均产量曲线的最高点。

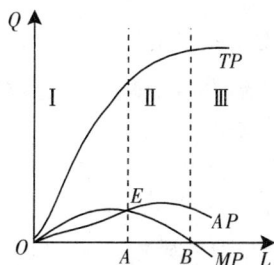

图4-6 总产量、平均产量、边际产量曲线图

（3）生产要素合理投入区域。为了确定劳动这种生产要素的合理投入，可以根据图4-6中的总产量曲线、平均产量曲线和边际产量曲线把生产分为三个阶段。

第一阶段是劳动量从O增加到A这一阶段（图4-6中的Ⅰ），在这一阶段平均产量一直在上升，边际产量大于平均产量。这时增加劳动量是有利的。因为相对于固定的资产来说，劳动量缺乏，所以劳动量的增加可以使资产的作用得到充分发挥。即使是为了获得最大的平均利润，劳动也一定要增加到 A 点为止。

第二阶段是劳动量从 A 增加到 B 这一阶段（图 4-6 中的Ⅱ），在这一阶段平均产量开始下降，但边际产量仍然大于零，因此总产量一直在增加。如果为了获得最大的产量，劳动量则可以增加到 B 点为止。

第三阶段是劳动量增加到 B 点之后（图 4-6 中的Ⅲ），在这一阶段，边际产量为负数，总产量开始绝对减少，因此生产无论如何不能进行到这一阶段。

一般来说，生产进行到第二阶段（从平均产量最高到边际产量等于零）最合适。因此，劳动量的投入应在 A 与 B 之间。

（4）利润最大化原则。从以上分析可以看出，当资产不变时，劳动量的投入在平均产量最大到总产量最大的第二阶段（即 AB 之间）最合适。但究竟应在这一区域的哪一点呢？这就需要结合利润最大化原则来分析。

已知，利润等于总收益（TP）与总成本（TC）之差。如果用 P 代表利润，X 代表产量，R 代表收益，C 代表成本，则利润可表示为：

$$P = R(X) - C(X)$$

要使利润达到最大，则要求：

$$\frac{dP}{dX} = \frac{dR}{dX} = \frac{dC}{dX} = 0$$

由以上可以得出，利润最大化的条件是：

$$\frac{dR}{dX} = \frac{dC}{dX}$$

在上式中，dR/dX 即为边际收益，dC/dX 即为边际成本。所以，利润最大化的条件是边际收益等于边际成本，即：

$$MR = MC$$

如果是 MR > MC，表明每多生产一单位产品所增加的收益大于生产这一单位产品所消耗的成本，这时还有潜在的利润没有得到。因此，企业仍可增加生产，其结果供给增加，价格下降，边际收益减少，边际成本增加，直至两者相等时，企业才不再增加生产。

如果是 MR < MC，表明每多生产一单位产品所增加的收益小于生产这一单位产品所消耗的成本，因而出现亏损，企业进行生产是不利的。所以，企业必须减少生产，结果供给减少，价格上升，边际收益增加，边际成本减少，直至两者相等时，企业才不再减少生产。

只在 MR = MC 时，企业把该赚到的利润赚到了，这时就实现了利润最大化，企业既不会增加生产，也不会减少生产，出现生产相对稳定状态。

（5）生产要素合理投入点。根据边际收益等于边际成本的利润最大化原则，可以确定生产要素的合理投入点，如图 4-7 所示。

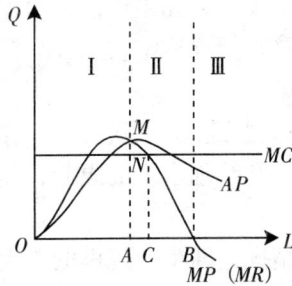

图 4-7 利润最大化说明图

在图 4-7 中，OL 代表劳动量，OQ 代表产量。MC 为边际成本曲线，MP 为边际产量曲线，它也就是边际收益曲线（MR）。根据边际收益等于边际成本原则，在 MR 与 MC 相交点 N，将有最大收益。因此，生产要素合理投入点应为 C，OC 是最有利投入量。如果投入量小于 OC，$MR>MC$，再增加投入仍可增加收益。如果投入量大于 OC，$MR<MC$，则新增加的投入大于新增加的收益。

应当注意的是，MP（MR）曲线与 MC 曲线在图上有两个相交点。前一个相交点位于第一区域，即平均产量已越过最高点的阶段。合理投入点的选定应在第二区域内，如 N 的对应点 C。

4. 规模经济

以上是假定在生产技术水平不变的情况下，其他生产要素不变时，某一种生产要素的变动而引起的收益变动情况。那么假定所有的生产要素同时变动，致使生产规模发生了变动，这时的产量或收益将会怎么变动呢？这就需要讨论"规模经济"的问题。简单地说，规模经济就是指企业采用一定的生产规模而由此获得的经济收益。它是指因生产规模变动而引起的收益的变动。

（1）规模经济的变动趋势。随着生产要素的增加、生产规模的扩大、产量的变动，企业由此而得到的利益一般会出现三种情况。

1）规模收益递增。规模收益递增，即生产规模扩大后，收益增加的幅度大于规模扩大的幅度。规模收益递增可由两方面的原因所致：①某些生产要素所具有的特殊性质和要素组合的特殊性，使企业能够在扩大生产规模时不需要按同一比例增加所有的生产要素，仍可能使企业得到较多的利益。例如，一辆载重 4 吨的汽车需要一个驾驶员，而一辆载重 10 吨的汽车仍只需一个驾驶员。另外，在企业扩大规模时，采用了大型设备，也可以增加收益。例如，采用一台 500 马力的发动机比采用 10 台 50 马力的发动机更经济实惠。②是由专业化带来的利益。

由于生产技术不变，规模的扩大必然受到限制，当超过一定限度时规模收益递增将会变为规模收益不变和规模收益递减。

2）规模收益不变。规模收益不变，指收益增加的幅度与规模扩大的幅度相等，即各种生产要素均得到了较合理的使用，企业获得了专业化的充分利益，现有的技术水平已得到了充分的发挥，无生产潜力可挖的情况下，产量的增加只能靠比例地扩大规模去获取。这种情况通常发生在规模收益递增转变为规模收益递减的过渡阶段。

3）规模收益递减。规模收益递减，指收益增加的幅度小于规模扩大的幅度。这种情况一般是由于技术水平和管理水平的限制，使扩大的生产规模不能带来相应的收益。

和规模经济相应的相反情况，即生产规模的扩大却引起收益减少，这种情况被称为规模不经济。

规模不经济的主要原因被认为是大规模生产引起的管理层次的复杂和管理中的官僚主义。规模越大，管理越复杂，为协调各项经营活动及对数目众多的职员施以必要的控制，在职工总数中有越来越多的人从事专职的管理工作，管理层次增多，管理效能下降。高层的决策者与实际生产者越来越失去接触，管理通畅度受阻，不能再如臂使指地指挥企业的经营。由于权利分散，下级管理人员常常需要逐级请示才能决策，而上级又往往不能及时得到决策所需要的情报等。各层管理机构容易产生彼此的不协调。同时，为防止财务方面的漏洞，必须建立一整套财务制度和机构，这样又使低级管理者在独立决策方面受到限制。企业规模越大，个别工作人员与整体经营状况的关系越小，对管理人员的考核越不容易，于是，官僚主义越容易流行。这一切都会引起生产效率的下降而产生规模不经济。

（2）内在经济和外在经济。内在经济，指企业在扩大生产规模时，由于企业内部自身因素所引起的收益增加。具体说，就是企业在扩大生产规模的过程中针对自身内部的因素采取措施降低生产成本而带来的利益。其主要方式有：

第一，市场经营的经济性。这里又分为两个方面：一方面是采购时由于数量庞大，常常从生产者方面获得优惠的价格；另一方面是在销售自己的产品时，通常数量越大，单位产品中的销售成本越低。

第二，管理的经济性，即所谓"一只羊也是放，一群羊也是放"。在很多情况下，一个管理系统可以适用多种生产规模的管理，在这些可适用的规模中，自然是产量越大，摊入单位产品中的管理费用就越少，生产成本也就可以相应降低。

第三，生产过程中常常出现副产品，如废水、废渣、石油开采中的伴生天然气等。在小规模生产中，若专门为处理、利用这些副产品而投资往往得不偿失。只有当生产规模扩大到一定程度，副产品达到相当数量时，才能体现出开发利用的经济价值。

在企业的经济活动中，也存在内在不经济，它表示在规模扩大后，由于企业内部自身不利因素的影响反而引起收益减少。

外在经济，指整个行业规模的扩大，产量的增加给个别企业带来的利益的增加。这种情况较为突出的例子就是行业的扩大使行业内部出现了更精细的分工，由此应运而生了许多辅助性服务。例如专门化的修理服务、信息系统、销售系统甚至运输、能源供给的改善，都可能提高生产效率，降低生产成本，给企业带来收益。

同时，在企业的经济活动中也存在外在不经济，它表示由于行业的发展，给个别企业带来了危害和损失。例如，行业的扩大加剧了行业内部的竞争，企业不得不花费大量的广告费、宣传费，从而增加了成本。同时，由于运输紧张、动力不足、销售困难等也会使个别企业的收益减少。

总之，规模经济的研究为在新建、扩建企业时，如何确定企业的规模提供了基本的原则。不同的行业其适度规模的大小不同，一般说来，重工业企业需要巨大的投资，其规模不宜过小；而轻工业企业，只需不多的投资，为更灵活地适应市场，其规模也不宜过大。然而，确定企业规模最为重要的是对企业具体的规模收益预测分析，从中选择、确定规模收益递增最大时的规模，这时的规模称为适度规模。

三、建立现代企业制度

现代企业制度是企业自身的生存和发展问题，又是市场经济发育成熟与否的问题，对国民经济的发展关系极大。

1. 现代企业制度的内涵

市场经济的发展，必须具备两方面的基础：其一是生产力基础，即生产的工业化、社会化、商品化、现代化，最重要的是商品性社会化大生产；其二是生产关系基础，即各经济利益主体间的自由、平等、利益、效益、竞争关系，就社会生产的组织形式而言，主要表现为现代企业制度。两者的有机结合，形成了市场经济得以发展的环境系统，即现代社会生产的市场经济方式。

从现代企业制度产生与发展的历史考察，市场经济在其数百年的孕育与发展过程中逐步形成了三种企业制度，即个人企业制度、合伙企业制度和公司企业制度。所谓现代企业制度，实际上是指适应市场经济发展要求的、以公司制为核心的企业组织形式与运作规范的总和。现代企业制度的产生与发展，既是市场经济的产物，又是市场经济的要求。首先，在现代市场经济中，公司制企业在社会经济生活中占据着支配地位，起着基础性的作用。其次，从世界范围看，现有大中型企业一般都采取公司制形式。再次，从组织构造上看，公司制企业在管理与运作方面比个人业主制企业要复杂得多、合理得多、规范得多、科学得多，对社会生产力的发展也更合适。此外，从企业制度的演变看，其发展、完善和成熟的过程主要表现在公司制度的产生、发展和完善上。因此，人们一般又把企业的公司制度称为现代企业制度。

2. 现代企业制度的基本特征

建立现代企业制度，是发展社会化大生产和市场经济的必然要求，也是市场经济体制的基础，其基本特征表现在五方面。一是产权关系明晰，企业中的资产所有权属于资产所有者，企业拥有包括国家在内的出资者投资形成的全部法人财产权，成为享有民事权利、承担民事责任的法人实体。二是企业以其全部法人财产，依法自主经营，照章纳税，对出资者承担资产保值增值的责任。三是出资者按投入企业的资本额享有所有者的权益、重大决策和选择管理者等权利。企业破产时，出资者只以投入企业的资本额对企业债务负有限责任。四是企业按照市场需求组织生产经营，以提高经济效益为目的，政府不直接干预企业的生产经营活动。企业在市场竞争中优胜劣汰，长期亏损、资不抵债的依法破产。五是具有法定的企业领导体制和严格的组织管理制度，以调节所有者、经营者和职工之间的关系，形成激励和约束相结合的经营机制。概括地说，即产权清晰、责任有限，政企分开、自主经营，管理科学、优胜劣汰。

对于从传统计划经济向市场经济转变的国家来说，建立现代企业制度是一项艰巨复杂的任务，必须积累经验，逐步推进，创造条件，尽快完善。我国现有国有企业稳步地向现代企业制度转变的过程，实质是国有资产向社会资产转变的过程，改变了过去在传统计划经济体制下国家直接经营企业的做法，对于解决国有企业深层次的矛盾、还企业的本来面目、赋予其市场活力极为关键。

3. 现代企业制度的构成要素

从现代企业制度的形成、内涵与发展看，其构成要素可以主要概括为四方面，即利益主体、运作机制、法律规制与社会保障。利益主体的内容主要包括组织形式、程序、规范、法人地位与权、责、利的划分等；运作机制的内容主要包括内部机制、运作方式、管理与经营的一般要求与原则等；法律规制的内容主要包括企业行为准则、市场行为法则、市场主体相互关系法定要求等；社会保障的内容主要包括社会救助、保险、福利、优抚等。前两方面是现代企业制度的内在性要素；后两方面是现代企业制度的外在性要素。或者说，前两方面是对现代企业的本质要求；后两方面是现代企业对环境的要求。四方面的有机结合构成现代企业制度的总体内容。

需要强调的是，现代企业制度的总体内容不仅要包括对其构成主体——现代企业，即公司的规定与要求，而且要包括对其环境系统——市场经济的规范与要求。现代企业制度从组织形式上看，在于其公司制度；从其运作方式上看，在于其适应市场经济发展的规范化、程序化。离开了公司制企业在运作过程中的规范与程序要求，也就丧失了现代企业制度的基本原则与重要内容。同时，现代企业制度之所以能够称之为一种制度，就在于其不仅规范化、程序化了，而且形成了一种环境、一个系统，有规制、有保障。

4. 营造现代企业制度外部环境

从系统论的角度看，现代企业制度的建立与发展，只是市场经济发展的主体要素，与此同时还必须营造与优化现代企业制度的外部环境，即企业的经营环境。

构成企业经营环境的要素是多方面的，一般可划分为宏观环境和微观环境两大部分。企业经营的宏观环境主要是指企业在社会范围内的支持和约束因素的组合，主要包括人口环境、经济环境、自然环境、技术环境、政治环境、文化环境等。因为企业的存在和发展，不仅在于它是一个经济组织，而且在于它还是一个社会组织。在市场经济条件下，企业之间的关联与互补更为强化，来自社会的政治、经济、文化、科技、人口、资源等方面的因素更加明显地制约着企业经营与市场行为，使之不得不与整个社会的运行相协调。企业经营的微观环境主要是指企业在经营过程中自身要素、供应者、营销者、营销中介、竞争者和消费者等各方面的组合。其中，最重要的是竞争者与消费者。因为企业的成功与否，关键在于其能否在服务和满足既定目标市场的一系列专门需要的同时获得相应的、最大的利润。企业不在众多的竞争者中保持良好态势并赢得消费者，就可能被淘汰，因而也就无利润可谈了。

无论是企业的宏观环境还是微观环境，在市场经济条件下，都是通过市场体现和实现的，企业本身也正是市场的主体或组成单元。因此，企业的宏观环境和微观环境又可以综合概括为市场环境。营造现代企业制度的外部环境，实际上就可以归结为培育和发展市场体系问题。

营造现代企业制度外部环境的基本要求与原则是：

第一，尊重各类企业在市场活动中的平等性，坚持经济活动的诚信、公正、公开原则。

第二，发挥市场机制在资源配置中的基础性作用，建立统一、开放、完善、有序的市场体系。

第三，贯彻市场经济的自由、平等、竞争、利益、效率精神，使企业真正体现现代企业制度的要求。

第四，加强和完善对企业与市场的管理和监督，建立正常的企业登记、市场进入、市场竞争和市场交易秩序，保护经营者和消费者各自的合法权益。

必须明确的是，在我国建立现代企业制度是与坚持中国特色社会主义基本制度结合在一起的。要加强企业中的国有资产管理，采取有力、有效措施防止国有资产流失；公有制经济特别是国有经济要积极参与市场竞争，切实发展和壮大，实现对经济发展的主导作用。

第四节　市场经济与国家

在市场经济发展过程中，国家的"角色定位"极为重要。理论和经验告诉我们，政府对于市场经济的发展，形象地说，应该是"守门人"、"守夜人"、"清洁工"、"保安员"、"裁判"、"警察"和"保姆"。国家的经济职能，主要是对于经济发展及其过程的监管、引导、协调与服务，包括必要的牵引、撬动与整改、叫停。

一、国家在市场经济中的地位与作用

自有国家以来，国家一直在社会经济的发展过程中发挥着无可替代的重要作用，市场经济条件下依然如此。问题是，在市场经济条件下，国家应该在市场经济运行过程中居于何种地位和发挥什么样的作用？在我国，与这个问题相联系的是，国家究竟是不是市场经济的利益主体？

长期以来，经济理论界一直存在着"二主体论"和"三主体论"的讨论。

"二主体论"认为，企业（生产者）和家庭（消费者）是市场经济的利益主体，国家不是市场经济的利益主体，而是市场经济的管理者，是监管、是裁判、是警察。如果国家也是市场经济的利益主体，那么市场经济的"游戏规则"就乱套了。例如，足球比赛，运动员又是裁判员，或者裁判员同时又是运动员，请问，这场球怎么踢？要么，有裁判当运动员的一方永远是赢家；要么，没有裁判当运动员的一方永远是输家。道理就是这么简单。

"三主体论"认为，国家既然是社会经济活动不可缺少的一方，同时在存在着国有经济（国有企业）的条件下，国家当然也是市场经济的利益主体。一方面，国家本身就在市场经济的运行过程之中；另一方面，国家又是国有经济（国有企业）的当然代表，怎么能够把国家摆脱于市场经济的利益主体之外呢？如果没有国家（政府）代表国有经济（国有企业）这一块，国有经济（国有企业）岂不是成了"无娘儿"吗？如果"二主体论"能够成立，那么把企业中的国有部分去掉，岂不就成了"一个半主体"吗？再退一步说，没有国家参与的市场经济能够想象吗？

实际上，"二主体论"在理论上是成立的。"三主体论"在现实中确实也无法避免。可以说，纯粹的理论和纯粹的实践在现实生活中几乎都不存在。在我国的现实经济生活中，国家一直以市场经济利益主体的"身份"存在并实现着自己，因而邓小平提出改革的方向与目标是"党政分开，政企分开"，实际上是主张从"三主体论"走向"二主体论"。

问题的关键在于，在构建中国特色市场经济的过程中，特别是政府在市场经济条件下转变职能的过程中，首先要定位准确，其次要作用得当。也就是说，市场经济条件下的政府必须清楚：该干什么，不该干什么；能够干什么，不能干什么；可以干什么，不可以干什么；以及干到什么程度为好，制约到什么地步为宜；何时出手，何时收盘；如此等等。总之，市场经济长期处于"三主体"状态之中是不利于社会经济的健康、稳定、协调、持续发展的。

二、市场经济条件下政府的基本经济职能

与市场经济宏观运行要求相适应，国家通过政府实现其作为宏观经济管理者和社会经济生活调节者的职能，主要包括：

第一，保持总量平衡，防止物价总水平超常波动，促进经济与产业结构的优化，避免国际收支赤字，提高居民生活水平，力争经济持续、稳定、协调发展。

第二，制定国民经济中、长期发展规划，运用财政政策、货币政策、产业政策、区域政策、分配政策、外贸政策等引导和调控市场，保持市场的繁荣与稳定。

第三，提供公共服务。对内主要是从事宏观管理及公共事业建设与服务，如文化设施、卫生、学校、道路等方面的建设，为市场经济的发展创造良好的社会环境；对外主要是通过外事与外贸等活动努力争取有利于国内经济发展的条件。

第四，管理和监督市场活动，维护市场秩序。通过经济立法和执法以规范各经济主体的行为，限制各种不正当的经济行为，监督并处罚各种违法行为，保护生态环境和资源，维护正常的市场秩序。

第五，直接参与某些经济活动。政府可通过直接投资方式创建某些个人无力或不愿创办而又是国民经济所必需的大型项目，如基础设施、原材料、能源、交通、农业基本建设等，以消除制约国民经济发展的"瓶颈"。

第六，进行社会救助如救济灾区和丧失劳动能力的居民，帮助恢复经济等。

三、政府职能与社会保障

从我国的实际情况来看，强化政府职能，必须下决心推进行政管理体制和机构改革，按照党政分开、政企分开和精简、统一、效能的原则，转变职能、理顺关系、精兵简政、提高效率。这是政治体制改革的紧迫任务，也是深化经济体制改革、建立市场经济体制和加快现代化建设的重要条件。

1. 政府职能的根本问题是对市场经济的有效管理

对市场经济进行适时、有效的行政管理，必须适应市场经济发展的要求，这是实现政府职能的根本指导思想。

在我国，转变政府职能既是经济体制改革对政府行政体制提出的客观要求，也是行政管理体制改革的内在要求。转变政府职能是建立市场经济体制的重要条件，不在这个方面取得突破性进展，整个改革难以深化。必须紧紧抓住转变政府职能这个关键，从职能的调整和重新配置入手，推进行政管理体制和机构改革，着重解决好以下几个问题。

第一，围绕搞好国有大中型企业、还权于企业、推动企业进入市场，进行政

府职能转变。要按照所有权和经营权分开的原则，坚决地把属于企业的权利还给企业，真正做到凡属企业经营的问题，都由企业自己解决。特别是要落实企业的人事劳动权、收入分配权、产品定价权、生产和销售权、投资决策权、进出口经营权等，促进企业转换经营机制，使企业真正成为自主经营、自负盈亏、自我约束、自我发展的法人实体和市场主体。

第二，把政府的国有资产所有者代表职能与行政管理职能分开，集中精力搞好国民经济的宏观调控。政府的行政管理职能主要是统筹规划、掌握政策、组织协调、信息引导和检查监督，运用经济手段、法律手段和必要的行政手段引导和调控企业行为，一般不干预企业具体的生产、经营和管理事务。通过职能转变，加强政府对全社会经济活动的管理，建立健全链式经济调控体系，真正做到微观放开搞活、宏观管住管好。

第三，大力培育和发展要素市场，尽快形成统一、开放、高效、有序的市场体系。要适应商品经济和价值规律的要求，切实更新计划观念，转变计划管理职能和方式，使计划能够真正反映市场的供求关系。同时，要运用经济政策和经济杠杆引导并促使市场的健康发展。必须按照市场经济的要求，积极培育各类要素市场，努力规范市场，加强市场制度建设，坚决打破条块分割、地方封锁和各种形式的垄断，促进和保护公开竞争，健全市场秩序。

转变政府的管理职能不是一两个部门的事，而是对整个政府职能进行全面调整，每个部门都有转变职能的任务。要根据各个部门的业务特点和工作性质，提出不同的改革要求。

根据行政管理科学化、法制化的要求，在转变职能的基础上理顺政府各部门之间、上下级政府之间、党政工作部门之间、政府与企事业单位之间的关系，完善行政运行机制，保证政府职能得以顺利转变，巩固机构改革的成果。

转变政府职能既是建立市场经济体制的客观要求，又是一项重大的政治改革，需要我们有步骤、分阶段、综合配套、有秩序地进行。通过转变政府职能，摆正市场与国家、市场与政府的关系，使政府真正成为发展市场经济、解放和发展社会生产力的坚强组织者和有力调控者。

2. 社会保障制度是现代市场经济的重要组成部分

社会保障的英文原意是社会安全（Social Security），简单地说，就是政府和社会对公民的基本生活提供保证。其基本生活水准是按各国情况规定的，常常以各国划定的贫困线为基准。保障的对象是全体社会成员，重点是那些丧失劳动能力的人，如年老退休、疾病、伤残者等，以及失去工作机会（如失业）和收入等原因而不能维持基本生活的社会成员。社会保障的实质是国家履行管理义务的一种职责和公民维持基本生活的一种权利，即政府和社会对处于基本生活水平以下的公民有提供生活保障的职责，而这些公民则有获得这种保障的权利。现代市场经济的发展，要求社会保障制度必不可少。社会保障制度不仅是现代市场经济的重要组成部分，是政府积极干预社会经济生活的重要手段，也是现代社会的稳定机制和社会安全体制。社会保障制度的完善与否直接关系着市场经济的发展。

社会保障体制是由一整套社会保障制度构成的，是政府职能的重要体现。现代社会，社会保障已成为一种制度，一般是指政府和社会依法规定保证社会成员的基本生活权利和福利所实行的各种经济保障措施。

3. 促使社会保障不断发展的因素

（1）社会保障是市场经济劳动力再生产的一种补充形式。众所周知，随着市场经济的发展，尤其是随着机器大工业和社会化大生产的不断发展，对劳动力质量的要求必然越来越高。工人必须具有相应的文化技术水平才能适应现代化生产的需要，于是普及和发展中、高等教育事业就成为市场经济的迫切要求。而一般劳动者往往无力承担或不重视本身及子女的文化教育。同时，单靠个人的力量，少数社会成员又难以完成劳动力的再生产。作为政府和社会就有责任以社会保障的方式，推动文化教育等事业的发展，从而使劳动力再生产得以顺利实现。因此，社会保障成为现代社会劳动力再生产的一种补充形式。

（2）社会保障是政府积极干预社会经济生活的手段。20世纪30年代，资本主义世界各国发生了特大经济危机和萧条，迫使资本主义各国政府相继放弃"自由放任"的经济政策，转而采取凯恩斯的国家全面调控市场经济的理论，对经济进行积极的干预和调节。为了迅速刺激和扩大"有效需求"，同时也为了缓和由于剧烈动荡而造成的日益尖锐的社会经济矛盾，各国政府积极推行各种社会保障措施，使得社会保障成为政府干预社会经济生活的一种重要组成部分。

（3）社会保障是现代社会和政府履行保障公民基本生活的一种社会责任，而获得社会保障也是现代社会公民的基本权利之一。社会保障在历史上曾被作为自上而下的一种单向性的施舍或慈善活动。这种活动或者由政府出面，或者由社会团体及私人出面，安置流浪汉，资助老人、盲人、伤残人及其他丧失劳动能力的人，以及组织儿童的教育、病弱者的康复等。这种慈善行为的主要目的是为了增进社会的稳定，巩固政权，或者为了追求一种宗教的、精神的内心安宁，尚未进入法制轨道。而在现代社会，社会保障则是政府承担的一项社会义务。现代社会保障以维护人的生存权为基础，基本内容是：个人有权利获得劳动机会，以及在丧失劳动能力或收入不能满足基本生活时获得社会救助。由于维护居民的生存权或者为每一个社会成员提供工作机会和社会福利是政府的基本义务之一，所以劳动机会和社会福利不是哪一个人的恩赐和施舍，而是社会成员的正当权益。

4. 社会保障的基本内容

社会保障涉及的范围极其广泛，而且在不同的国家其内容也各不相同。决定其内容的首要因素是一个国家或地区的经济发展水平即经济承受能力。目前，世界各国的社会保障，总体上是发达国家项目多、标准高、覆盖面广，而不发达国家项目少、标准低、覆盖面也较窄。例如，美国全国社会保障项目总共有三百多项，每一大类都细分为数十个具体项目，各州等地方政府还各有自己所立的项目。其次，一个国家或地区、一个民族的文化传统、价值观念和伦理道德原则等也会影响社会保障的内容或项目。因此，社会保障的内容或项目在不同国家或地区往往是各不相同、各具特色。但是，从大体看，有许多内容或项目是大致相同的。从社会保障的目标及特点来分，这些内容主要有社会保险、社会救济、社会福利、社会优抚等几大类。

（1）社会保险。社会保险是指国家和社会依据法律规定由劳动者、劳动者所在单位或社区及政府多方共同筹资，在劳动者及其亲属或遗属遭遇自然灾害或意外事故如死亡、工伤、疾病、年老、失业、生育等风险而造成生命、财产损失时给予一定的物质补助，以保障其基本生活需求的一项制度。它是社会保障制度中最主要的内容，也是整个社会保障制度是否完善的关键。在中国，原来较少使用社会保险的概念，而大多是使用劳动保险的概念。实际上社会保险和劳动保险没有本质的区别。两者的目的都是为了解决劳动者在因各种特殊原因丧失劳动能力或机会后给予基本生活的物质补助或保障。两者的区别只表现在量的差别上。一般来讲，社会保险包括全体公民，自然也包括劳动保险在内，而劳动保险的对象只包括部分社会公民。这是由我国特定的历史经济条件决定的。例如，我国目前的劳动保险在绝大多数地方仅局限于城市居民，而不包括广大农民。随着社会经济的发展，劳动保险的对象必然会扩大，目前许多农村地区也已开始实行社会保险。

此外，社会保险和商业保险是有区别的，两者不能混同。第一，它们各属不同的社会经济范畴。商业保险属于金融经济范畴，而社会保险属于社会保障范畴。第二，两者所追求的目标各不相同。社会保险是一项福利事业，是非营利性的，其目的是为了保障社会成员丧失劳动能力或机会时的基本生活水平，对社会起到一种稳定的作用。而商业保险尽管也有分散风险的作用，但其目的首先是营利性的，是商业性的，其作用只体现在按发生灾害的程度给予投保人不同的经济补偿。第三，两者在保障对象上也各不相同。社会保险的对象是全体社会成员，重点则是那些因特殊原因丧失劳动能力或机会而不能保证基本生活水平的社会成员。而商业保险的对象则大多是具有一定经济承受能力而非不能保证基本生活水平的社会成员、经济组织、单位、社会团体等。而且社会保险取决于劳动者在劳动时作出贡献的多少，有一种权利和义务的对等关系，而商业保险则取决于投保的多少。第四，两者具有完全不同的特点。社会保障具有强制性，如养老保险、工伤保险等大多是由政府强行建立和实行的。它有社会性的特点，是一种社会政策，是一项体现政府社会政策的社会公共事业。社会保险还具有福利性的特点。而商业保险则是非强制性的，是自愿的，不具有社会性，也不是政府应承担的必要社会责任。它是追求商业利润的、营利性的，因而也不具有社会福利性的特点。总之，无论是理论上还是实际上，都不能混同。商业保险也不构成社会保险的外延，世界上没有哪个国家对养老、工伤、失业等社会保险也采取商业保险的形式。社会保险基金或待遇的给付等也都不采用商业保险的办法，因为商业保险的非强制性和营利性的经营目的等都不利于保障社会成员基本生活的目标实现。

社会保险的项目在不同国家是各不相同的，但总体来看，大多数国家或地区通常实行的项目主要有如下几方面：

1）养老保险，也称老年退休保险，是指由于劳动者年老而全部或部分丧失劳动能力，劳动收入减少时给予的一种物质补助，以此保证劳动者年老退休后有稳定的收入来源。

2）医疗保险，是指国家和社会为解决社会成员发生疾病后可能出现贫困所提供的治疗、护理及物质帮助。

3）伤残保险，又称工伤保险，是对劳动者因就业过程中出现工伤而影响基本生活水平提供的社会保障。伤残保险一般包括免费医疗和现金津贴两项。

4）失业保险，在我国又称待业保险，是指社会保障向那些非自愿失业的人支付的物质帮助。在国外，这种失业保险主要是对失业者发放失业救济金、失业补偿、附加补助金（为失业者的妻子、儿女加发的补助金）以及安置就业等。

5）生育保险，是指社会保障在"工作母亲"产前产后的一定时间内所给予的帮助。这种帮助一方面体现为孕妇的产假，国际上普遍规定为产前产后各六周时间，不同工种也有不同的规定。另一方面则是在孕妇产假期间给予现金津贴，一般都不少于产前工资的2/3，最高的为工资的100%，各国之间差距较大。

6）家庭津贴，是指对多子女或无职业收入的丈夫、妻子提供相应的补贴。家庭津贴的主要项目是向受保人的子女提供的儿童津贴。例如，日本从1972年开始，对不满18岁的三个以上子女的家庭给予专门的儿童津贴，第三个以后的子女，当时每人每月津贴3000日元。此外，家庭津贴也包括支付给成年家庭成员的津贴，其享受对象主要是受保人没有参加工作的妻子或守寡的母亲、有残疾的父母或祖父母等。

除此以外，有些国家的社会保险还包括遗属津贴、儿童护理津贴、业务灾害保险等。目前，我国的社会保险制度相对于当前的社会经济发展水平而言，在项目上几乎涉及劳动者的生、老、病、死、伤、残、医疗和失业等各个基本的方面，因此其项目的设置是比较全面的。并且，其待遇水平相对于社会平均消费水平和在职职工收入而言也是不低的。它随着经济社会的进一步发展还会逐步提高，对我国社会经济发展起到了促进作用。但我们也应看到我国的社会保险，其对象仍有较大局限性，社会化程度也不高，保险项目也有待进一步完善，集资方式、管理体制等都有待进一步改革和完善。

（2）社会救济。社会救济是指政府和社会对生活在最低生活水平以下的困难家庭或社会成员而设置的社会保障制度。重点是那些遭到不可抗拒的天灾人祸、鳏寡孤独、人老病重、身心障碍等而失去劳动能力或机会的，以及低于国家规定最低生活水准的社会成员。社会救助是公民应当享受的基本权利之一，同时也是国家和社会必须始终认真履行的最基本的社会保障责任。所谓最低生活水平，也就是基本生活水平，一般是指一定时期内平均每人每日满足基本生活需要的收入水平或满足基本生活需要的最低生活费用标准。低于这个水平，社会成员的正常生活就要受到影响。国际上，常常把基本生活需要线称为"贫困线"或"低收入水平"。其衡量的方法一般都是由专家估计出一个人对基本生活的最低需求量作为标准。其具体的计算方法也是多种多样的：①在最低收入者的各项生活费用支出基础上确定基本生活水平需求线。②用以维持生活所必需的物质产品（基本生活资料）的价值量确定。③用最低食品支出和恩格尔系数计算，其公式为：

基本生活需要 = 恩格尔系数 × 最低食品支出

由于社会经济的发展水平不同，其基本生活需求线在不同国家或地区和不同时期是各不相同的。

社会救济的项目主要有生活救济、医疗救济、教育救济、住宅救济、分娩救济、谋生救济、安葬救济等。此外，社会救济还包括政府对各种严重自然灾害后的赈灾、救灾。

（3）社会福利。社会福利是指国家或社会依据有关法律规定向社会成员的某些特殊的基本的生活需求如居民住宅、公共卫生、环境保护、基础教育等提供福利服务的社会性制度。社会福利一般表现为国家及各种社会团体举办的各种福利设施。例如，为了减轻劳动者生活负担和家务劳动向职工提供的多种便利条件的集体生活福利设施；为了活跃和丰富职工文化生活而建立的各种文化福利设施；为了解决残疾人的就业而举办的福利工厂；为老年人和残疾人提供的各种福利服务；为儿童的健康发展提供的儿童福利设施等。随着社会经济的发展、居民生活水平的提高，以及人们生活需求的变化，社会福利的项目也会发生变化，有增有减，变得越来越丰富。社会福利的目标并非仅是保证社会成员的基本生活水平，而且是改善居民的生活环境，提高居民的生活质量，这是更高层次上的社会保障服务。

（4）社会优抚。社会优抚是指对特殊保障对象，如现役军人及其家属、退休和退伍军人及烈属等，提供相应的物质帮助及服务以保证其基本生活水平的社会性保障制度。这是一项带有褒扬、优待和抚恤性质的特殊制度。社会优抚一般包括军人伤残退休金、阵亡军人遗属补偿津贴、退伍军人生活贫困补助、退伍军人死后遗属补助费、为病残退伍军人提供的免费服务等。

社会保障制度除以上内容外，在不同的国家还有一些各具特色的项目，如劳动安全保障、服务设施保障等项目。而且随着社会经济的发展，社会公民生活水平不断提高，保障项目也会有所调整和发展。

5. 社会保障的特点和功能

社会保障制度与市场经济的其他制度具有本质的不同，有其自身的特点。这些特点决定了社会保障具有稳定和调节两个基本职能。

（1）普遍性。社会保障的对象涉及每一个社会成员，不论是城市的，还是农村的，不论是有职业的，还是没有职业的，只要其生存发生了困难，基本生活得不到保证，他就有权得到社会保障。社会保障也有义务对其基本生活提供保证。社会保障成员之间不存在社会保障有无的差别，只存在社会保障基金的交费方式、保障待遇、项目和形式等方面的不同。普遍性的另一个含义是指社会保障制度不仅涉及每一个社会成员，也涉及每一个社会组织和政府。例如，在现代社会中社会保障基金的筹集，政府、企业（单位）和个人都必须缴纳一定的社会保障费用，承担一定的责任。

（2）强制性。社会保障制度的建立，其项目的实施、保障方式的采用等都具有强制性。因为社会保障制度的建立，在现代社会都是通过法律来建立的，其筹款方式、项目的多寡、保障资金的发放方式，以及每一项目所涉及的范围、标准等都是由法律规定的，并依法律推行。所涉及的政府、企业、单位和社会成员都必须参加，依法缴纳社会保障费用，依法拨付财政资金。社会成员必须依法享受社会保障待遇。它与商业保险不同，商业保险是自愿的、非强制的。

（3）公平性。实行公平分配是社会保障所要达到的目标，带有明显的机会均等和利益均沾的特点。凡是生活发生困难，基本生活得不到保证的社会成员都可以均等地获得社会保障的机会和权利。在西方社会，社会保障制度还常作为一种公平分配机制来加以运用，尽管实际上是在人们的社会经济地位不平等前提下的公平，但也在一定程度上缓解了严重的两极分化所带来的矛盾，实现了一定程度上的公平分配。

（4）保证性。社会保障对社会成员的基本生活给予物质保证，从而使得社会成员获得一种生理上和心理上的安全感。这种保证性往往以法律的形式得到强化。所有实行社会保障的国家都以法律形式明确规定对社会成员中由于生存而引起的基本生活需要必须给予确实的物质保证。

（5）互济性。社会保障资金来自全体参加社会保障的社会成员、企业、单位及政府，而在一定时期内享受社会保障待遇的只是社会成员的一部分。尤其是社会保障中的社会救济和社会福利项目，其资金来源显然来自劳动者为社会提供的剩余劳动，体现了劳动者对非劳动者的无偿援助。这种互济性特点决定了现代社会保障基金，一般都是由社会保障机构按统一的比例和基数征集，并在社会保障范围内进行地区之间、企业之间和劳动者之间的调剂。基金调剂制度是社会保障水平的重要标志，调剂的范围越广，互济性的效果发挥得越充分，保障的程度也就越高。

（6）社会性。社会保障的社会性，一是指范围的广泛性，凡有可能由于疾病、工伤、年老、失业等原因影响收入，影响基本生活的社会成员，都应列入相关的社会保障项目范围；二是指政府的社会责任性，既是政府的一项基本的社会政策，也是政府不可推卸的一种社会责任、一项社会公共事业。

（7）福利性。社会保障的许多项目，实际上又是一种社会福利事业，因此有一定的福利性。这也就决定了国家财政对社会保障资金应有一定的责任，如直接承担部分资金或提供财政担保，以确保特殊情况下社会成员的基本生活。福利性的特点还决定了社会保障的管理体制不能由营利性的机构管理，而是由非营利性的社会事业机构来管理。

社会保障除有以上基本特点外，作为一项制度还体现为管理专业化、资金基金化、制度法律化的特点。所有这一切，都决定了社会保障的性质和目标，那就是保证社会成员的基本生活。

稳定职能是社会保障的最基本职能，因此社会保障制度也往往被称为社会的"稳定器"或"稳定机制"。社会保障制度通过参与国民收入的分配，形成一定的社会保障基金，从而保障社会成员的基本生活需要，防止贫困的出现。同时，它还致力于扩大有效需求，创造良好的经济环境，从而提高全社会的就业水平和福利水平，以防止市场机制造成的收入差距的过分扩大，缓和贫富之间的矛盾和对抗，使保障对象获得心理平衡，产生生活保障感、社会公平感。新中国成立以来，由于逐步建立了相应的社会保障体系，使得我国的社会经济发展基本上都是在社会稳定的基础上进行的。即使在出现经济失误时、严重自然灾害时，乃至"文革"时期，也保障了社会成员的基本生活，社会相对来讲是稳定的。在西方国家，其发达的社会保障体系对于缓和阶级矛盾、稳定社会秩序、减少贫困等，也发挥了相当重要的作用。所以，社会保障是社会的安全体系、是社会的"稳定器"、"安全网"。

调节职能也是社会保障的重要职能。首先，社会保障的调节与财政调节、利率调节不同，它主要体现调节市场机制、效率机制、竞争机制、动力机制和社会公平机制、均衡机制、稳定机制之间的矛盾，同时还调节社会成员之间收入的过分悬殊，以及分配的不平等，从而保证社会成员的基本生活需要，防止社会成员的贫困，进而调节社会关系与社会矛盾。其次，社会保障还可作为国家干预经济活动的一种调节手段，这在西方社会表现得尤为明显。在经济萧条时期，由于失业等原因，享受社会保障待遇的社会成员增加，社会保障用于失业救济等方面的支出也相应增加，从而缓和了社会成员的收入减少，保证个人的基本消费能力，进而减缓经济萧条的程度。与此同时也能增加或扩大有效需求，推动经济的稳定和发展。在经济繁荣时期，社会保障基金会由于就业人数的增加和社会成员的收入增加而增加，相应地由于就业增多、收入增加，社会保障的支出则相对减少。这样，社会保障也就自动地起到了一种抑制经济过快增长的作用。所以，在西方社会，社会保障成为政府调节经济的一种重要手段。

需要说明的是，社会保障职能的发挥是在一定范围和一定社会经济发展阶段进行的。如果社会保障水平不与社会经济的发展水平相适应，社会保障的职能就不能充分发挥，反而会起相反的作用。如果社会保障水平超过社会经济发展的承受能力，社会保障就会成为阻碍社会经济发展的包袱。如果社会保障水平达不到贫困者维持最低生活水平的需要，那么对经济发展和社会稳定也起不到应有的功能。可见，社会保障是随着生产力的发展和社会经济水平的提高逐步建立和完善的。而且，由于各国国情和社会制度的差别，会有种种区别，其作用也不完全一样。但是，不论国情和社会制度有何种区别，社会保障都是经济协调发展不可或缺的重要方面。

此外，社会保障制度还是现代社会政府宏观干预社会经济的重要手段，对控制人口和实行计划生育、推动精神文明建设也有重要的作用。

四、市场经济的法律秩序

建立和完善市场经济体制是一个复杂的系统工程，其中十分重要的方面就是要围绕建立市场经济体制，加强法制建设。传统的高度集中的计划经济体制的运行，主要依靠行政手段调节。市场经济体制的运行则主要依靠经济的、法律的手段调节，而经济手段及其他手段的调节也要以相应的法律作保证。因此，从一定意义上说，市场经济就是法制经济。

要建立和完善市场经济体制，就必须加强法制建设，这是由市场经济的规律决定的。

第一，市场经济的建立有赖于法制建设。市场经济是一种分权决策的经济。多元化的利益主体要自由进入或退出市场，必然要求用法律明确市场主体间的产权关系、经营关系和交换关系。只有用法律明确界定和规范市场主体间的权利义务关系，才能为市场经济的运行提供必要的前提。市场经济的关键是使企业真正成为自主经营、自负盈亏、自我约束、自我发展的法人实体和市场竞争主体，有效途径是用法律明确界定企业的产权，理顺产权关系。如果企业产权缺乏法律保障，企业在生产交换中所获得的利益国家可以任意平调，或者可能被不法行为侵吞和剥夺，企业的积极性就会受到极大损害。因此，市场的建立离不开法律的调节。没有完备的法制，就没有市场经济。

第二，市场经济的运行有赖于法制完善。市场经济的核心是商品交换关系。商品交换在经济上表现为市场，在法律上则表现为契约。有效的商品交换必须具备的条件是：市场主体能自由让渡自己的商品，保证对方取得自己的商品所有权；交易必须基于双方意志自由、平等协商，不能有强迫、欺诈、显失公平、危害社会公共利益等因素；等价、有偿、合法应成为交易的基本原则。这也是契约制度的基本内容。市场经济发展的历史，就是这种法律制度日趋完备的过程。在我国，要培育市场体系，实现平等竞争、公平交易和正当经营，要维护正常的市场竞争秩序，保证经济健康发展，就必须实行强有力的法律约束，就必须有一套公平、公正、诚信、有序的行为规则。只有用法律规范市场，才能使市场运行规范化、制度化，使市场经济既有生机又有秩序。

第三，市场经济的缺陷离不开法制修补。由于市场经济具有一定的自发性和盲目性，如果任其发展会对整个社会带来损害。市场本身不可能实现真正平等，它只带来机会均等；市场自发发展必然带来社会的两极分化和贫富悬殊；市场竞争也会带来一些弊端，如竭泽而渔、破坏资源与环境等。市场的这些缺陷需要国家进行必要的宏观调控和管理。国家宏观调控手段有行政手段、经济手段和法律手段多种。前两种手段也必须依法进行。况且要维护市场的稳定，也必须对国家的权力加以界定，国家干预和组织市场的方式都必须由法律来规定。只有在法律的保障下，国家宏观调控手段才能有效地发挥作用。

第四，国内市场经济必须与世界经济运行规则接轨。市场经济是开放经济，市场经济的发展必然在经济上打破一切地区和国家的界限，形成世界市场和多种形式的国际经济联系。在这种情况下，一个国家经济的兴衰在相当大的程度上取决于能否正确地实行开放政策，抓住机遇，采取多种形式，积极参与国际竞争与交流，充分利用国际资源，加速本国经济的发展。要做到这一点，必须实现本国市场经济的法制化，并使之同世界市场经济运行的一般法则即国际经济法相对接。这是提高对外开放程度与经济效益的重要条件。

市场经济实质上是法制经济。没有法律作保证，市场经济体制就不可能确立和完善起来；没有一个较完备的法律体系作为市场经济运行的基础，市场就会走向混乱；没有健全的法制，就没有健全的市场经济。市场经济必须与法制建设同步发展。

随着我国加入WTO后改革开放步伐的加快，涉及国民经济管理活动的各个领域与环节的经济立法，还有大量的工作要做。我国立法工作落后于实际需要，已经出台的法律，有的原则还比较笼统，可操作性不强；有的对本应该调整的问题因一时还把握不准而采取回避态度；有的还在很大程度上受传统计划经济体制的影响；特别是在建立市场经济体制的新形势下，大量的新经济关系、经济行为尚在法律上处于真空状态，经济行为中的短期行为和投机行为日益加剧。新的经济体制迫切要求加快立法步伐。法制建设成为新体制建设不可分割的极其重要的组成部分。加快市场经济的法律体系建设，主要在于：①市场主体法，主要包括市场主体组织法和市场主体权利法两个层次。前者有企业法、公司法、合伙法、个人经营法及商事登记法等方面。后者着重指物权法和知识产权法等方面；为完善这方面的立法，要尽快改变过去按所有制不同分别制定市场主体法的情况。同时还需尽快制定民法典，以确保市场主体所享有的财产所有权、经营权。②市场行为法，用以体现市场交易规则。其中，体现市场平等交易和公平竞争原则等一般性规则的，主要是合同法和竞争法及特殊性规则的海商法、保险法、证券交易法、房地产交易法，以及反不正当竞争法、反垄断法，并在适当的时候制定经济监督法。③宏观调控和社会保障法。宏观调控的法律包括投资法、信贷法、预算法、价格法、计划法等，它反映的是国家与市场主体之间以间接管理为主的经济行政关系。社会保障的法律可分为劳动就业保障和其他社会权益保障，包括劳动法和消费者权益保障法等。它们体现的是市场主体与其劳动者之间的劳动关系，以及市场主体与消费者之间的特殊民事关系。

要大胆改革，建立完善的市场经济的法律服务体系。这一体系包括企业法律顾问、律师、公证、会计事务所、审计事务所、仲裁等。与此相适应，有必要制定律师法、公证法、仲裁法等。

要健全涉外经济法律体系，完善外贸法律制度，大力发展有关商品、技术、劳务、运输、旅游业贸易，开拓国际市场，实现国内市场与国际市场的接轨。要制定外贸法、外国投资法、外资银行管理法、外汇管理法、进出口管理法、反倾销法等，同时还要确立国际商法及惯例等。

要确立市场主体权利本位的法律观念。权利本位是市场经济运行的必然要求。在传统计划经济体制下，企业完全隶属于行政机构，基本目标是完成和超额完成国家下达的计划指令。为此，有的企业甚至亏本也要经营，企业没有独立利益，以完成计划为本位。宏观调控手段也主要限于行政手段，首长审批。只要有首长批条就可以得到优惠政策、计划列项、财政上交的减免、信贷规模的增加，以及外汇额度、进出口配额和许可证等。而在市场经济体制下，企业成为市场的主体，作为商品生产者和经营者，它必须有独立的资产和独立的利益，必须自主经营、自负盈亏，按照市场需求从事生产和交换，其目的是为了营利。商品交换实质上是权利的交换。随着占有物的互相转让，放弃对某一占有物的所有权，目的是为了得到另一物的所有权，交换的目的通过权利的交换而实现。市场主体享有权利和追求自身利益的同时，也要承担相应的义务，但履行某种义务是为了实现自己生产和交换的权利，权利的合理界限以义务为保障，义务只是权利实现的手段。市场主体一切活动的内在动力是权利而非义务。只有以权利为本位，才能真正调动各种经济组织，特别是国有企业在市场竞争中自由拼搏与进取的积极性、主动性和创造性，推动企业强化自身管理，提高生产技术，实现资源配置的最优化。

要实现公平、效益、诚信的法律原则。经济法制领域的公平意味着在资源的使用配置、收入的调节分配、劳动的机会等方面，对所有人或组织都是公正平等的。公平的价值观在于"法律面前人人平等"，在于要求平等地进行经济权利义务分配。因而，它所关心的是"是否等分"，而不是"等分的大小"。"效益"奠基于经济运行规律之上，而经济规律往往并不迎合人的"等分"心理。因而，当以效益为目标的经济规律与要求"等分"的普遍心理相冲突时，公平和效益的矛盾就显得比较突出。从经济法制方面来看，我国迄今为止的经济立法，有许多是依不同主体而区别对待的，有国外和国内之分，其中又有国内不同所有制主体之分。根据国外、国内关系不同，根据所有制形式不同，区分不同的主体法律地位，区分不同的适用法律的标准。传统计划经济体制一方面侧重于对社会平等的价值追求，但根据不同主体地位来分别制定不同法律，这又是对主体的不平等性表现，不符合市场竞争平等的原则。这样的立法不仅不能消除主体的不平等性，反而会加深这种不平等性。市场经济要求必须根据同一种经济活动适用统一的法律制度，这是一种确认主体地位平等的制度。从世界法律制度发展的历史和潮流来看也是如此。越是市场经济不发达，市场被分割，并在很大程度上受特权的影响和作用的地区或国家，法律就越具有"身份性"。"身份性"就是主体的不平等性，而市场经济以效益价值为目标和原则，需要"法律面前人人平等"作保证。因此，对这个问题应从理论高度上有一个正确的认识，从而培养和确立适应市场经济的公开、公正、诚信、有序的法律观念。

第五章　市场经济的利益

在市场经济条件下，市场主体（生产者和消费者）的任何经济活动都是为了追求一定的经济利益，这种经济利益有现实的或潜在的、有眼前的或长远的、有有形的或无形的、有既得的或根本的。经济利益既是市场主体从事生产经营活动的本源动机，也是社会进步与文明的初始动因。

第一节　市场经济的利益关系

人们在社会活动中所结成的一切经济关系，本质上是利益关系。人们对利益的追求，是市场经济运行的内在动力，也是社会发展的源泉。

一、市场经济利益关系的性质与特征

利益的本质是由社会活动主体生存与发展所引发的需求实现形式，利益实现过程与方式的基础是不同的社会生产与交换关系。在市场经济条件下，经济利益关系有其特定的性质与特征。

1. 利益及其本质

理论、历史与现实都告诉我们，利益对于每一个社会成员来说，都是生活中最敏感的神经。经济活动的过程从本质而言其实也就是经济活动主体对经济利益的追求与实现的过程。人们奋斗所争取的一切都与他们的利益有关，每一个社会的经济关系首先是作为利益表现出来的。人类社会的一切活动都根源于人类生存和发展的需要，即利益的创造与获取。利益不仅是一切社会活动的最初动因，而且是一切社会活动的最终目标。政治权利不过是用以实现经济利益的手段，是经济利益的集中表现。战争则是流血的政治，是对经济利益的武力分割。可见，利益的本质是由社会活动主体生存与发展所引发的需求实现形式，也是由特定生产方式所规定的社会实现形式。前者构成利益的自然基础，后者构成利益的社会基础。

一般而言，利益的前提在于人们生存、发展、享受的欲望与需要；利益实现过程与方式的基础是不同的社会生产与交换关系；利益的追求主体是从事经济活动的个人与组织；利益的实现客体是能够满足人们欲望与需求的有形物品与无形服务，包括物质的与精神的；利益的内容与规定取决于生产力的发展及生产关系的性质，同时也与社会活动主体在社会经济活动中的地位与作用密切相关。在市场经济条件下，经济利益的基本特点在于：第一，经济利益是在特定市场条件下，经济活动主体为满足自身生存和发展的需要，通过商品与劳务交换所能获得的一定数量的劳动成果与服务形式；第二，市场的规模、水平及特点、性质影响并制约着经济利益的获取与分配；第三，经济利益具有客观性与延展性，任何个人和组织都无法在交换与竞争过程中忽视其存在；第四，为了获取更多的经济利益，个人和组织不得不通过市场及其关系优化资源配置，通过经济增长与发展实现利益的增加与实现。

2. 利益的作用与特征

利益在经济发展中的作用，主要是由利益追求的客观性、合理性、动力性和调节性决定的。

（1）利益的客观性。简单地说，利益表现为人类需求的满足形式。这种满足形式包括物质与精神两类，由于精神上的满足从属于物质上的满足，即以物质满足为基础，因此经济活动中的利益主要指物质利益或经济利益。

利益反映了经济行为主体的物质需要。人们对物质利益的追求，首先是满足生存的需要。一旦这个界限被突破，发展和享乐的需要便成为事实。需要是不断发展和变化的，追求利益是人类最一般、最基础的心理特征和行为的推动力。人类文明的进步，在任何历史阶段、任何国家和地区，包括当时产生的法律、道德观念，不是限制而是发展这种追求。社会经济活动及其演进，就是这种互相依赖的每个人对物质利益追求过程的结果。可见，人类普遍的追求利益心理与行为所具有的客观性质，正是人类社会发展的原动力。

在商品经济发展的历史进程中，由简单商品经济发展到现今的市场经济，其内在的驱动力来源于商品生产者对利益的追求，利益追求是经济行为主体生存与发展的需要。

（2）利益的合理性。利益的前提是权利，是与行为主体经济活动直接有关的合法权利，其中最本质的是产权。由于经济行为主体具有产权，产权使用带来利益，从这个意义上说利益是产权的实现。由于产权具有排他性和不可侵犯性，因而对其所有者的心理与行为产生正面激励，促使其最大限度地调动、使用产权限度内的人力、物力资源，以取得利益最大化。

市场经济本质上是一种关于经济行为主体权利的制度安排，它赋予经济主体在经济活动中谋取自身正当利益的合法权利。在产权明晰和平等的前提下，获得通过自身努力谋求正当利益的机会和可能，这些经济主体就像千千万万被激活了的"细胞"，使整个社会机体充满了活力与朝气。

（3）利益的动力性。利益是刺激人们从事经济活动的根本动力。所谓动力是指人们从事生产经营活动的主动性、积极性。动力的基础在于物质利益，人们从事经济活动实际得到的利益越大，主动性、积极性就越强；反之，则会导致主动性、积极性的减退。

利益是经济活动的神经，对利益不断的追求是经济不断发展的力量源泉。市场经济的最大成功，是使社会经济主体从自身利益的关心上，从利益最大化目标的追求上激发内在动力与活力，构成社会经济发展的强大推动力，使其成为效率经济。

（4）利益的调节性。在市场经济运行中，国家行为、企业行为、消费者行为，都是依据利益原则进行的，无论行为主体采取什么行为、手段、措施，其实质都是一种利益的调节。无论宏观调控的各种方式，还是市场价格波动与竞争的力量，说到底都是通过利益这一基础环节来实现自己的作用的。

国家对社会整体利益的追求常常利用财政、信贷、税收等经济杠杆进行宏观调节，促使整个社会资源配置趋向合理化。

生产者对利益的追求，促使生产者不断调整生产什么、生产多少、如何生产。

消费者对利益的追求，促使消费者不断调整自己的消费倾向与购买行为，保证自己有限的货币收入获得最大满足的消费品。

市场经济中的各行为主体对利益的追求，促使其不断调整自己的经济活动，以适应市场与社会的发展。对利益的追求过程也是产业结构的调整过程，是生产要素重新组合的过程。正是这种追求使得社会必要劳动时间、社会生产在各部门之间按比例分配，从而使得生产与消费、供给与需求不断趋向平衡。

3. 利益最大化是经济主体的追求目标

市场经济主体不仅追求利益，而且追求利益的最大化。从内在原因来看，利益表现为对于行为主体需求的满足形式。由于生产力的发展以及人们需求的无限性，加之需求的扩展与变化，引致人们在经济活动中总是不断地追求利益，并企盼利益最大化。从外部原因来看，市场经济的竞争性引导人们为了自己的利益而竞争，竞争又是促使其实现利益的条件。

以利益最大化作为追求目标，在市场经济中不仅具有客观必然性，而且具有现实性。

第一，市场经济是一种以分散决策为基础的体制，各经济主体在一定的市场规则范围内享有较大的经济自主权，这就为追求利益最大化提供了环境条件。因为，对利益最大化的追求虽然是任何体制下经济主体的潜在本性，然而要转化为一定的经济行为，则需要一定的外部条件。在传统计划经济体制下，各微观主体的行为受制于国家政策，企业在资源调度上处于一种无权的被动地位，因而追求利益最大化的动机被统一为服从全局利益或整体利益。市场经济则为各市场经济主体追逐利益最大化的行为提供了可能与条件。

第二，市场经济是一种以利益信号为调节器的体制，通过市场参数反映资源的配置状况、价格、利率、工资率等市场参数的变化。自主经营的经济主体一般都能够敏锐地体察自己的利益所在，从而迅速作出反应与决策。因而，依靠这些信号追逐利益最大化也就存在着客观现实性。

4. 经济利益是市场机制的基础

经济利益是市场机制的基础，市场经济进行资源配置的机制、功能、手段及其运行体制和组织系统都与经济利益息息相关。

市场经济配置资源的现实运动是一个社会化的过程，是依靠社会经济过程中各利益主体的活动来实现的。资源配置过程不仅是生产要素配置的技术过程和操作过程，同时还是实现主体利益的过程，是各主体之间利益关系的调节、协调过程。各主体的预期利益既是他们从事经济活动、彼此发生经济关系的出发点，也是资源配置的基础。脱离主体利益关系，忽视主体利益关系的资源配置都将缺乏动力和失去效率，并且会扭曲社会配置资源的机制和规则，导致经济运行的紊乱和震荡。市场经济能够有效地进行资源配置，关键就在于利益调节上能够最大限度地为人们提供有效配置资源的动力、激励与约束。

在市场经济中，配置资源的主要杠杆和手段是市场机制，市场机制中最主要的是价格、竞争、供求。而在市场机制系统中，利益是市场机制作用的基础与纽带。利益的变化与价格波动结合在一起，调整生产要素的合理流向；利益是竞争的实质，从而产生市场压力和动力；市场上的供求状况来源并取决于供求双方的利益。可见，利益贯穿于三大机制作用之中，构成市场机制的重要基础。

二、市场经济的利益主体及其体系

市场经济的利益主体是具有独立地位、自身利益和行为方式并承担相应法律责任的经济活动参加者。市场经济的利益主体是市场运行的基本力量，规定着市场的性质，影响着市场运行的方向并直接决定着市场运行的效率。根据市场经济的利益主体在经济活动中所发挥的功能与作用不同，可分为国家、企业与个人三大市场主体（其他形式的利益主体都是在此基础上派生的）。它们的利益及其关系，构成了市场利益系统最重要的内容。

1. 国家利益主体

国家具有领导和组织经济建设的职能，同时作为最高决策者实施对市场的干预与调控。国家在经济活动中的地位是独立的，其行为是自主的，并且也是在追求自己的利益。国家利益是满足社会共同需要而产生的，是全局性和总体性的根本利益和长远利益，是整体的经济效益。它包容了其他主体的利益，但又不完全等同于其他各个主体的具体利益。因此，国家所追求的利益具有公共性，也称为公共利益或社会利益。由于国家所持的这种利益立场，使其在参加具体的经济活动时只以盈亏平衡作为原则，以整体社会经济效益最佳为追求目标。在阶级社会里，国家主体的利益具有明显的阶级性。

国家对经济活动的参与可以分为两方面：在微观经济领域，直接参与种类有限的"公共产品"的生产，用以直接满足社会的公共需要；在宏观经济领域，则主要采取行政的、经济的、法律的手段，着眼于创造适当的经济环境，维护正常的经济秩序，并制定和实施宏观经济政策，调节总体经济水平和解决宏观经济运行中的矛盾与问题，以达到全社会的经济发展目标。

国家经济职能的发挥，实质上也是生产产品和提供劳务。这种产品的生产和劳务的提供也需使用资源，也有成本和机会成本并讲求市场经济中通行的一般原则。社会公众享用国家所提供的产品和劳务，必须付费。国家也可通过课税取得收入，再用这些收入购买资源，用以生产"公共产品"和提供公共服务。所以，从这个意义上说，国家参加经济活动仍然遵循市场经济中商品交换的普遍原则，只不过是国家的经济行为具有社会性、公益性。

国家利益同社会剩余产品有着直接的联系，社会剩余产品是国家利益的实物内容，国家利益的基本要求是实现剩余产品率的最大化。

2. 企业利益主体

企业作为利益主体是市场经济活动的核心，企业主体追求的利益目标是利润最大化。

（1）企业利益主体的独立性。企业是直接进行经济活动的微观主体，是生产要素的组合者、商品的提供者，是独立核算、自负盈亏的经济实体。企业拥有独立的经济利益，以便灵活自主地支配生产要素和经营因素，有效地进行资源配置，从而满足企业自身的需要。

企业作为独立的商品生产者和经营者，其利益目标是满足自身生存与发展的需要。企业通过利益的调整与规范，可以将企业利益与劳动者利益联系起来，调动劳动者的积极性，使劳动者关心、支持企业的发展，从而成为企业发展的巨大物质力量。

企业不仅要拥有利益，而且客观上要求追求利益最大化，从企业的收支来说就是利润最大化，即成本费用最少、利润最大。

（2）企业利益主体的中介性。在国家—企业—个人这个利益链条中，企业处于重要的中间环节。在整个社会经济活动中，起主导作用的生产以及与其相适应的流通和分配活动基本上是在企业内部进行的。因此，在经济利益体系中，企业利益具有特殊的地位。一方面，企业是社会的经济细胞，是社会生产力的构成单元，社会简单再生产和扩大再生产在企业内实现；社会赖以生存的物质资料由企业提供，社会用以积累的剩余产品由企业创造，国家财政收入由企业赋税构成。因此，企业利益包含着国家利益的因素。另一方面，每一个企业都是一部分劳动者的集合，每一个单个的劳动者都要从这里取得劳动报酬和其他收入。因此，企业利益中又包含着个人利益的成分。再者，在现代企业制度下，公司制企业是由若干股东构成的，企业的利益直接关系到广大股东的利益。因此，企业的特殊地位决定了企业利益是联结国家利益、个人利益以及其他利益的纽带。企业利益的消长，同时影响国家利益与个人利益。可见，企业利益往往是各种主体的利益所在，也是各种利益的聚焦点。

3. 家庭、个人利益主体

个人利益是指社会中独立的个人直接得到的利益，也是满足家庭或个人生活需要的基本形式。家庭利益主体则是个人利益主体的集合或组合。

市场经济中的个人通过向社会提供一定的劳动、智能、资金等而得到个人收入。个人收入中有一部分作为个人消费支出以满足生理、心理和社会等多方面的要求。个人的这些需求越得到满足，个人利益的实现程度也就越高。从劳动者个人来看，个人利益同以下因素相关联。

第一，个人利益取决于个人劳动收入的大小，而个人劳动收入的大小在劳动报酬标准既定的前提下，取决于个人提供的劳动数量和质量。

第二，个人利益的实现程度取决于个人通过消费支出而体现的个人需求的满足程度。在消费品价格既定的前提下，这一满足程度取决于个人的偏好、个人的消费结构和个人可用于消费支出的大小。

第三，个人利益还取决于个人作为投资者而取得的收入大小，而个人投资收入在投资收益率既定的前提下，取决于个人对资产形式的选择、个人的劳动能力和个人可用于投资支出的大小。

个人利益有一部分是以间接的形式表现出来的，即以共同利益的形式来满足个人的生活需要。例如，国家实行医疗保障，环境保护，向公众免费或减费开放图书馆、青少年宫、公园等文化设施和娱乐场所等，也形成了个人利益的组成部分。

市场经济的个人利益主体是一个较为复杂的群体，各自情况差异颇大。

（1）投资者。投资是指投资者以市场为枢纽，以商品经营为形式，通过一定的资本投入，以获得更大收益的经济活动。投资者是投资的人格化。

市场经济条件下投资的特点：

投资主体多元化。投资者既可以是国家，也可以是企业、个人等。在投资主体中，企业是经济活动的主要参加者，是主要的投资主体。

投资方式多样化。投资者既可以把资本投向生产领域，也可以投向流通领域。投资者既可以进行直接投资，也可以进行股票、债券等间接投资。

投资来源多渠道化。投资者的资金既可以来源于积累、社会集资，也可以来源于国内外贷款。从发展趋势来看，社会集资是投资资金的主要来源。

投资依托市场化。国家对投资的管理更多地通过市场机制来实现。投资者的资金投向、规模大小，以市场为枢纽。资金筹集、运作都必须依托市场，受市场经济杠杆的调节。

投资者从资本的投入和回收增值的差额中得到利益。投资者通过筹集一定量的货币，购进各种生产要素；通过生产要素的结合与使用生产出商品；通过市场将商品转化为货币，实现投资资金的回收与增值。投资者的投资目的是获取更大的收益，即以一定数量的货币资金投入获得最大限度的收益为投资目标。

（2）管理者。企业运行过程中最重要的问题是如何科学管理。管理是重要的生产力。企业经营管理状况与管理者的素质能力、水平直接相关，管理者利益如何是影响管理水平的重要因素。

由于管理者在企业中的地位十分重要，管理者的劳动具有创造性、开拓性等特点，以脑力劳动为主，是一种高级的复杂劳动。与此相适应，管理者得到的利益一般高于员工。管理者的利益表现为工资与奖金，是一种特殊的按劳取酬。管理者的奖金与企业经济效益有关，是对管理者"超额劳动"的报酬。管理者的层次不同，与企业的发展关系不同，对企业的贡献不同，这些情况都会使管理者的收入差别较大。

（3）劳动者。劳动者利益是劳动者向社会提供一定数量和质量的劳动，并从社会相应得到的报酬，表现为劳动者的收入。劳动者收入是满足劳动者个人生活需要的基本形式，属于个人利益的一部分。

任何个人都可以是劳动者。这里的"个人"是指具有劳动能力的、参与经济活动的自然人。一个人将其自身的劳动力资源有偿地让渡出去，在一定时间、一定地点和一定条件下进行劳动以取得收入，自然是劳动者；一个人对生产要素进行调配和管理也是劳动者，同样有权取得收入；如果他不将自己的劳动力使用权进行让渡，而是将自身的劳动力与相应资源结合进行生产，也还是劳动者。无论何种劳动者，都有权用劳动与收入相交换。

劳动者提供劳动是取得利益的现实手段，劳动是劳动力的使用过程。劳动者需要的满足，直接取决于劳动的技能性和效率的高低。较简单、较低级的劳动只能获得较低的利益；反之，较高级、较复杂的劳动，可获得较多的利益。因此，劳动者利益的差别是劳动能力的差别，是支配生产资料的数量和质量的差别。

在市场经济条件下，劳动者的利益包括如下几方面：

1）就业。这是每个有劳动能力的人实现其利益的前提和基础。就业的一般经济内容是实现劳动者同生产资料的结合，只有就业才能实现对生产资料的支配、管理和使用。每个劳动者都希望获得正常的劳动条件与工作岗位，并在一定程度上适合自己的特长、兴趣和爱好。市场经济为劳动者的就业、择业，提供了广阔的空间与竞争的机会。

2）报酬。同劳动者的劳动贡献相适应的劳动报酬是劳动者从社会获得生活资料的主要途径。在市场经济条件下，劳动仍然是个人谋生的手段。由于劳动者提供劳动的途径较为灵活和广泛，因而获得劳动收入的渠道也较为便捷。劳动收入从其范围上看，包括劳动者从事第一职业的工资、奖金；从事第二职业的收入，如技术转让收入、投资收入、经纪人收入等。

3）机会。在现代化大生产条件下，劳动者的科学技术知识水平和劳动熟练程度是决定生产力水平与特点的重要因素，也是劳动者取得报酬的重要因素。因此，劳动者要求有机会一展才华，实现抱负。同时，提高自己的科学知识水平和劳动熟练程度，也与劳动者眼前利益与未来利益密切相关。

当然，获得较好的、同社会生产力水平相适应的劳动条件，包括减轻劳动强度、提高文明生产程度等，对于实现和提高劳动者利益也是极为重要的。

总之，劳动者利益是一个涉及社会经济生活各个方面的、贯穿社会再生产整个过程的问题，不可小视与大意。

4. 市场经济的利益体系

国家利益、企业利益、个人利益共同处于市场利益体系之中，因而具有一定程度的共同性、一致性，即一种利益的实现包括其他利益的实现。例如，国家利益从本质看，代表着企业与个人的要求；企业效益提高，国家与个人都可能受益；个人利益的满足，促进生产力的增长；而剩余产品部分越来越大，会使国家、企业利益增加。

在市场经济中，由于利益主体的地位是独立的，因而各部分利益的实现也有不一致性。因此，在市场利益体系中各主体的利益又具有独立性与差异性。

（1）市场主体利益的独立性。主体利益的独立性来源于主体地位的独立性。在市场经济中，企业生产什么、生产多少和如何生产等问题，都由各个企业独立自主地进行决策，对市场上所出现的每一个取得利益的机会，企业都有同等的权利争得。在市场经济中，对于购买什么、购买多少和如何购买，则是由各个消费者独立自主地进行决策，具有对这些问题自主决定的权利。国家具有经济职能，在经济活动中的地位也是独立的，其行为是自主的。这种独立自主是指国家作为宏观经济的代表而言，一般不应被某些市场利益主体的行为与利益所左右。

由于市场主体的地位是独立平等的，因而其利益是独立的，甚至以相互对立的形式存在。主体利益的独立性要求尊重利益的所有权，不能以任何形式任意剥夺和无偿占有他人的利益。

（2）市场主体利益的差异性。经济活动的目的是使用资源生产产品与提供劳务，用以满足人们的欲望与需求，这是经济活动主体的最终目的。由于各利益主体一般均为经济实体，各自的条件、水平、方式、环境等存在着差异，因而产生了主体的行为差异与利益差异。

市场经济主体的利益最大化目标与经济活动的根本目的并不矛盾。但由于各个利益主体在经济活动中的功能有所不同，则不仅会导致各个主体利益形态有所不同，而且还可能导致各种不同利益形态之间的抵触与冲突。

市场经济中的国家主体为了发挥其经济职能，实现宏观调控，需要集中一部分收入转化为管理与调控成本，因而必须对企业与个人征税。税种越多、税率越高，企业与个人所支出的也就越多，负担也就越重。

市场经济中的企业与个人行为与利益的差异更为突出。企业的功能在于调集资源用于生产产品和提供劳务，尽量在价格与成本差异之间取得利润最大化。而个人消费者在市场上以尽量"经济"的方式购买商品，以得到满足最大化。因此，当其他条件不变时，商品卖价的提高，无疑会影响消费者的利益，而企业利益相应会增加。反之，市场上商品价格降低，消费者可以从中受益，而企业利益相应会减少。利益的这种此消彼长，使得各主体的利益实现有时甚至会出现较大冲突。

现代经济活动离不开利益主体参加。利益主体如果不具有独立地位便不能成其为主体，主体的利益没有差异也同样不能成其为主体。没有利益上的差异便使地位上的独立变得毫无意义。而且，没有利益上的差异便不可能出现市场经济所必不可少的竞争。正是市场主体利益的独立性、差异性，造就了市场，造就了竞争，从而推动了经济的发展。

第二节　市场经济的利益分配

市场主体利益是经过社会分配实现的，在国家、企业、个人三者之间，国家取得企业与个人上缴的税收，企业取得利润，个人获得工资及非工资性收入，这是三种利益分配关系的现实形态。任何一种分配关系量的变化势必增减其他两种分配关系的数量对比。三者分配关系之间的内在联系，体现在初次分配与社会再分配过程中。

一、利益的初次分配与再分配

社会分配包括两种不同的分配范畴和过程。一是初次分配，由企业参与市场竞争的微观分配活动；二是再分配，由国家运用行政职能进行宏观调节的分配活动。

1. 初次分配以经济效率为目标

初次分配的逻辑顺序和内容主要包括：生产部门所创造的新价值分解为劳动者收入和剩余产品价值；剩余产品价值进一步分割为上缴税金和企业利润；企业利润又继续划分为生产发展基金、福利基金、奖金基金。其中，劳动者收入和利润中的福利基金、奖金一起用于职工生活消费，进入消费领域。上缴税金形成国家财政收入，进入国民收入再分配领域。企业利润中的生产发展基金用于企业新增投资和技术改造。

初次分配属于企业微观分配，侧重于生产过程中的直接分配。企业的生产要素通过市场购得，产品要通过市场售卖。如果企业产品在市场上销售不出去，那么该企业便没有什么可分配的，劳动便是无效劳动。因此，企业的初次分配以经济效率为唯一目标。

2. 再分配以社会公平为目标

社会再分配是在初次分配的基础上，在全社会范围内进行的又一次分配，形成各社会分工部门、各社会集团的最终收入，从价值形式上规定各个方面对物质产品的占有份额和比例，经过商品交换实现扩大再生产的积累和物质文化消费。

社会再分配属于宏观分配活动的范围，国家是分配主体。国家一方面对政府各部门、单位的公务员进行收入直接分配；另一方面又要运用经济参数和经济政策、法律和行政手段对全社会的收入分配进行间接调节，其目的是为了促进并实现社会发展的长期目标，使整个社会经济协调、稳定、可持续发展。因此，国家所追求的是在体现经济效率基础上的社会公平目标，其最终目的是以公平促进效率的提高，以效率促进在更高层次上的公平，最终达到公平与效率的统一。

3. 市场调节与国家调节

企业作为社会初次分配的主体，其分配的实现是通过市场进行的，市场根据每个企业提供的产品和贡献大小给予客观评价。市场调节是调动经济活动主体积极性，促进效率最大化的有效形式。

市场调节虽然能够促进效率的最大化，但也会不可避免地带来各市场主体之间，尤其是企业之间、个人之间的利益过于悬殊。因此，在市场经济条件下，要兼顾效率与公平的双重目标，必须在市场分配的基础上使国家利用财政分配等机制进行利益再调节。

国家对企业与个人的利益调节，主要有两种基本方式：一是国家向企业和个人的收入征税；二是国家给予企业政策性倾斜，给予个人福利性收入。除此以外，还可以利用利率、信贷、价格等杠杆进行调节。国家根据调节目标和具体的调节对象，采取不同的调节方式。

国家调节是必要的，但要注意适时、适度、有效，否则就可能违背公平原则。

二、利益的分配形式

分配是利益的实现过程。经济活动中的利益主体，由于利益取向的独立性与多元化，以及交换的市场性，因而也就有多种分配形式。

1. 按劳分配

（1）按劳分配的基本内容。按劳分配不仅是一种分配形式，更重要的是一种分配制度，是社会主义的分配原则。按劳分配的基本内容是：①实行按劳分配，所分配的不是社会总产品，也不是全部国民收入，而是国民收入中用于个人消费的部分。对社会总产品，首先要从中扣除补偿生产资料消耗的部分，其次要从国民收入中扣除积累基金、社会消费基金，最后才是个人消费基金。②劳动者向社会提供劳动，是参与按劳分配的条件。就是说，要参与按劳分配，必须在社会主义公有制单位中参加劳动。③分配个人消费品的尺度是劳动，既不是按照财产的多少分配，也不是按照人头分配，而是按照劳动者向社会提供劳动的质与量来分配。④由于劳动者向社会提供的劳动量要作社会扣除。因此，分配给劳动者的个人消费品所包含的劳动量比为社会提供的劳动量要小。社会扣除下来的劳动量是劳动者为社会做的剩余劳动，用来满足扩大再生产、社会公共消费等方面的需要。⑤等量劳动取得等量报酬。这里的等量，是经过社会扣除之后，劳动者得到的个人消费品所包含的劳动量等于他为自己所做的必要劳动。

（2）市场经济体制下按劳分配的特点。按劳分配虽然与社会主义制度相联系，但它也可以与商品经济相联系。市场经济条件下的按劳分配与马克思所设想的按劳分配相比较，有如下特点：

1）实现按劳分配时，不是直接以劳动者提供的个别劳动量作为分配个人消费品的依据。在商品生产中存在个别劳动量与社会必要劳动量的矛盾，按劳分配时，劳动报酬要取决于劳动者能提供多少社会必要劳动量。这样，每个劳动者得到的劳动报酬所代表的劳动量（被社会承认的劳动量）同他们实际提供的劳动量（个别劳动量）也就可能出现不一致。

2）实行按劳分配时，不是由社会直接向每个劳动者进行分配。在市场经济条件下，按劳分配要以企业为基本单位进行。企业总劳动量（表现为企业纯收入）中作一定的扣除（表现为税金），从剩下的归自己支配的劳动量中划出适当部分作为企业全体劳动者的劳动报酬总额，然后再根据每个劳动者向企业提供的劳动量来确定每个劳动者在劳动报酬中应得的份额。这样，由于各个企业的经济状况和经济效率不同，其提供和实现的总劳动量是不同的，劳动报酬总额也是不同的。因而即使向企业提供了相同的劳动量，但在不同企业工作的劳动者所得到的劳动报酬量也可能是有差别的。这就是说，按劳分配还不可能在全社会范围内进行，只能在企业的范围内进行。

3）实行按劳分配时，不是以社会向劳动者发放劳动证书或劳动券的形式直接实现等量劳动相交换。在市场经济条件下，包含在商品中的社会必要劳动量是不能直接以劳动时间来计量的，而是表现为价值，通过货币来计量，于是商品的交换要以货币为媒介来进行。劳动者为了获得消费品，必须用货币去购买，企业也就只能以货币的形式向劳动者支付劳动报酬。劳动者先是以劳动换得货币，然后用货币去换取消费品。这样，劳动者实际得到的劳动报酬不仅决定于他向企业提供的劳动量，也不仅受制于企业的劳动报酬总额，而且还受货币价值与消费品市场价格变化的影响。由于价格的变化，劳动者实际提供并得到企业承认的劳动量，与他能购买的消费品所包含的劳动量又可能出现不一致。也就是说，货币报酬与实际报酬可能是脱节的。

4）按劳分配是通过市场来实现的。在市场经济条件下，实现劳动者的个别劳动向社会劳动转化，企业局部劳动向社会总劳动的转化必须由市场来决定，按劳分配的尺度表现为商品交换关系。劳动者报酬的多少，形式上由企业决定，而企业的经济效益受市场决定，因此企业无法直接实现按劳分配，最终只能依赖市场来实现。

2. 按能分配

按能分配是指社会对劳动者的经营成果作出必要的社会扣除后，根据劳动者在生产经营中发挥出来并得到社会承认的能力分配个人收入。其基本原则是：高能多收，低能少收，无能不收。按能分配的计酬尺度是劳动能力。劳动能力报酬是根据综合劳动能力确定的。按能分配的"能"，不是通常所说的人的潜在劳动能力，而是在具体生产经营中释放出来的活的现实的劳动能力。按能分配的收入形态主要是劳动者的经营收入，包括承包经营收入、租赁经营收入、委托经营收入、个体经营收入等。实行按能分配的劳动者范围大多为承包者、租赁者、委托经营单位的经理、个体经营者等，按能分配一般就是按经营成果分配。

按能分配的个人收入结构主要包括劳动收入、风险收入、机遇收入等部分。劳动收入是劳动能力的报酬形式，是按能分配的主体部分。在劳动本质仍存在差别的条件下，劳动者的天赋能力和受教育程度不同，在实际生产经营中所承担和完成的劳动复杂程度不同，因而收入不同。就这一点说，按能分配和按劳分配是同一的。风险收入是生产经营者抵御风险能力的报酬。企业经营者克服风险的能力强弱，对企业经济效益的实现程度，以及企业兴衰存亡有着直接影响。因而按能分配中包括对经营者应付风险能力的考核，并依据这一能力的大小给予一定的报酬。机遇收入是市场应变能力的报酬。现代市场经济是建立在社会化大生产基础之上的，商品经济关系日益复杂，商品交换的范围不断扩大，劳动生产率已经大大提高，商品不仅在数量上迅速增加，而且品种也在不断更新换代。消费者对于商品有了更广泛的选择余地，市场信息瞬息万变，市场机制灵活动作，在竞争中及时捕捉市场提供的每一个机遇是企业经营者的职责和使命。谁能够对复杂的市场变化作出客观的、及时的判断和估计，紧紧抓住经营机会，就会产生"先行"或"领先"的效应，获得较多的利益。这些善于争取经营机会、应变能力强的经营者，就能够获得一部分机遇收入和机会经营收入。在按能分配的各部分收入中，劳动能力收入是主导构成，风险收入和机会经营收入居于补充地位。

按能分配在分配过程中虽然有同按劳分配相一致的部分，但又区别于按劳分配，具有特定功能。一是激励劳动的功能。按能分配以劳动者的综合劳动能力为尺度进行分配，刺激劳动者必须通过各种途径加强劳动能力的培养和训练，从而提高自身的劳动力素质，以达到在生产经营过程中发挥较强劳动能力的目的，这样有利于造就和培养企业家和经济管理人才。二是提高企业竞争能力。由于按能分配中包含风险收入和机会经营收入，有利于企业经营者树立市场经济的信息观念、竞争观念、时效观念和风险意识。按能分配从物质利益上保证了经营者克服风险、努力竞争、力求取胜的收益，从而有利于提高企业本身的竞争能力。

3. 按劳动力价值分配

市场经济条件下存在着按劳动力价值分配。按劳动力价值分配的理论前提是承认社会存在劳动力商品。众所周知，劳动力成为商品有两个必备条件：一是劳动力个人所有，劳动者是"自由人"；二是劳动者自身不占有生产资料。按劳动力价值分配个人收入主要包括：维持劳动力再生产及家庭与子女生活的生存需要收入；用于提高劳动力素质的教育、培训费用，即发展需要收入；随着社会生产力发展和社会收入的普遍提高，提高劳动者物质文化需要层次的享受需要收入。其中，第一项是最基本的、必要的。

4. 按资分配

按资分配具有特定内涵，指建立在生产资料私有制基础上的商品经济条件下，资本所有者凭借资本所有权无偿占有剩余价值的分配关系。

按资分配的主要特征包括：一是生产资料私有制的经济实现形式。在生产资料私人占有的条件下，其根本点并不是由于资本所有者能够支配企业的生产活动，推动生产资本和货币资本的运动。更重要的是，资本所有者能够凭借这种所有关系，以生产主体、分配主体的身份主掌剩余价值的分配，无偿占有剩余价值，通过按资分配使私有制得到经济上的实现。同时，从财产关系上进一步提供私有制延续的条件，即进行资本关系的再生产。二是按资分配的主体是资本所有者。在按资分配条件下，劳动者在分配过程中作为客体出现，劳动者收入在资本所有者看来就是人力资本的价值形式，资本所有者是分配的主体，全权决定企业全部收入的分配。三是按资分配原则以资本量作为获取收入的基本尺度。资本所有者拥有的资本量越多，获得的资本所有权收入也就越多；反之，亦然。这就导致资产者追求资本增值和积累的内在冲动，把资本收入最大化作为最高目标。

按资分配是分配制度，同时也是非社会主义分配关系在后封建社会前资本社会的保留形式。在多种经济形式并存、私有制经济还在一定范围内存在的情况下，按资分配仍在私营企业、国外独资企业、合资企业等企业实行。当然，国家要通过法律手段和税收、工商管理等经济手段对按资分配收入进行调节，防止出现两极分化。

5. 按财产分配

按财产分配是一种特殊的分配形式。它作为一种非劳动收入与按劳分配、按能分配、按劳动力价值分配相区别。同时，它作为非剥削收入又与按资分配相区别。按财产分配是资金所有者通过投资形式让渡或转移资金使用权所获得的经济收入。

财产收益属于非劳动收入。但财产收益不是无偿占有别人劳动的剥削收入，而是一种特殊的商品交换关系，是财产使用权的即期经济实现与运用这种使用权所产生的一部分预期收入的交换关系。如果在形成这一交换关系过程中按照平等、互利的原则进行，不存在强取豪夺，就不能认为财产收益是一种剥削行为。相反，它有利于合理调节资金流量，促进资产占用的节约与增值，提高资产效益。

市场经济中按财产分配的形式是多样化的，有储蓄存款、企业债券、国债、股票等货币资产和私宅、交通工具、机器设备等不动产和物资资产的让渡等。让渡这些财产的使用权获取财产收益，其具体形式包括利息、红利、股息、租金等。

6. "按要素分配"

改革开放以来，有一种认识是提出中国特色社会主义的基本分配制度应当是"按要素分配"，土地、资本、劳动是"基本要素"，随着市场经济的发展，技术、信息、资源、管理也成为生产过程中不可或缺的"要素"。这种认识并不是理论创新，西方经济学的阐述中早已有之。其实，在现实的经济过程中，并不存在什么"按要素分配"，只有按要素的所有权分配。试想，若"按要素分配"，"土地"所获得的收益或报酬，真的是归于"土地"了吗？显然不是，而是归于土地的所有者。"劳动"所获得的收益或报酬，真的是归于"劳动"了吗？同样不是！劳动不过是劳动力的使用过程，即劳动者在特定条件下支出或使用体力与脑力的过程，也就是说劳动是一种行为。收益或报酬怎么可能归于一种过程或一种行为呢？实际上是归于付出了劳动的劳动者。可见，"按要素分配"只是一种表象而已。

三、经济利益分配的基本原则

构建、发展与完善中国特色市场经济的重点与目的是为了改善民生、增进民生、提升民生。必须在经济发展的基础上着力保障和改善人民生活，推进社会体制改革，扩大公共服务，完善社会管理，促进社会公平正义，努力使全体人民学有所教、劳有所得、病有所医、老有所养、住有所居，推动建设和谐社会。

合理的收入分配制度是社会公平的重要体现。在中国特色市场经济条件下，经济利益分配的基本原则在于：

第一，坚持和完善按劳分配为导向、多种分配方式并存，健全劳动、资本、技术、管理等生产要素的所有者按贡献参与分配的制度。

第二，初次分配和再分配都要处理好效率和公平的关系，再分配更加注重公平。

第三，逐步提高居民收入在国民收入分配中的比重，提高劳动报酬在初次分配中的比重。

第四，着力提高低收入者收入，逐步提高扶贫标准和最低工资标准，建立企业职工工资正常增长机制和支付保障机制。

第五，创造条件让更多群众拥有财产性收入。

第六，保护合法收入，调节过高收入，取缔非法收入。

第七，扩大转移支付，强化税收调节，打破经营垄断，创造机会公平。

第八，整顿分配秩序，注重、着力、逐步扭转收入分配差距扩大趋势。

实现收入分配的基本原则是一个系统工程。要优先发展教育，大力提高劳动者素质；要实施扩大就业的发展战略，促进以创业带动就业；要加快建立覆盖城乡居民的社会保障体系，保障人民基本生活；要建立基本医疗卫生制度，提高全民健康水平；要积极地进一步深化收入分配制度改革，增加城乡居民收入，逐步把基尼系数（1%的人口占有社会总财富的比重）降低到中国特色社会主义允许的范围（最高也必须在40%以下）之内。

第三节　市场经济的利益协调

利益协调是指在一定历史时期，政府充分把握社会中各种不同的利益诉求，利用各种有效资源并运用政治、经济、法律等手段，客观地协调社会生活中各种利益矛盾与冲突，使社会达到和谐状态，促使社会良性发展。

一、利益协调的目的与意义

利益协调的目的在于采取必要的措施，协调人们之间的利益关系，尽量缩小人们之间的利益差别，防止两极分化，以提高人们的劳动积极性，维护社会的稳定，从而促进社会的全面、稳定、健康、协调发展；保障社会成员在利益获取上的同等机遇，维护社会的公正和正义；为社会的弱势群体和贫困人口提供必要的社会救济，以保证每一个社会成员都能在社会大家庭中过上最基本的正常生活。

一个社会的利益差别和利益分化特别是过度的利益差别和利益分化，是影响社会稳定从而也是影响社会可持续发展的严重问题与障碍。任何一个国家，高度的利益分化都不是其国家治理的根本宗旨。消除两极分化、实现共同富裕是我们追求的目标。

必须指出，利益分化将严重影响劳动者的积极性、主动性和创造性；一些人对利益的不当追求会影响社会的利益格局，使很多劳动群众的利益绝对或相对受损，从而使他们的劳动积极性大受影响；利益分化还影响社会的稳定和秩序。

当利益分化到一定程度时，利益冲突就不可避免，社会问题就会不断滋生和蔓延。严重的利益分化不利于经济的稳定、持续发展，既是一种社会病态，又是导致社会动荡的重要因素。一个利益高度分化的社会，其极少数社会成员掌握并控制着社会的绝大多数资源和财富，这会使绝大多数的资源和财富的边际效用降低，从而市场配置资源的有效性与集约性也会大幅度降低。因此，利益协调的意义在于：通过利益协调实现利益的均衡发展，有效避免利益的高度分化，使社会得以稳定、健康、持续发展。

二、利益协调的基本原则

利益协调是为了解决利益矛盾和纷争而进行的有意识、有目的的社会活动。在进行利益协调时，必须把握好以下原则：

1. 以人为本原则

以人为本原则要求尊重人和由人组成的集体或组织，具体反映在尊重人的劳动、尊重知识、尊重人才、尊重创造等。在利益协调的过程中，唯有做到以人为本，才能真正减少社会利益协调对社会的震动，从而营造出一种健康和谐的氛围，真正保护好利益主体的积极性，发展和解放生产力。

2. 效率优先原则

效率原则是市场经济普遍通行的法则。只有效率优先，才能调动各利益主体的积极性和进取心，促使生产者、经营者关注市场需求，讲究营销策略，增加经济效益，进而才能促进全社会效率的提高和财富的增长。效率的提高是实现公平的物质基础，必须优先考虑。防止不当获取或不当损害。

3. 公平正义原则

公平正义是人类共同的追求，是社会文明和进步的标志。在协调社会利益关系时，必须坚持公平正义原则，才能保证社会利益的流向均衡，杜绝不公正现象导致的利益过度集中与利益过度分化，将利益差距控制在与生产力水平相适应、社会大多数成员能够认同的限度内，尽量使社会绝大多数人受益。

公平正义是提高效率的保证，其实质是机会均等和人格平等。反映在利益协调上则应当从总体上保持利益主体和利益代价的大致均衡关系，防止利益分配之不当获取或不当损害。

4. 保护合法原则

保护社会集体与团体的合法利益，是利益差异社会的基本要求。应积极鼓励人们去追求合法的利益，而且还必须采取各种手段保护人们的合理的既得利益。如果人们的合法利益得不到保护，人们的私有财产动辄受到侵犯，那么实际也就没有什么利益可言了。利益保护是在承认利益差别基础上实施的。也就是说，保护人们的合法既得利益是不考虑其规模的。合法利益保护包括：制定利益免遭侵犯的法律、实施有关利益保护的保安措施、维持社会良好的治安秩序；当有人采取不法手段侵犯人们的利益以后，政府凭借其权威性的力量给予坚决打击和严厉制裁；政府通过政策行为，保障人们的利益获得渠道以及获得的利益能够符合政府的政策规范。

5. 保护弱势原则

由于每个人的个体差异，即使是在机会、权利、规则都平等的大前提下，依然会有收入上的差距。换句话说，对社会中的弱势群体，仅有公平公正的原则是远远不够的，还必须坚持弱势群体适度保护的原则，以确保所有社会成员都能享有改革开放的成果，真正做到发展的成果惠及所有的人民群众。但是，我们也必须注意，保护弱势群体应与有利于人民群众主动性和积极性的发挥相一致，努力追求"输血"与"造血"的统一。

三、利益协调的制度安排

利益协调的基本原则必须通过具体的制度安排加以体现和表现，主要包括以下几方面：

1. 畅通的利益表达机制

利益表达是指社会利益主体通过一定的渠道和方式向外界表明自己的利益诉求以实现自己利益要求的行动。当制度化的利益表达得不到满足时，人们就必然寻求非制度化的表达，结果极端手段常常成为他们宣泄不满的方式。为此，必须健全和完善利益表达机制，让人们充分表达自己的利益要求，使他们的利益得到最充分的表达。只有在这个基础上，才能保证各方的利益都得到兼顾，保障公平正义原则的实现。

2. 适合的利益调节机制

适合的利益调节机制是保障利益调节的合理性、有效性及公平正义性的制度保障。它要求重大利益调节的措施等应该是公开、透明、稳定的，重大的事项还应该进行公示并预先广泛征求社会意见。相关措施的实行应该有严格的程序规定，同时应设立利益失衡的预警机制和快速反应机制以保证利益调节的及时性和公平性。

3. 有效的利益约束机制

所谓利益约束是指通过法律和道德对人们获取利益的行为进行控制。法律和道德是利益需求和利益行为的调节器和控制器。法律是社会规范的重要形式，应加强法制建设，强化对利益进行有效的约束，引导人们以合法的方式获取利益，坚决杜绝利益取得过程当中的非法手段，减少社会利益矛盾和冲突。此外，道德是引导利益主体确定合理利益目标、选择利益行为的内在约束力量。应加强道德建设，约束和规范人们的利益动机和利益行为，引导人们合理选择利益目标，自觉调整利益需求，科学地选择利益行为，正确处理利益关系。

4. 健全的社会保障机制

社会保障机制是指国家对其全体成员，特别是对暂时或永久丧失劳动能力、失去工作机会或遭受灾祸的社会成员，在经济和社会生活待遇方面提供的帮助、照顾、保护和保证。社会保障是现代市场经济的必然产物，也是社会和谐的根基。要通过经济发展进一步扩大社会保障的覆盖面，提高保障水平。通过收入的保障性分配措施，给低收入人群合理的利益补偿；通过建立各种社会保险制度，解除劳动者的后顾之忧；通过建立社会救助体系和福利体系，向处于无收入来源或极度贫困之中的社会成员提供必要的救济。

第六章 市场经济的体系

现代市场经济体系处于不断丰富和发展过程之中，它不仅包括生产资料和消费品等商品市场，而且包括资本市场、劳动力市场、技术市场、信息市场以及房地产市场等生产要素市场。其中，商品市场、资本市场和劳动力市场是现代市场体系的核心，现代市场经济只有借助于完整的市场体系才能有效地优化配置资源。

第一节 现代市场的结构与类型

市场经济结构是指总的交换过程买方和卖方的数量及其比例与规模分布，产品差别的程度和新生产者进入交换过程的难易程度的综合状态。也就是某一市场中各种交换要素之间的内在联系及其特征，包括市场供给者之间、需求者之间、供给者和需求者之间，以及市场上现有的供给者、需求者与正在进入该市场的供给者、需求者之间的关系。

一、现代市场的结构

现代市场是多层次、多方面的商品交换关系的综合体，其结构可按不同的角度进行分析。这里，主要从市场的主体结构、客体结构、时间结构和空间结构进行分析。

1. 市场的主体结构

市场主体是监护交换客体进入市场并使之发生交换关系的当事者。根据市场主体所进行的不同类型的权利让渡，市场可以分为：所有权让渡市场、占有权让渡市场和使用权让渡市场。

所有权让渡的核心是财产的法律处置权利，即产权。所有权让渡决定商品占有权和使用权的归属。从量的角度而言，大多数商品交换都属于所有权的让渡。

占有权是指对财产的实际控制掌握的权利。占有权的让渡意味着财产占有者可以是财产非所有者，但可以依照法律的规定或所有者的意志而占有财产。

使用权是通过运用财产而获取经济利益的权利。财产所有者或占有者可直接行使使用权，也可以向其他作用者让渡使用权。

所有权、占有权和使用权三权合一，在由同一个市场主体掌握的情况下，只存在所有权市场。三权分离时，社会形成三权市场三足鼎立的局面。现实经济中，既可以出现三权合一的市场，也可能出现三足鼎立的市场。

2. 市场的客体结构

市场客体是市场主体之间发生权利让渡关系的媒介物或载体，即市场交易的对象。根据市场客体的不同属性及其交换活动中的特点，市场的构成有商品市场、劳动力市场、金融市场、技术信息市场和房地产市场等。

3. 市场的时间结构

根据市场主体之间权利让渡和交换客体位置移动的不同时间组合方式，可把市场区分为现货交易和期货交易两种市场。

现货交易是买卖双方成交后即时或在较短期限内钱货两清的交易活动。其特点是市场主体之间的权利让渡和客体的空间易位同时进行。

期货交易有两种形式：一种是先达成交易契约，然后在将来约定的时间进行钱货交割，其特点是市场主体的权利让渡和交换客体的实际易位在时间上是分离的；另一种期货交易是第一种期货交易形式的发展形态。当期货买卖成交时，并不要求卖方手中确实有货可供交易，而买方也根本不想购买任何商品，交易双方皆是"醉翁之意不在酒"，两者实际上在下赌注。买方预期交易的商品价格在将来成交期上涨，而卖者则预期将来的价格会下跌。若价格确实上涨，卖者付给买者交易期与交割期价格的差额；若价格下跌，买方付给卖方交易期与交割期价格的差额。因此，这种期货交易属于一种商业投机活动，有发现价格和稳定价格的功能。

4. 市场的空间结构

从地域上讲，市场包含有横向和纵向双重结构。从纵向结构看，市场是多层次的，由以大中城市为中心的、多层次的、不同规模和类型的市场网络组成，包含三个层次，即单体市场、区域市场、全国性市场。作为横向结构，市场由单体市场之间、区域市场之间、国内市场与国际市场之间的经济联系构成。这种市场的横向与纵向结构的相互渗透、相互影响和相互作用，构成市场的空间结构。

二、现代市场的类型

市场的结构与类型是互相关联的，市场结构决定市场类型。

市场类型可以从不同方面进行分析。按商品交换范围或场所来划分，可分为国内市场和世界市场；按商品流通的环节来划分，可分为批发市场和零售市场；按商品的使用价值及其在社会再生产过程中的作用来划分，可分为商品市场和生产要素市场；按计划管理程度来划分，可分为计划市场和自由市场等。如果按微观经济学的观点，市场又可分为完全竞争市场、不完全竞争（垄断竞争）市场和垄断市场。这里，按市场运行中供求关系的格局划分，则分为买方市场、卖方市场和相对均衡市场。

买方市场，是指总供给相对大于总需求的市场供求格局。这种供求格局可以使消费者有支付能力的需求得到最大满足，购买力得到充分实现；促进卖方竞争，有利于企业改善经营管理，提高产品质量；有利于充分发挥市场机制的作用等。但如果长期处于买方市场格局也会带来弊端，最明显的问题就是商品长期供过于求，大量积压，不能实现商品的使用价值和价值，妨碍社会再生产的正常进行；商品过剩会使商品在流通领域沉淀下来，造成资金周转缓慢，社会财富浪费，矛盾积累到相当尖锐的程度将导致生产滑坡、经济疲软甚至造成巨大经济波动。

卖方市场，是指总需求绝对大于总供给的市场供求格局。短缺经济条件下的市场就是这种市场。这种市场格局对消费者不利，同时也会影响社会经济效益的提高和宏观控制的有效性。因为当市场格局呈现卖方市场时，商品的市场价格由生产条件较差的单位商品的个别价值来调节。这就使得生产者在很大程度上失去了改善经营管理和采用先进技术的动力和压力，失去了降低劳动消耗的主动性和积极性，从而阻碍经济效益的提高。而且，卖方市场的过度需求会使价格、税率、利率等信号严重扭曲，造成严重的分配不合理状况，结果使国家的宏观控制措施无法通过对市场的调节而对企业发生作用。

均衡市场，是指总供给与总需求基本适应，供求大体平衡的市场供求格局。在这种供求格局中，消费者的需求和购买力可以得到较为充分的实现。同时，社会资源也处于最优配置状态，得到合理有效的利用，社会再生产过程和国民经济的运行实现了良性循环。市场信号能正常地反映出社会劳动的消耗以及市场运行的状况，市场机制的功能得到全面的实现。这种市场格局对于保持国民经济重大比例关系的基本平衡及经济的可持续性是比较有利的。

第二节　要素市场及其体系

在市场经济中，完备的市场体系是各种要素市场相互配备而构成的有机系统。这个系统包括商品市场（消费品市场和生产资料市场）、资金市场、劳动力市场、技术信息市场、房地产市场，以及一般商品市场与特殊商品市场、时间差异市场与空间差异市场等。每种市场都有其独立存在的意义和特殊功能，各种市场之间又是紧密结合、不可分割的，任何一个市场的变动都会引起或牵动其他市场产生相应的变动。正是这种相互关联的各种市场的有机结构，构成完整的市场体系。

在市场体系的运动发展过程中，由于各个市场的因素影响程度不尽相同，因此各种市场在其形成和运动的过程中往往呈现不同的态势，具有不同的特点，发挥着不同的作用。这里，主要从总体上阐述市场体系的内部机制和功能，以及对市场模式的选择。

一、市场体系的内部机制与功能

市场体系的内部机制也就是市场体系内的各项功能、联系与制度，包括管理机制、控制机制、激励机制等。从范围来看，它包括内在性机制和整体性机制；从运行方式来看，它包括运动性机制和平衡性机制。

1. 市场体系的内部机制

市场体系的内部机制是指它的内在性机制、整体性机制、运动性机制和平衡性机制。

（1）内在性机制。商品市场、劳动力市场、资金市场、技术信息与房地产市场等都是由消费品市场衍化而来的，各种市场的共同基础决定了市场体系内在的统一性。这种内在的统一性即为市场体系的内在性机制，主要反映在各要素市场的共同要求上。首先，要求进入市场的商品都具有使用价值和价值，价格的形成决定于价值、使用价值及供求等因素的变动，价值规律通过价格波动及市场供求关系发挥作用。其次，要求各要素市场相互依存、相互制约、共同发展、共同繁荣。内在性机制存在于市场体系各要素市场之中，是调节各要素市场作用的发挥和有机配合的方式与方法。

（2）整体性机制。市场体系是一个大系统，整体性机制是市场体系运行的核心。整体性机制主要起调节功能，并渗透到各种市场中去，牵动或制约市场体系各部分按照它所提出的原则和要求运动。整体性机制表现为各种市场的目标一致性——通过资源的优化配置，促进整体生产力的形成和发挥作用。如果没有整体性机制，市场体系就丧失了系统功能而成了板块式结构，市场间的配套与有机联系将无法实现。

（3）运动性机制。市场体系不是静态的、封闭的，而是动态的、开放的，它调节经济的方式是在运动中进行的，不只是计划指标或行政命令，而且主要是颇富动态性的价格、利率、税率等经济杠杆体系。国家正是通过动态性经济杠杆，间接调控宏观与微观经济的运行。

（4）平衡性机制。社会总供给与总需求总是处在不断适应和不适应的矛盾运动中，市场体系的重要功能就是使这种动态达到平衡，即由非均衡达到均衡。排除货币供给量的影响，当社会总供给大于总需求时，市场的价格信号就表现为下跌趋势，此时就会增加社会需求并减少供给，使供给与需求在新的结合点上达到平衡。当总供给小于总需求时，市场价格信号就表现为上涨趋势，此时则会增加社会供给并减少需求，使两者达到新的平衡。同样，放开资金市场，通过调节货币供给量也会使社会总供给和总需求在矛盾运动中不断地克服不平衡而达到新的平衡。因此，从某种意义上讲，市场体系与机制就是国民经济的"调节器"与"内在稳定器"。

2. 市场体系的功能

市场体系的功能，主要体现在如下几方面：

第一，为企业实现自主经营、自负盈亏、自我发展、自我约束提供平等、公正的外部环境。有什么样的市场，就有什么样的企业。如果不承认市场调节经济的功能，生产资金不是来源于市场而是由财政部门统一供应；生产资料不是来自于市场而是由物资部门统一调拨；劳动力不是来自于劳动力市场而是由劳动人事部门统一分配；产品不是面向市场而是靠商业部门统购包销，这样的企业自然不涉及市场行为，只能是主管部门的行政附属物。企业要真正走向市场，就需要在市场上购买它所需要的生产资料，选择它所需要的劳动力，而这就需要有资金来源。根据业务方式采取切实可行的信用方式，金融市场的存在是企业筹集、融通资金的必要条件。企业的内驱力是利润，外压力是竞争。利润只有在市场上才能实现，竞争只有在市场上才能展开，完备的市场体系可以为企业在平等的基础上开展竞争创造良好的环境。

第二，为国民经济宏观调控提供有效平台。在带有自然经济色彩的分配型不完全市场模式中，国家对经济的宏观调控往往是依靠直接控制来进行的。这种宏观调控方式不注意发挥市场机制的作用，商品的价格既不反映价值也不反映供求，价格信号失真；资金自上而下分配，没有经济利益的约束，从而容易造成生产资料的需求失控和投资饥饿症同时并存，生产效益下降。而在有组织的、竞争型的市场体系下，国家的宏观调控就会很自然地采取间接调节的形式，利用经济杠杆、政策法规参与市场运行，而且计划也完全可以通过市场起作用，保持宏观平衡和微观充满活力，微观经济和宏观经济达到统一。

第三，为资源择优配置提供最佳手段。一种经济组织形式能否促进社会生产力的发展，关键在于它有没有一种择优配置社会资源的手段。现今条件下，如果只利用计划手段直接配置社会资源，不通过市场机制的调节，社会各种资源的配置就无法形成统一的边际产出率，使社会资源的配置比例失调，容易造成资源的巨大浪费。而在完备的市场体系中，各种资源都纳入市场，价格机制与供求矛盾运动的结果使各种资源能够形成统一的最大边际产出率，使资源配置最优化，形成合理的生产力布局，减少社会劳动的损耗。

第四，为经济可持续运行与发展提供良性途径。市场体系内各要素市场之间是相辅相成的互补关系，组合成统一市场系统。经济运行与发展离不开其中任何要素市场及它们之间的有机配置。市场体系的不完整，必然给市场经济运行的可持续性带来阻碍。

此外，完备的市场体系还可以促进技术进步，加快产品更新换代，强化企业预算；促进产业与产品结构调整，引导生产面向需求；使社会化分工向更深、更广的领域发展，密切城乡经济合作和地区经济联系，冲破自然经济的束缚及垄断带来的板结。

二、要素市场及其地位

要素市场主要包括生产资料市场、资金市场、劳动力市场、技术与信息市场及房地产市场等，它们都是市场体系的有机组成部分，在市场经济发展过程中各自起着极为重要的作用。

1. 生产资料市场

生产资料市场是指为满足各种形式生产者的生产需要而提供生产资料的交换关系。它是社会再生产过程中生产者之间的中介，在市场体系中处于支柱地位。

通过生产资料市场配置生产资料，有利于生产资料流向技术先进、竞争力强、经济效益好的企业，提高生产资料的使用效率；有利于增加生产资料的有效供给，促进生产资料的供求平衡。我国的生产资料是相对短缺的，只有借助于市场配置，才能使生产资料的使用达到最优。

2. 资金市场

资金市场是资金融通和信用关系的总和。在资金市场上，资金供给者与需求者通过自由交易互相融通资金。资金市场是整个市场体系的枢纽，不仅商品和生产要素需要以资金为流通媒介，而且国家的宏观经济政策、企业的微观决策及个人的日常生活都与资金市场密切相关。

第一，微观经济的活跃有赖于资金市场的开放。企业作为独立的商品生产者和经营者，必须具备自主经营的各种权利，特别需要具备对生产要素的选择权，其中包括资金筹集和资金投向的自主权。没有这些权利，企业就不能在竞争中具有应变能力。如果不开放资金市场，企业就不能真正享有资金的筹措权和运用权，也就谈不上对生产要素的选择权，企业自主经营、自负盈亏的内在机制就不可能真正形成。

第二，宏观经济的协调与控制有赖于资金市场的开放和完善。在市场经济条件下，国家要实现对宏观经济的调控，必须把经济管理置于市场基础上。例如，调节社会总供给与总需求，必然涉及资金供给与需求，只有开放和完善资金市场，才能更全面、更准确地了解资金在总量上和结构上的供求状况，为国家制定相应的货币政策、财政政策提供科学依据，同时也为国家通过利率、信贷等经济杠杆调节资金的供求，进而为调节社会总供给和总需求提供平台。

第三，开放资金市场不仅能多方面、多渠道地开拓资金来源，而且可以促进资金供需的最优组合，提高资金的使用效果。单一的银行融资渠道不能适应和满足日益多样化的筹资和投资的需要。不同的货币持有者对投资的盈利性、流动性和安全性的要求是不同的，资金需求者也有不同的要求，要满足这些要求，就要丰富融资方式。开放资金市场，增加融资方式，使资金供求双方都可以根据各种金融资产在盈利、风险和期限上的差别自愿选择投资或筹资的条件、方式，实现两者的最优组合，从而促进资金的融通，提高资金的使用效果。

融资活动是十分复杂的经济活动，可以从不同的角度进行考察。根据融资过程，资金市场可分为间接融资和直接融资市场。间接融资是指通过银行或其他金融机构进行的融资活动；直接融资则是资金供求双方直接进行的融资活动。根据融资期限，资金市场可分为短期资金市场和长期资金市场。短期融资是指期限在一年内的融资，包括银行同业拆借、票据承兑贴现、债券和可转让存单的转让等；长期资金是指期限在一年以上的有价证券，包括国库券、金融债券、股票、公司债券等。根据融资功能，资金市场可分为初级市场和二级市场。初级市场即证券发行市场，二级市场即证券交易市场。

3. 劳动力市场

劳动力市场是市场体系的重要组成部分，即劳动力供求双方相互选择、平等洽商关系的总和，其前提条件是劳动力的自由流动。在市场经济条件下，劳动力的商品性流动需要形成劳动力市场，运用市场机制配置劳动力资源。这是因为：

第一，发展市场经济必然要建立完整统一的市场体系，这不仅包括建立和开放生产资料、资金等要素市场，而且也包括建立劳动力市场。劳动力是掌握和运用生产资料、资金等生产要素的生产动力，仅有生产要素的市场流通，而没有劳动力的市场配置会使两者出现脱节，整个社会生产结构会日益僵化。生产要素的市场流通受阻，供求机制、价格机制、竞争机制就无法发挥应有的作用。只有建立并完善劳动力市场，才能使社会生产中的劳动力要素与物质要素的流动相适应，推动社会生产结构的更新优化。

第二，市场机制是市场经济的基础机制，市场机制只有通过并作用于市场经济才能有效地发挥作用。实践证明，在市场经济条件下，即使运用功能超群的计算机，也难以对复杂的劳动力供求关系作出合理的计划安排。而市场机制是依据市场供求状况，通过价格信号进行调节的，它能及时反映劳动力的供求关系，是合理配置劳动力资源的有效手段。

第三，从企业的自主经营权来看，要使企业自负盈亏，成为真正独立的法人，就必须允许企业根据需要自主招聘和辞退工人，调整生产结构。为了满足和实现这种权利，也必须建立并完善劳动力市场，使企业所需的劳动力取之有源，去之有处。否则，企业的用人权只能流于形式，企业不可能真正成为市场导向的生产者和经营者，真正实现自主经营和自负盈亏。

4.技术与信息市场

所谓技术市场，是指交换以知识形态出现的技术商品的市场，包括技术转让、技术开发、技术引进、技术咨询、技术服务等经营活动。现代经济的发展表明，科学技术对经济的增长起着巨大的加速与倍增作用。在市场经济条件下，使科学技术与生产过程相结合的基本途径是科学技术商品化，实行科学技术的有偿转让，建立技术市场。

所谓信息市场，就是把人们的管理与经营的理论和经验、市场情报等智力劳动成果作为重要的经济资源，实行有偿服务的市场。随着社会生产力的发展及科学技术在社会生产中日趋重要，信息也日益成为现代经济的重要资源。现代市场经济规模庞大，结构复杂，随机因素多，需要掌握和运用大量的经济信息进行控制、协调和指挥，以便充分发挥各种物质资源和人力资源的作用，并使整个经济系统有序地运转。企业要想在市场竞争中不断发展，就必须重视和了解市场供求关系的变化、产品质量情况、生产技术和经营管理的发展趋势、竞争对手的状况等方面的信息。事实证明，经济信息已成为重要的经济资源，随着社会分工的不断发展，已成为人们开发经营的一项重要产业。信息传递的市场化，有利于形成纵横交错、四通八达的传递网络，从而突破各种行政区域、行政层次的界限，促进经济发展。

5.房地产市场

所谓房地产市场，就是把房地产的开发、利用和管理纳入商品经济轨道，将其作为商品来经营，按照价值规律的要求，运用市场机制进行房屋所有权的买卖、租赁和土地使用权的有偿转让等而形成的交换关系。在发达的国家和地区，房地产业已成为一个重要产业，它是国民经济的一大支柱，是国家重要的财源。我国房地产业在促进经济发展和增加财政收入中的作用也已日益显现出来。

第三节　市场体系的培育与要求

市场经济体系的建立与形成是一个过程。这一过程虽然是历史的、客观的，但与人们的认识和主观推进不无关系。

一、市场体系培育的必要性

在现代市场经济条件下，商品生产和交换占据社会经济的主导地位，商品成为社会经济有机体的细胞，商品货币关系渗透到社会经济生活的一切方面，这就要求各类要素市场迅速建立并扩展。从市场交换的内容来说，市场要突破有形产品与无形产品、物质产品与精神产品的界限，形成社会再生产过程中为经济运行和发展所需要的各种市场——商品市场、资金市场、劳动力市场、技术与信息市场、房地产市场等。从市场空间结构来看，市场不仅要突破地域界限，而且要突破国家之间、民族之间的界限，形成统一的国内市场和发达广阔的世界市场。从市场的作用来讲，市场不再是简单的商品交换的便利场所，而成为社会经济活动的中心，成为组织与协调整个社会经济运行的主导系统，成为商品经济发展的活体与载体。

新中国成立后，便立即开始了改造旧的半封建半殖民地市场，建立全国统一市场的工作。这一工作大致经历了两个阶段：第一阶段，改造半封建半殖民地性质的市场，向兼有公有制经济和私人经济两重性质的市场转换，主要完成了培植市场中公有制主导力量，使其担负起进一步改造旧的市场的任务。由于建立和发展了国营商业和供销合作社商业，有了控制市场的领导力量，所以这一时期市场稳定，经济发展迅速。第二阶段，由多种经济成分并存市场向单一国营经济成分市场的过渡。这一阶段，由于国营商业一统天下，限制了市场作用的范围，使原本就很不发达的市场受到扼制，不但不断增长的消费需求难以实现，破坏了市场竞争格局，市场内在运行机制失灵，而且国营商业独占流通渠道，限制其他经济成分参加市场购销活动，使市场流通阻塞，生产停滞。此时的市场只是徒具形式。

改革开放以来，由于重新调整市场结构和经济关系，开始拓宽市场，发展资金融通、技术交流和转让、劳动力流动、房地产买卖、产权（包括土地使用权）有偿转让等，从而促使各要素市场初步形成，价格机制和价格作为合理配置资源的工具开始发生作用。但是，应该说我国市场的发育仅仅是初步的，距离市场经济发展的客观要求还相去甚远。特别是市场发育的不完全和各类市场发育的不同步，使得市场体系的作用无法正常发挥。因此，加快市场体系的培育势在必行。

二、培育市场体系的条件与要求

培育市场体系的关键在于深化改革，主要内容包括如下几方面：

第一，保障市场结构的完整性。这是培育市场体系的物质基础和前提条件。一个完备的市场体系，不能只有商品市场，没有生产要素市场；不能只有生产资料市场，没有资金市场和劳动力市场；不能只有有形的商品市场，没有无形的商品市场（如技术、信息市场）；也不能只有一部分商品和生产要素进入市场，受市场机制调节，而另一部分商品和生产要素脱离市场，按照计划纵向调拨、统收统配。这种状况，必然割裂市场体系中各商品市场和要素市场之间的内在联系，使整个国民经济不可能按照经济发展的规律正常运行。所以，培育市场体系，必须彻底改变国家对各种生产要素纵向调拨、统收统配制度，应该缩小国家指令性计划范围，将企业生产经营活动所需要的各种生产要素纳入市场流通，建立起由消费品市场、生产资料市场、资金市场、劳动力市场、技术和信息市场，以及房地产市场等各类市场组成的完善的市场体系。

第二，形成市场主体的能动性。企业是市场活动的主体，培育市场体系既要注意市场本身的健全，还要考虑企业在市场活动中能动性的发挥。为了使企业成为真正的市场主体，在市场活动中具有能动性，就必须使企业成为自主经营、自负盈亏、自我约束和自我发展的经济实体。因此，培育市场体系，必须搞好企业所有制和经营方式的改革，彻底割断企业与国家行政机构的隶属关系，使企业能够自主地根据市场需要安排生产经营活动；彻底割断企业对国家的各种行政性依赖关系，将其资金的筹措与使用、生产要素的取得与产品的销售全部推入市场，使之建立与市场内在的有机联系；改革不合理的产权制度，规范企业法人，组建自主经营的利益主体，从关心切身利益的层面提高经济效益。

第三，体现价格波动的规律性。改革不合理的价格体系，理顺价格关系。价格是市场活动最直接的灵敏信号和最有效的调节手段。作为各市场变量的价格、利率和工资等（利率和工资可以看做资金市场和劳动力市场的"价格"），应该是市场信号而不是行政信号，应能灵活准确地反映社会劳动的耗费和市场供求状况的变动，它们的变动应该是市场活动状况的直接反映，同时又能够对市场活动发生内在的调节和制约作用。因此，改革不合理的价格体系，理顺价格关系是培育市场体系的重要环节。

第四，维护市场运行的秩序性。努力实现国家经济管理方式的转变，形成正常的市场秩序。所谓正常的市场秩序，是指保障市场体系按照其内在规律正常运行的行为规范，不仅要为整个经济活动的利益主体创造平等竞争、等价交换的条件，而且还要有一整套能够保障经济主体的合法权益、约束违法行为的法律规范和保护市场秩序的各项制度和政策，避免党政不分、政企不分，行政直接干预破坏市场的正常秩序。国家把企业控制得太紧，把人、财、物、价格等紧紧控制在政府手中就不可能有平等的全面竞争，也不可能形成完善的活跃的市场。因此，要形成正常的市场秩序，就必须彻底改变直接行政干预的管理办法，从直接管理企业转向调控市场；从主要靠行政手段、靠指令性计划转向靠经济手段、法律手段调节经济运行和市场运行；从计划指标控制转向制定和运用宏观经济政策，其中最重要的是财政政策、货币政策和产业政策，用这些手段调节社会总供给与总需求，推动产业结构不断优化，促进和保证市场体系的有序运行。

第七章　市场经济的体制

体制是制度的外化形式。经济体制是指一定经济制度下社会经济运动过程的组织模式，或者说，是在一定的经济制度条件下社会资源配置过程中起主导作用的逻辑安排与内在联系。经济体制的核心内容是资源的配置方式。市场经济体制是经济体制的特定形式。

第一节　市场体制与市场经济体制

市场体制与市场经济体制是两个既有联系又有区别的范畴。体制是制度的外化或实现形式。

一、市场体制

市场体制是指市场上各种管理组织和手段的有机结合，是保证市场活动正常化、防止市场出现紊乱的市场自我组织系统。市场体制是市场经济体制的组成部分与运行基础。

1. 市场管理

市场管理是国家对国民经济管理的重要组成部分，是维护正常的经济秩序所必需的手段。市场管理的目标是维护正常的市场交易秩序，为交易者提供一个良好的市场交易环境。

市场管理的特点在于它是借助于国家的权威、依赖政权的力量进行的，但它不是以宏观比例关系和基本格局为管理对象，而是以微观经济单位之间的交易活动为管理对象；不是以经济手段的诱导和协调为主，而是以行政手段和法律手段的强制规范为主。这种管理活动存在的必要性主要体现在如下几方面：

第一，市场交易活动本身要求有一定的市场规则，或者说有一定的行为规范。这种规则或规范只能由作为宏观管理者的国家来制定和监督执行。市场交易活动是千千万万微观经济单位参与的活动，没有一定行为规范的市场交易活动是不可想象的。

第二，市场交易活动的正常开展要求有良好的交易环境，这种环境在很大程度上靠国家来创造。构成市场交易环境的种种因素，对企业来说大多是外在的不可控因素，对国家来说其中相当一部分则表现为可控因素。市场上交易秩序如何，对企业行为影响很大。所谓市场开放，绝不是放任不管，而是放而有序，对欺行霸市、掺杂使假、哄抬物价、伪劣假冒、不正当竞争等行为，必须坚决制止和打击。这种市场秩序的建立和保持，只能通过国家行政管理部门和有关管理机构来实施。

第三，市场管理除规范市场交易行为外，还要为参与市场交易活动的企业提供服务，如汇总发布市场信息，提供法律和政策咨询，为交易双方牵线搭桥，制止种种侵权行为，保护交易各方的合法权益，完善市场交易条件和服务设施等。这种服务职能是正常市场交易所必须具备的，职能要求由国家有关管理机构承担。

2. 市场管理组织系统

市场管理的组织系统同市场调节系统不同，它不是宏观调控机制的操作系统，而是市场自身活动的管理系统。其功能也不是按照预期的宏观经济发展目标调节市场运行，而是保证市场活动的规范化。

市场管理的组织系统主要由三类市场管理机构组成：第一类是国家设置的专门市场交易活动管理机构，其中包括政府的有关职能部门、政法系统的有关机构、检察系统的有关部门，以及统计、审计、财政、税收、工商、银行、物价等有关管理机构；第二类是市场流通物资的技术管理机构，主要包括计量、测试、质量管理、环卫保护等有关管理机构；第三类是社会性和群众性的管理机构，其中包括质量监督协会、消费者协会等民间性监督组织。

上述三类管理机构之间，各有分工，统一协调，不应出现无人问津的"真空"；并且要提高各组织机构人员的市场应变能力和管理水平，特别是应使他们掌握市场运行知识，增强市场控制能力。此外，考虑到市场的复杂性、多变性和不透明性，还要为市场管理的各组织机构提供相应的技术手段，以加强管理的科学性，防止盲目性。

3. 市场管理的手段体系

市场管理的手段体系属于市场的自我组织，是包括多种市场管理手段的综合体。主要有如下几方面：

（1）政策和法律手段。政策手段是指以经济利益为内容、以行政强制为形式的市场政策，如市场物价政策、市场税收政策、关税政策等。法律手段是指以经济规范为内容、以法律强制为形式的市场法规，如市场管理法、工商管理法、竞争法等。

（2）财政和金融手段。财政和银行的重要职责之一就是代表国家从社会利益出发，利用价值形式对市场的经营活动、买卖关系进行管理监督。财政在参与国民收入的分配和再分配过程中，同市场购销活动有着紧密的联系，主要通过国家与企业之间的缴款、拨款活动，特别是通过对市场活动的拨款业务管理，实现对财政资金的市场活动进行管理和监督，从而实现对财政的管理和监督。银行是资金活动的枢纽，企业的营销活动一般都要以货币形式表现在银行账簿上，银行利用自己的这种特殊地位和作用，可以通过贷款、结算和现金管理等业务，对市场经销活动中所需要的信贷资金及市场货币流通状况进行管理和监督，以实现对市场的管理和监督。

（3）行政手段。行政手段主要包括城乡市场的一切具体业务管理、工商企业开业登记管理、商标管理、经济合同管理、计量管理、广告管理等。

城乡市场的具体业务管理可以保护合法经营，制止不正当的交易，促进竞争，消除垄断，维护市场的公平性。

工商企业开业登记管理可以把那些不具备经营条件的企业堵隔于市场活动之外，以免它们进入市场搞非法经营，扰乱市场秩序。实际上，这是市场准入管理。另外，通过核准登记和发放营业执照确定企业从事生产经营活动的行业和范围，以利于日后的市场管理。

商标管理是保证商标作用发挥的基本条件，基本内容包括商标注册、注册商标专用权保护、商标使用管理等。商标作为商品的标志，有利于沟通产销，扩大交流，开展竞争；有利于维护商品生产者和经营者的经济利益和加强商品生产者的信誉感和责任感；也有利于消费者对商品的识别选购以及对商品质量的评价和监督。

经济合同是交易双方的当事人就交易品种、数量、规格、价格、交货日期和地点、付款条件、付款方式等条款具体协商的产物。对经济合同的管理，可以保证交易各方在平等自愿、等价有偿原则下签订切实可行的经济合同，并保证合同的顺利履行，可以及时查处倒卖合同和利用合同进行走私贩私、欺诈等非法活动。合同管理的目的在于维护市场交易的正常秩序，保护合同当事人的合法权益。

计量管理在市场交易管理中具有特殊重要的意义。计量是国民经济中的一项重要技术基础。市场经营中计量单位混杂，既会给经营者带来诸多不便，也不利于消费者比较和选购商品。计量管理制度不健全，也会给一些人利用计量器具克扣群众、贪污盗窃留下可乘之机。因此，必须统一计量标准，加强计量管理。

广告管理的目的，是通过对广告的行政监督和管理，使广告事业得以健康发展，以充分发挥其促进生产、扩大流通、指导消费的积极作用。一切企业、事业单位为了推销商品或提供收取费用的劳务而利用报刊、广播、电视、电影等媒介刊登播放广告，或者在公共场所设置、张贴广告，均属于广告管理范围。广告管理的重点是对广告刊户和广告经营单位的管理。广告内容必须清晰明白、实事求是，不准以任何形式弄虚作假，蒙蔽、欺骗用户和消费者。对任何违反《广告管理暂行条例》的广告行为，管理部门都有权立即予以制止并给予必要的行政制裁和法律制裁。

二、市场经济体制

市场经济体制是指人们为了实现一定的社会经济目标，在生产、流通、分配、消费等经济活动中，选择以市场作为资源配置形式，从而形成的一整套经济机制与组织机构的总和。也可以说，市场经济体制是市场经济方式的具体实现形式。

如果把市场经济体制与传统计划经济体制比较分析的话，可以看出，传统计划经济体制主要是依靠指令性计划来配置生产资料、资金、劳动力、技术、信息、土地等社会资源，而市场经济体制则主要是通过市场上的价格波动和竞争的力量配置这些社会资源。具体而言，两者的差异主要表现在资源配置方面。

第一，资源配置的主体不同。市场经济体制是以企业为本的体制，企业是市场的基本主体，它根据市场价格的变化作出生产什么、生产多少及怎样生产的决定，作出投资方向、投资规模的抉择；传统计划经济体制下，政府则是经济的主体，由一个"中心"负责配置全国大部分资源，高度集中管理，使企业处于被配置的客体位置，既缺乏自主权，又缺乏主动性。

第二，资源配置的动力不同。市场经济体制是重视效率与利益，并要求企业追求利润最大化的体制，它有利于调动企业和职工的积极性，使动力落到实处，又能够在宏观控制与协调之下形成一个相互兼顾的利益体系和高效能的动力网络。传统计划经济体制理论上是从全国全民的整体利益出发来配置资源，要求局部利益服从整体利益，近期利益服从长远利益，但在实践中由于生产力发展水平与社会化大生产状况等原因，往往忽视集体和个人利益，缺乏动力源，仅靠指令性计划这个外在的强制力，使动力基础极为薄弱。

第三，资源配置的传递不同。市场经济体制下，资源配置以横向为主，主要通过市场，供求多方直接见面，在竞争中实现人、财、物各生产要素的组合。这种资源配置的传递方式适应社会化大生产和商品交换的要求；传统计划经济体制对资源配置是以垂直为主，通过行政层次，逐级自上而下地下达资源配置信息，产供销背靠背，官僚主义和浪费也就难免时常发生。

第四，资源配置的状态不同。市场经济体制要求资源配置处在不断的运动中，使生产要素自由地流动，及时反馈、及时调整、自动组合，在动态中循环；而传统计划经济体制对资源的配置基本上是一次性的，投资也是一定终身，变更或调整计划十分困难，资源配置基本上处于静态之中。

第五，资源配置的结果不同。市场经济体制必然要求企业面向市场，是激励机制和约束机制并存的体制，它要求企业必须根据自己的情况，合理地进行资源配置，在市场发生变化或资源配置失调时及时补救；传统计划经济体制在主观愿望上要求综合平衡，实现按比例发展经济，但由于高度集中，难以掌握和处理千头万绪的信息变量，容易导致主客观的不一致，特别在供求发生变化时，良好的主观愿望仅仅是愿望而已，结果总是资源的极大浪费。

第二节　市场经济体制的条件与要件

市场经济体制作为一种比较成熟的经济体制最早形成于西方，迄今已有几百年的历史。

一、西方市场经济体制的形成

市场经济体制的形成与发展是一个过程，并且需要一定的条件。市场的发展是市场经济体制发展的载体和基本方面。

1. 欧洲地方市场的产生

欧洲中世纪，领主制的封建制度占统治地位，各地方封建势力的专制、封闭与抗衡严重阻碍了商品的交换与流通，区域性或全国性的统一市场根本无法形成。直到 15 世纪前后，商业贸易才有了重大发展，开始形成欧洲地方市场。这是当时欧洲商业活动冲破封建领主制经济制度束缚的结果。商品贸易扩大到一定程度，必然会提出适应商品经济发展的进行经济制度变革的要求。

2. 世界市场的产生

世界市场的形成是与资本主义生产方式的建立、发展和地理大发现紧密相连的。地理大发现为世界市场的产生准备了条件。从地理大发现开始，欧洲殖民主义者加强了对外扩张和掠夺。15 世纪末 16 世纪初，世界市场初步形成，为资本主义大规模生产提供了必要前提。18 世纪后期，以英国为首的欧美各国相继完成了产业革命，使资本主义生产方式在这些国家最终确立起来。商品生产和商品交换迅猛发展，冲垮了原先封建制统治下各国的自然经济体制，把经济发展水平不等的各个国家都强行纳入了世界商品经济的大潮中，从而世界市场有了更大规模的发展，为市场经济体制的形成奠定了最重要的基础。

3. 市场机制成为调节经济运行的主要手段

市场经济作为商品经济发展到一定阶段的必然结果，其形成的标志是市场已成为社会资源配置的中心，并且市场机制也已成为社会经济运行调节的中心。市场机制逐步成为调节经济运行主要机制的过程，也就是市场经济体制的形成过程。

产业革命引致了社会生产方式的重大变革，由机器大工业生产替代了手工劳动为主的小生产。这就必然促进市场体系的发育，改变了社会资源配置的方式，逐渐具备了市场经济体制运行需要的各类因素。它具体体现在：第一，产业革命促成了空前规模的国内市场的形成。市场开始主导着一切领域的生产，使市场经济具备了不可动摇的地位。第二，产业革命使市场体系发育趋向完善。商品市场的规模更大了，不仅包括各类生活资料，大量生产资料也进入商品市场。资本、劳动力作为生产要素也进入了市场。第三，产业革命加强了世界各国间的经济联系，扩展了世界市场的规模。世界市场则形成打破了一切经济落后国家闭关自守、与世隔绝的状态，把各国的经济汇集到世界经济的整体之中。

产业革命促进了市场的发展，不仅表现在市场规模、市场交易量的扩张，更重要的是体现在质的变化上，市场关系根本变革了以前由社会习俗、行政力量决定的经济关系而成为支配经济活动的决定性因素。商品的价格、劳动者的工资、雇佣的条件等不再由封建行会决定，而是基本取决于市场供求状况。封建行会垄断下对技术竞争的限制被彻底破除，取而代之的是价格、供求、竞争、利率等市场机制的支配和调节作用。市场真正成为社会经济运行和资源配置的中心。

二、市场经济体制的条件与要件

市场经济体制是逐渐摆脱封建经济关系而建立起来的，其在形成过程中出现了一系列重大变化，这些变化实际上也就是早期市场经济体制形成的条件。

1. 现代产权制度

产权是商品经济条件下财产明确化的基本方式，是商品经济发展到一定阶段的产物。市场经济体制必须建立在与之相适应的产权制度基础之上，明确的产权制度是市场经济体制建立的前提。商品交换意味着交换双方"必须彼此承认对方是私有者"（或不同的所有者）。不承认私人产权，不同所有者的财产得不到保障，也就否认了商品经济，市场经济也就不可能存在。在反封建皇权的斗争中，私人财产制度逐步建立起来，明确了财产权利，这对市场经济体制的形成具有重要意义。现代产权制度的特征是多种产权形式并存，私人产权是其中的重要形式。

2. 现代赋税制度

现代赋税制度的基本特征在于：强制性、无偿性和固定性。封建赋税制度表现出来的封建统治者的特权，与社会经济发展中必然会出现的财富、资本积累的要求之间产生了尖锐的矛盾。经过商人与臣民们的共同抗争，迫使统治者放弃任意强征暴敛的权利，逐渐形成了按照规定章程定时收税的现代赋税制度。现代赋税制度的建立，为从事工商业活动而进行财富积累的人们提供了财产安全的保障制度，这无疑对市场经济体制的形成起到了促进作用。

3. 现代法律制度

在市场经济体制下，经济活动的各个主体之间是通过契约关系联结在一起的。为了保证契约的公正并得到遵守，就必须要有相应的法律制度为保障。因此，市场经济在一定意义上就是法制经济。法律制度是适应商品经济的需要而产生的。随着商品交换的发展，一切商品交换行为都必须遵守共同的规则与约束，交易双方都必须在诚信的基础上服从。这个共同规则最初表现为习惯、道德、社会习俗，后来演变为现代法律制度。

4. 现代企业制度

现代市场经济中占支配地位的企业制度是公司制，它的形成标志着现代企业制度的形成。随着商品交易的发展，家庭式的经营单位已无力承担更大规模的经营活动，客观上要求一种以经济契约关系来实现其组织功能的非家庭形式的公司。

现代市场经济体制与早期的市场体制相比，出现了一系列新的特征：在产权结构方面，国家通过投资活动或建立国有企业等途径，拥有相当规模的财产和资本；在市场作用方面，虽然市场机制仍是调节经济的主要力量，但是国家通过财政、金融、信贷等方面的政策，以经济手段、法律手段等加强了对经济运行的宏观调控；在市场主体方面，跨国公司的出现以及国家垄断同盟使得市场规模和实现方式更加巨大并趋向一体化；在现代资本主义市场经济运行方面，国家对经济生活的干预、监管与调控弥补着市场机制的缺陷。同时，由于政府宏观调控主要是以间接干预经济的手段为主，因此又使市场机制的功能得到了保障。

现代市场经济体制除了应具有明确的产权制度、完备的法律制度、均衡赋税制度和现代企业制度以外，还应具有统一、开放、完善的市场体系，完善、系统的宏观调控体系，公平正义的收入分配制度，以及普适的社会保障制度。这四方面的条件与前面的基本条件共同构成现代市场经济体制的基本要件，同时又是构成现代市场经济体制基本框架的主要环节。

第三节　现代市场经济体制的框架与模式

市场经济体制的框架与模式是市场经济体制的基本实现形式。市场经济体制的框架与模式客观适合与否，直接关系到市场经济体制的作用、功能及其实现程度。

一、现代市场经济体制的基本框架

现代市场经济体制基本框架的构成要素主要包括：客观、科学的现代企业制度；统一、开放、完善的市场体系；完善、系统的宏观监管与调控体系；讲求效率与公平的收入分配制度；多层次、全方位的社会保障制度。这些构成要素是既相互联系，又相互制约的基本环节，构成市场经济体制的完整系统。

市场经济体制框架的整体性，表现在构成市场经济体制整体系统各环节之间的相互联系和相互制约关系。具体表现在：

1. 各环节互相依存、互为条件

也就是说，任何一个环节的存在、发展必须以其他环节的存在、发展为前提，具有共生性。例如，统一、开放、完善的市场体系与国家的宏观监管与调控都是构成市场经济体制框架的重要环节；同时培育和发展统一、开放、完善的市场体系，又是实行宏观监管与调控的必要前提。宏观监管与调控主要是通过市场这个中介环节来实现的。市场是国家实现宏观监管与调控功能的传导体。

大部分的宏观监管与调控机制均以市场机制为载体，如中央银行控制功能的实现就有赖于金融市场。因为无论存款准备金、再贴现，还是公开市场业务等政策工具，要取得有效的调节效果，都需要有开放与完善的金融市场与之相适应；国家根据社会需求将社会总劳动按比例合理分配，就必须建立完善的市场体系，充分发挥市场功能。因为市场综合反映供给和需求的规模及结构，生产和消费都根据市场信号展开，并在市场功能发挥中得到协调。为保障社会需求的多样性、选择性及供给对需求的自适自调性，国家宏观调控就必须有市场这个供给与需求信息的快速直接传递，及时指导生产经营活动按社会需求进行。国家科学的宏观调控决策只能来源于、依据于、服从于、导向于、服务于市场。离开了市场，国家宏观调控决策就会失去科学性。反过来，市场体系的健康发展也有赖于国家宏观政策的及时、正确的监管与调控。当然，其他一些环节之间同样也存在这种互相依存的关系。产权明晰、权责分明、自主经营、自负盈亏的现代企业制度需要与其相适应的充分发展的市场体系；讲求效率与公平的收入分配制度需要有产权清晰，责、权、利分明的现代企业制度为前提；完善的社会保障制度需要国家宏观调控政策的支持；等等。

2. 各环节彼此交叉、相互渗透

市场经济条件下的个人收入分配要求贯彻效率原则，但为防止贫富差距过大可能引起的社会不稳定又要兼顾公平与正义。但效率与公平之间往往产生冲突。政府的宏观监管与调控政策则可以为解决这方面的矛盾起到关键性的作用。通过个人所得税、消费税、物业税、遗产税、营业税等税收手段及建立和完善社会保障体系，如失业保险、养老保险等，缩小个人收入差距，实现社会成员收入的大体均衡。从中我们可以看出宏观调控、个人收入分配制度与社会保障制度之间密不可分的关系。

3. 各环节相互带动、相互促进

任何一个环节的建立及发展的程度，都会对其他环节产生影响，或是促进其他环节的发展，或是阻碍其他环节的发展。

二、现代市场经济体制的模式

市场经济体制的模式也可以理解为市场经济运行的模式，是指特定条件下市场经济的运作、管理与调控方式及其类型。由于各国的情况不同，或者环境与相关条件不同，因而市场经济体制的模式也就不同。对于市场经济的运行从不同的层面和角度考虑，也可以有不同的运行模式。

1. 从计划与市场的关系考察

在国家存在的条件下，没有哪个国家不干预市场经济的运行，也没有哪个地方的市场经济运行不受国家的干预。国家干预市场经济运行的基本手段是政府出面推行的计划。

从计划与市场的具体关系看，市场经济的运行模式主要有：

（1）市场主导型。市场经济的运行主要以市场调节为主，辅之以计划调节。计划的作用主要是修补市场缺陷和校正市场偏差。一般情况下，计划不干预市场的自发运行；与此同时，计划也是粗线条和大弹性的，主要起间接性的指导作用。

（2）计划主导型。计划调节是市场经济运行的主要调节方式和手段，而市场调节是辅助性或补充性的。关系国家经济命脉的重要企业和关系国计民生的重要产品都由国家指令性或指导性计划进行调节；市场调节仅负责部分民生小商品的生产与流通。

（3）内在统一型。计划性是社会化大生产发展到一定阶段的客观必然要求，是价值规律的宏观实现形式；市场则是社会化商品经济的载体，是市场经济存在和发展的必要条件。相互间存在着内在的本质联系。计划完全可以通过市场起作用，市场也完全可以由计划来指导并且是实现计划的手段和形式，因而同是市场经济内在联系的两个重要特征。市场经济的运行是计划与市场内在统一的实现形式。

（4）板块结合型。整个国民经济可以划分为两大块，分别由计划和市场各自调节。凡是关系到国计民生的重要产品，由国家计划统一安排、调剂和分配；而一些无关大局的产品则由企业根据市场要求变动自行确定生产数量、品种、供销，价格也可在一定幅度内浮动。

（5）相互渗透型。计划与市场是相互渗透，相互影响，客观上都是实现经济按比例发展的形式和手段。两者的区别在于：计划调节虽然渗透有市场调节，但主要是通过指令的形式来安排社会的供给与需求之间的总体比例，从社会产品总量上实现国民经济的综合平衡；市场调节虽然受国家计划的指导和控制，但主要是通过价格机制实现对社会经济生活的调节。

（6）时多时少型。市场经济的整体运行要坚持计划调节与市场调节相结合，不能搞封闭性。但在实际工作中，经济调整时期可以加强或者多一点儿计划性，而在另一些时候多一点儿市场调节，搞得更灵活一些。计划性与市场性的孰多孰少，主要视国民经济的具体状况而定，不要搞得死死的。

（7）宏微结合型。在宏观经济领域内应以计划调节为主；在微观经济领域内则以市场调节为主。计划调节的主要形式是指导性计划；市场调节的主要形式是价格波动。两者相互结合的方式是国家调节市场，市场引导企业。

应当说，市场经济的运行模式选择取决于经济运行的环境、条件与特征。很难说哪一种运行模式最好，也很难说哪一种运行模式不好，适合、有效、促进为好。

2. 从经济性质的区别考察

如果按经济性质划分，市场经济体制的模式就可以有私有制模式、公有制模式与混合制模式。

经济制度直接体现着经济的性质。经济制度是与一定社会生产力相适应的社会生产关系的总和。生产资料的所有制以及由它决定的产品分配方式，构成社会基本经济制度。因此，市场经济体制的模式也可以有资本主义与社会主义的不同。

资本主义经济制度是随着资本主义生产关系的产生和资本主义政治制度的确立而建立起来的。资本主义私有制的产生必须具备两个基本条件：一是具有人身自由并丧失了一切生产资料的劳动者；二是有大量货币财富集中到少数人手中作为资本。这两个基本条件是在封建社会末期形成的。由于生产力和商品经济在封建制度内的发展，竞争引起小生产者两极分化，竞争失败者破产而丧失了生产资料，变成了雇佣工人；竞争胜利者掌握了生产资料，变成了资本家，从而形成了资本主义私有制。

资本主义市场经济体制的基本特征是，资本剥削雇佣劳动。它具体表现为四方面：一是资本家垄断了生产资料占有权；二是劳动者与生产资料分离，成为靠出卖劳动力的雇佣劳动者；三是产品分配方式是资本家无偿占有雇佣工人创造的剩余价值；四是资产阶级在社会生活中占统治地位。

资本主义市场经济体制的模式的四个特征是紧密联系的。由于资本家占有了生产资料，决定了资本家在社会生产中占统治地位，支配着社会经济活动的一切方面；由于劳动者与生产资料相分离，决定了劳动者只能通过出卖劳动力，为资本家生产剩余价值，受资本家剥削；由于资本家占有生产资料，只能以有利于资本家的分配方式分配社会产品；由于资产阶级在社会生活中占统治地位，必然把赚钱和对剩余价值的追求作为社会生产的目的。

社会主义市场经济体制的模式以及中国特色社会主义的市场经济体制的模式这里不再赘述。

3. 从经济发展的不同阶段考察

市场经济先后经历了自由竞争、垄断竞争和国家垄断三个阶段，因而不同发展阶段的市场经济体制的模式也不相同。

（1）自由竞争市场经济模式。自由竞争市场经济模式的基本经济特征是：①各个经济部门存在着众多实力相差不太悬殊的企业，其中没有任何企业居支配地位；②在经济活动中起支配作用的主要是众多单个企业主，包括少量的合伙企业；③商品价格在市场竞争中自发形成，没有任何企业能把自己确定的价格强加于市场；④资本和劳动力能够自由流动，各部门利润率有平均化的趋势；⑤自发起作用的价值规律是社会经济资源和经济活动的唯一调节者；⑥企业生产经营的目标是短期利润最大化。利润的短期变动可以引起生产规模的扩大或萎缩。

在自由竞争市场经济条件下，竞争非常激烈。其中，商品生产者的竞争是商品市场上竞争的基础，商品市场上的竞争是商品生产者竞争的继续。而生产中的竞争，谁胜谁败，只有通过市场竞争才能见分晓。所以，市场上的竞争对生产中的竞争有着重要的影响。市场竞争的重要目标，是各生产企业占有和扩大自己的商品市场占有率，即市场占有份额。最终形成平均利润和生产价格。

自由竞争市场经济模式的优点在于：一是商品生产者依据改进技术、降低成本和提高劳动生产率在竞争中取胜；二是通过市场价格信号引导生产资料、劳动力和货币资本等资源不断在部门间转移。这就是说，自由竞争市场经济具有充分发挥市场机制调节社会资源配置和使用的积极作用。其弊端是：从总体上来看，这种调节带有自发性和盲目性，缺少社会有意识的调节。在经济主体一味追求自身利润最大化的情况下，往往破坏部门间的比例关系，造成社会经济资源的浪费。自由竞争市场经济还是一种不成熟的市场经济。

（2）垄断竞争市场经济模式。19世纪末20世纪初，自由竞争市场经济进入垄断竞争市场经济。垄断是在竞争基础上产生的，垄断既凌驾于竞争之上，又与竞争并存，在经济生活中起着决定作用。

垄断竞争市场经济模式的基本特征是：①生产和资本高度集中，在生产和流通中出现了居垄断地位的大企业。②在经济生活中起支配作用的是垄断资本财团。③垄断组织推行商品的垄断价格。④部门垄断致使生产要素的流动受阻。⑤在垄断组织控制的范围内实行计划调节。⑥垄断企业生产经营的目标是长期利润最大化。

垄断竞争市场经济模式的形成是一个发展过程：开始是工业垄断，并形成了强大的垄断组织和股份公司等大型企业。它们凭借在生产和市场上的垄断地位制定垄断价格，控制生产要素来源，占据产品销售市场，以获得高额的垄断利润。但垄断并不消除竞争，而使竞争更复杂，更激烈。垄断竞争条件下的经济仍然是市场经济。

（3）寡头垄断市场经济模式。除了工业垄断以外，19世纪末20世纪初，各主要资本主义国家还出现了银行垄断和金融资本，产生了金融寡头，形成了寡头垄断。

银行垄断是在银行集中基础上产生的。银行集中是指通过联合或大银行吞并中小银行，使少数大银行的资本在整个银行资本中所占比例不断增大。银行集中是通过银行之间的竞争实现的。在银行竞争中，大银行的资本雄厚，分支机构遍布国内外，管理与技术先进、服务周到、费用省、信誉高。因此，大工商企业乐于选择大银行作为自己的业务伙伴。这样，大银行在竞争中居于优势地位，不断排挤或吞并中小银行，从而形成银行垄断。

随着银行垄断的形成，银行的作用也发生了根本性的变化。在自由竞争时期，银行的主要作用是在业务往来中，充当吸收存款和发放贷款的普通"中介人"。银行虽然关心企业贷款偿还本息的能力，但一般不监督企业的生产和经营。银行垄断形成以后，由于大银行资本雄厚，有能力满足大企业长期巨额贷款的要求，同时大企业所需要的长期巨额贷款也只有少数大银行才能提供。这样，大企业和大银行之间就形成了相对稳定的信贷关系。大银行为了保证贷款安全和利息收入，必然关心企业的生产经营和盈亏情况。为了自己的利益，银行往往以扩大或减少贷款的办法对企业施加干预，甚至决定企业的命运。于是，银行就由普通的信用"中介人"变成了万能"垄断者"。这种变化使银行和工业企业之间的关系日益密切，进而逐渐融合起来。一方面，银行垄断资本通过购买工业企业的股票或直接创办工业企业，把资本渗入工业企业；另一方面，工业垄断资本也通过购买银行的股票或投资创办银行，把资本渗入银行业。或者，银行和工业企业通过互派要员出任对方的各种要职，进行人事渗透。这样，银行垄断资本和工业垄断资本混合生长，形成一种新型垄断资本，即金融资本。

金融资本不仅控制了生产，而且控制着流通。在国民经济中占据了统治地位。

掌握着庞大金融资本的少数最大的资本家或资本家集团，叫金融寡头。金融寡头不仅主宰着社会经济命脉，而且控制着社会政治生活的各个方面，成为资本主义国家的真正统治者。

在经济领域中，金融寡头进行统治的主要手段是"参与制"，即金融寡头通过购买一定数量的股票对其他企业实行层层控制。其做法是：金融寡头首先把自己掌握的大企业作为"母亲公司"，通过"母亲公司"购买其他公司的股票，使其成为"女儿公司"，各个"女儿公司"又以同样的办法去控制更多的"孙女公司"、"曾孙女公司"，如此逐级参与，层层控制，形成了垄断统治的"金字塔"。金融寡头通过"参与制"控制着比自己资本大十几倍、几十倍的其他资本，从而在经济领域占据了统治地位。

金融资本与国家政权的进一步结合，就逐步形成了国家垄断资本。国家垄断资本控制的市场经济，就是国家垄断市场经济模式。国家垄断市场经济模式继续发展，就是国家垄断资本的国际同盟，例如欧共体。

三、现代市场经济的运行模式与发展战略

市场经济的运行模式一般与指导经济发展的宏观战略密不可分。宏观经济发展战略具有全局性、总体性、方向性、根本性、长远性、主导性的特点。制定市场经济的宏观发展战略一般要遵循的原则在于：人本性、超前性、效益性、可行性、稳定性、持续性。现实基础是制定市场经济宏观发展战略的起点和依托，市场经济发展的规律性是制定其宏观战略的约束和依据。

在中国，市场经济的构建与发展无论如何也离不开中国的基本国情，同时也摆脱不了市场经济发展的基本规律。离开了这两个基本点，中国特色市场经济的宏观战略就可能是"错误路线图"，中国特色市场经济的构建与发展就可能步入歧途。从中国特色市场经济构建与发展的实践来看，制定市场经济宏观发展战略时一定要区别经济增长与经济发展。必须清楚，经济增长不等于经济发展。一般来说，经济增长主要侧重于量的概念；经济发展不但包括量的内容，而主要侧重于质的概念。没有经济增长就没有经济发展，经济增长是经济发展的前提、基础与核心，然而经济增长未必一定意味着经济发展。例如，我们讲人的"增长"一般是指身高和体重，而讲发展时，则注重于素质、能力的进步与提升。同时，还要特别注意经济发展及其战略的可持续性，实现人口、资源、环境与生态的协调与统一。这里，强调以人为本，同时又把人视为自然的产物和组成部分；人的发展必然要以自然为依托，向自然索取的同时主动与自然保持友好与和谐。

第八章　市场经济的机制

市场经济运行机制的构成体系主要由市场机制、企业经营机制（微观运行机制）和宏观调控机制组成。市场机制是市场经济运行的核心内容，发展市场经济必须要以健全的市场机制作保证。

第一节　市场机制的特征及其实现形式

市场机制是市场系统各方面、各因素在市场交换活动中建立的相互制约和影响的内在有机联系形式，也可表述为价格、竞争、供求等各种市场因素之间互为因果、相互制约的联系和作用。其特点主要是具有结构性、功能性、程序性、机理性、层次性、方向性、关联性、整体性、系统性和自调性。

一、市场机制的特征

市场机制是市场经济运行的基础性联系与作用系统。

第一，市场机制由一系列的经济元素组成，如商品、货币、价格、价值、利息、汇率、税收、商品生产者和经营者等，都是组成市场机制的经济元素。

第二，市场机制内部存在着极为复杂的经济关系。这些关系有同向的，也有逆向的。例如，企业收入与销售收入、卖价收入与企业职工收入、资本的收入等，方向就是一致的；而买者与卖者收入、税收与企业收入、资本收入与职工收入等，方向就不一致。

第三，市场机制是一个体系。市场机制是在各类市场上发挥不同作用的各种经济机制的综合，包括竞争机制、供求机制、价格机制、风险机制等。这些机制作为市场机制的组成部分，其层次与地位是不一样的，彼此有机地结合在一起形成市场机制系统。

第四，市场机制具有自动调节作用。这是由它的内在结构所形成的，与市场经济的总体运行及利益分配密切相关。这种自动调节是在一定范围内的、有限度的、有条件的，并且具有关联性。

第五，市场机制是以经济利益为基础的。市场千变万化，究其实质是经济利益在起作用，对经济利益的追求与实现推动着经济运行。因此，要想利用市场机制为经济建设服务，就必须承认经济利益的客观性。

市场机制可以存在于不同社会形态的商品经济中。所不同的是，在不同的社会，借以运行的生产关系不同，为之服务的主体不同、目的不同，因而市场机制的功能、关联、范围、形式等也可能不同。这一历史事实说明，市场机制作为一种功能，即导向功能、平衡功能、调节功能等，本身并不具有阶级性和社会制度的属性。

二、市场机制的实现形式

市场机制是市场的灵魂。市场机制的具体实现形式，主要有：

1. 价格机制

价格机制是通过竞争过程中市场价格与市场供求变动之间的联系而发挥作用的，是市场经济的基本机制。健全价格机制的主要措施是：第一，使价格真正成为利益范畴，使它的变动对企业利益的增减有直接影响，具有较强制约力量而能左右企业活动；第二，建立价格形成机制的基本格局，使价格同生产和供求变动建立紧密联系，把价格真正变为市场供求状况的"指示器"，从而灵活地引导企业的生产经营活动。价格机制发生作用的根本原因在于利益的调节与分配。

2. 利率机制

利率机制是主要在资金市场发挥作用的机制，它是通过竞争过程中利息率变动与信贷资金供求变动之间的联系而发挥作用的调节功能。为了有效调节资金供求，诱导企业的投资方向，应做好如下几方面的工作。

第一，充分放开市场利率，使之同价格紧密联系，同信贷资金供求紧密联系。利率总水平必须随价格总水平升降，只有这样才能有效地控制总需求。如果单有价格总水平上升，利率调整幅度不够或不调，会使价格信号不断加强，起到"正反馈"作用。生产者在虚假的社会需求刺激下，继续加强投资；消费者持币抢购，力图尽快地将货币转化为商品，使上涨的价格水平持续不衰，最终将导致整个经济机制突变。同时，要提高利率的投资弹性。如果利率偏低，在企业利润中占的比重很小，对企业活动的制约性小，利率机制的调节功能便不能充分发挥。

第二，使信贷双方对利率有高度灵敏的反应。利率机制是通过利率的升降影响信贷资金的供求而实现调节作用的，因此信贷资金的供给方和需求方能否对利率变动作出及时和灵敏的反应，是利率机制能否奏效的关键。银行要企业化、商业化，使利息成为企业的重要投入。

第三，加强信贷利率的硬度。信贷利率的"硬度"包含两层意思：一是信贷利率不能偏低，应根据资金占用的平均效益，采用适当的利率；二是信贷利息具有风险性约束，到时必须还本付息。申请贷款的企业要有一定比例的自有资金；发放贷款一定要有适销、适用的物资与财产作保证；银行发现企业无力偿还贷款时，有权依法处理作为保证的物资和财产。

3. 资金机制

资金机制包含以下功能：资金在社会生产、交换、分配、消费各个环节上的分配直接决定着这些环节之间的关系，从而决定着宏观经济运行；社会的货币资金和实物资金的关系对宏观经济运行也是有决定意义的；资金在地区之间的分布对整个国民经济的地区关系和总体发展是有影响的；资金在行业之间的分配对行业结构是有影响的，从而对产业结构也是有影响的。不仅资金分配的方向与规模对经济运行有影响、有制约作用，而且资金运动速度对宏观经济运行也是有影响的，或者带动经济良性运行，或者在其中起阻滞作用。

4. 货币机制

货币机制对宏观经济运行的作用主要表现在：货币供给不能满足宏观经济运行的需要会起阻碍经济发展的作用；货币供给超过宏观经济运行的需要会发生通货膨胀，扰乱经济运行的正常秩序；货币供给符合宏观经济运行的需要，经济就会协调、稳定发展。

5. 信贷机制

信贷机制包括储蓄机制和贷款机制。储蓄机制是通过储蓄把社会上分散的货币集中起来，再把货币贷放出去以影响经济的运行。把货币吸收到银行，可以减轻市场的需求压力，投资于生产，可同时扩大供给；把零散的暂时不用的资金集中起来，可以发挥更大的投资效应。贷款机制有分配资金的功能，其方向、规模、速度对经济发展方向和调节经济或产业结构有重要影响，所以贷款机制对宏观经济运行也是起到很大作用的。

6. 竞争机制

竞争机制是供求关系、价格变动、资金流动之间的相互联系和作用。竞争机制的内容包括争取较大的销售市场，争取资金来源，争取先进技术，争取管理技术与人才等，以获取最大经济利益。这一机制充分发挥作用的标志是优胜劣汰。

为了使竞争机制能够充分发挥作用，企业要真正成为独立的商品生产者和经营者；能够在竞争中获得相应的经济利益；打破各种垄断；反对各种不正当竞争。

7. 风险机制

风险机制是市场活动同盈利、亏损和破产之间的相互联系和作用。在市场经济中，任何一个经济主体都面临着盈利、亏损和破产的可能性，都必须承担相应的风险。风险以利益的诱惑力和破产的压力作用于企业，从而鞭策企业注重经营，改善管理，更新技术。

8. 财政机制

财政机制就是财政收入和财政支出对宏观经济运行的作用。财政收入对国家、企业、个人的利益关系有影响；财政收入的地区分布对地区经济发展及其相互关系有影响；财政收入的结构对宏观经济运行有影响。财政支出影响积累与消费的关系，而积累与消费的关系对经济运行的作用是很明显的；财政支出还影响社会后备基金、政府支出、国防开支、社会福利等，这些对宏观经济运行都是有影响的。

9. 税收机制

税收决定国家从企业收入与个人收入中取得的份额，影响国家和企业的关系，从而也影响国家和职工的关系；税收的税基、税种和税率对宏观经济运行的作用也是很大的。此外，它还通过减免税影响经济运行，通过税种的地区分布和税率的地区差异影响经济运行。

10. 投资机制

投资机制对宏观经济运行的作用表现在：投资总量对经济增长和国民收入的增加有影响；投资方向对调节经济结构有影响；不同经济利益主体的投资会产生新的经济利益的差别；投资的地区分布会影响地区经济及其相互关系；投资规模会影响积累与消费的关系等。

11. 通货膨胀机制

通货膨胀机制对宏观经济运行的影响主要表现在：引起货币贬值，重新调整不同经济利益主体之间的经济关系使商品之间的比价关系发生变化，影响国民收入及其分配，影响财政收入与支出，影响市场供给与需求的关系，影响人们的生活消费等。通货膨胀机制是影响宏观经济运行的一种重要机制。

12. 供求机制

供求机制是一种调节社会总供给与总需求关系的机制。当供大于求时，供给就会受商品价格下降的影响，从而减少供给，使之平衡运行；当供不应求时，供给又会自动抬高价格，同时引起供给增加。供求机制还调节经济结构，因为无论是供给还是需求，在实际的经济运行中都是通过具体的商品供给与需求反映出来的，而无论是供给还是需求都有一个结构问题。

13. 劳动力流动与就业机制

劳动力是生产的基本要素之一，劳动力流动与供求关系平衡与否直接影响到产业之间的关系、地区之间的关系，影响到劳动者的利益，从而影响经济运行。就业机制是指劳动力就业与不就业、就业的方式对生产从而对经济运行的影响。

14. 消费机制

消费是社会生产的基本环节之一，也是社会经济运行的基本过程之一。消费决定劳动力的生产与再生产；消费使生产的产品找到归宿，价值得到实现；消费结构影响生产的结构，消费引导生产。所有这些消费功能和作用都影响经济的运行。

15. 人口机制

人口发展应该与经济发展相适应，人口超过了生产发展的需要或可容纳的限度，经济运行就要背上包袱。人口问题是宏观经济运行中的一个大问题。

16. 经济波动周期机制

经济波动周期机制是指经济波动周期对宏观经济运行的推动和制约作用。经济运行不可能是水平的、直线式的，总是有起有伏呈波动状态，而波动又是有周期的。波动周期是由经济发展的内在因素决定的，它又制约或推动宏观经济运行。

17. 外贸机制

外贸机制是指外贸在宏观经济运行中的作用与功能，主要表现为：超出某种限度的进口，或在某种条件下的进口会影响本国某些产业的发展；进口国内需要的技术和产品会促进国内经济的发展；出口产品在国内生产有限的条件下会扩大供需矛盾；出口国内充足供应的产品可进一步促进国内经济的发展；外贸还可以为国家换得外汇，对经济发展有利。

18. 教育机制

教育是社会的重要任务及国家的重要职能。不少发达国家实行义务教育，也有一些欠发达国家仅实施初、中级义务教育。但无论情况如何，国家的教育政策及其投资都会对国民经济的发展，特别是对于人口素质、劳动力就业、服务业及房地产业发生直接或间接的影响，从而对整个宏观经济运行状态（扩张或紧缩）产生作用。

此外，还有计划机制、法律机制、政策机制、监督机制等。计划机制，是指计划对经济运行的指导作用和对经济运行的调节作用。法律机制，是指法律对经济运行的规范功能和约束作用。政策机制，是指政策对经济运行的指导和约束作用，一个好的政策可以产生巨大的经济效益；一个错误政策可以使经济发展遭受严重挫折和损失。监督机制，是指宏观经济运行的监督系统对宏观经济运行的机制作用，监督有力会使经济良好运行；否则，监督漏洞百出则会造成经济运行的混乱。

价格、竞争、供求是市场经济的基本机制，也是主要机制，统称市场经济的"三大机制"。

第二节　市场经济与价格机制

市场是商品交换关系的实现场所。只有通过市场，商品的使用价值和价值的矛盾才能得到解决，才能实现商品的价值。价格，则是商品在市场上表现并实现价值的重要标志。

一、价格与价格类型

商品交换和货币价值尺度的实现，必然使商品具有价格形态。价格既是商品价值的表现形态，也是商品使用价值的表现形态。

1. 价格

价格是商品价值的货币表现形式，是商品价值与货币商品价值的比例关系。商品的价值一旦取得价格形态，又产生了价值与价格的矛盾关系：一方面，价格必须以价值为基础，价值的大小决定价格的高低；另一方面，价格并不一定直接反映价值，价格受供求关系的影响可以在一定限度内和价值不一致。同时，有些不是劳动产品的自然物如土地、矿山等，没有价值却可以有价格。

在商品经济条件下，价格与市场的形成及货币的出现是密切相关的。价格是价值的货币表现形式，不仅说明了价格的实质，而且也意味着价格在量的规定性上源于价值，即商品的价值量不是由生产商品的个别劳动耗费——个别价值决定，而是由社会必要劳动耗费，即社会价值决定的。价值只有在市场上才能转化为市场价格。但是，在社会化大生产条件下，价格又不再以商品的原始价值为基础，那种以价值原始形态为基础的价格只与简单商品经济相适应，是商品经济不发达条件下的价值实现形式。随着社会化大生产和商品经济的发展，市场竞争的展开，特别是在部门内部竞争基础上进行的部门之间的竞争，商品的价格必然要以生产价格为基础，即商品的市场价格实际上转化为成本价格与平均利润之和。当然，在价值或生产价格基础上形成的价格，还受到下列因素的影响。

第一，商品供求关系。价格与供求关系之间是一种相互影响、相互制约的关系。市场上经常发生的供求关系的变化，必然会影响价格偏离价值的变动。商品供不应求，会使价格升高；供过于求，会使价格降低。可见，商品价格与价值是背离还是趋向一致，要受到供求之间是否基本平衡的影响。在市场经济条件下，了解价格与供求的关系，有利于反馈市场的经济信息、调节经济利益和促进资源的合理配置。

第二，纸币发行量。商品价格是价值的货币表现形式，纸币又只是货币符号，当纸币所代表的价值发生变化时，即使商品的价值不变，价格也会变化。因为在纸币流通条件下，纸币流通的数量取决于一定时期内流通领域中所需要的金属货币数量。如果纸币发行过多，超过流通中所需要的金属货币量时，纸币就会发生贬值，商品价格便会上涨。

第三，国家经济政策。国家经济政策的制定或变化必然影响到价格。在市场经济条件下，国家经济政策对价格的影响是通过国家以价格与价值的某种程度的背离来支持或限制某些商品的生产、流通和消费的方式实现的。比如，国家合理开发和利用资源的政策，会影响以不同资源为依托的商品的价格。

当然，影响价格的因素还包括国际市场的价格、生产需要的价格等。随着市场经济体制的全面建立，我国与国际市场的关系日趋密切，价格受国际价格因素的影响会越来越大。

2. 价格类型

当作为一般等价物的货币同商品的价值进行比较时，商品就获得了价格。在商品经济条件下，商品经济发展的历史阶段不同、商品生产的领域和条件不同，其商品价格也不同。这些价格的种类和类别，归根到底是由商品的内在矛盾和商品经济的基本矛盾决定的。从商品经济发展的历史角度分析，价格的基本类型可以区分为以下几种：

（1）价值价格。价值价格，是指以商品价值的原始形态为基础的价格，是与简单商品经济相适应、在商品经济尚不发达条件下的商品价值实现形式。它反映商品中包含的价值量，即商品中凝结的无差别的一般人类劳动或生产该商品的社会必要劳动时间。价值价格是所有价格类型的基本形态。

（2）生产价格。生产价格，是价值的转化形态，是商品经济发展到一定阶段、市场竞争由部门内部发展到部门之间和商品生产社会化的价格类型。它不仅要反映生产商品的资金状况，反映生产条件及其有机构成，即由资本的技术构成决定并反映资本技术构成变化的资本的价值构成，还要反映生产商品的平均利润和劳动生产率等因素。当然，价值价格发展到生产价格，还伴随产生了在流通环节中的名义价值和土地等生产资料参与生产过程的"虚假的社会价值"的修正价格。在市场经济条件下，生产价格是商品价值的主要表现形式。

（3）垄断价格。垄断价格，是商品价值的又一次转型，是与商品经济相当发达的阶段相适应的市场价格类型。它是垄断市场及其不完全竞争条件下的商品价值的实现形式。垄断价格又可分为：完全垄断价格、垄断竞争价格和寡头垄断价格。

在我国现阶段传统计划经济正向市场经济转轨的过程中，实际的价格类型主要包括市场价格和计划价格两部分。其中，市场价格又包括价值价格、生产价格和垄断价格；计划价格又包括国家指令性价格和指导性价格，指令性价格是关系到国计民生的重要商品价格和服务收费标准，统一由国务院或省、市、自治区等有关部门制定、调整的价格。指导性价格，则是由国家规定基价和浮动幅度，允许企业根据市场供求变化而浮动的价格。随着我国市场经济体制的建立，市场价格类型也将随之变化，计划价格的比例将逐步减小，市场价格会不断扩大，并将逐步向以市场价格为主的价格结构过渡。当然，价格类型也可以根据不同生产领域或条件把价格区分为农产品价格、轻工业品价格、重工业品价格、交通运输价格、建筑安装工程价格、商业价格、饮食业价格和各种劳务收费等。还可以根据市场的规模和范围，把市场价格类型分为地区性市场价格、国内市场价格和国际市场价格等。

二、市场价格与生产价格

市场价格，就是商品在市场上买卖的价格，同一种商品在同一市场上只有一种市场价格，这是由价值规律规定的。马克思指出："商品按照它们的价值或接近于它们的价值进行交换，比那种按照它们的生产价格进行的交换，所要求的发展阶段要低得多。而按照它们的生产价格进行的交换，则需要资本主义的发展达到一定的高度。"[①] 这说明，在商品经济发展的历史过程中，商品的市场价格先于生产价格，价值转化为生产价格是历史发展的必然结果。几千年的简单商品经济条件下的商品交换都是以价值为基础的，只有到了资本主义社会，随着机器大工业的产生，以及自由贸易、信用制度的充分发展、部门之间的竞争才能广泛展开，平均利润才能形成，价值才能转化为生产价格。就是说，在市场经济的条件下，市场价格是由生产价格决定的，而生产价格只有在社会化大生产条件下，在竞争由部门内部扩展到部门之间并形成平均利润的条件下才能形成。

1. 成本价格和平均利润

成本价格，指商品中所包含的物化劳动的耗费和活劳动的耗费。这种生产要素的耗费所反映的物化劳动及其资金的占用量，不仅成为资本主义条件下企业经营盈亏的界限，也是社会主义市场经济条件下企业经济效益好坏的重要决定因素。成本价格还决定着企业在市场上竞争能力的大小，在其他条件相同的情况下，商品的成本价格越低，竞争力就越强。因为，成本价格决定了商品的最低销售价格，成本价格越低，就可能将销售价格尽可能压低，从而竞争力就越强；反之，竞争力就越弱。这就迫使各个企业设法采用先进技术，改善经营管理，节省生产要素的耗费，节约商品生产中的物化劳动和活劳动。

任何企业进行商品生产，其生产商品的实际成本价格与市场价格的差额就是生产利润。在资本主义生产条件下，这一商品价值与生产耗费的差额正是被资本家无偿占有的剩余价值，可用公式表示为：$P = W - K$（其中，P 表示利润，W 表

① 马克思恩格斯全集. 第25卷 [M]. 北京：人民出版社，1974. 197~198

示商品的价值量，K 表示生产该商品的成本价格）。这里，利润在数量上等于剩余价值，其区别仅在于剩余价值被看做是谁的产物：如果把剩余价值看做是可变资本的产物，它就是剩余价值；如果把剩余价值看做是全部预付资本（即 C+V）的产物，则称之为利润。所以，利润的内容和本质是剩余价值，利润是剩余价值的转化形式。同样，利润率也是剩余价值率的转化形式，它是利润与全部预付资本（不是所费资本）的比率，即 $P'=P/C'$（其中，P' 代表利润率，C' 代表全部预付资本，P 代表利润）。因而，在预付资本量不变的情况下，企业获得利润量的多少取决于利润率的高低。难怪马克思引用英国评论家登宁的话惟妙惟肖地刻画了利润率对于资本家的诱惑："资本害怕没有利润或利润太少，就像自然界害怕真空一样。一旦有适当的利润，资本就胆大起来。如果有 10% 的利润，它就保证到处被使用；有 20% 的利润，它就活跃起来；有 50% 的利润，它就铤而走险；为了 100% 的利润，它就敢践踏一切人间法律；有 300% 的利润，它就敢犯任何罪行，甚至冒绞首的危险。"[①]

在市场经济条件下，正是由于不同的企业都力图追求更高的利润、争取更好的经济效益，才使企业在市场上彼此展开激烈的竞争。这种竞争首先表现为部门内部生产同类商品的各个企业之间的竞争，以改进技术、提高劳动生产率为特征。竞争的目的是为了争夺有利的生产、销售条件和获得超额利润。竞争主要围绕价格来进行，使同类商品形成一个统一的、由社会必要劳动时间决定的社会价值。同时，竞争还表现为不同生产部门、企业之间的竞争，竞争的目的是为了取得有利的投资场所和获得较高的利润。这种竞争以资本转移为特征，资本转移又使得各个生产部门的生产情况、供求关系不断发生变化，从而引起价格涨落和利润率的升降，结果使各个不同的生产部门的利润率趋于平均，形成平均利润率。此时，部门之间企业的竞争会相对稳定。

平均利润率，是在社会化大生产条件下的市场竞争中形成的，它是整个社会的利润总额与预付资本总量的比率，表达式为：$\bar{P}' = P_总/C_总$（其中，$P_总$ 代表全社会商品生产的利润总额，$C_总$ 代表社会预付资本总量，$\bar{P}'$ 代表平均利润率）。相应地，各个生产部门的企业按照平均利润率所获得的利润就是平均利润，表达式为：$\bar{P} = C_总 \times \bar{P}'$。

但是，利润率的平均化仅仅是一种趋势，绝不能把它理解为利润的绝对平均化，它并不排除各个生产部门的利润率仍然出现差别。这说明，平均利润是在各个部门不断出现利润率的差别、不断展开竞争和资本转移中形成的一般趋势，它实际上是各个部门的企业都要追求最高利润而对全社会利润重新分配的内在要求决定的。平均利润的形成也不排除少数企业采用先进技术，提高劳动生产率，使个别生产价格低于社会生产价格而获得超额利润。企业部门内竞争是部门间竞争

① 马克思恩格斯全集. 第 23 卷 [M]. 北京：人民出版社，1972. 829

的基础。

　　2. 生产价格

　　利润转化为平均利润后，商品价值的市场价格变为生产价格。生产价格是价值的转化形式，是由成本价格加平均利润构成的。

　　由于部门之间的竞争、资本的转移，必然引起供求变化，导致各部门的价格涨落。假定社会上有食品、纺织、机械三个生产部门，它们的预付资本都是100元，剩余价值率为100%，生产周期都为一年，生产资料的价值都是一次转移完，但是它们的资本有机构成不同——食品工业为70C∶30V，纺织工业为80C∶20V，机械工业为90C∶10V。这样，三个部门所获得的利润率也就高低不一。由于以资本转移为特征的部门之间的竞争，导致了各部门的价格涨落：食品工业部门的产品价格下跌，不能按照商品的价值130元出售，而只能按照低于价值的生产价格120元出售；机械工业部门生产的产品价格上涨也不是按商品的价值110元出售，而是按照高于价值的生产价格120元出售；只有纺织工业部门生产的产品，商品的价值和生产价格是一致的，都是120元。所以，平均利润形成后，商品不再按照成本价格加剩余价值的商品价值出售，而是按照成本价格加平均利润的生产价格出售，商品的价值就转化为生产价格。商品的价值转化为生产价格的过程，如表8-1所示。

表8-1　　　　　　　　　商品价值转化为生产价格过程表　　　　　　　　金额单位：元

生产部门	预付资本	剩余价值	利润率	商品价值	平均利润率	平均利润	生产价格	生产价格与价值的差额
食品工业	70C+30V	30	30%	130	20%	20	120	-10
纺织工业	80C+20V	20	20%	120	20%	20	120	0
机械工业	90C+10V	10	10%	110	20%	20	120	+10
合计	300	60	20%	360	20%	60	360	0

　　价值转化为生产价格后，商品按照生产价格出售。这样，价值规律作用的表现形式也发生了变化，由原来市场价格受竞争与供求关系的影响自发地围绕价值上下波动，变为市场价格自发地围绕生产价格上下波动，生产价格成为市场价格波动的中心。

三、价格波动及其类型

　　价格波动，是价格与价值不一致、偏离价值的现象。它是价值规律发生作用的表现形式。恩格斯指出："商品价格对商品价值的不断背离是一个必要的条件，只有在这个条件下，商品价值才能存在。只有通过竞争的波动以至商品价格的波动，商品生产的价值规律才能得到贯彻，社会必要劳动时间决定商品价值这一点才能成为现实。"① 价值规律要求商品交换遵循等价交换原则，并不意味着每次商品买卖中价格与价值完全一致，也不意味着凝结有等量社会必要劳动时间的商品的价格始终不变。恰恰相反，在现实的商品交换中价值规律正是通过价格的波动来实现其作用的。在市场经济条件下，价格是市场调节最深刻、最有效的手段，合理的价格是保证国民经济活而不乱、顺利发展的重要条件。因此，要建立中国特色市场经济体制，逐步建立起合理的价格体系，就必须认真研究价格在市场上的波动类型，科学把握引起市场价格波动的种种原因。

1. 价格波动类型

马克思对市场价格的波动类型进行过科学分析。他在《资本论》第一卷中指出："虽然价格作为商品价值量的指数，是商品用货币交换比例的指数，但不能由此反过来说，商品同货币的交换比例的指数必须是商品价值量的指数。"也就是说，市场价格"这种交换比例既可以表现商品价值量，也可以表现比它大或小的量"，甚至可以"完全不是价值的表现"，而只是有"虚幻的价格形式"。② 显然，在这里，马克思并没有把市场价格波动笼统化，而是把它区分为不同类型。第一种类型是"商品价值量的指数"型价格波动，可以把这种价格称为指数价格；第二种类型是以价值"较大的或较小的量来让渡"的偏离型价格波动，也就是通常所说的价格背离价值的价格运动，以这种方式波动的价格可以称为偏离价格，它是市场价格波动的最经常的波动形式；第三种类型是以"虚幻价格形式"表现的价格波动，它是市场价格波动的一种特殊情况，即它是由某种物品的特殊垄断所引起的价格波动，如对古玩、字画、某些特种纪念邮票等物品的垄断所引起的价格波动就是这样。这种价格可以叫做垄断价格。③ 其中，指数价格波动又包括两种情况：其一是在货币流通量不变的情况下，由商品价值量变化所引起的商品价格的比例变化；其二是在生产商品的社会劳动生产率相对稳定从而商品价值量相对不变的情况下，由货币流通量变化所引起的商品价格的比例变化。④ 以上三种类型的价格波动对经济过程的调节机制是很不同的。

（1）指数价格。它以市场价格实体的形式来调节市场价格的波动。

实际上，指数价格就是以价格形式表现的价值量本身，或者说就是以货币形式直接表现的商品价值量。指数价格变动与价值变动，与生产商品的社会劳动生产率变动有着直接的依存关系：一方面，商品的价值量与生产商品的社会劳动生产率成反比，与投入的社会必要劳动量成正比；另一方面，具有"幽灵般的对象性"的商品内在价值量要借助于指数价格作为外在寄托，并通过实际的交换过程

---

① 马克思恩格斯全集. 第21卷 [M]. 北京：人民出版社，1965. 215
② 马克思恩格斯全集. 第23卷 [M]. 北京：人民出版社，1972. 120~112
③ 这里所说的垄断价格不是指对一般商品的市场垄断引起的价格，而是指某些特殊商品的归属垄断引起的价格。
④ 这里的货币指金属货币。纸币的情况要更复杂些，这里不涉及。

才能得到表现。商品的价值量是指数价格的基础，指数价格不过是商品价值量的货币表现形式。所以说，只要社会劳动生产率变动，指数价格也必然随之变动。指数价格也是调节价格，各种非价值和货币原因引起的市场价格波动无不表现为市场价格对指数价格的背离。于是，指数价格也就成为调节市场价格变动的基础，成为市场价格偏离价值的波动中心。如果说，价值是市场价格的内在实体，那么指数价格就是市场价格的外在实体。指数价格既以价格形式直接代表生产某商品所耗费的社会必要劳动时间，又充当各种商品个别劳动耗费的度量手段。指数价格的作用在于：①作为具体的社会必要劳动尺度，它被用来衡量个别劳动耗费。②它以度量职能为前提，把它度量的个别劳动转化为具有价格形式的社会必要劳动。③作为市场价格的波动中心，它的变化必然会引起受它制约，但又与它背离的市场价格的变化。由于指数价格的度量、转化、调节作用体现着不同商品生产者之间的利益关系，所以它总是驱使商品生产者围绕着它，并以它为基点组织生产。指数价格波动的特点是：它实现的交换过程是以度量价值为特征的交换过程；它的度量尺度标准由生产商品的社会劳动生产率决定。因此，指数价格的调节机制在原因与结果的关系上就构成了一个积极的、向上的循环：一方面，它迫使生产者改进技术，降低成本，降低个别劳动耗费，谋求超额利润，促成劳动生产率的普遍提高；另一方面，由于劳动生产率的普遍提高，又会引起指数价格的反方向变化。总之，指数价格调节的核心在于促进技术进步，促使社会劳动生产率不断提高。指数价格波动是价值规律调节经济过程的基本形式。

（2）偏离价格。它通过与指数价格偏离的方式调节市场供求。

从经济运行的现象看，偏离价格波动的实际中心是指数价格，所以它直接与现实的指数价格相背离。偏离价格的变化或波动是价值规律贯彻对经济过程调节功能的重要形式。其特点是各种围绕着指数价格波动的价格都以离差和①的形式发生作用。就是说，如果从较长时期、较广的范围来考察同一商品价格的波动状况，那么就能发现偏离价格与指数价格的各种偏离值总会互相抵消。这种情况表明，商品交换过程中内在的等价交换的要求体现在总和的偏离价格趋近于总和指数价格的形式中。换言之，从偏离型交换过程的结果看，虽然社会总财富并没有因为交换活动而增加，但是不同交换者获得劳动耗费的补偿价值却会因为偏离价格与指数价格的背离而出现差异。由于偏离价格与指数价格的背离及背离幅度通常取决于能给予偏离价格种种影响的其他非劳动耗费因素，如国家干预、供求关系变化等，因而在一定的指数价格的基础上发生的偏离价格变动，一般与生产商品的劳动生产率无关。偏离价格波动的调节机制在于，它通过价格波动促使生产者注意行情，重视市场，把握需求，搞活经营，以促进并实现社会既有劳动按社

---

① 离差和是一个统计学概念，形如 $\sum(x-\bar{x})=0$，其中，x 为任意具体单位标志值，$\bar{x}$ 为标志总体值的平均数，$(x-\bar{x})$ 为具体标志值与平均值的离差。

会对不同生产部门的实际需要的比例来分配。调节的核心是企业的经营活动，是企业生产和销售的衔接。它要求企业随时自觉地调整内部的活动与过程，以求得和外部环境的积极适应与协调。

（3）垄断价格。它的波动只决定于消费者的消费欲望和最大支付能力，其变化与物化在该物品中的劳动耗费几乎没有关系。

之所以说此类价格"完全不是价值的表现"，是因为该类物品生产时的劳动耗费与其以价格方式支配的社会劳动相比，只是一个微不足道的甚至是可以忽略的量。由于此类商品不存在再生产问题，所以此类价格通常也不会对它们的生产产生刺激作用。但是，以这种垄断价格形式动员的社会资金却既可以形成消费性投资，也可以形成生产性投资。这种价格形式的社会经济内容不是劳动耗费的补偿或社会产品的实现，而是单纯的社会财富的再分配。换言之，它通过社会资金的再分配来影响社会资源的再分配，从而影响社会经济的增长和发展。此类价格主要受分配状况及消费嗜好的影响，价值规律对它一般不起作用。反映在市场关系上，这类价格变动集中表现的是消费者之间的竞争，而不是生产者之间的竞争。因此，这种价格变动只是一种借助市场并以价格形式来完成的分配行为，它实现的交换行为并不具有商品交换的内涵。由于在此所要讨论的是受价值规律制约的反映典型商品关系的价格类型，因此这里仅集中讨论指数价格和偏离价格两种情况。

在现实的市场关系中，指数价格调节和偏离价格调节的交叉、渗透、融合与协调的过程，形成商品生产者之间的经济竞争。其中，指数价格调节形成以提高劳动生产率为标准的生产竞争，偏离价格调节则形成生产者以占领市场为基点的各种经营手段和经营方式的竞争。两者综合的全面竞争作用，促成了社会经济的合理决策、社会资源和自然资源的有效分配。所以说，竞争不仅表现为商品生产者之间的市场关系，而且表现为生产经营者对各种价格波动所传递的利益信息作出的灵活反应：要么提高劳动生产率，要么重视经营对策，要么两者兼备或有所侧重。它是价值规律贯彻自己的必然现象，也是企业生机盎然、具有活力的生动体现。

2. 价格波动的原因

划分价格波动类型，是为了探究引起价格波动的原因。引起价格波动的原因很多，大致可以概括为以下几种情况：

（1）商品价值量的变动。由商品价值量变动引起的价格变动是指数价格变动。既然指数价格变动是由劳动生产率的变动所引起的，那么指数价格的每一确定水平都可以近似地直接看做是商品价值量在价格形式上的表现，或者说，是商品的价值量变动才引起指数价格相应变动。并且，由于价值量与劳动生产率变动呈反方向，指数价格的变动趋势是下降的。

如图8-1所示，图中 *OP* 代表单位产品的价值量，*OX* 代表单位时间的产量。

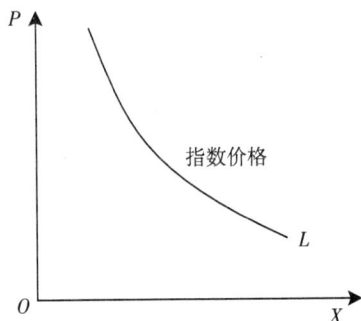

图 8-1　指数价格变动趋势曲线图

随着劳动生产率的提高，单位产品的指数价格沿曲线 L 逐渐下移。

因为指数价格是在市场价格变化中起调节作用的价格，指数价格波动全面地调节着一般的价格水平，所以直接决定指数价格水平的价值变化必然深刻地、全面地影响着市场价格的总水平和总态势。

（2）市场商品供给和需求状况的变动。由市场商品的供给和需求状况所影响的价格是偏离价格。所谓供给，就是社会能够提供给市场的商品量；所谓需求，就是社会消费者所具有的货币支付能力。两者要借助一定程度的"力学作用"才能沟通联系。在供给方面，这种"力学作用"表现为供给强度，它由反映商品供应对价格变化敏感性的供给弹性指标来衡量。一般说来，企业比较成熟的批量产品，其供给弹性要小些，供给强度则较大些；反之，小批量、多品种的产品，供给强度相对弱些，供给弹性则要大些。企业经营前者比较稳妥，经营后者则有较大风险。在需求方面，衡量需求强度的指标是反映需求对价格变化敏感性的需求弹性。一般生活必需品的需求弹性较小，需求强度也都相对比非生活必需品要大。市场供给和需求双方要想卖得出、买得进，客观上要求双方在价值上和实物上都应相互满足，双方这种依存和互补关系的协调，在数量上就表现为商品的社会供给量和社会需求量的均衡。这是市场供需状况的理想均衡，它从总量或平均数的角度反映了商品指数价格与市场价格内在的一致关系。

如图 8-2 所示（图中 OP 代表价格，OQ 代表供给量）：如果需求和供给是在 A 点上均衡，则指数价格是 P_1，则交换量为 Q_1。这时市场价格 L 在 OP_1AQ_1 的限度内围绕 P_1A 波动并相互抵消。在 L 变动的每一确定点上表现现实的市场均衡，即现实的供给与需求的市场实现程度，要受市场支付能力、供给状况、供给和需求强度与弹性等若干因素的影响。这些因素对于市场价格的作用，使社会供给与需求的协调过程表现为市场价格的波动过程。其中，市场支付能力由社会的分配关系决定，它代表社会一般的消费需求；而商品的供给，既包含供给的商品量，也包含特殊的品质内容；至于需求强度，则既取决于供给商品，又取决于消费者对商品的稀缺、实用、方便、示范、流行程度等效用和环境因素，以及支付能力等实际情况及其认识和心理偏好。上述诸因素都以不同的方式和力度影响消费者对特定商品愿意支付的偏离价格，并且决定着偏离价格对指数价格的偏离幅度。总之，导致市场供求变化的复杂情况，一方面显示了人们需求的多样性和引起实际需求及需求欲望变化因素的多样性；另一方面显示了社会生产在满足需要、实现社会总体供需平衡目标上的曲折性和困难性。所谓适销对路，对企业来说，其着眼点就在于供求关系。正是供求关系影响的偏离价格波动调节着社会总劳动在不同生产部门中进行适应不同消费需要的分配比例。偏离价格波动是价格波动中最普遍、最频繁的波动形式。

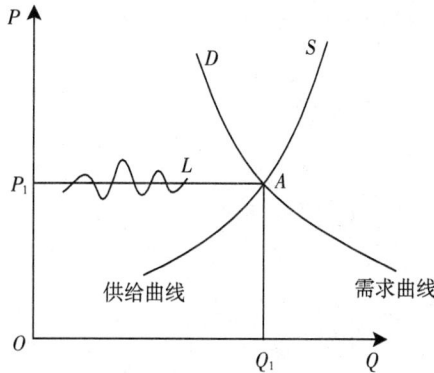

图 8-2 偏离价格变动趋势与关系图

（3）货币流通量的变动。货币流通量① 变动会引起指数价格变动。在商品流通过程中，货币作为价值尺度和流通手段，把已经观念地存在于供给商品价格中的价值金额表现在现实价格的实在货币上。很显然，这是两个既有联系又不相同的量，撇开由供求关系变动和商品价值变动引起它们相对变动的情况不谈（前面已分析），那么当商品价值一定时，供给商品的现实价格水平则由流通中的媒介货币量和供给商品的观念价格总额决定。

如图 8-3 所示（图中 OP 代表价格，OQ 代表供给量）：供给商品 OQ_0，按观念价格计算就是待售商品价格总额，流通中的货币量在价值上就表现为媒介货币的价格量 OP_0，单位商品的现实价格由 OP_0/OQ_0 值的相对变化来确定。假如 OQ 给定，OP_0 会由于货币流通速度、货币本身价值或储备货币投入等因素的变化而上移或下移至 OP_1 或 OP_2，则单位商品的现实价格也相应地变动为 OP_1/OQ 或 OP_2/OQ，即单位商品的现实市场价格呈现上升或下降的态势。

如图 8-4 所示（图中 OP 代表价格，OQ 代表供给量）：假如货币流通量 OP_1 给定，当供给商品量由 OQ_1 增加到 OQ_2，这时虽然待售商品价格总额增加，但单

① 这里仅指金属货币流通。

位商品的现实价格 OP_1/OQ_1 却因供给增加而降低到 OP_1/OQ_2 的水平，即单位商品的现实市场价格呈现下降的态势，反之则上升。

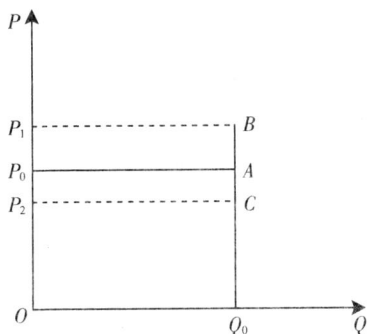

图 8-3　单位商品现实价格变动图（1）　　图 8-4　单位商品现实价格变动图（2）

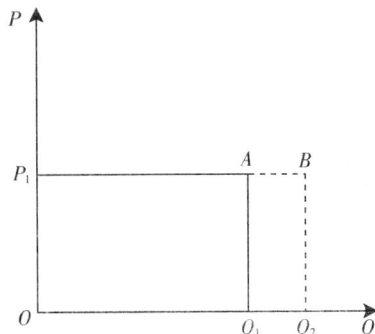

实际上，现实价格水平总是由上述多种因素的交互作用来确定的。这里需要注意的是，由货币流通量和商品单纯供给量变动引起的商品现实价格变动，在波动类型上仍属于指数价格变动。因为它是直接表现价值的价格，它的每一确定水平都是作为偏离价格波动中心来发挥作用的。

当然，因为"货币储藏的蓄水池对于流通中的货币来说，既是排水渠，又是引水渠；因此，货币永远不会溢出它的流通的渠道"，[①] "每一国家中流通的货币量的平均水平比我们根据表面现象所预料的要稳定得多"。[②] 因此，金属货币在流通中不会发生通货膨胀的情况。纸币的情况当然就不同了。

（4）国际市场的价格变动。在国际经济交流中，国际市场的价格变动对国内价格也会发生影响。因为，为进口原材料、设备、技术等项目所支付的价格是形成国内商品成本价格的一部分。既然成本的生产要素价格变动了，商品的指数价格也就要相应变动，市场价格当然也要随之变动。并且，由于国际市场的商品价格受到国际指数价格和偏离价格波动的双重影响，所以在其参与构成的国内商品指数价格中，实际上包含着两种价格类型的成分。其中，国际指数价格在生产上促使我们尽可能地把劳动生产率提高到国际水平；国际偏离价格则要求我们更好地注意世界市场供求与竞争，这在出口商品上的表现比较明显。前者说明该商品一般只能卖这个价，后者则说明为什么它能卖这个价。由于我国目前与国际市场联系还不够紧密，国际市场价格波动对国内市场的影响还不大，因而人们对国际市场价格的变动所引起的国内市场价格变动的相应关系还不十分注意。但是要看到，随着经济开放的发展与深化，国际价格波动对国内价格波动的影响将随同国内经济进入国际经济活动的范围与密切程度而有递进的趋势，这一点不应忽视。

① 马克思恩格斯全集. 第23卷 [M]. 北京：人民出版社，1972. 154
② 马克思恩格斯全集. 第23卷 [M]. 北京：人民出版社，1972. 142

（5）国家对价格的干预。国家干预经济的重要内容之一就是干预价格。国家干预可以对价格的影响很大，例如，外贸上的保护价格、优惠价格，国内生产上的鼓励价格、新产品试销价格，以及农产品的最低收购价格等都是这样。

在自由资本主义时期，国家多以财政、税收等手段来间接地控制和调节价格变化。其中，财政措施主要以集中的巨额资金分配所形成的强大而优惠的市场需求来调节价格波动；而税收则以强迫和区别负责的方式，从资金再分配的角度来抑制或鼓励市场营销活动。财政调控和税收调节引起的价格波动一般属于偏离型价格波动。

在现代社会中，包括财政、税收干预在内，国家还通过货币政策以及投资政策、贸易政策、能源政策、环境生态政策与社会福利政策等各种经济社会政策干预包括价格在内的经济活动，甚至还通过某些涉及国家安全、秩序方面的政治干预，把企业或社会经济部门难以考虑和解决的综合社会问题，以价格形式要求社会、企业或个人负担。例如，把为恢复和保护生态环境平衡、畅通社会交通联系等的社会协调费用计入生产成本，就会引起指数价格升高，从而也相应地使市场价格升高；而国家在安全、秩序保障方面的政策变化可能引起的经济性结构调整，一般也会导致价格的市场波动。总之，不管怎样，国家对经济，也包括对价格的一定程度的干预始终是必要的，它是国家行使其经济职能的表现。当今世界，没有不干预经济的国家，也没有不受国家干预的经济。但是，就价格干预来说，必须明确，由于价格形成是一个受多方面、全方位因素综合作用的自发过程，国家的行政或经济干预只是影响价格变动的一个方面的因素。国家干预只有在能适应价格变动的各原因的综合要求时，才能增强社会经济的活性（近年来提高长期受压抑的农产品收购价格就是国家干预价格的一个成功例子）。因此，国家对价格的干预要慎重，要全面考虑经济规律的要求，尤其对指数价格的干预更要慎重，因为它作为调节价格会全面深刻地影响市场价格水平，对生产和生活的影响极大。

我国是发展中的社会主义国家，正在建立与完善市场经济，国家对价格的干预有着更为优越的条件。但是，一般来说，国家对于市场经济的干预还是以经济手段、法律手段和政策措施的间接干预为好。除了在特殊情况下，如在战争、饥荒和"经济调整"等特殊时期需要对价格实行严格的行政管制以外，原先由政府部门强制确定商品价格的做法，往往由于它难以周全考虑各种价格的形成和变动因素，反而容易违背价格波动的客观态势，使价格的市场波动变成"意志波动"。这种干预主观性颇大，弊病很多，是导致我国价格不合理的重要因素。

四、价格管理与价格管制

价格管理是市场经济管理的重要组成部分和市场调控机制之一。我们要建立的市场经济体制，就是要使市场在现代化国家宏观调控下对资源配置起基础性作用，使经济活动遵循价值规律的要求，适应供求关系的变化；通过价格杠杆和竞争机制的功能，把有限资源有效配置到效益较好的环节与部门，并给企业以压力和动力，实现优胜劣汰；运用市场对各种经济信号反应比较灵敏的优点，促进生产和需求的及时均衡。这就要求我们在现代化建设中改革旧的传统计划经济体制下的价格管理体制，建立新型的适应市场经济体制的价格管理体制。

1. 价格管理体制

所谓价格管理体制，是指国家机关参与管理价格的基本制度与具体形式，是由国家、地方、部门和企业的各级物价管理机构所形成的组织体系和管理方式的总称。它是国家经济管理体制的重要组成部分，是控制和管理市场的重要手段，对建立和培育市场经济体制有着重要的作用。

传统的价格管理体制存在着权力过分集中、管得太多、统得过死的弊端，使价格不能适应价值和供求关系的变化而及时得到调整，价格的经济杠杆作用也难以充分发挥。在改革开放过程中，人们对计划与市场的关系有了新的认识，提出了适合多种经济成分、多种经营方式和多种流通渠道的一系列市场取向的要求，建立相应多层次的、统一性和灵活性相结合的价格管理体制。市场经济前提下的价格管理体制，应是自觉运用价值规律、灵活把握价格机制，在保障国家利益的前提下保护生产者、经营者和消费者合法经济利益的制度体系，应是在市场机制下正确调节和处理市场经济各利益主体间相互经济关系的管理系统。

价格管理体制包括实体部分与关系部分两方面。实体部分就是价格管理体制的"硬结构"，是直接介入市场经济活动的国家、地方、部门和企业的各级物价管理的组织机构。它们是遵循市场机制及其规律的具有对市场价格进行监控、调节和管理的特定功能的经济组织。关系部分也就是价格管理体制的"软结构"，由价格管理组织制定并实施，所有市场经济的生产者、经营者及消费者必须遵循的物价管理法令、政策和规章制度，是协调与处理国家、地方、部门、企业以及生产者和消费者之间经济利益关系的管理手段、方式及其系统。

2. 价格管制

在市场经济条件下，价格管制是价格管理的重要补充形式，也是市场经济条件下价格管理职能的特殊表现。价格管制的目的在于对市场经济体制下的价格波动进行限制，并通过一定的经济政策、法规对企业的定价权、调价权进行监督、审计和控制，从而维持市场经济的正常运行，保护消费者利益。价格管制要按照市场经济的要求，制定符合市场经济要求的价格政策、价格纪律，有利于妥善解决商品比价关系，理顺商品差价，尤其是我国现行价格体系中的购销差价、地区差价、批零差价、季节差价和质量差价等，促进市场经济的稳定发展和国民经济各种比例关系的协调。价格管制的核心是通过直接管理与间接管理相结合的原则，确定适应市场经济活动范围的管制价格。

管制价格实际上是市场经济中均衡价格理论的具体应用，它是依据市场的客观情况而制定的一种主观性价格策略，是政府等经济管理部门运用行政权力直接规定的某种或某些商品的价格界限。根据政府强制实行的管制价格对市场机制的抑制作用和对市场供求状态影响的方向和程度。管制价格通常存在以下几种主要类型。

（1）支持价格。根据价格波动类型看，支持价格是国家对市场价格干预的一种表现形式，是政府为了扶持某一行业的生产而强行规定的该行业商品价格高于其价值的最低价格，如图8-5所示。

在图8-5中，OP代表价格，OQ代表供求量。P_0为供求一致时商品的价格，Q_0为供求一致时商品的数量，P_1就是政府规定的高于商品价格的支持价格，即此类商品出售时价格（P）不能低于该支持价格（即$P>P_1$）。由于实行支持价格P_1此时的需求量为OQ_1，供给量为OQ_2，显然$OQ_2>OQ_1$，Q_1Q_2表示供大于求的生产过剩。

支持价格的作用，在于使被支持的商品的生产者获得必要的或丰厚的利润以保证该部门的再生产得以顺利进行；丰厚的利润还可以使社会资本向该部门转移，使该部门吸引更多的投资和拥有充足的资金进行技术改造和设备更新，促进该部门的发展。可见，在特定的条件下，从国家整体经济格局看，实行支持价格是必要的。许多国家为了加快某一新产品、新行业的发展或对一些出口商品增加外贸补贴以促进外贸经济发展，事实上都采用了支持价格。

当然，采用支持价格就会出现生产过剩，解决这类矛盾的常用方法是政府收购过剩产品或限制产量，如美国在农产品过剩问题上就是采用储备、出口或作为援外物资等办法消化过剩产品的。

（2）限制价格。限制价格，是国家对市场价格干预的又一表现，也称冻结物价，是政府为了限制某些商品的价格上涨而强行规定的低于该商品价值的最高价格，如图8-6所示。

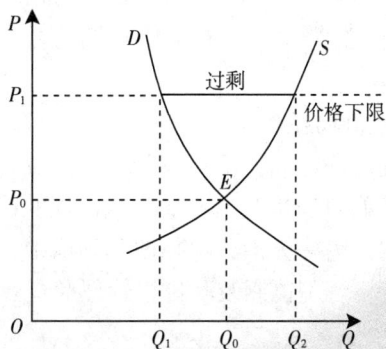

图8-5　支持价格说明图

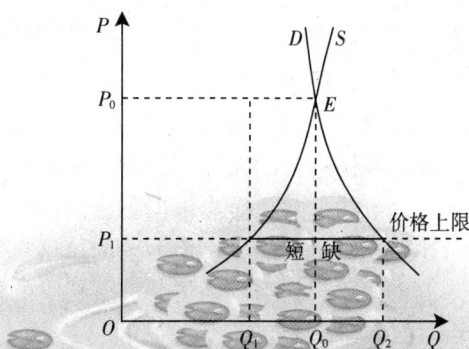

图8-6　限制价格说明图

在图 8-6 中，OP 代表价格，OQ 代表供求量。P_0 仍是供求一致时的商品价格，Q_0 为供求一致时的商品数量，P_1 则为低于商品价格的限制价格，此类商品销售时不能高于该限制价格，即要求必须 $P<P_1$。当实行限制价格 P_1 时，供给量为 OQ_1，需求量为 OQ_2，$OQ_1<OQ_2$，Q_1Q_2 为短缺量。

采用限制价格，供给相对减少，剩余需求就会出现，从而可能会出现排队购买、配额票证、抢购现象和黑市贸易。可以说，黑市是对限制价格的一种市场机制"反弹"或弥补，它可以超越限制价格以满足消费者超出限量以外的需求。由于黑市价格高于限制价格，在巨额利润的驱动下，就会出现供给越短缺，黑市越活跃，黑市价格越昂贵的现象，黑市交易就越难以避免。

限制价格的消极一面，决定了限制价格只能在短时期内作为防止供不应求和抑制物价飞涨的应急性价格政策，以保证消费者平安地、抑制性地渡过难关，各国在战争期间或特别的经济动荡时期都普遍地使用过这一价格政策。但它不宜长期使用，不然就会造成有关企业的生产消耗得不到补偿，从而引致生产停滞和萎缩。我国传统计划经济时期正是由于长期采用限制价格以稳定物价，才造成许多名优商品或部分生活消费品长期供不应求的状况，对国民经济的发展及人民生活水平的提高产生了消极影响。

（3）双面管制和绝对管制。双面管制，是政府为了防止市场震荡、物价暴涨暴跌而对某些商品强行规定的价格浮动范围，即强行规定价格浮动的上限和下限的价格管制政策。它较大程度上抑制了市场机制。

绝对管制，则更极端地反映了国家对市场价格的超经济干预，是政府对某些商品的价格进行硬性统一规定并迫使买卖双方必须无条件地按照统一规定的价格进行交易的价格政策。政府根据特别形势下的需要在直接规定一些商品的较高价或规定另一些商品的较低价方面有绝对权威，强制实施，不受市场机制的左右。这种情况一般见于战争、危机、灾害等非常时期。

价格管理虽然直接作用于市场价格，实际上是国家在市场经济条件下价格政策的特殊表现，反映了市场经济活动在一定条件下可以不受市场机制和价值规律的自发支配。如果政府着眼于市场经济健康、稳定发展，着眼于长期的社会效益，那么合法合理的价格干预是必需的和有益的。

进行科学的价格管理和价格管制，是建立市场经济体制的重要内容与环节，是价格改革顺畅进行的保障和关键。必须强调，一方面，价格改革是市场发育和经济体制改革的重点，应当根据各方面的承受能力加快改革步伐，积极理顺价格关系，建立起以市场形成价格为主的价格机制；另一方面，价格改革的成败，也依赖于能否建立起在市场经济条件下科学的价格管理体制及其价格管理形式。

第三节　市场经济与竞争机制

竞争是商品经济的必然产物，是市场经济的重要内容与特征，也是市场经济条件下经济主体追求与实现经济利益的基本形式。中国特色社会主义经济既然是市场经济，也就必然存在竞争。竞争与价格波动一样，同样是价值规律的外在表现形式。

一、竞争是商品经济的必然产物

只要有商品生产，就一定要进行商品交换，而商品交换必然带来竞争。商品经济的发展史充分证明了这一点。

第一，竞争是商品经济的基本特征。"社会分工则使独立的商品生产者相互对立，他们不承认任何别的权威，只承认竞争的权威，只承认他们互相利益的压力在他们身上的强制。"① 哪里有商品生产与商品交换，哪里就有竞争。到了资本主义社会，自由竞争遍及经济活动的一切领域。当资本主义发展到帝国主义阶段以后，垄断代替了自由竞争，竞争更加残酷了。在私有制条件下，虽然生产者在期盼获得经济利益的目的方面是一致的，但是不同生产者和消费者之间的经济利益是难以统一的，市场上商品交换双方的利益也是对立的。同时，作为对立的一方，不论是买方集团还是卖方集团，都有可能成为利益一致的伙伴去和另一方对立，但在一个集团内部的每一个利益单元都是独立的利益主体，为了自身利益而又可能单独行动。"只有各方通过共同行动比没有共同行动可以得到更多好处，他们才会关心共同行动。"② 这说明了竞争的普遍性：在买主之间有争夺货源的竞争，在卖主之间有争夺销路的竞争，在买卖之间有争夺货币的竞争。中国特色社会主义经济从形式与体制看既然是商品经济，一般商品经济的基本特征就会表现于商品交换的过程中。企业是相对独立、自主经营、自负盈亏、单独核算的经济实体，加之生活资料的个人所有，因此事实上仍存在各自的经济利益，从而导致消费者和生产者之间以及各方内部为了自身利益而进行竞争。

第二，竞争是价值规律的必然要求。价值规律是商品经济的基本规律，价值规律要求商品交换的比例应以商品的价值量为基础，实行等价交换。这个要求的实现必须具备两个条件：一是生产部门相同、种类相同、质量相近的商品，其

---

① 马克思恩格斯全集. 第 23 卷 [M]. 北京：人民出版社，1972. 394
② 马克思恩格斯全集. 第 25 卷 [M]. 北京：人民出版社，1974. 216

"不同的个别价值，必须平均化为一个社会价值"。① 二是"消耗在这种商品总量上的社会劳动总量，就必须同这种商品的社会需要的量相适应"。② 这两个条件的具备，都离不开竞争。个别价值平均化为社会价值不是人为的，而是通过部门内部商品生产者之间的竞争形成的；某种商品所消耗的社会劳动总量，适应于社会需要量，即社会总劳动被按比例地分配给各个部门，也不是人为的，而是通过部门之间商品生产者的竞争来实现的。正如恩格斯指出的："只有通过竞争的波动，从而通过商品价格的波动，商品生产的价值规律才能得到贯彻，社会必要劳动时间决定商品价值这一点才能成为现实。"③ 因此，在商品经济条件下，价值规律作为经济活动与过程的内在规律，必然派生出竞争规律，竞争规律是价值规律的外部体现，它们是互为表里的"一对孪生规律"。

第三，竞争是独立商品生产者之间的经济关系。在资本主义社会，各生产者对市场的需求量是无法预知的，他们都是独立的，又都是盲目地为市场提供产品，为了各自的经济利益，迫使他们不得不以邻为壑，与他人争夺货源、销路和货币。正如列宁指出的：在私有制下，每个人都不依赖别的生产者而各自单独为市场生产。当然市场需求量是他们谁也不知道的，这种为共同市场而劳作的独立生产者之间的关系叫竞争。我国仍处在社会主义初级阶段，实行市场经济，人们对于客观经济规律的认识还受主、客观条件的限制，不可能使所有企业完全按照社会需求量去组织生产和流通。在这种情况下，那些对市场需求量不能准确了解或很不了解，而又共同为市场劳动的独立生产者之间，就不可避免地存在竞争。竞争既是独立商品生产者之间的联系方式，又是实现经济利益的直接手段。

总之，竞争是商品经济的必然产物。我国经济体制改革的目标模式是建立社会主义市场经济体制，那么竞争的存在就是必然的。鼓励正当竞争，保护正当竞争是符合客观经济规律要求的。正如恩格斯所指出的："在一个进行交换的商品生产者的社会里，如果谁想把劳动时间决定价值这一点确立起来，而又禁止竞争，用加压力于价格的办法，即一般来说是唯一可行的办法来确立这种对价值的决定，那就不过是证明，至少在这方面，他采取了空想主义者惯有的轻视经济规律的态度。"④

二、竞争的功能

竞争的功能即竞争对社会经济的重要作用大致表现为以下几个方面。

① 马克思恩格斯全集. 第25卷 [M]. 北京：人民出版社，1974. 201
②④ 马克思恩格斯全集. 第25卷 [M]. 北京：人民出版社，1974. 215
③ 马克思恩格斯全集. 第21卷 [M]. 北京：人民出版社，1965. 215

1. 动力功能

动力功能是竞争最基本、最核心的功能。竞争的展开必然在独立商品生产者之间形成一种动力场。任何人、任何企业一旦处于这个动力场，就会不由自主地产生一种紧迫感、压力感。这种紧迫感、压力感把商品生产者的积极性、创造性、牺牲精神和冒险精神呼唤出来，从而把整个社会的活力和生机调动起来，主要体现在下述几方面。

第一，竞争推动社会生产力的发展。企业是商品生产的具体承载者，也是社会生产力发展的具体承载者，竞争推动企业发展和壮大的过程，就是推动社会生产力发展壮大的过程。在一定意义上可以说，没有竞争，人类社会的生产力就不会发展到今天。人类社会生产力是经过一次又一次的科技进步发展起来的，竞争就是掀起这些浪潮的飓风。劳动者是生产力的重要组成部分，也是生产力中最革命、最活跃的部分，其素质与水平的提高同样与竞争的动力作用分不开，物竞天择，不进则退，从而人类社会在竞争的推动下不断进步。

第二，竞争推动社会生产方式的发展。竞争不仅推动着社会生产力的发展，也推动着社会生产方式的变革和进步。商品经济代替自然经济是人类社会发展的关键一环；是竞争无情地摧毁了自然经济和封建生产关系的限制，实现了人类社会从自然经济向商品经济的历史性转变；同样是竞争在资本主义生产方式的产生和发展过程中起了重要的"拐杖"作用。马克思说："竞争一般说来是资本贯彻自己的生产方式的手段"，"因为竞争从历史上看在一国内部表现为把行会强制、国家调节和国内关税以及诸如此类的事情取消，在世界市场上表现为把闭关自守、禁止性关税或保护关税废除，总之，从历史上看它表现为对资本以前各生产阶段所固有的种种界限和限制加以否定。"①

第三，竞争推动企业改善和加强经营管理与经济核算，不断进行技术革新和产品更新。竞争是存优汰劣的斗争，企业要想不在竞争中被淘汰、被兼并，就必须不断地增强自己的竞争实力，以求在生产和销售中处于有利地位。要增强自己的竞争实力，就必须不断改善经营管理，加强经济核算，不断进行技术革新、技术革命，开发新产品，努力提高劳动生产率，降低成本、节约开支，以最小的投入取得最大的产出，从而在竞争中立于不败之地。

2. 定价功能

价格是价值的货币表现，也是市场的核心问题，市场竞争的基本面总是围绕价格进行的。一方面，价格的高低决定竞争的流向；另一方面，竞争的波动又决定着价格的波动。影响商品价格的竞争主要是：卖者之间的竞争，卖者竞相降低商品的价格，以求尽快出售；买者之间的竞争，买者为了得到自己所需要的商品，而竞相抬高他们所需商品的价格；卖者和买者之间的竞争，前者想卖得尽量

---

① 马克思恩格斯全集.第46卷（下册）[M].北京：人民出版社，1980.247，158

贵些，后者想买得尽量便宜些，竞争的结果怎样，取决于双方的妥协程度。

国家的经济职能也具有定价功能，但国家的经济干预既难以准确反映社会必要劳动的耗费，也难以灵活反映市场供求关系的变化。因而，国家强制确定的价格往往包含不合理性，也难以充分发挥价格本身的功能。与国家定价相比，形成商品价值的社会必要劳动时间是通过竞争确定的，市场供求状况又是和竞争相联系的。因此，竞争的定价功能优于国家利用计划手段的定价功能。竞争价格既能真实地反映社会必要劳动和市场供求的状况，也能真正地发挥价格本身的作用。

市场竞争往往集中表现为价格竞争。对于同类均质产品来说，其竞争力与价格成逆向关系，价格越低越能占领市场。成本价格是市场价格的底线，商品市场价格竞争的背后是企业产品成本价格的竞争。在自由价格条件下，产品的成本越低，企业越能以较低的价格占领市场。企业为了占领更大的市场和获得更高的利润，总是要千方百计地降低产品成本，从而降低产品价格，以获得竞争优势。

3. 平衡功能

竞争对社会经济起着平衡调节的作用，通过这种调节，促进国民经济的协调发展。

第一，竞争调节着供求趋向平衡。供给与市场价格成反向关系，市场价格与供给成正向关系；需求与市场价格成正向关系，市场价格与需求成反向关系。供给总是涌向价格高的地方，需求总是涌向价格低的地方。当供过于求时，就形成买方市场，发生卖方竞争。卖方竞争迫使价格下降，一方面刺激需求，另一方面抑制供给，从而迫使供求趋向平衡。当供不应求时，就形成卖方市场，发生买方竞争。买方竞争造成价格上涨，一方面刺激供给，另一方面又抑制需求，从而也使供求趋向平衡。

第二，竞争调节着国民经济的宏观平衡。一方面，国民经济宏观平衡主要是总供给和总需求的平衡，其基础是微观市场平衡，而竞争调节着市场供求的平衡；另一方面，国民经济宏观平衡主要是通过社会总劳动的合理分配实现的，而竞争对于社会总劳动的合理分配起着重要的调节作用，即部门之间的竞争能调节社会总劳动的合理配置。部门之间的竞争是由于部门之间利润不均衡形成的，而各个不同部门利润率的高低是社会总劳动配置不均衡的表现。如果一个部门利润率过高，说明这个部门还有较大的市场潜力，还应该吸收一定量的社会劳动；反之，说明这个部门的供给已经饱和，所能容纳的社会劳动已经过量，应该有一部分退出。部门之间的竞争使资金和劳动力在利润率高低不同的部门之间流出、流入，实际上也就是社会劳动在配置不均衡的部门之间退出和吸收，从而达到社会劳动配置的均衡，推动国民经济的宏观平衡。

4. 优化功能

竞争对经济生活能起到"优选"的作用。竞争就是选择，选择如大浪淘沙，必然优胜劣汰，其结果使经济生活的各个方面得到优化。

第一，竞争使产品质量优化。产品质量的竞争是竞争的主要内容。同类产品在价格相同的条件下，其竞争力与质量成正向关系，质量越好越能占领市场。在竞争中，优质产品能得到生存和发展，劣质产品则会被淘汰。

第二，竞争使服务态度优化。在产品的价格和质量相同的情况下，服务态度的好坏就代表了竞争力的高低，这在服务行业中表现得尤其明显。

第三，竞争使劳动力素质优化。在商品经济条件下，劳动力之间也存在着竞争。在劳动力之间的竞争中，素质好的劳动力可以得到较好的就业位置和较高的工资收入，这就会促使劳动者自我强化和优化。

竞争对于生产要素配置的优化作用，以及企业管理方式与机构的优化作用也是明显的。

5. 创新功能

竞争是促使企业与产品不断优化的过程，也就是企业与产品不断创新的过程。企业要成为竞争中的优胜者，要超越其他企业，就必须不断创新。

第一，竞争促使企业技术创新。企业的竞争力总是同技术水平的高低相联系，一个企业的某项新技术一旦传播和普及之后，市场其他同类及相关产品就会失去原来的优势。要使自身在技术上不断超越其他企业，就必须不断进行技术创新。

第二，竞争促使企业管理创新。企业竞争力也就是符合市场需要的生产能力，而企业的生产能力不仅与技术水平有关，也与管理水平有关。在同一技术水平条件下，先进的管理方法、管理手段的应用会大大提高生产能力。一个企业要超越其他企业必须不断改进管理方法，提高管理水平，向管理要效率、要效益。管理理念、方式不断改进的过程，就是管理的创新过程。

第三，竞争促使产品创新。企业竞争力最终表现为产品在市场上的竞争力，即企业的产品在市场上所占的份额。而产品的竞争力一般与产品推陈出新的速度成正向关系。在现代社会经济生活中，产品更新换代的周期越来越短。企业要在市场上占据更大的份额，就必须在产品的质量、品种、规格、花色、包装等方面不断地创新。

此外，竞争对于创新观念、推进改革也起着重要作用。

竞争除了具有上述功能外还具有校正功能、传导功能、反馈功能、放大功能等，只有充分发挥竞争的功能，市场经济才会正常运转。

三、竞争的类型

市场经济中的竞争关系是非常复杂的，相互竞争的对手纵横交叉、盘根错节。依据不同的情况，可以对经济竞争的类型作不同的划分。

1. 根据参加竞争的利益主体不同，经济竞争可分为买者之间的竞争、卖者之间的竞争、卖者和买者之间的竞争

买者之间的竞争，也就是需求者之间的竞争，包括消费品需求者之间的竞争和投资品需求者之间的竞争。对于同类同质商品，买者总是流向价格最低的地方，但买者之间的竞争客观上具有抬价效应。如果某种商品的需求超过供给，那么在一定的限度内，一个买者就会比另一个买者出更高的价钱，谁出的价高，就可以把其他买者排挤出去。这样，就会使这种商品的价格提高。买者之间的竞争，一方面，可以刺激价格上涨；另一方面，又可以刺激投资，即刺激经济发展。

卖者之间的竞争，即商品供给者之间的竞争，也就是生产者之间的竞争，包括消费品供给者之间的竞争和投资品供给者之间的竞争。对于同类同质商品，卖者总是流向价格最高的地方，但卖者之间的竞争客观上具有降价效应。同一种商品，有许多不同的卖主供应，谁以最便宜的价格出卖同一质量的商品，谁就一定会战胜其他卖主，从而使自己的商品畅销，增加市场占有额。于是，各个卖主彼此之间就进行争夺销路、争夺市场的竞争。每个卖者总想尽可能多地卖出自己的商品，如果可能，都想尽可能把其余的卖主挤出去，实现垄断。卖者之间的竞争，一方面迫使价格下降，另一方面又会刺激生产者改进生产技术，提高劳动生产率，降低成本，提高产品质量。

买者和卖者之间的竞争，也就是需求者和供给者之间的竞争。买者手中有货币，卖者手中有商品。买者想贱买，卖者想贵卖。竞争的结果，要看买方阵营里的竞争激烈，还是卖方阵营里的竞争激烈，以及各自的妥协程度。两个阵营里竞争的激烈程度与市场供求状况呈负相关。在买方市场条件下，供给大于需求，卖方竞争强化，买方竞争弱化，买方比卖方占优势，从而迫使价格下降；在卖方市场条件下，供给小于需求，买方竞争强化，卖方竞争弱化，卖方比买方占优势，从而导致价格上扬。在严重供不应求时就会出现买方抢购，甚至引起价格垄断的情形。在均衡市场条件下，供给与需求大体相等，买方和卖方双方及其内部的竞争都会减弱，价格也就基本处于稳定状态。但是，这种状态是相对的而且不会持久。在竞争中，不是向买方市场转化，就是向卖方市场转化。

2. 根据竞争展开的范围不同，经济竞争可分为部门内部的竞争和部门之间的竞争

部门内部的竞争是指生产同类产品的企业之间的竞争。部门内部竞争的直接目标，是在同类产品市场上尽可能扩大本企业产品的占有份额，即扩大销路、尽可能把生产同类产品的其他企业挤出市场。要扩大企业产品的市场占有率，一是企业要保证能够生产足够多的产品供给市场；二是同质产品价格要低于同行业其他企业的产品价格。部门内部竞争的主要功能就是降低同类产品的成本，提高整个部门的劳动生产率，扩大整个部门的经济效益。在这个过程中，竞争发挥着"优胜劣汰"的作用，强制性地淘汰那些经济效益差的企业。

部门之间的竞争是指生产不同产品的企业之间的竞争。部门之间的竞争比部门内部的竞争要复杂得多，它既是商品经济充分发展的产物，又可为商品经济的充分发展开辟道路。而且，部门之间的竞争与部门内部的竞争又是密切联系的。比如，企业转产就是由于部门内部的竞争而淘汰了本部门落后企业的产物；同时，它也构成了部门之间竞争的一种形式。部门之间竞争的另一种重要形式则是资金转移，创办新企业，从而在某一部门形成新的生产能力。部门之间竞争的主要功能是在全社会范围内形成平均利润率，而全社会平均利润率的形成是整个社会经济实现总体均衡的重要标志。部门之间竞争的过程，实质上是全社会的经济资源通过市场在各个不同部门之间进行流动和分配的过程。这一过程不仅表现为土地、设备、原材料、劳动力、技术、信息等在各个不同部门之间的流动和分配，也表现为资金在各个不同部门之间的流动和分配。因此，部门之间的竞争具有重大的社会经济意义，它的形成不仅推动和促进着经济资源在全社会的合理配置，而且也标志着商品经济已经发展到了一个较高的程度。其实，这就是市场经济如何配置资源的过程。

3. 根据竞争是否围绕价格进行，经济竞争可分为价格竞争和非价格竞争

价格竞争是指生产同类产品的不同企业通过降低产品价格以增加市场占有份额的竞争活动，是经济竞争的主要内容和手段。价格竞争的基本前提是企业具有自主决定价格的权利。其主要特点是既迅速又猛烈。企业用"倾销"手段打击竞争对手，就是采用这种竞争方式。在自由价格制度下，企业只要具备价格竞争的能力和条件，随时都可能动用这种竞争手段。

非价格竞争是企业不变动产品价格，而是通过价格以外的其他方法和途径所进行的竞争活动。企业竞争的直接目的是扩大产品的市场占有份额，而影响市场占有率的不只是价格一个因素，还有许多非价格因素也在以不同的程度和不同的方式影响着商品的销售量。例如，产品的质量、花色品种、服务质量、销售方法、包装装潢、广告宣传等。又如，企业通过提高劳动生产率，降低成本，在价格不变的条件下增加了利润量，这也属于非价格竞争。对于非价格竞争的特点，一般来说，效果不会迅速产生，作用也不太猛烈，会使竞争对手不容易觉察出其他企业的竞争活动。因此，一个企业一旦通过非价格竞争收到了一定的效果，其竞争对手就很难再回到原有的市场份额。

4. 根据市场结构的不同，经济竞争可分为完全竞争、垄断竞争（即不完全竞争）、寡头竞争和完全垄断

完全竞争是不受任何限制和干预的竞争，也称"纯粹竞争"。这种竞争的特点如下：第一，有大量的买主和卖主，企业既多又小。在这种市场结构中，没有任何垄断力量，每一个卖者和买者都只能接受市场上已形成的产品价格，没有力量单独进行讨价还价。竞争的内容基本上是纯价格的。第二，所有卖主提供的产品或劳务是均质的，相互间没有差别或差别极小，因而具有替代性。第三，各种

生产要素在所有行业之间具有完全的流动性。也就是说，生产要素可以根据市场的变化自由转移，没有人为的限制和壁垒。

完全竞争的市场有利于消费者。因为，它促使每一个企业把生产规模调整到平均成本的最低点，达到生产的最优界限。这不仅能使价格降低，而且能使生产资源得到最有效的利用。但是，完全竞争在现实生活中是很难找到的，只不过是一种很有意义的假定。

垄断竞争（不完全竞争）是指一种产品虽有许多卖主和买主，但各个不同卖主的产品在购买者的心里，具有不同于其他商品的某些特点时所出现的市场状况和竞争模式。这种竞争的特点在于：经济生活中已经出现了一定程度的竞争；不同企业的产品或劳务存在着差别，因而消费者有了购买偏好；各个企业不仅存在着激烈的价格竞争，也存在着激烈的非价格竞争，生产要素的流动有了一定程度的困难。

不完全竞争具有完全竞争所不能相比的优点。例如，完全竞争企业只着眼于短期利润最大化，而不完全竞争企业的预期则要远一些，这有利于进行技术革新，推动生产力的发展；完全竞争企业规模太小，无法获得规模经济效益，而不完全竞争企业规模一般比较大，可以获得规模经济效益。

寡头竞争是指少数几个企业瓜分市场情况下的竞争。它的特点是：首先，参与竞争的企业数量较少，规模比较大，少数的几个大公司供应了市场上某种产品的绝大部分。因此，每个大企业都具有影响市场价格的能力。其次，少数企业竞争条件下的产品有两种情况：一是同类企业生产通用化、系列化、标准化的产品，其产品基本上是同质的，因而没有购买偏好；二是各企业生产的产品性能虽基本相同，但在质量、装潢、服务条件上各具特色，因而存在购买偏好。再次，在寡头竞争条件下，价格竞争的倾向明显弱化，非价格竞争倾向明显强化。最后，由于寡头企业一般规模都相当大，生产资料的转移就有较大的困难。不仅原有企业转产特别困难，而且由于开创一个新企业需要足够的资金和技术力量，同时也需要有足够的勇气和承担风险的能力。因此，要开办一个新的大企业就相当困难。

完全垄断也就是纯粹垄断或独占，是指在一定的市场区域内，某种产品只有唯一的卖者，没有别的企业可与之竞争。完全垄断往往是由以下原因造成的：某个企业在某项技术上处于遥遥领先的优越地位，别的企业无法赶上和超过，形成技术垄断；某个企业完全控制了某项资源的供给，形成资源垄断；独占企业一般都具有相当的规模，加上技术和资源的垄断，有较高的劳动生产率和最低的生产成本，能以较低的价格或垄断价格出售商品，其他企业无法与之竞争，形成经济规模垄断；某个企业在某市场区域内得到特别许可，形成特许垄断。由于上述原因，使得独占企业能够垄断市场，产生垄断价格。因而，它与消费者的利益是相悖的。

以上各种不同类型的竞争，它们的区分是相对的，彼此之间是相互交叉的，不能把它们绝对分开。

四、竞争与企业活力

竞争是市场经济条件下企业的必然行为，同时也直接体现着企业的实力与活力。

1. 企业活力

所谓企业活力，就是企业在社会经济活动中具有的生存和发展能力，主要包括以下几方面。

第一，内在经济活力。经济活力直接表现为企业的核心竞争力以及对自身独立经济利益的追求与实现，具有内在经济动力是企业活力的首要因素。企业如果具有内在的经济动力，就可以依靠自身的力量来推动生产经营活动，而不必依靠行政和政治等非经济力量来维持生存。

第二，经济适应力，即市场应变力。适应力表现在生产经营的各个方面，如产出规模适应力，即根据市场有效需求的变化，扩大或收缩产出规模的能力；产品适应力，即随市场需求变化调整产品的品种、规格、花色、质量等的能力；管理适应力，即生产经营管理制度、经营方向、用人用工等，根据市场状况相应进行调整的能力等。经济适应力是企业生存和发展的基本生命力。

第三，经济增长力，指企业在生产经营中营利、积累、投资、扩大再生产的能力，经济增长力直接关系到企业未来的壮大和发展。

第四，经济竞争力，即企业参与市场竞争并决定自身在竞争中优劣地位的能力。前三种能力，都直接与经济竞争力密切相关。因为，企业的活力和经济适应力都是在市场竞争中实现的。而企业竞争力的大小，又是通过前三种能力表现出来的。

2. 竞争是增强企业活力的重要推动力

竞争力本身就是企业活力的重要内容及实现形式。企业竞争力的提高，意味着企业活力的增强，企业在市场竞争中取得优势地位，就意味着企业活力旺盛。可见，竞争力本身直接关系着企业的生存和发展能力，其作用表现在下述几方面。

第一，激发企业的进取精神。竞争使企业承受一种强大的压力，这种压力无时无刻不在催促企业向前进取。企业的进取心会有效地提高企业在生产经营中的积极性、主动性和创造性，成为取之不尽、用之不竭的动力源泉。

第二，促进企业提高自身素质。企业生产经营的直接目的是增加营利，而这一目的是在市场竞争中实现的。企业要实现这一目的就必须不断改善经营管理，降低成本，争取以较小的劳动消耗取得较大的经济效益；还必须不断进行技术革新和技术改造，提高劳动生产率；还要通过各种途径培训职工、开发智力，提高劳动生产者的素质等。企业的管理素质、技术素质、人员素质得到提高，就为企业增强活力打下了坚实的基础。

第三，增强企业的市场观念。在市场经济中，企业的产品要在市场上直接接受广大消费者的评判和验证。只有那些适合市场需要的高质量产品才具有竞争力，才能够占领市场。这就迫使企业加强市场观念，积极进行市场调查和市场预测，增强企业对市场的适应能力和应变能力。

第四，推动企业不断创新。竞争中没有常胜将军，没有最后的胜利者，竞争中的优胜者总属于那些敢于创新和善于创新的企业。任何一个企业，哪怕是暂时处于优势地位的企业，如果不能继续创新，就可能丧失掉优势地位。因此，竞争总是推动企业不断创新，不停地向着更高的目标前进。

第五，培育企业家的成长。竞争也是增强企业活力的外部动力，但它只有与企业的内在素质结合在一起，才能真正搞活、搞好企业。在企业内在素质的诸多因素中，企业领导即企业家的素质是关键的、起主导作用的因素。凡是在竞争中获胜、充满生机和活力的企业，总是有高人一等的企业领导。因此，增强企业活力，迫切需要造就一大批新型的职业化、市场化的企业家，而竞争则是培育企业家成长的极为重要的条件。竞争有利于企业家培育和增强事业心、责任心，能够培养和激发企业家的创新精神，可以促进企业家不断充实和更新知识结构，也有利于发挥和提高企业家的经营能力。

3. 增强企业竞争力的主要途径

从企业自身来看，提高企业竞争力的主要途径有以下几方面：

第一，提高自身素质是提高竞争力的基础。企业素质是一个整体概念，它是企业各种要素的集合体，是各种要素有机结合的综合反映。企业素质所蕴藏的巨大能量，就是企业的生产能力、管理能力、应变能力、发展能力等的总和。因此，提高竞争力最基本的途径，就是提高企业自身的素质。这是企业的核心竞争力。

提高企业的自身素质主要包括：首先，提高企业的技术素质，采用先进的技术、先进的工艺、先进的设备是企业提高经济效益，发展和壮大自身的物质技术基础。其次，提高管理素质，即提高企业组织生产要素的配置、控制和协调的能力与水平，进行低耗高效生产的能力。再次，提高职工素质。职工素质包括职工队伍在企业经济活动中所持的态度，职工队伍的技术水平、业务水平、文化水平、健康水平，以及思想政治觉悟等。在企业中，职工是企业的主体，企业活力的基础性源泉在于职工的积极性、主动性和创造力。此外，提高企业对经营活动的运筹、谋划、协调、控制等能力，也是极为重要的方面。提高经营素质的关键，主要是提高企业经营管理人员的素质，选择和造就真正的企业家来经营管理企业。

第二，把握市场需求是提高竞争力的前提。市场需求是企业制定竞争战略和策略的现实依据，把握市场需求是企业充满活力和竞争力的前提。把握市场需求，应主要把握以下主要方面：首先，把握社会购买力。社会购买力的高低直接影响市场需求量的大小。把握社会购买力主要是通过对影响消费资料和生产资料的购买力的因素进行调查分析而实现的。其次，把握消费者的购买动机。购买是消费者的一种行为，人们总是出于某种需要，才产生购买动机。把握购买动机，主要是弄清产生购买欲望的各种原因，以便采取相应的引导措施，如在产品上求新，在装潢上求美，在宣传上求名等，以刺激需求。同时，还要把握市场的潜在需要，目的是要把它转化为现实需要，为开发新产品、开拓新市场提供依据。

第三，了解竞争对手是提高竞争能力的必要条件。企业的竞争能力及其发挥程度与竞争对手的状况有很大关系。知己知彼，百战不殆。只有比较全面地了解竞争对手，才能制定相应的竞争战略和策略，充分发挥企业的生产经营能力。

对竞争对手的了解，首先要了解竞争对手的总体情况，包括企业的数量、地区和市场分布、生产规模、可供产品总量以及满足市场需要的程度等。了解总体情况的目的是要把握竞争的总趋势，确定本企业在竞争中所处的地位，以便针对主要的竞争对手采取切实可行的竞争对策。其次要了解竞争对手的竞争能力，包括了解对手企业的资金拥有量、产出规模、装备程度、产品质量、服务质量、市场占有率等情况，力求扬己之长，克己之短。再次要了解竞争对手开发新产品的动向，包括新产品的发展方向、性能特点、试制进程及上市后的竞争形势等，以避免本企业在新产品开发上出现被动，及时调整发展新产品的方针和销售策略；最后还要了解潜在的竞争对手。潜在的竞争对手，一类是目前实力较弱，但发展可能很快的企业；另一类是即将跻身于该竞争行列的企业。了解潜在的竞争对手，有利于企业及早做好准备，迎接竞争的新挑战，也有利于企业产生紧迫感，激发创新精神，增强参与竞争的主动意识。一般来说，激烈竞争往往发生在同一档次、同一水平上；白热化的竞争往往就在身边；有的时候，内部竞争往往比外部竞争更惨烈。强者笑迎竞争，竞争成就事业。

第四节　市场经济与供求机制

供给与需求是市场经济理论的基本概念，也是市场经济的基本要素及其运行过程的基本机制。要了解市场经济，必须首先认识供给与需求，以及两者的运动规律。

一、市场需求

虽然矛盾与不平衡是绝对的，是世间万物的基本状态，但市场经济的供给与需求的正常状态却应当是和谐与平衡的，尽管这种情况只是相对的，矛盾与不平衡仍然是经常的。

1. 需求与需求函数

需求是指消费者在特定时间、一定市场、每一价格水平上愿意并能够购买某种商品的数量。它包含两方面含义：一是消费者具有购买商品（或劳务）的愿望；二是消费者具有购买商品（或劳务）的能力。这就是说，只有消费者同时具备了购买商品（或劳务）的欲望和能力两个条件，才称得上需求。例如，人们想购买小轿车，但并非每人都有此项购买能力。当人们想购买小轿车，但却无力购买时，那就不过是一种欲望而已，不能构成对此种商品的需求；或者虽具有购买能力，但却无购买欲望，也不能构成需求。需求是一个表列概念，且是一种瞬时概念，指的是同一时刻、同时存在的多种购买的可能性。例如，在 2005 年第一季度，某居民户对每一价格水平鸡蛋的需求量如表 8-2 所示。

表 8-2   需求表

	价格（元）	需求量（斤）
a	3.6	200
b	3.8	150
c	4.0	100
d	4.2	80
e	4.4	50

根据上述需求概念，需求涉及两个变量：一是商品的价格，二是与价格相应的、消费者愿意和能够买进的该商品数量。如果把商品本身的价格作为自变量，把商品需求量作为因变量，则可用函数关系表示价格和需求量之间的关系。这种函数关系就是需求函数。如果用 D 代表需求，用 P 代表价格，则需求函数为：

$D = f(P)$

这是一种特殊而单纯的需求函数，在这种函数形式下，只有价格是影响需求的因素，其他影响需求的因素被假定不变。事实上，影响商品需求量的因素，除价格之外，还有其他因素。如果用 D 代表需求，a，b，c，d，…，n 代表影响需求的各因素，即需求函数为：

$D = f(a, b, c, d, \cdots, n)$

这种情况说明，需求与价格之间存在着相关的、可变性联系。这里，主要研究需求与价格之间的关系。因为价格问题是市场的核心问题，是市场调节最深刻、最有效的手段。

2. 需求价格与需求曲线

需求价格是指购买者对一定量商品或劳务所愿支付的价格。它取决于这一定量商品对消费者的边际效用。对消费者而言，所谓效用，是指消费某种物品所得到的满足，这种满足既可以是物质的，也可以是精神的。所谓边际效用，是指消费者实际上或心理感觉到消费某物品最后一个单位的效用，是某物品一系列递减效用中最后一个单位所具有的效用，即最小效用。由于物品对消费者的边际效用是随着物品的增加而递减的，即当某个消费者在特定场合的单位时间内消耗某物品的量不断增多时，他从每一增加单位的该物品所取得的增加的满足（效用）则不断减少，即边际效用不断递减。边际效用递减，则消费者所愿支付的价格就呈下降趋势。因而，需求价格随着商品量的增加而呈递减趋势。不同的商品量有不同的需求价格，商品越多，购买者所愿支付的价格越低。反过来说，价格越低，购买者所愿意购买的数量越多，购买量因价格的降低而呈递增趋势。

如前所述，消费者对某商品的需求是一个表列概念，这种表列表示消费者在一定时间、一定市场、不同价格水平上对某一商品愿意并能够购买的各种数量。这种表示商品的价格与需求量之间关系的表，称为需求表。

个人需求表是指个人（或单个家庭）在一定时间、一定市场、在各种价格水平上愿意并能够购买某商品的各种数量表。例如，消费者甲在一周内对某种商品的需求状况是：当该商品每单位价格是5元时，购进9个单位；消费者乙在一周内对某商品的需求状况是：当该商品每单位的价格为6元时，购进4个单位；价格为5元时，购进8个单位；价格为4元时，购进12个单位等。在市场上，购买者众多，他们各有自己的需求表。

市场需求表又称总需求表，是某一时间内市场上所有单个消费者在各种价格水平上对某种商品的需求表汇总而得出的。只要能计算出每个消费者在一定时间内，在各种可能价格水平上愿意并能够购买的某种商品的各种数量，又知市场上有多少位消费者（购买者），就可以得出市场需求表。市场需求表表示某一时间、某一市场上、与每一价格相对应的市场上所有消费者（购买者）愿意并能够购买的商品总量。例如，把某一时刻、某一特定市场上、每一价格水平上所有购买者购买的苹果量汇总在一起，即可得到消费者对苹果的市场需求表。因为消费者在较低价格下比在较高价格下的购买量更多些，所以在市场上，需求数量的多少和价格高低按相反方向变化，如表8-3所示。

根据需求表8-3中给定的需求量和商品价格之间关系的数据，可以在坐标图上绘出需求曲线，如图8-7所示。

在图8-7中，纵轴代表单位商品的价格（P），横轴代表消费者买进商品的数量（Q）。从图8-7中可以看出每一种价格都有一个与之对应的数量，这在图形上形成了一系列点。如果消费者的购买量能以非常小（甚至无限小）的分量增

表 8-3

总需求表

需求量价格	个人需求量（单位）						市场需求量（单位）
	甲	乙	丙	…	…	…	
6	11	…	…	…	…	…	5600
5	18	…	…	…	…	…	6200
4	24	…	…	…	…	…	6500
3	29	…	…	…	…	…	7600
2	33	…	…	…	…	…	9000
1	36	…	…	…	…	…	12000

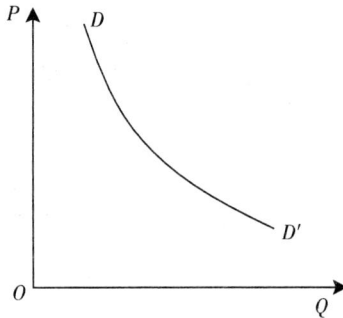

图 8-7　需求曲线图

加，则会出现许多（甚至无限多）的点，连接这些点就会形成一条连续的曲线，即需求曲线（DD′）。需求曲线是表示消费者在一定时间、一定市场，在各种价格水平上愿意并能够购买某种商品的各种数量所组成的曲线。

需求曲线也有个人需求曲线和市场需求曲线之分。每个消费者都有一条需求曲线。因为每个人的收入水平、购买偏好不同，个人需求曲线也各不相同。把某一特定市场上所有消费者的需求曲线以水平的方向加在一起，即可得到市场需求曲线。市场需求曲线可以根据市场需求表绘出。

需求曲线通常是一条从左上方向右下方倾斜的线。需求曲线可呈曲线，也可呈"直线"。如果价格变化是成比例的，需求量的变化也是成比例的，那么需求曲线就会成为"直线"，如表 8-4 和图 8-8 所示。

需求曲线上的任何一点，都提供一种信息，使人们可以看出某一价格水平上的需求量。只要知道两者之中任一个量，就可以知道另一个对应的量。

商品的需求量与价格一般是按反方向变化的，需求曲线通常是一条向右下方倾斜的曲线。但也有例外情况，如珍珠项链、钻戒等装饰品价格昂贵，佩戴它可以表示社会地位和身份的显赫，如果其价格下降，不再能表示这种地位和身份，那么价格越是下降，需求量反而会越小；再如，古玩、古画、文物等珍品，价格越高，越被认为珍贵，越表明它稀缺，对它们的购买欲就会越大。在上述两种情况下，需求曲线就不再表现为递减和向右下方倾斜，而是向右上方伸展，如图

价格（元）	购买量（斤）
5	2
4.5	4
4	6
3.5	8
3	10
2.5	12
2	14
1.5	16
1	18
0.5	20

8-9 所示（图中 OP 代表价格，OQ 代表数量）。这是极少的特例，并且不可能向右上方无限延伸。除此之外，也还有其他个别情况。

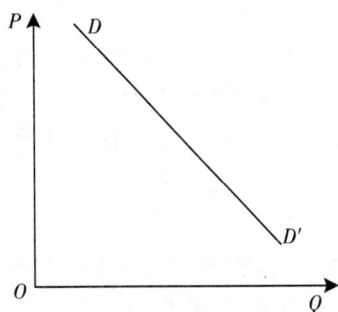

图 8-8   需求量比例性变动示意图   图 8-9   特殊商品需求曲线示意图

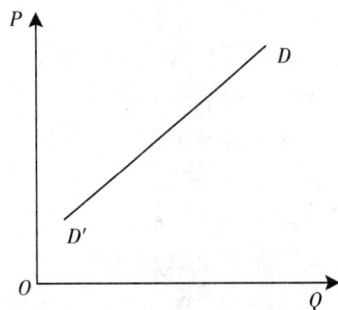

3. 影响需求的因素

需求表和需求曲线表示的是某商品的价格与需求量之间的函数关系，是把价格看成影响需求量的唯一因素。事实上，在一种商品市场上，除价格以外，还有多种因素影响需求。

第一，在各种价格水平上，消费者的收入（包括国民收入水平及其在消费者之间的分配）影响需求量。消费者收入的增加会引起对一种一定价格商品需求的增加，也会引起对另一种一定价格商品需求的减少。例如，某消费者收入增加前主要是需求一般商品，而在他收入增加后就可能主要需求优质高档商品，而减少对一般商品的需求。

第二，在某种商品价格既定的情况下，其他可替代商品的价格变化了，对某种商品的需求量会产生很大影响。例如，牛肉价格不变，猪肉价格下降了，那么牛肉就变得相对昂贵了，人们就会增加对猪肉的需求而减少对牛肉的需求。

第三，消费者爱好、风尚、年龄结构等情况的改变，会影响其对某种商品的需求量。一种商品对人体有益还是有害的宣传，也会刺激人们改变对它的需求量。例如，年龄老化造成老年人增多，因而老人特需品的需求量将会加大。

第四，消费者对某种商品未来价格变化趋势的预期或对某种商品可能发生短缺的估计，也会影响需求量。例如，担心计算机价格在下周可能大幅度上涨或可能发生短缺的预期，会刺激人们迅速购买；反之，则会推迟购买。预期某商品价格将上涨，目前需求量就会增加；预期某商品价格将下跌，目前需求量就会减少。

第五，从长期看，人口数量的变化会在很大程度上影响需求。

所以，把更多的独立的变数引入需求函数，不仅可以把需求视为只是某种商品的价格的函数（假定其他变量值固定不变），而且也可以把需求视为只是收入的函数（假定价格等固定不变），或只是其他商品价格的函数等。但一般来说，在市场经济较为发达、市场规则较为规范等条件下，商品价格无疑是影响人们需求最为重要的因素。

4. 需求规律

假定消费者的货币收入和爱好，以及其他有关商品（代用品）的价格既定不变，预期目前价格在未来维持不变，市场上的购买者人数等因素都保持不变，仅考察某种商品的价格和需求量的关系，就会发现：当该种商品价格较低或较前下降时，需求量则会增加，价格越低，需求量越大；价格较高或较以前上涨时，需求量则会较少，或较前减少，价格越高，需求量越少。也就是说，市场需求量的大小是随着价格的涨落成反方向变化的。这种现象通常称为需求规律或需求定律。它在图形上表现为需求曲线从左上方向右下方倾斜。

引起商品价格和需求量反向变化的原因在于：

第一，价格下降，使新的购买者（在原价格水平上无购买力的人）进入市场，从而使购买量增加，这是新增效应。

第二，一些商品之间在使用上存在着可以彼此替代的关系。当一种商品的价格相对下降时，由于该商品可以被用来替代其他商品，消费者必然增加对这种商品的购买，这是由价格变化所产生的替代效应引起的。

第三，价格下跌意味着消费者实际收入增加，从而可以增加对该种商品（以及其他商品）的购买量。这是由价格变化所产生的收入效应引起的。

5. 需求的变化和需求曲线的移动

在影响需求的其他因素（如消费者的收入、爱好、代用品和互补产品的价格等）不变的条件下，由价格的变化所引起的需求的变化称为需求量的变化。它不同于需求的变化，需求的变化是由上述假定的前提条件发生变化所引起的。当商品本身的价格保持不变，而上述原假定不变的影响需求的各因素中的一个或几个发生了变动，从而导致消费者对该商品需求量的增加或减少的此种变化称为需求的变化，即需求水平的变化。这种变化意味着，原来价格水平相对应的购买量发生了变化。

需求量的变化在图形上表现为沿着原有的一条曲线从某一点向另一点移动。如图 8-10 所示：需求曲线 D_0D_0' 从 M 点移动到 L 点；或反之，从 L 点移动到 M 点。而与此不同，当需求增加时，需求曲线由原来的位置 D_0D_0' 向右上方移动，如图 8-10 中（图中 OP 代表价格，OQ 代表需求量）D_2D_2' 曲线所示，此时即使价格水平不变，仍为 P_1，购买量却从原来的 OQ_0 增加为 OQ_2（即从标志原购买量的 M 点移到 N 点）。需求减少时，需求曲线由原来的 D_0D_0' 位置向左下方移至 D_1D_1'。此时，即使价格水平不变，仍为 P_1，购买量却从原来 OQ_0 减少为 OQ_1（即从标志原购买量的 M 点移至 K 点）。

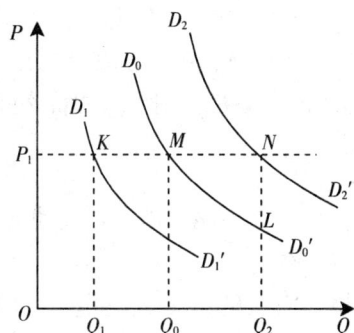

图 8-10　价格或需求变动对需求曲线的影响说明图

总之，价格对需求量的影响和价格以外其他因素对需求量的影响在图形上显示为：前者决定需求曲线的形状——从左上方向右下方倾斜；后者决定需求曲线在坐标中的位置。

6. 需求弹性

弹性，即反应性或相对量变化的敏感度，在经济分析中它是指某一既知变量（例如需求量和供给量）对另一同它具有函数关系的变量值的微小的百分率变动所表现的反应程度，是用以表示经济变量相互变动关系的概念。需求弹性是指需求量对价格或收入变动的相对反应，一般可分为需求的价格弹性、需求的收入弹性和需求的交叉价格弹性。

需求的价格弹性就是商品自身价格的变动率与其所引起的需求量的变动率之比，即用来衡量需求量变动对商品自身价格变动的灵敏程度的。

根据需求规律，在其他条件不变的情况下，需求量的变化和价格的变化成反方向变动，但需求量作出的相对反应（减少或增加）的幅度，会因商品种类的不同（以及同一商品的不同价格水平）而不同。有些商品，在一条需求曲线上，价格稍有变化，需求量便会发生很大变化。这种情况表明，需求量对价格变动的相对反应是非常敏感的；而另一些商品，价格的相对变化只会使需求量发生相应的较小的变化。也就是说，需求量对价格变动的反应并不是特别敏感的；有的商品，价格上涨的幅度与需求量相应减少的幅度相同；也有的商品，价格变动后，需求量却并不相应发生变动。需求的价格弹性概念就是用来说明和区别上述各种情况的。

需求的价格弹性是通过需求量变化的比率同价格变化的比率的比较而确定的，是一个用来表示需求量这一变量对另一变量——价格变化的百分率所作出的反应程度的概念。换句话说，它是用来表示价格变动的百分率与随之而来的需求量变动的百分率两者之间的关系的概念。这两个变动的百分率的比值，称为需求的价格弹性系数，通常用下式来表示。即：

$$需求的价格弹性系数 = \frac{需求量变动的百分率}{价格变动的百分率}$$

设 Ed 代表需求的价格弹性系数，P 代表原价格，ΔP 代表价格的变动量，Q 代表原需求量，ΔQ 代表需求的变动量，则需求的价格弹性可由下列公式表示。

$$Ed = \frac{\Delta Q}{Q} \div \frac{\Delta P}{P} = \frac{\Delta Q}{\Delta P} \cdot \frac{P}{Q}$$

例如，某件商品的价格变动为10%，需求量变动为20%时，则这种商品需求的价格弹性系数为 2（20%÷10%）。

这里要注意，因为价格与需求量成反方向变动，所以当价格增加，即价格的变动为正值时，需求量减少，即需求量的变动为负值；同理，当价格的变动为负值时，需求量的变动则为正值。所以，需求的价格弹性系数应该为负值。在实际运用时，为了方便起见，一般都取绝对值。

各种商品的需求弹性不同，根据需求的价格弹性系数的大小，可以分为五类。

第一类，需求完全无弹性，即 $Ed=0$。在这种情况下，无论价格如何变动，需求量都不会变动。这时的需求曲线是一条与横轴垂直的线，如图 8-11 所示（图中 OP 代表价格，OQ 代表需求量）。

第二类，需求有无限弹性，即 $Ed\rightarrow\infty$。在这种情况下，当价格为既定时，需求量是无限的。这时的需求曲线是一条与横轴平行的直线，如图 8-12 所示（图中 OP 代表价格，OQ 代表需求量）。

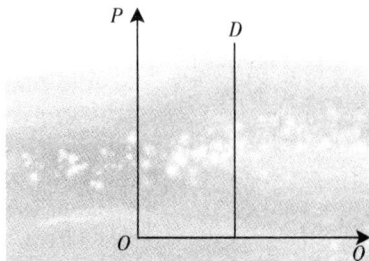

图 8-11　需求完全无弹性示意图　　　　图 8-12　需求无限弹性示意图

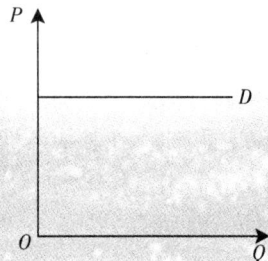

第三类，单位需求弹性，即 $Ed=1$。在这种情况下，需求量变动的比率与价格变动的比率相等。这时的需求曲线是一条正双曲线，如图 8-13 所示（图中 OP 代表价格，OQ 代表需求量）。

第四类，需求缺乏弹性，即 $1>Ed>0$。在这种情况下，需求量变动的比率小于价格变动的比率。这时的需求曲线是一条陡峭的线，如图 8-14 所示（图中 OP 代表价格，OQ 代表需求量）。

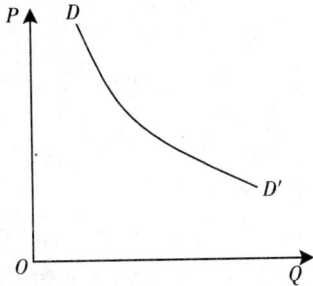

图 8-13　单位需求弹性示意图　　　　图 8-14　需求缺乏弹性示意图

第五类，需求富有弹性，即 $\infty>Ed>1$。在这种情况下，需求量变动的比率大于价格变动的比率。这时的需求曲线是一条比较平缓的线，如图 8-15 所示（图中 OP 代表价格，OQ 代表需求量）。

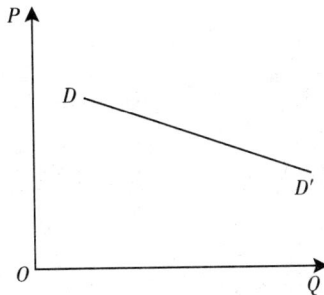

图 8-15　需求富有弹性示意图

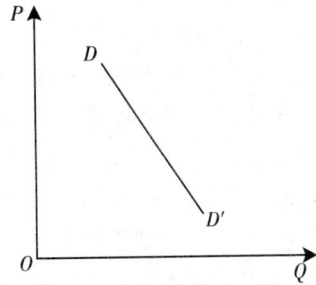

为什么各种商品的需求弹性不同呢？一般说来，有如下几种因素影响着需求弹性的大小。

第一，消费者对某种商品的需求程度。一般来说，消费者对生活必需品的需求强度大而稳定，所以生活必需品的需求弹性小。相反，消费者对奢侈品的需求强度小而不稳定，所以奢侈品的需求弹性大。

第二，商品的可替代程度。如果一种商品有许多替代品，那么该商品的需求就富有弹性。因为价格上升时，消费者会购买其他替代品；价格下降时，消费者则购买这种商品来取代其他商品。如果一种商品的替代品很少，则该商品的需求缺乏弹性。

第三，商品本身用途的广泛性。某种商品的用途越广泛，其需求弹性也就越大，而一种商品的用途越少，则其需求弹性也就越小。

第四，商品使用时间长短。一般来说，使用时间长的耐用消费品需求弹性大，而使用时间短的非耐用消费品需求弹性小。

第五，商品价格在家庭支出中所占的比例。在家庭支出中所占比例小的商品，价格变动对需求的影响小，所以其需求弹性也小。在家庭支出中所占比例大的商品，价格变动对需求的影响大，所以其弹性也大。

某种商品的需求弹性到底有多大，是由上述这些因素综合决定的，同时也因时间、消费者收入水平的差异等而不同。

所谓需求的收入弹性是用以衡量需求量（购买量）变动对收入变动的反应程度，用需求量变动的比率与收入变动的比率的比值来反映。

需求的交叉弹性是用以测度其他商品（相关商品）的价格一定比率的变动将引起某种商品需求量以多大比率变动，即某商品的需求量变动对其他相关商品的价格变动的反应程度的概念。

二、市场供给

供给是与需求相对应的概念，需求是对消费者而言的，供给是对生产者而言的。

1. 供给与供给函数

供给是指生产者在某一时刻在各种可能的价格水平上，愿意并能够出售某种商品（或劳务）的数量。供给也是一个瞬时概念和表列概念，它指的是某个时刻可能供给的某种商品数量的整个表，而不是指表上的某一点。供给概念所表示的是价格与愿意和能够出售的商品（或劳务）量之间的关系。作为供给同样要具备两个条件：第一，有出售商品的愿望，第二，有供应商品的能力，两者缺一就不能构成供给。

某个生产者在某一时刻、在各种可能的价格水平上，愿意和能够供给市场某种商品的数量称为个人供给。同种商品的所有生产者，在某一时刻、在各种可能的价格水平上，愿意和能够供给市场的数量称为市场供给。

根据供给概念可知，供给涉及两个变量，即某商品的价格，以及与该价格相应的供给量。如果把该商品本身的价格作为自变量，把相应的供给量作为因变量，则可用函数关系表示价格与供给量之间的关系，这种函数就是供给函数。如用 S 代表供给，用 P 代表价格，则供给函数可表示为：

$S = f(P)$

在这种供给函数形式下，只是把价格视为影响供给的因素，其他影响供给的因素被假定不变。事实上，影响供给的因素除价格之外，还有其他因素。如用 S 代表供给，用 a，b，c，d，…，n 代表影响供给的各因素，则供给函数可表示为：

$$S = (a, b, c, d, \cdots, n)$$

2. 供给价格与供给曲线

供给价格指生产者（卖主）为提供一定数量的商品所愿意接受的最低价格，是由生产一定数量商品所支付的边际生产费用，即由边际成本所决定的。不同的商品量会有不同的边际生产费用，因而有不同的供给价格。所谓边际生产费用，就是生产者多生产一单位产量所支付的追加生产费用。对于多数生产者来说，边际生产费用总是随着产量的增加而先下降，到一定限度时却又开始上升。随着产量的增加，商品的边际生产费用上升了，商品的供给价格也要随之上升；否则，生产者就无利可图，不愿再增加生产和供应商品。在其他条件不变的情况下，价格越高，生产者提供的商品量就越多；反之，价格越低，生产者的供给就相应减少。供给一般随价格升降而增减。

供给是一个表列概念。表明在某一特定时刻、市场价格与生产者愿意和能够供给的商品量之间的关系的表列，称为供给表。表示个别供给者在某一时刻、在不同价格水平上愿意和能够出售的某商品的数量表称为个人供给表。把一个市场上同种商品供给者的供给表汇总在一起，表示在每一价格水平上，全体供给者愿意和能够提供给市场的商品总量的表列，称为该商品的市场供给表，如表 8-5 所示。

表 8-5　　　　　　　　　　　　　　供给表

	价格（元）	供给量（千克）
a	5	18
b	4	16
c	3	12
d	2	7
e	1	0

个人供给表表明，供给量与价格呈正方向变化，市场供给表表明同样的情况。

用图示法表示的供给量随价格的涨落而增减这种变动关系所绘成的曲线，称为供给曲线，如 SS' 供给曲线是根据供给表绘成的，用以表示价格与供给量的关系，如图 8-16 所示（图中 OP 代表价格，OQ 代表供给量）。

供给曲线从左下方向右上方倾斜，表明价格高，供给量增多，价格低，供给量减少，供给量与价格呈正方向变动，曲线上的任何一点都代表一定价格下的供给量。供给曲线表明在其他条件不变的情况下，数量与价格的函数关系。

在一般情况下，供给量随价格变动而发生同方向变动，供给曲线从左下方向右上方伸展。但也有例外情况。例如：

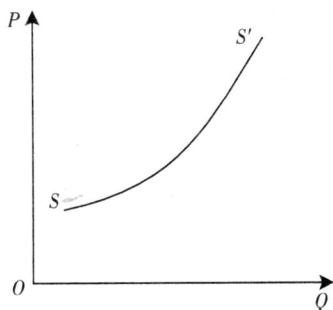

图 8-16　供给曲线图

第一，某些稀缺商品，特别是珍贵文物和古董，如古字画等，价格上升后，人们就会把存货拿出售卖，从而供给量增加。而当价格上升到一定限度后，人们则认为它们是更贵重的，就可能不再提供到市场上出售，价格上升，供给量反而减少起来。

第二，某些商品在价格小幅度升降情况下，供给量会按正常情况变动。一旦价格大幅度持续升降，因为心理作用人们会采取观望态度，待价而沽，供给量会出现不规则的变动。证券、黄金市场常出现这种情况。

以上两种情况，供给曲线可能呈现为不同于上图的供给曲线的形状。

3.影响供给的因素

关于供给的分析，是把商品本身的价格视为影响供给量的唯一因素。事实上，除商品本身的价格之外，影响供给的因素还有如下几个因素。

第一，生产技术状况。生产技术状况能够影响产量增加的速度和幅度，从而影响供给数量。

第二，生产要素的价格。生产要素的价格变动，以及工资率和原材料价格变动会使供给数量变动。

第三，有关商品的价格。如果小麦的价格不变，棉花价格上升，一些小麦的生产者会转而生产棉花，从而小麦的生产和供应减少，棉花的生产和供应增加。

第四，对未来价格的预期。卖主是否出售他手头现存的商品，要受他的保留价格与市场价格间的关系制约。所谓保留价格，是指只有在高于而不是低于某一价格水平时，卖主才愿意出售他的商品的价格。否则，卖主宁愿储存起来。保留价格的高低，要受卖主对未来价格预期的影响，如预期价格有上升趋势，则其保留价格就会升高，反之则降低。保留价格也受储存费用、商品是否容易储存以及卖主对现金需要的迫切程度等因素的影响。

4.供给规律

假定其他影响供给的因素既定不变，在市场上，供给量将随着价格的涨落而增减，数量与价格呈正方向变化，即价格较高（或较前上升），相应的供给量就较多（或较前增加）；价格较低（或较前下降），相应的供给量就较少（或较前减少）。这种价格的变化同供给量变化呈正方向运动的规律，就是供给规律。在图形上表现为供给曲线向右上方倾斜。

5. *供给的变化和供给曲线的移动*

供给量的变化与供给的变化是两个不同的概念。供给量的变化指的是在其他影响供给因素既定不变的条件下，某商品价格的变化对供给量的影响，即价格的上升或下降引起供给量相应增加或减少，不同的价格会有不同的供给数量。在图形上，这种变化表现为价格—供给量点沿着一条供给曲线上下移动。也就是说，当价格上升，供给量增加时，价格—供给量点由左下方向右上方移动，如图 8-17 中（图中 OP 代表价格，OQ 代表供给量）K 点沿着 S_0S_0' 曲线移至 M 点；而当价格下降、供给量减少时，该点则由右上方向左下方移动，M 点沿着 S_0S_0' 曲线移至 K 点。

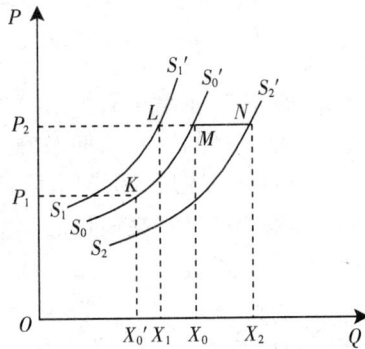

图 8-17   价格或供给变动对供给曲线的影响说明图

而供给的变化则是指，在上述其他影响供给的各因素中的一个或几个发生了变化，致使生产者（卖主）在原来的每种价格水平上的供给量也随之发生变化，即供给水平发生了变化。在图形上，供给的变化表现为整个供给曲线位置的移动。如图 8-11 所示（图中 OP 代表价格，OQ 代表供给量）：S_0S_0' 曲线移至 S_2S_2' 曲线，即向右下方移动，表明在原来的各种价格水平上供给量比以前增加了。简言之，供给的变化和供给曲线的移动，表明在供给表列中原来的各种价格水平上，供给量和以前不同了（增加或减少了）。

图 8-17 中，S_0S_0' 表明商品原来的供给曲线。它表明在商品 X 的生产技术、所使用的生产要素的价格，以及生产者预计未来价格等因素既定不变条件下，当价格为 OP_2 时，市场供给量为 OX_0；当价格下降为 OP_1 时，供给量为 OX_0'。现在假定由于技术进步，供给状况发生了变化，供给曲线由原来的 S_0S_0' 右移至 S_2S_2'，这表示在与原来一样的价格水平 OP_2 上，市场供给量从 OX_0 增加为 OX_2。若由于某种原因导致产量下降，供给曲线左移至 S_1S_1'，这表示价格在 OP_2 时，市场供给量从原来的 OX_0 减为 OX_1。

表 8-6 表明，由于某商品价格以外因素的作用，即使某商品的价格保持为 100 元不变，其供给量也会由每月 115 千吨增加到 132 千吨。在所有其他价格水平上供给量也都比以前增加。可见，价格虽然是影响供给量的深刻因素，但并不是唯一因素。

表 8-6 供给量与技术状况关系表

	每吨价格（元）	生产技术进步前的供给量（千吨/月）	生产技术进步后的供给量（千吨/月）
a	20	5.0	28.0
b	40	46.0	76.0
c	60	77.5	102.0
d	80	100.0	120.0
e	100	115.0	132.0
f	120	122.5	140.0

6. 供给弹性

供给弹性也称供给的价格弹性，指供给量对价格微小的百分率变动而产生的反应程度，或者说是供给量受价格变动的影响而伸缩的程度。供给弹性是衡量商品价格的一定比率的变动（上升或下降），将引起供给量以多大比率变动（增加或减少）的概念。供给弹性由供给弹性系数来衡量。供给量变动的百分率与价格变动的百分率的比值，即为供给弹性系数。即：

$$供给弹性系数 = \frac{供给量变动的百分率}{价格变动的百分率}$$

设 Es 代表供给弹性系数，P 代表价格，ΔP 代表价格的变动量，Q 代表供给量，ΔQ 代表供给的变动量，则供给弹性可由下列公式表示：

$$Es = \frac{\Delta Q}{Q} \div \frac{\Delta P}{P} = \frac{\Delta Q}{\Delta P} \cdot \frac{P}{Q}$$

由于 Q 和 P 呈同方向变动，因此 Es 为正值。

根据供给弹性系数大小，供给弹性也可分为五类情况：

第一，供给无弹性，即 $Es=0$。在这种情况下，无论价格如何变动，供给量都不变，这时供给量是固定的。这时的供给曲线是一条与横轴垂直的线，如图 8-18 中的 A 线（图中 OP 代表价格，OQ 代表供给量）。

第二，供给有无限弹性，即 $Es \to \infty$。在这种情况下，价格既定而供给量无限。这时的供给曲线是一条与横轴平行的线，如图 8-18 中的 E 线。

第三，单位供给弹性，即 $Es=1$。在这种情况下，价格变动的比率与供给量变动的比率相同。这时供给曲线是一条与横轴成 45°，并向右上方倾斜的线，如图 8-18 所示的 C 线。

第四，供给富有弹性，即 $Es>1$。在这种情况下，供给量变动的比率大于价格变动的比率。这时的供给曲线是一条向右上方倾斜并且较为平坦的线，如图

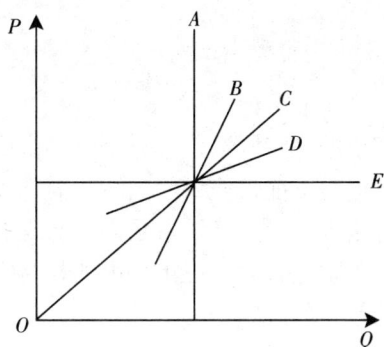

图8-18 供给弹性类型图

8-18所示的D线。

第五，供给缺乏弹性，即Es<1。在这种情况下，供给量变动的比率小于价格变动的比率，这时的供给曲线是一条向右上方倾斜并且较为陡峭的线，如图8-18所示的B线。

此外，如前所述，供给曲线还有一种特殊情况，即供给量与价格呈反方向变动，供给弹性系数为负值。

影响供给弹性的因素相当复杂，概括起来主要有以下几种因素：

第一，生产周期的长短。供给取决于厂商的生产能力，在短期内生产设备、劳动力无法增加，从而供给有限，供给弹性就小。尤其在特别短的期限内，供给弹性几乎是零。在长期中生产能力可以增加，因此供给弹性大，尤其在技术、资源一切条件都可以变动的特别长的期限中，供给弹性接近于无限。

第二，生产难易程度。一般来说，容易生产而且周期短的产品对价格变动的反应快，其供给弹性大；反之，生产不易而且生产周期长的产品对价格变动的反应慢，供给弹性小。

第三，生产要素的供给弹性。产量取决于生产要素的供给。因此，生产要素的供给弹性大，产品的供给弹性也大；反之，生产要素的供给弹性小，产品的供给弹性也小。

第四，生产所采用的技术类型。有些产品采用资金密集型技术，有些产品采取劳动密集型技术。采用资金密集型技术的产品，其规模一旦固定，变动就较难，因此，供给弹性小；采用劳动密集型技术的产品，其生产规模变动较容易，因此供给弹性大。

供给弹性也要综合以上各种因素来考察。从上面的分析可以看出，重工业产品一般采用资金密集型技术，生产较为困难，并且生产周期长，所以供给弹性较小；轻工业产品，尤其是食品、服装类，一般采用劳动密集型技术，生产较为容易，并且生产周期短，所以供给弹性较大。特别应该指出的是，农产品的生产尽管采用劳动密集型技术，但由于生产周期长，因此供给也缺乏弹性。

三、市场均衡

前面已阐述供给和需求的决定因素，但只是分别说明了在各种不同价格水平上，会有不同的产销量。但是不能仅凭供给曲线或需求曲线回答价格在实际上达到什么水平，以及这个价格水平上的产销量是多少。现在我们把供给和需求的分析结合起来，分析供给和需求两种力量在市场上的相互影响、相互制约对均衡价格和均衡数量（均衡产销量）的决定。

1. 均衡、均衡价格和均衡数量的决定

均衡是指经济中变动着的各种力量处于一种暂时稳定的状态。在经济学中，均衡也是一种分析方法，指在一定前提条件下，用来分析经济中各个变量之间关系的一种方法。通过这种方法可以了解各个变量之间的相互影响和相互作用。

供求与价格是互相影响的。假定市场为完全竞争市场，如果在某一价格水平上，供给量超过了需求量（也称过剩供给），则供给者之间会竞相把价格压低，从而使价格下降，促使需求量增加，供给量减少；一旦需求量超过供给量（也称过剩需求）时，需求者之间发生竞争，期望得到商品的需求者会把价格抬高，从而使价格上升，供给量就会增加，需求量就会减少。因此，在市场上，需求、供给、价格总是相互影响，彼此增长，直至最终供给和需求双方的力量均等，供给量和需求量相一致，商品的价格水平才会稳定下来，达到市场均衡状态。这时的价格就是均衡价格，这时的供求量就是均衡数量。而把供给、需求、竞争、价格诸因素联系起来的正是市场主体之间的经济利益。

所谓均衡价格，是指一种商品的需求和供给处于均衡状态所形成的，在没有外部力量影响时不会自行变动的价格，即一种商品的需求价格和供给价格相一致的价格，是需求者和供给者都愿意并且不得不接受的一种价格。需求者总是想以最低的价格取得最大的使用价值，供给者总是想以最高的价格取得最大的盈利，前者遵循需求规律，后者遵循供给规律，经过彼此的竞争和协调，最后形成均衡价格。

在图形上，均衡价格是由需求曲线和供给曲线直接决定的，均衡价格水平与需求曲线和供给曲线的交点相对应，如图 8-19 中的 OP_1。均衡数量是指供给和需求达到均衡状态时的供求量即供给量和需求量相一致时的数量。同理，均衡数量水平也与需求曲线和供给曲线的交点相对应，如图 8-19 中的 OQ_1。

图 8-19 中，OP 代表价格，OQ 代表供求量。DD' 是某商品的市场需求曲线，SS' 是某商品的市场供给曲线，纵坐标表示价格（P），横坐标表示数量（Q）。当某一商品的市场需求曲线和市场供给曲线相交于 E 点时，就达到市场均衡，E 点为均衡点，OP_1 为均衡价格，OQ_1 为均衡数量。达到市场均衡时，需求价格和供给价格相等，需求量与供给量一致。如果有外力作用，发生市场价格背离均衡价

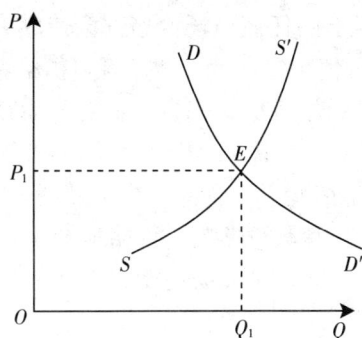

图 8-19　均衡价格说明图

格的情况，那么由于供给、需求和价格的相互作用，就会有自动恢复到均衡点和继续保持均衡的趋势。

均衡价格和均衡数量的形成过程，可以用表 8-7 和图 8-19 表示。

表 8-7　　　　　　　　　　　　　供给与需求表

价格	供给量	需求量	剩余供给（+）或剩余需求（-）
6	60	20	40（+）
5	55	25	30（+）
4	50	30	20（+）
3	40	40	0
2	30	55	25（-）
1	20	60	40（-）

从表 8-7 中可以看出，当价格分别为 6、5、4 时，生产者（供给者）愿意分别相应供给 60、55、50 单位商品，而消费者（需求者）只愿意分别相应买进 20、25、30 单位商品，商品供大于求，分别相应有剩余供给 40、30、20 单位商品。在此种情况下，生产者（供给者）之间就要发生竞争，从而导致价格下跌。如果价格分别跌到 2 和 1，供给量就要分别相应减少到 30、20，需求量则会分别相应增加到 55、60，商品就会供不应求，就会分别有剩余需求 25、40。在这种情况下，需求者之间就会发生竞争，从而导致价格上涨，一直上涨到 3 时，生产者（供给者）愿意售出的数量与消费者（需求者）愿意买进的数量恰好相等。此时，供求双方的讨价还价趋于一致，价格既无上升也无下降的趋势，于是达到市场均衡状态。

如图 8-20 所示（图中 OP 代表价格，OQ 代表供求量）：SS' 和 DD' 分别为市场供给曲线和市场需求曲线，交点为 E，即供求均衡点，OP_0、OM_0 分别为均衡价格和均衡数量。假若市场价格高于均衡价格 OP_0 而在 OP_2，生产者（供给者）就愿意供给 OM''_2 的数量，而消费者（需求者）只愿意买进 OM''_1，从而造成剩余

供给 $M''_1M''_2$。在均衡价格以上的任何市场价格都会造成剩余供给，生产者（供给者）必然要降价出售。这种情况发生后，生产者（供给者）就要降低价格，从而减少剩余供给。假若价格降低到 OP_1，消费者愿意和能够买进 OM'_2，而生产者则仅愿意供给 OM'_1，就会出现剩余需求 $M'_1M'_2$。消费者的需求得不到满足，有些消费者就要竞相抬高需求价格购买，直到价格上升到 OP_0，供给量与需求量相等为止。这时，如果没有其他因素的影响，价格就会稳定下来，处于市场均衡状态，形成均衡价格和均衡数量。在市场均衡状态下，剩余供给和剩余需求等于零，就实现了均衡。

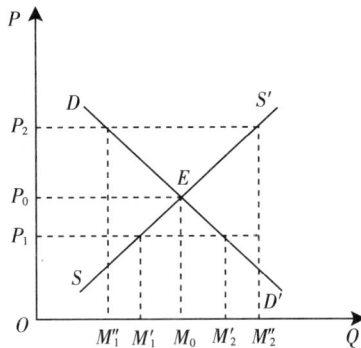

图 8-20　价格与供求关系示意图

2. 需求和供给变动对均衡的影响

如前所述，有种种因素影响供给和需求。排除价格因素影响外，其他影响需求和供给因素中的一个或几个发生变化，需求和供给也会变化，需求和供给曲线就要移动，市场均衡就要重新定位，从而就要引起均衡的变动。供给曲线和需求曲线移动的方式有：需求增加，需求曲线向右上方移动；需求减少，需求曲线向左下方移动；供给增加，供给曲线向右下方移动；供给减少，供给曲线向左上方移动。

（1）供给不变，需求增加或减少，则均衡价格上升或下降，均衡数量（产、销量）增加或减少，如图 8-21 所示（图中 OP 代表价格，OQ 代表供求量）。

图 8-21 中当供给曲线和需求曲线分别为 SS' 和 DD' 时，均衡价格为 OP_0，均衡数量为 OQ_0。假定消费者收入增加，或嗜好改变，或与之互为替代的其他商品的价格上升，以致对该商品需求量较前增加。由于供给不变，于是在价格为 OP_0 时的需求量超过了在原价格水平上的供给量（如图中的 RN 所示），因此发生短缺，出现剩余需求，从而引起价格上涨，直至达到新的均衡为止。供给不变，需求的增加，会使需求曲线向右上方移至 $D_2D'_2$，与供给曲线 SS' 相交于 R_2，于是均衡点由 R 沿供给曲线向右上方移至 R_2，形成新的均衡，决定了新的均衡价格为 OP_2，新的均衡数量为 OQ_2，且 $OP_2 > OP_0$、$OQ_2 > OQ_0$，表明由于需求的增加，均

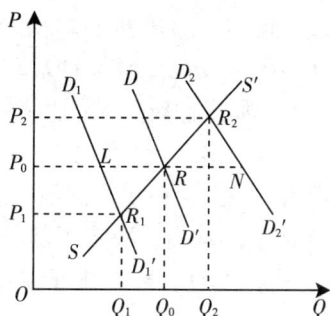

图 8-21　供给不变需求变动条件下的均衡变动图

衡价格上升了，均衡数量增加了。如果假定由于消费者收入减少，或由于某些替代品的价格下降，使得在任何价格水平上对该商品的需求量都较前减少，由于供给不变，于是价格为 OP_0 时的供给量超过了需求量，出现了剩余供给（如图中 RL 所示），这一剩余供给引起价格下跌，直至达到新的均衡为止。供给不变，需求的减少会使需求曲线向右下方移至 D_1D_1'，与供给曲线 SS' 相交于 R_1，均衡点由 R 沿供给曲线向左下方移至 R_1，形成新的均衡，决定了新的均衡价格为 OP_1，新的均衡数量为 OQ_1，且 $OP_1 < OP_0$，$OQ_1 < OQ_0$，表明由于需求的减少，均衡价格下降了，均衡数量减少了。

上述情况表明，如果供给不变，那么需求的变化（增加或减少）会引起均衡价格和均衡数量呈同方向变动。

（2）需求不变，供给增加或减少，则均衡价格下降或上升，均衡数量增加或减少，如图 8-22 所示（图中 OP 代表价格，OQ 代表供求量）。

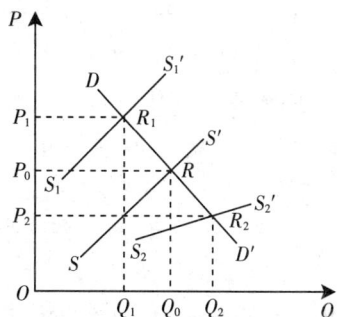

图 8-22　需求不变供给变动条件下的均衡变动图

图 8-22 中当供给曲线和需求曲线分别为 SS' 和 DD' 时，均衡价格为 OP_0，均衡数量为 OQ_0。假定改进了生产技术，引起了供给的增加，结果供给量大于需求量，出现剩余供给，剩余供给导致价格下降，直到形成新的均衡为止。需求不变，供给的增加，会使供给曲线向右下方移动至 S_2S_2'，与需求曲线 DD' 相交于

R_2，均衡点由 R 沿需求曲线移至 R_2，形成新的均衡，决定了新的均衡价格为 OP_2，新的均衡数量为 OQ_2，且 $OP_2 < OP_0$、$OQ_2 > OQ_0$，表明由于供给的增加，均衡价格下降了，均衡数量增加了。如果假定投入的生产要素价格上升，引起了供给的减少，结果需求量大于供给量，出现剩余需求，引起价格上升，直至达到新的均衡为止。需求不变，供给的减少，会使供给曲线向左上方移动至 S_1S_1'，均衡点沿需求曲线由 R 移至 R_1，形成新的均衡，决定了新的均衡价格为 OP_1，新的均衡数量为 OQ_1，且 $OP_1 > OP_0$、$OQ_1 < OQ_0$，表明由于供给的减少，均衡价格上升了，均衡数量却减少了。

上述情况表明，如果需求不变，那么供给的变化（增加或减少）会引起均衡价格和均衡数量呈反方向变动。

（3）当需求、供给同时增加（减少）时，均衡数量增加，但均衡价格的变化取决于供给和需求变动的相对量，可能增加，也可能减少，如图 8-23 所示（图中 OP 代表价格，OQ 代表供求量）。

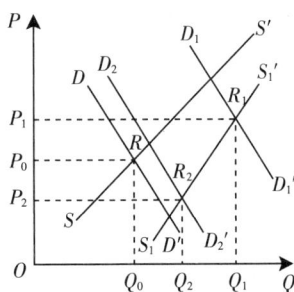

图 8-23　供求同时增加条件下的均衡变动图

图 8-23 中 DD' 与 SS' 分别为原需求曲线和供给曲线，两者共同决定的均衡价格为 OP_0，均衡数量为 OQ_0。现在假定供给增加，供给曲线移动到 S_1S_1'，需求增加，需求曲线移动到 D_1D_1'，均衡价格上升到 OP_1，均衡数量增加到 OQ_1。需要注意，当需求和供给同时增加时，均衡数量总是增加的，但均衡价格可能增加，也可能减少，甚至可能保持不变。如图 8-23 所示，假如供给曲线移动到 S_1S_1'，而需求曲线仅仅移动到 D_2D_2'，与 S_1S_1' 相交于 R_2，在这个移动的位置上，数量依然增加，增加到了 OQ_2，但价格下跌了，跌到了 OP_2。

（4）当供给和需求呈相反方向变动时，均衡价格总是按照需求变动的方向变动，但均衡数量既可能增加，也可能减少，如图 8-24 所示（图中 OP 代表价格，OQ 代表供求量）。

图 8-24 中，供给增加，供给曲线由 SS' 向右移动至 S_1S_1'；需求减少，需求曲线 DD' 向左下方移动到 D_1D_1'，均衡价格由 OP_0 下降到 OP_1，均衡数量由 OQ_0 增加到 OQ_1。需要注意，当需求减少而供给增加时，均衡价格必然下降，但均衡数量可能增加，也可能减少。例如，当需求减少，需求曲线移至 D_1D_1' 时，供给仅

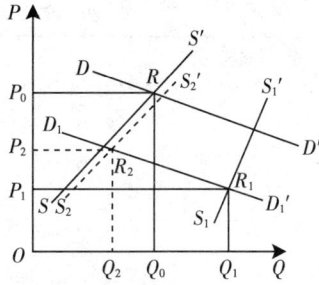

图 8-24　供求逆向变动条件下的均衡变动图

仅增加到短虚线 S_2S_2' 的位置，这条表示供给增加的虚线 S_2S_2' 与需求曲线 D_1D_1' 相交于 R_2，在这一新的均衡下，均衡价格下降到 OP_2，但均衡数量却减少到 OQ_2。

3. **供求规律**

总而言之，市场的价格、供给和需求三者是相互作用和影响的，主要表现在如下几方面。

第一，单纯考察某种商品的需求量和价格的关系，价格越低则需求量越大，价格越高则需求量越小，这时商品的价格和需求量呈反方向变化，呈现为一条向右下方倾斜的需求曲线；单纯考察某种商品的价格与供给量的关系，价格越低则供给量越小，价格越高则供给量越大，这时商品的价格和供给量呈正方向变化，呈现为一条向右上方倾斜的供给曲线。此时价格的运动和商品的供给量或需求量的运动，都表现为供给或需求曲线上的点的运动。

第二，市场的价格、供给和需求的运动是由不均衡到均衡，再到新的不均衡、新的均衡这样无限往复的过程的。当市场的供给量和需求量相一致时，商品的价格水平稳定下来，此时的市场便处于均衡状态，此时的价格就是均衡价格，此时的供给量就是均衡数量。均衡价格和均衡数量也会随着市场供给量和需求量的变化而变化。

第三，如果供给不变，需求增加或减少，则均衡价格便会上升或下降，均衡数量也增加或减少，需求的变化引起均衡价格和均衡数量呈同方向变动；如果需求不变，供给增加或减少，则均衡价格下降或上升，均衡数量增加或减少，供给的变化引起均衡价格和均衡数量呈反方向变动；当需求、供给同时增加或减少时，均衡数量增加，但均衡价格可能增加也可能减少；当需求和供给向相反方向变动时，均衡价格总是按照需求变动的方向变动，但均衡数量既可能增加也可能减少。如表 8-8 所示为供求关系与价格波动趋势。

表 8-8　　　　　　　　　　　供求关系与价格波动趋势

供求变动				价格趋势
供给不变			需求增加	↑
			需求减少	↓
需求不变			供给增加	↓
			供给减少	↑
供求同时变动	反向变动		需求增加供给减少	↑
			需求减少供给增加	↓
	同向变动	程度相等	供求增加程度相等	→
			供求减少程度相等	→
		程度不等	需求增加>供给增加	↑
			需求增加<供给增加	↓
			需求减少>供给减少	↓
			需求减少<供给减少	↑

第九章 市场经济的运行

市场经济运行是指市场机制作用下的资源配置过程。就市场机制而言，其构成体系主要由市场机制、企业经营机制（微观运行机制）和宏观调控机制组成。市场机制是市场配置资源的基本内容；就市场配置资源的过程而言，包括宏观过程与微观过程。宏观过程实际上是宏观调控问题。微观过程实际上是企业运营问题。市场经济的正常、稳定和健康运行，必须要以健全的市场机制作保证。同时，必须充分注意市场经济的缺陷与市场机制的局限，克服对于市场经济认识上的形而上学。

第一节 市场经济的运行与功能

市场经济的功能是在市场的运行过程中实现的。市场经济功能的实现程度取决于市场运行的正常、稳定、健康与协调与否。

市场经济的功能，就是市场经济通过自身的组织系统、结构系统、信息系统和运转系统，组织社会生产、流通、分配、消费各环节之间相互协调，在实现既定经济目标的过程中所表现出来的能力和作用，一般可分为市场经济的基本功能和市场经济的社会强化效应两个层面。

一、市场经济的基本功能

市场经济是以市场配置资源为主要方式的经济活动形式。因此，市场经济的基本功能也就是市场经济作为资源配置的基本方式，在社会经济运行中所具有的推动具体经济活动正常运转的能力和作用。市场经济的基本功能主要表现在如下几个方面：

第一，合理有效配置资源。市场配置资源是从微观要求着眼，自下而上通过市场主体的自由选择，以满足消费要求为直接目的，以利益杠杆为约束力和发展动力，以企业的经营和竞争能力来进行资源配置。市场经济要求每个生产单位以最少的劳动耗费获取最大的经济效益，实现利润的最大化。企业必须充分利用各种资源，科学管理、节约成本、集约经营、提高效率。通过市场竞争，高效率、高效益的企业就有能力吸引各种资源，强化各种生产要素，从而达到整个社会对资源的有效配置和利用。

第二，自动调节供求平衡。在市场经济条件下的一定时期内，社会总供给与总需求不可能完全平衡，在结构上也不可能完全协调，而且总量和结构都处于不断的变动之中。如何追踪需求变动，使供给与需求之间建立起稳定、灵敏、及时相互反馈的调节体系，是供给适应需求的一个重要方面；另一方面是供给在资源约束和技术进步的条件下，又会创造新的产品、创造新的需求。对于供给与需求的调节，现实经济生活中有计划调节与市场调节两种手段。在计划调节体制中，信息反馈的环节较多，过程复杂，难以适应不断变化的供求关系，而且在从下到上和从上到下的多环节、多层次信息传递中难免存在信息的失真、扭曲和丢失等情况，因而计划调节往往难以做到及时、准确、灵活。市场调节则不同，它通过价格信号，能够较准确、及时地反映市场供求情况的变化。通过价格变动自发地引导生产和消费，对社会供求关系进行双向调节，使社会供给和需求在总量和结构上趋于协调与平衡。但是，市场调节也有其自身的局限，如市场调节不能自动消除垄断，不能避免投机行为，具有滞后性和短期性，以及在一些重大领域无法有效地进行规划等。所以，在以市场调节为主的市场经济中也必须有计划调节，使两者有机结合起来。市场调节是基础性的调节，计划调节是协调性的调节。当市场调节、市场机制发生故障或者需要进行宏观协调时，国家的计划调节就可以弥补市场调节的不足，使市场经济正常发展。

第三，技术创新的"推进器"。科学技术是重要的生产力，是经济增长、社会进步发展的坚强支柱。市场竞争对每一个企业的技术进步与经营管理形成强大的压力，也为企业的竞争、技术进步提供了外部环境，使得企业及整个社会不仅对现有社会技术条件尽力充分利用，而且还千方百计开发与利用新的技术创新和发明。市场经济中的企业不断追求利润最大化的过程就是在技术上、管理上不断创新的过程。价值规律虽然在推动技术和管理创新的过程中起了"信号场"与"压力场"的重要作用，但进一步推动现实的技术创新还必须依靠资金市场、技术市场、信息市场、劳动力市场等的补充和协调。只有在资金市场上允许新技术产业获得投资，用以购买机器、设备、技术等，在技术市场上可以实现对技术商品的需求，在劳动力市场上可以招聘到技术人才时，即当整个市场体系产生协同效应时，一个有利于技术进步的充分竞争的市场环境才能形成，技术和管理创新才能不断实现，才能促使商品生产者改进技术，提高管理水平，进而达到全社会管理水平的提高和生产力的发展。

第四，价值评估的"检测器"。评价一种商品的价值，评价一个企业的成就，评价企业管理水平的高低，以至于评价一个产业的前途，主要看它在市场上的经济竞争能力。一件产品如果适销对路、物美价廉，就会在市场上成为抢手货，生产这种商品的厂家就会取得好的经济效益，企业就会发展壮大。相反，企业就会被淘汰。市场价值评估有助于宏观管理部门、企业管理人员和社会公众对企业作出正确的判断。这一点，对于股份公司尤其是上市股份公司尤为重要、尤为敏感。

第五，利益分配的"信号源"。经济利益是一切社会生活的基础性准则。当不同经济主体从不同角度追求各自物质利益时，就构成了一个复杂的经济利益关系网络。市场就是容纳不同的物质利益形式与市场主体的经济关系体系和空间场所，并且通过各种价值形式来显示这些不同物质利益与市场主体的信号强弱。这些价值形式包括价格、利率、汇率、工资、税率等，它们是联系不同利益主体的桥梁，也是各种经济联系的信号源。上述各种价值形式的内在本质是经济利益。因此，在各种要素市场上，各种不同的价值形式的变化也就发出强弱不同的经济信号，其本质在于重新分配物质利益，以引导各经济行为主体调整或改变经济行为或经济活动。例如，市场上农副产品价格上升会引起农民自觉调整产业结构，变更供给与需求效应。这在本质上，是通过新的分配方式调整工农产品的价格差，使工农的收入水平趋向合理。因此，市场价格的变化意味着各经济行为主体之间分配关系的变化。

二、市场经济的社会强化效应

市场经济的社会强化效应是指市场经济对整个社会宏观经济活动运转所产生的增强作用和扩张性影响。主要表现在如下几个方面：

第一，分工强化效应。市场经济的形成，推动了社会分工进一步扩大。事实证明，促进分工的条件是交换的发达；同时，分工越发达，交换也越发达。如果不发展市场经济，窄化或弱化市场经济，商品难以实现价值，其结果必然导致"大而全"与"小而全"的全能企业降低社会分工程度，导致社会生产力下降、技术停滞。因此，市场经济的推进必然要通过加强企业间横向经济联合进一步推动专业化协作，深化社会的分工机制，促进技术创新和社会生产力的发展。

第二，风险强化效应。在市场经济运行中，由于各种复杂因素、环节相互作用，产生了市场经济运行中的一系列不确定性和随机性。各经济行为主体在市场、技术、管理等各个方面都面临着多种方案可供选择的可能性。其中，亏损、失败、丧失信誉等损失的可能性称为市场经济运行中的风险机制。风险机制是商品经济的产物，它是处于不同层次的经济行为主体，在以经济利益为主要动机的前提下，在风险之中权衡抉择的代价。正确利用市场经济运行中的风险机制能够推动市场功能的完善、健全与拓展。

从微观层次看，首先，风险机制有助于生产力要素的合理有效配置。各企业在市场中慎重权衡自己行为的风险和机会，有利于减小投资决策的盲目性，缓和企业间的利益与竞争冲突，减免经济被动与波动，使资源配置相对合理化。其次，风险性和盈利性成正向，企业承担的风险越大，面临的盈利机会也越多。这对开发新技术，高科技产业发展有巨大推动作用。最后，企业如果经营管理不善或在市场竞争中处于不利地位，在风险机制作用下就会迫使它们自觉改变经营管理方式，加速技术改进的步伐或者选择退出、转移。这种风险性自发调节机制，形成市场经济微观组织的筛选和优化。

从宏观层次看，首先，由于众多自主经营企业利用风险机制保持企业行为合理化，使得宏观经济运行由于微观合理而可能避免大起大落的震荡，保持国民经济的持续、稳定、协调发展。其次，由于风险机制的约束，企业决策遵守法律规范与市场惯例使企业行为在可控范围内，并向宏观管理当局提供比较真实的信息，从而保证宏观经济运行的可控性。最后，由于各种宏观决策主体也承担相应的决策风险，对关系国计民生的新技术产业和基础产业等，因其投资大、资金回收时间长而风险较大，可以用国家投资或国家保险等方法来降低企业风险。这样，也可以减小宏观上的盲目性。

第三，要素强化效应。理论与实践证明，一定量的投资能够对收入和就业产生连锁反应，最终导致国民收入的提高。在市场经济条件下，各种生产要素会出现强化、放大或扩张的现象。例如，把生产要素中的技术商品投入市场，使技术商品转移和扩散，其结果会产生技术扩张强化效应。因为，任何技术发明本身的价值绝不仅仅是用劳动耗费和支出可以完全表示的，它通过市场途径扩散和历史的沉淀与积累可以使社会生产力成倍增长，即技术的乘数效应，对整个社会的贡献将是巨大的和难以估量的。技术商品对生产要素的强化效应是无限的。再如，劳动力进入市场也会产生强化效应。允许多种经济成分的发展，创造出对劳动力的需求，吸引劳动力进入市场，提供更多的就业机会，从而使生产力中最基本、最活跃的因素发挥作用。劳动力通过市场竞争，一方面可以减少对劳动力的浪费，另一方面可以充分发挥每个劳动力的各种潜能，提高劳动力素质。

第四，结构强化效应。国民经济是一个错综复杂的大系统，它的运行受到很多因素的影响。对这一大系统进行宏观有效的调控，是市场经济正常运行的重要方面。一般来说，市场经济是以微观组织之间横向联系为特征的矩阵结构体系，在参考外部市场信息的情况下，市场内部机构组织就会依据市场信号及自身内在能力对系统内各变量、各要素自动进行调节，从而改善结构并强化结构功能，增强结构活力。此外，矩阵结构还加快了企业间各种生产要素流动的频率，建立起竞争性激励机制，通过竞争的压力，加速淘汰落后技术和管理方式的进程以及生产要素新陈代谢的速度。这种矩阵结构的组织形式绝不是分散决策、各自为政、不受任何约束的组织系统，而是在一定的宏观信号引导下，各行为组织之间由横向联系构成的横向制约、相互制衡，并通过系统内部各要素间的相互作用，达到子系统与总系统目标一致的优化状态。

市场经济的这些社会强化效应，也是市场经济的功能与作用的重要形式。

三、市场经济功能的完善

第一，健全市场经济规制。要建立一整套符合国际惯例与市场经济规律的法律体系和市场规范，以规范市场主体的行为，完善市场经济秩序，加强国家宏观调控，为市场的平等、公开、充分竞争设立公正的规则，打击各种非法经济活动，使市场经济规范化、秩序化，成为法治经济。

第二，建立开放、竞争、有序、统一的市场。一切商品和生产要素都要进入市场，形成以商品市场为基础，以要素市场为重点的现代统一市场。要特别注意发展资金、劳动力、技术、信息、房地产等要素市场，除极少数商品和劳务收费实行国家定价外，其他商品和劳务价格由企业根据市场供求关系自定，并逐步与国际市场价格相衔接。

第三，建立适应市场经济要求的多种分配形式的分配制度和完善的社会保障制度。形成劳动就业的竞争机制，使初次分配体现效率优先的原则，坚持多劳多得。鼓励一部分人、一部分企业、一部分地区通过合法经营和诚实劳动先富起来。在社会再分配中体现公平原则，防止收入分配过于悬殊。同时，建立相应的社会保障制度，逐步使社会全体成员走上共同富裕的道路。

第二节 市场经济的局限性与周期性

虽然，市场经济的发展已经有了几百年的历史，并且已经成为世界经济发展的主流和主体，然而市场并不是万能的，市场经济也不是十全十美的，而是存在若干自身无法克服的局限性。

一、市场经济的局限与失灵

世界上没有绝对的好和绝对的不好，市场经济也是如此。

1.市场经济的缺陷与失灵

市场经济的局限与缺陷主要表现在以下几方面：

（1）市场调节是事后调节。私有制条件下初始的市场经济，各经济单元细小、分散、资源不均衡、信息不对称，因而"看不见的手"缺少预见性，往往"事前看不见"，供大于求了，市场因价格下降导致利益受损才去减少生产，这就会造成资源的浪费。市场经济几百年的历史，已经能够充分地说明这个问题。

（2）市场运行是受局部及独立利益驱动的，具有自发性和一定的盲目性，加之市场信息及其传递的不对称性，容易导致过程或结构混乱，进而引起经济动荡。

（3）市场经济的竞争扩大了差别，同时也会导致垄断，悬殊过大的利益差距及两极分化必然危及经济发展的稳定性与持续性，垄断又使市场效率下降并损害非垄断单元和消费者的利益，而市场本身又不具备消除这些弊端的功能。

（4）市场调节具有短期性、波动性的特征，市场经济运行的内在逻辑使得市场经济的运行难以平稳，具有明显的周期性。

（5）市场经济的发展往往忽视公共事业与公众利益，有些事情是市场管不了或者管不好的。例如，经济和社会发展战略目标的选择、经济总量的平衡、重大结构和布局的调整、收入分配中公平与效率的兼顾、市场效率条件的保证以及资源和环境的保护等。市场以及市场经济的缺陷与不足要求从宏观上加强监管与调控，以校正市场的偏失和弥补市场的不足，引导市场以及市场经济健康发展。

市场经济的局限与缺陷，一方面与市场经济发展的过程性相关；另一方面，也和与之相联系的社会基本经济制度相关。就资本主义经济制度基础上的市场经济而言，则直接与资本主义的社会基本矛盾——生产的社会性与占有制的私人性之间的矛盾相关。资本主义社会的基本矛盾决定了其基础上的市场经济发展过程中的历史局限性，并且强化和加剧了其缺陷与不足。

市场经济的缺陷与局限在我国市场导向的改革过程中，同样存在并且程度不同地顽强表现着。与此同时，在我国经济体制从传统计划经济向市场经济转轨的过程中，也还存在着对市场经济认识的误区问题。不少同志认为，只要我们摆脱了传统的计划经济，发展市场经济，我国的经济从此就上了"高速公路"，好像市场经济是一副"灵丹妙药"，能够"包治百病"。这种误解或曲解又具体演绎为：市场经济就是"放心放手发展非公有制经济，实现私有化"；"市场经济就是彻底放开物价"；"市场经济就是政府不干预经济"；"市场经济就是经济自由发展"等。这些不正确的认识，加上其他方面的一些原因，导致市场经济在其发展过程中出现了暴利环生、欺诈普遍、回扣泛滥、市场无序等严重社会弊端。因此，要纠正错误认识，铲除社会弊端，就必须正确认识市场经济，按市场经济规律办事。

第一，市场经济是法制经济。市场经济是在商品交换的基础上发展起来的，商品生产与交换的法则是价值规律，其外化为价格波动及等价交换。在商品经济发展的历史过程中，以价值规律为核心逐步形成了配套的法制法规以及保证市场经济正常运行的规范与程序。市场经济与无法无天、无规无矩是绝对不相容的。那种认为市场经济无需管理、不必管理或者少管、不管的观点是不符合历史与现实的。市场经济不但是必须监管的经济，而且是法制健全的经济，是依法管理、依法运作、依法处置的经济。

第二，市场经济是信用经济。信用是商品经济的条件与纽带，离开了信用，也就无所谓市场经济了。现货交易要信用，期货交易也要信用；房地产交易要信用，金融交易更要信用。如果没有信用，试想这种市场经济将是一种什么样的状况？因此，欺诈、暴利、不执行合同、不遵守诺言等都是市场经济所不允许的。从资本主义市场经济发展的初期来看，尔虞我诈、见利忘义、为钱不顾一切、铜臭压倒人格的事曾被社会主义者们讥笑，也被广大劳苦民众所不齿。但资本主义市场经济发展到今天，情况已经有了很大变化。几乎所有的资本家都清楚，要获得剩余价值，必须顺畅地实现商品的价值，而要顺畅地实现商品价值，就必须在商品的使用价值——首先是商品的质量上下工夫，这是"第一信用"；其次，在商品的销售上要有价格诚实，不得罪或失去购买者这一"上帝"，这是"第二信用"；最后，销后服务周到，以保证稳定而且增多的消费者，这是"第三信用"。当然，信用不只是这三方面，但这是商品交换过程中最基本的信用。在金融方面，信用就更重要了。否则，银行就无法存在，股份公司就更无从谈起了。可见，信用对于市场经济是何等重要。信用既要以法制为基础，也要以社会公德为基础。一旦信用被毁坏，实际上不仅意味着市场经济的基础条件被破坏了，而且意味着社会的堕落和斯文扫地。这是一种十分可怕的情景，我们万万不可掉以轻心！正因为如此，诚信才是市场经济的黄金法则。

第三，市场经济是秩序经济。资本主义市场经济发展的初期，无秩序实际上就是一种秩序，这种无秩序相对封建主义经济而言是旧秩序的破坏，相对于资本主义而言是新秩序的建立。这是一个过程，但这一过程不会总停留在无秩序的状态，而是逐步发展成为秩序化。今天，对于我们从传统计划经济向市场经济转轨过程中的经济秩序来说，可能存在着某些"无秩序"，但这并不说明市场经济本身就应该如此。相反，随着社会主义法制的健全与完善，特别是市场经济法制法规的健全与完善，我国的市场经济也将在法制化的基础上秩序化。片面地认为市场经济就是无秩序经济的观点是没有客观根据的。人为地违反市场经济秩序的行为是违法行为，必须严格查处。当市场经济出现价格波动或周期性的危机阶段，强调市场秩序尤其是价格秩序极为重要。

第四，市场经济是多元经济。凡是对市场经济多少有一点儿感性知识的人们都不否认，正是由于人们需求的多样性及社会分工所造成的生产的专业性之间的矛盾，加之不同的所有者之间的利益制衡才出现了商品生产与商品交换，而这种生产和交换发展到一定阶段才形成了市场经济。因此，从所有权的角度讲，市场经济必然是多元的。从市场经济所通行的原则出发，多元经济中的各元都应该而且必须是平等的，不管这一元是公有制的还是私有制的，或者是合作制的还是合资制的。也就是说，多元经济必须遵循"四大原则"，即公开、公正、诚信、有序；同时也必须遵循"五大精神"，即以自由、平等、竞争、利益、效率为基本点的市场经济特征。在市场经济条件下，不应当歧视多元经济中的任何一元，也不应当人为地给多元经济中的任何一元以优惠或特殊，各元都必须在市场竞争中接受客观评判，依法经营，正当竞争，优胜劣汰。当然，允许国家在总体考虑国民经济宏观发展的协调、稳定、持续性时采取某些必要的调控措施，所以有可能抑制或促进多元经济中的某一元或某些元，但这些调控措施也必须是依法行政，不得超越法律所允许的范围与力度。所以，片面地、脱离实际地提出应该"优先"或"主要"发展某种所有制经济的认识应该及时清理，如"国有企业应当从竞争行业中全面退出"，"经济特区的意义就是全面实现私有化"等，都是与市场经济的基本原则相左的，不符合市场经济的国民待遇原则。

第五，市场经济是可控经济。有一种观点认为，市场经济是不可控经济，正因为其不可控性，因此资本主义经济一波三折，不断遭受经济危机的"袭击"，从而强制性地以社会资源的巨大浪费为代价实现社会生产的客观比例。但实际上，西方发达国家推行凯恩斯的"国家干预经济、计划校正市场"的宏观经济调控说明，资本主义条件下的市场经济也是在增强可控性。当今世界，已经没有不干预经济的政府，也没有不受政府干预的经济。政府干预经济的手段主要是计划。计划既是市场经济的内在要求，也是社会化大生产的内在要求。在我国，从传统计划经济向市场经济过渡的过程中，国家的宏观调控就显得更为必要和重要。市场并不是万能的，有自己的缺陷与误区，失灵的情况时有发生。这就更需要国家通过对经济的干预加以补充。所以，认为市场经济要求政企分开，似乎政府就不应再干预经济，从而也不应该再管理市场的观点是错误的。那种认为"市场经济就是自由放任，就是价格放开，就是我行我素"，"就是谁有钱谁干，谁能赚钱谁就好"的观点更是有害的。在市场经济改革已经推进了30年的今天，某些人仍然在市场经营方面暴利思想严重，总企图一夜之间就成为百万甚至千万富翁，而不把基点放在脚踏实地、诚实劳动、合法经营、日积月累上。应当说，这是一种市场公害。此毒瘤不除，市场无宁日，百姓无宁日。经验告诉我们，扭曲的或畸形的市场经济不一定比传统计划经济好多少。

2. 市场机制的局限与原因

市场机制发挥作用的过程，一般是依据等价交换原则，以追求和实现经济利益为基础和目的，从而完成交易需求的过程。应当说，市场机制也不是万能的，市场经济的局限性决定了市场机制的局限性。

（1）市场机制作用范围的局限。尽管经济与政治是密不可分的，一切经济问题都是政治问题，所有政治问题说到底都是经济问题。但是，很多政治行为往往又不能够使用市场方法或者与市场机制没有直接联系。例如，维护国家主权和安全，甚至也不允许外国资本完全控制本国对国民经济具有重大影响的部门。

（2）市场机制在分配方面的局限。公平与效率既是矛盾的，又是统一的。市场机制可能大为促进效率，但又不能保证公平，甚至可能扩大或加剧社会成员之间收入和生活水平的差距。而当这种差距扩大到一定程度，就会反过来影响效率的提高，进而影响社会稳定。

（3）市场机制的社会性局限。经济秩序与社会保障是市场经济发展的必备条件与因素，但却并不是市场机制的产物，反而是在这些领域限制市场机制充分发挥作用的产物。社会的公益活动以及人们在伦理（如毒品、色情）和保护生态、环境方面同样如此。可见，市场机制的作用并不是在一切方面都是适用的。

（4）市场机制可能的自发性消极作用。市场经济并不是一切都好，其具体的实现形式就是通过市场机制体现的，如恶性竞争、垄断倾向、投机舞弊及与市场机制有直接联系的社会犯罪行为等。这也说明，世界上没有绝对的好，也没有绝对的不好，任何事情都是有利有弊，我们的任务就是兴利除弊，或者运用市场机制以外的机制与力量，对于市场机制加以补充和校正。

市场失灵与失误是正常的，因为市场经济也有缺陷和弊端。市场失灵是指在资源配置方面因为种种自身原因限制和阻碍了市场按理想方式运行或实现最佳配置而发生的低效率。其原因主要有：

第一，完全竞争。由于市场结构不合理或者市场体制存在问题，包括经济领域存在垄断，导致价格不合理，或者经济信息扭曲，从而致使资源配置出现效率乏力。

第二，市场不完全。理论上的市场有着一系列的假定，这种理论市场是完全的。然而现实中的市场一般很难完全，理论市场所要求的条件往往不可能全部得到满足，因而市场也难以发挥最佳效果。

第三，垄断。垄断既有竞争性垄断，也有自然性垄断。但是，无论何种垄断都会降低效率。完全没有垄断存在的市场在现代市场经济条件下是不存在的。

第四，次优追求。市场经济的利益主体为了实现利益最大化，在理论上是按照"最优"或"最佳"原则决定自己的经济行为的。但在现实生活中，经济活动往往受到多种因素的制约，人们一般很难实现最优选择，而"次优"或"基本满意"常常是大量的，并且是合适的、合理的。因此，"利益最大化"在现实中往往演变为"损失不要最大化"。

第五，计划不客观。计划的重要作用与功能就是补充与校正市场。但是，这种作用与功能是建立在计划的科学性基础上的。由于受某些条件的限制，或者人们认识的局限与错误，有些时候计划不能够客观和正确反映现实经济的比例性，自然也就会给经济带来损害。

第六，信息的不完全。完全竞争市场的分析有一个假定，即市场是完全的，因而交易双方具有完全信息。但事实上，由于受各种条件的制约，交易双方不可能获得完全信息，并且双方之间也会存在着信息的不对称。不完全信息的存在为生产者抬高价格、欺骗消费者提供了可能。这时，价格就不一定反映社会的成本，从而市场会出现失灵的情况。

第七，外部经济效应。外部经济效应是指一方的经济活动对其他方所产生的影响，而这影响无论是正效益，还是负效益，都无须计入厂商的成本中。由于外部效应的存在，使社会成本与私人成本、社会效益和私人效益之间存在差异，从而不能实现资源的合理配置，导致市场失灵。

当然，市场失灵与失误可能还会有其他一些原因，如信息不对称、外部不经济、规模不经济、公共物品缺乏等。所有这些原因，在市场经济的发展过程中总是有办法逐步解决的。

二、市场波动与运行周期

实际上，关于市场均衡的研究只是一种理论假设。在现实生活中，这种均衡即供求平衡往往被价格、竞争所打破。市场均衡是相对的，而不均衡则是绝对的。

一般来说，市场均衡的相对性主要表现为市场的波动性及其波动的周期性。

1. 市场波动及其周期

从市场经济发展史来看，以往市场经济的发展不但存在着市场波动，而且一直伴随着周期性的经济波动。从19世纪初开始，资本主义条件下的市场经济每隔若干年就爆发一次经济危机，这种以经济危机为特征的经济波动，有时是区域性的（单个国家），有时是世界性的。经济危机爆发时，生产下降、经济萎缩、信用破坏、员工失业、整个社会经济生活发生混乱和动荡，正如马克思、恩格斯所指出的：在危机期间，发生一种在过去任何时代看来都好像是荒唐现象的社会瘟疫，即生产过剩的瘟疫。

所谓经济波动的周期性，是指以经济危机为特征的经济波动每隔若干年就会循环爆发的反复性。从上次危机开始到下次危机开始的时间阶段，就是一个再生产周期。每一周期大体包括四个基本阶段：危机、萧条、复苏、高涨。危机阶段是经济波动周期的决定性阶段，实际上是通过以社会财富的巨大浪费和对于生产力的破坏为特征而强制实现社会供求的重新平衡；萧条阶段是剧烈的经济危机之后社会生产处于停滞状态的阶段；复苏阶段是新一轮的投资开始激活、以新技术为特征的固定资产逐渐进入生产领域、社会生产和经济生活得以发展的阶段；高涨阶段是生产继续扩大、市场销售繁荣、金融信用活跃、经济快步增长的阶段。

市场波动周期具有两重性：一方面，周期的危机与萧条阶段给社会生产与经济生活造成巨大破坏和浪费；另一方面，复苏与高涨阶段又是社会生产发展、经济生活改善的推力与体现。换言之，市场波动的周期性实际上是市场经济那只"看不见的手"以负面效应调控整个社会经济发展的协调性，以破坏性的方式强制实现社会生产的比例性。市场波动的周期性既把社会生产和经济生活推入了衰退与危机的旋涡，同时又是社会生产力进一步发展的跳板。每次危机过后，整个社会生产又从慢步变为快步，从快步转成跑步，从跑步变成飞奔。然而，就在一派繁荣的背后，新一轮的危机又快降临了。

市场波动的周期性在不同的市场经济国家、市场经济发展的不同时期虽有不同的表现形式，但经济危机的实质却都是社会生产的比例失调及结构失衡，从而出现某些方面的生产过剩。这种生产过剩是相对的，不是绝对的；是局部的，不是全面的，即生产的某些商品是相对于有支付能力的需求、相对于萎缩的社会购买力而言的结构性过剩，不是商品生产真的太多了。

2. 市场波动周期性的基本原因

资本主义条件下市场经济波动的根源，在于资本主义经济制度的基本矛盾，即生产的社会性与生产资料占有制的资本主义私人性之间的矛盾。资本主义生产是社会化大生产，这种社会化大生产客观上要求生产资料和劳动产品也应当是社会化的。整个社会生产的管理同样也应该如此，以实现整个社会生产过程的协调和统一，包括社会再生产的各种比例关系和整体结构。但是，资本主义条件下，生产资料和劳动产品随着市场竞争引致的生产集聚与集中，却越来越被少数大资本家私人占有，生产和经营越来越服从于资本家的利润最大化的需要与追求，社会再生产所必需的比例关系和相应结构有可能得不到正常实现。当资本主义经济的这种固有矛盾得不到解决并且激化到一定程度时，就必然导致资本主义市场经济周期性的经济危机。

资本主义经济制度的基本矛盾决定并引申出了另外两个具体矛盾：一是资本主义企业内部生产的有组织性和整个社会生产的无政府状态；二是资本主义生产的无限扩大趋势和劳动大众有支付能力的需求相对缩小。这两个具体矛盾不但不能够弱化或缓解资本主义经济制度的基本矛盾，反而会扩大并恶化矛盾，从而加深、加重市场波动的周期性。

资本主义市场经济的发展具有周期性，并不意味着资本主义经济每时每刻都深陷于经济危机之中，而是指每隔若干年就必然爆发的过程性。这种过程性又在于资本主义经济制度基本矛盾运动的阶段性。经济危机过程的危机与萧条阶段强制导致市场波动的各种矛盾暂时得以缓解，但并没有根除；经济危机过程的复苏与高涨阶段，又使得资本主义社会生产再度"兴奋"并"发狂"。于是，新一轮经济危机的爆发成为随时可能。因为，在资本主义的经济体内酝酿与运行着两种相反的力量：一种是企业追求利润最大化，包括对于超额利润的追逐，从而不断地改进技术、更新设备、扩大规模、提升管理，有利于生产和市场的发展与扩大；另一种是由于劳动大众购买力的增长落后于生产的增长所引起的一系列对于生产和市场的发展与扩大的限制。两种力量的博弈，必然致使资本主义市场经济呈现出发展的周期性。

资本主义经济危机周期性的物质技术基础在于固定资本更新的速度与结构。固定资本的更新一方面为资本主义经济的发展暂时摆脱危机提供了物质技术条件，另一方面也为下一次危机准备了物质条件。这种固定资本更新的速度越快，经济危机周期的时间间隔可能就越短；固定资本更新的结构越不合理、不客观，资本主义经济发展的稳定性与可持续性就越小，从而下一次经济危机的"烈度"可能就越大。当然，引发市场波动周期性的原因还有其他一些因素，如经济环境，经济发展的思路与战略，国家宏观调控的方式方法，经济发展的水平、结构与特征等，各种因素综合作用的结果构成市场波动周期性的内在原因。

中国特色市场经济由于建立时间短、发展不完善、生产力发展水平也不高、管理方面缺乏经验等，特别是经济多元条件下的利益独立性，因而同样存在着市场的波动性甚至波动的周期性。改革开放 30 年，宏观调控已经是第六次，这说明平稳发展的时间很短。这种情况值得认真关注。其中的原因，有些是市场经济固有的矛盾或者是缺陷与弊端，有些是经济体制甚至是政治体制方面的原因。市场经济方面的原因用市场经济的方式解决，体制甚至制度方面的原因只有通过改革、深化改革和推进再改革的方式解决。

第三节　市场经济运行的规律与作用

市场经济运行的调节者是价值规律，正确认识和利用价值规律，对于优化资源配置、提高经济效益、发展市场经济、实现社会公正与诚信，有着十分重要的意义。

一、价值规律的内涵

所谓价值规律，就是价值决定和价值实现的规律。它赖以存在的条件是商品经济。哪里有商品生产和商品交换，哪里就有价值规律存在并发生作用。该规律在商品经济规律体系中居于主导地位，是商品经济的基本规律。

价值规律的基本内容和客观要求是，商品的价值量由生产商品的社会必要劳动时间决定，商品交换必须以价值量为基础，实行等价交换。这里，前者是价值规律的内在要求，后者是价值规律的外化形式。

社会必要劳动时间的确定有两种含义：第一种含义是指生产同类单位商品所耗费的社会必要劳动时间，这是价值规律的微观规定性；第二种含义是指社会总劳动中按一定比例用来生产某种商品所耗费的社会必要劳动时间，这是价值规律的宏观规定性。第一种含义的社会必要劳动时间，决定单位商品的价值量；第二种含义的社会必要劳动时间，决定商品价值的实现程度。各类商品的价值，在社会的商品交换过程中究竟能实现多少，决定于社会总劳动量按比例分配给这类商品的份额。如果生产某种商品实际耗费的社会劳动量超过按比例应分配的份额，则意味着这种商品的总量超过了社会的需求。那么，超过的部分，尽管单位商品的劳动耗费符合第一种含义的社会必要劳动时间，但也不为社会所承认，其价值也就无法实现。这就是日常生活中所出现的供大于求，价格下跌。相反，如果少于社会总劳动量按比例应分配的份额，则意味着这种商品的供给总量少于社会需求。那么，这种商品在市场上所代表的社会劳动量，就大于实际包含的劳动量，即供不应求，价格上升。因此，第二种含义的社会必要劳动时间，决定商品价值实现的数量界限。

商品价值的实现途径是市场交换。商品交换以价值为基础，实行等价交换。这是因为不同的商品相交换，实际上是商品生产者之间的劳动相交换，它包括作为生产资料的物化劳动和作为劳动支出的活劳动的交换。商品只有等价交换，才能使交换双方生产商品所耗费的劳动得到公平补偿，使交换成为平等互利的事情而持久进行下去。不然，交换的一方占便宜，另一方必然吃亏。吃亏一方的劳动耗费得不到补偿，其再生产就不能继续进行，从而使整个社会再生产也不能顺利地继续下去。所以，实行等价交换，是商品经济条件下社会再生产的客观要求。

二、价值规律的主要作用

价值规律实现其客观要求的过程，就是该规律起作用的过程。它对商品经济发展所起的作用如下：

第一，调节社会的商品生产。社会生产的各部门之间有着密切联系，可持续的社会生产过程要求把生产资料和劳动力等各种生产要素按比例分配到各个生产部门，否则社会再生产就会因结构不合理而难以正常进行。在商品经济条件下，社会生产客观要求的实现离不开价值规律的调节作用。

价值规律对生产资料和劳动力等生产要素分配的调节作用，主要是通过市场价格的波动和竞争的力量来实现的。市场价格的上涨或下跌，直接关系到商品生产者的经济利益。供不应求的商品，价格会高于价值，生产者就能获得更多的利润，从而吸引更多的生产要素涌入这种获利丰厚的生产部门，导致该部门的迅速扩大，从而供给增加；相反，供过于求的商品，价格会低于价值，生产者的经济利益就要减少，甚至发生亏损，于是就有一部分生产资料和劳动力等生产要素退出这种无利可图的部门，导致这种部门的生产缩小，从而供给减少。价值规律正是通过价格波动以及与此相联系的供求变动，调节生产资料和劳动力在各生产部门之间按比例分配，使各个生产部门大体上保持一定的比例。同样，竞争由于直接关系到消费者与生产者的经济利益，从而也会直接影响到价格与供求。例如，生产者之间的竞争会扩大供给，导致价格下降；消费者之间的竞争会扩大需求，引致价格上升。这就是价值规律的调节作用。国家可以自觉利用价值规律的这种调节作用，合理确定商品的价格，利用与价值有关的经济杠杆，如税率、利率、汇率等，使市场调节与计划调节有机结合起来，保证经济计划的实现和经济运行的协调。

第二，调节社会的商品流通。社会对各种商品的需求存在一定的比例，要求商品的供给必须与需求保持协调，否则商品流通会发生困难。商品流通所要求的供求平衡，同样离不开价值规律的调节作用。

价值规律对商品流通的调节作用，也是通过市场价格波动和竞争的力量来实现的。市场价格的上涨或下跌，必然影响生产者、经营者和消费者的经济利益，进而影响以他们为主体的市场供求关系。一般说来，价格高于价值，就会刺激供给增加，抑制需求；价格低于价值，则会刺激需求增长，抑制供给。国家为了实现商品的正常流通，也可以利用价值规律的这种调节作用，通过价格和价值的背离来限制或扩大需求以及扩大或限制供给。当货源缺乏、供不应求时，价格可以高一些，从而刺激生产并抑制消费；当货源充足、供过于求时，价格可以降低一些，从而刺激消费并抑制生产；当需求旺盛时，价格可以提高一些；当市场疲软时，价格可以降低一些，如此等等。通过调整商品价格影响各方面的经济利益，通过竞争，商品随行就市，就可以达到市场的供求基本平衡。

第三，刺激社会生产力发展。商品的价值量由社会必要劳动时间决定，而劳动生产率与商品价值量成反比，因此劳动生产率高的商品生产者，其商品的个别价值低于社会价值，当他按照社会价值出售商品时，就能获得较多的收入；而劳动生产率低的商品生产者，其商品的个别价值高于社会价值，但他只能按照社会价值出售自己的商品，导致收入减少，甚至出现亏损。劳动生产率的高低，既然决定着商品生产者的损益和成败，所以每一个商品生产者都争先采用新技术、新工艺，或者改善管理、优化劳动组合，从而提高劳动生产率。在这方面，价值规律就像一根无形的鞭子，既鞭策着整个社会生产与科技的进步，又时刻鞭策着各个生产者奋力前进。正是这一强大的力量，推动着整个社会文明的发展。

第四，促使企业搞好经济核算，改善经营管理，提高经济效益。在价值规律的作用下，商品个别价值与社会价值的不同差别，会给商品生产者的经济利益造成不同的影响。如果商品的个别价值低于社会价值，商品生产者就能获得更多的盈利；反之，就会发生亏损。各个商品生产者，为了战胜对手和实现更多的收益，都要力求降低商品的个别价值。而商品个别价值的降低，需要生产者作出多方面的努力。除了提高劳动生产率，还必须搞好经济核算，改善经营管理。只有这样，才能提高生产要素的使用效率，降低物化劳动和活劳动的耗费，从而降低产品成本，提高效益，以获取更多的盈利。

总之，商品经济产生了价值规律，而价值规律又有力地推动了商品经济的发展。人们对这一规律认识得越深刻，运用越正确，市场经济运行的效果也就越显著。

第四节 市场经济条件下的计划性

生产社会化与商品经济的内在联系，是社会分工的扩大与交换关系的强化之间的有机结合，计划和市场则是这一有机结合的实现手段，是实现资源有效与最佳配置的方式。只要是社会化大生产基础上的商品经济，不论其实行何种市场经济的运行模式，在进行资源配置时，都离不开这两种手段。

一、计划与市场都是经济调节手段

计划与市场都是经济手段，这是社会化大生产与商品经济的必然要求。

1. 计划与市场不是社会经济制度范畴

计划是个人、组织或社会为了实现一定的目标而采取的相应方法构成的预筹与程序。计划及其实施的结果，反映了人类自觉、能动地与自然和社会相协调和统一的能力。经济计划，是指人们侧重于对未来经济活动的主观筹划与安排。从微观上看，它表现为企业组织生产所作出的筹划与安排。其目的是使企业内部资源得到最佳配置，取得较好经济效益。从宏观上看，它表现为国家和社会对社会资源配置与调控所作出的预先筹划与安排，从而使国民经济的发展达到某种特定的目标。这里讲的计划，一般是指国民经济计划，它是国家为了发展国民经济而制定的经济活动的长期或短期的规划和方案。从广义的角度讲，计划还包括在社会经济运行中国家根据需要制定的某些经济政策和措施。

计划作为管理国民经济的方法、手段和政策，首先是社会化生产发展的要求。无论何种社会制度，由于生产力的发展，使社会分工及协作关系趋于复杂，为使经济运行能有序地进行，人们必然会通过制订计划来有序地组织社会生产活动。这里，如同乐队需要指挥一样，社会化大生产由于是各行各业的"协作与合奏"，要求有计划性，而不在于乐队是公有制还是私有制。资本主义社会实现了生产社会化，客观上要求对国民经济实行计划管理。社会主义经济的计划性要求，也首先来自于生产的社会化。同时，生产资料公有制本身也要求实行计划管理和计划调节，以保护公共利益。社会主义公有制所形成的根本利益的一致性和统一性，不仅使统一的经济计划的实现成为现实，而且为它创造了现实的客观条件。这就容易使人们认为，计划是社会主义所独有的内容。其次，社会主义公有制实行计划的必要性和客观性，并不排除资本主义生产社会化实行计划的必要性和可能性。因此，不论社会制度的性质如何，只要是社会化大生产，都可以而且有必要制订计划和实行不同程度的计划调节。由于社会主义经济和现代资本主义经济都建立在生产社会化基础上，所以它们都需要运用计划手段调节经济运行。

市场的范围、规模、特点、形式等，是随着商品经济的发展而发展的。在简单商品生产条件下，进入市场的商品品种和数量都很有限，市场规模也比较狭小，这种简单的商品市场从直观上表现为商品交换的场所。随着社会分工和商品经济的发展，进入市场的商品品种和数量都在增加，不仅使市场在外延上扩大了，而且由于各种使用价值的商品化而使市场在内涵方面也增加了许多新的要素。例如，出现了资金市场、劳动力市场、技术市场、信息市场、房地产市场等，市场已是一个包含各种要素在内的市场体系。奴隶社会有市场，封建社会有市场，资本主义社会市场大发展，可见市场是商品经济的范畴，并不是社会制度的范畴。凡是有商品经济存在的社会，都有市场。市场的存在与社会制度的性质无必然联系，而是取决于生产力发展水平及其与之相联系的社会分工的产生，同时还取决于社会各独立经济单位的利益关系的实现形式。在生产力的发展并没有达到使物质资料丰富到各个经济主体间不存在利益差别的情况下，它们之间的利益关系的实现只能是以货币为尺度，以等价交换为原则，以商品交换的方式来实现，这就必然形成市场和市场关系。既然市场并不专属于某种社会制度，社会主义和资本主义都要发展商品经济，那么在这两种社会制度下也就必然存在并且离不开市场。资本主义经济是发达的市场经济，因而有发育完备的市场。中国特色市场经济同样需要有发展完善的市场组织和市场体系。因此，市场不是划分社会性质的标志，而是发展商品经济的手段及市场经济关系的载体。

从以上分析可以看出，计划与市场的客观必然性来源于生产社会化与商品经济，两者本身并不具备社会制度方面的属性。不管是社会主义国家还是资本主义国家，都可以利用计划与市场两种手段来调节经济的运行。从资本主义与社会主义经济的发展过程来看，计划和市场都是相伴而生的。

一般来说，资本主义国家实行的经济计划，在经济社会发展中起到了积极作用。主要表现为如下几个方面：

第一，国家计划为社会经济活动开辟了新的纵向的信息传递渠道。在市场调节机制下，各经济主体得到的一般是横向信息，它们对宏观经济状况缺乏了解。国家计划通过纵向渠道对有关信息进行搜集与整理并作出预测，然后传送到各经济主体。各经济主体可综合两个渠道的信息，较为自觉地作出判断。

第二，国家计划为综合运用和协调各项经济政策提供了依据。现代资本主义国家运用各种政策手段调节社会经济活动，由于政策的内容、决策的机构、政策所针对的领域及政策实施的时间等的不同，各项政策的制定与贯彻都具有相对独立性。在此种情况下，市场各利益主体依据国家计划，不仅可使各项政策同国家计划协调起来，而且可以调适各项政策之间的关系。

第三，在国家计划的制订过程中，调和各社会阶级、各利益集团之间的利害冲突。在资本主义国家，不仅存在着阶级矛盾，而且资产阶级内部各利益集团之间的争夺有时也是非常激烈的。吸收各方代表参与国家计划的制订，为他们提供一个表达意见、讨价还价、协商调和的场所，在一定程度上起到了预先抑制某些社会冲突的作用。

第四，通过制订并向世界公开国家计划，可使其他国家对本国的发展方案和意图有所了解，有利于国际协调与缓和国际摩擦。

2. 计划和市场是资源配置的基本方式

资源配置是指经济活动中的各种资源在不同使用方向及不同利益主体之间的分配与使用。它不仅包括宏观上各部类、产业、行业之间的协调，而且包括微观上各生产要素的优化组合；不仅包括横向的比例相对平衡，而且包括供给与需求的衔接形成良性循环；不仅有存量的转换，而且包括增量的实现。在资源供给有限的条件下，要有效地把经济活动中的各种资源分配于各种不同的用途，以使这些资源生产出更多的为社会所需要的产品，就要对资源的配置进行调节。第一，使各种资源得到最有效的利用，减少以至于避免各种浪费和损失；第二，使各种资源配置的供给比例能适应社会需求的比例，从而避免由于它们之间的不相适应而导致的浪费和损失。

资源配置的基本方式，一是计划方式，二是市场方式。这两种方式相互配合，可以使资源得到合理有效的配置。

无论计划方式还是市场方式，其实都是一种相应的管理方式，都要依据相应的管理原则实施决策、协调与配置，从而提高绩效，实现组织的既定目标。如果计划方式具有明显的显性特征，市场方式则具有明显的隐性特征。

计划方式是指政府依据统一计划配置资源、指导和规范市场与企业的经济行为，促使国民经济系统按照政府指令发展的调控范式。包括政府制订计划的一系列行为，以及为了实现计划而采取的一系列政策和措施等过程。利用计划方式来配置资源，就是在充分认识按比例规律、价值规律和市场供求规律的情况下，对全社会范围内某些重大经济活动和经济主体的行为进行预先安排，实施相应的计划管理和调节形式，保持国民经济的正常运行。计划方式立足于经济活动过程中各个利益主体的共同性，在此前提下，计划管理和计划调节要求各个主体贯彻政府的计划意图和社会目标。计划调节资源配置的作用，主要是通过目标导向、效益优化、平衡协调、过程控制、内容创新这些功能来实现的。

第一，目标导向。计划的灵魂是战略目标的设定，计划的实施是战略目标的展开和控制。目标是人与环境构成的统一体在相互作用的过程中主体对客体所产生的预期，指导实践活动并要求取得希望结果的主观意志。这种主观意志并不是空想的，而是一定环境和条件的产物。因此，目标既有协调社会组织或个人行动使他们朝着共同目标努力的导向功能，也有反映社会组织或个人意志使他们的现实利益及要求得以体现的功能。目标的导向功能是通过使社会组织或个人的现实利益及要求得以确认并使其在未来的发展中得到进一步体现来发生作用的，它反映了社会组织或个人现实利益与未来利益的统一。

第二，效益优化。人类在自己的社会经济活动开展之前进行预测与筹划，对未来的各种可能条件作出估计和分析，对社会的总支出和总收益作出预算，以期获得最大的效益。从市场经济的角度看，计划的目的就在于通过预先的设计与安排并建立必要的秩序，可以使计划所预筹的经济活动与过程的耗费成本降到最低值。如果缺乏计划的正确引导，缺乏计划的必要控制，缺乏计划所规定的秩序，那么经济活动就会变得盲目，市场活动就会趋于紊乱，整个社会经济活动的成本就会大大增加。

第三，平衡协调。计划规定了社会组织或个人在其发展中的供给与需求的相应比例关系及其衔接，这就是计划的平衡功能。这里，既有各种社会投入之间的平衡，也有各种社会产出之间的平衡。在做好平衡的同时还要注意协调。在市场经济条件下，大量经济活动并不是建立在这些静态的平衡之上的，而是处在一个动态的、开放的系统之中。因此，计划在对未来的经济活动进行平衡时还要注意搞好协调。

第四，过程控制。事物的状态是质和量的统一，这种统一离不开一定的"度"，也离不开过程。计划指标体系包含了对于未来状态的描述和选择，其实质就是对于社会经济系统未来状态的"度"的规定，如果超出了这一"度"的规定，预期的社会经济系统的未来状态就不可能实现。从控制论看，计划实际上是建立了一种"前馈"机制，使人们在行动之中有参照目标，行动之后有校核目标，从而使人们能够及时修正社会经济系统状态参数与环境变数之间的偏离，保持社会经济系统的协调发展。

第五，内容创新。作为观念形态的计划，是对于社会系统未来状态的设计，它包含着新质，而不是社会系统过去和现实状态简单的线性延伸。计划的创新，就意味着要提出能提高经济效益和社会生活质量的新内容，从而能使作为社会组织或个人凝聚力的计划目标具备新的、更强的感召力。

市场方式是指借助市场机制的作用调节资源的配置，以求得社会总供求平衡的经济调控范式。市场方式作为市场经济运行的基础性方式，其功能在于：通过市场上商品的需求与供给的变化所决定的价格波动及竞争的力量，引导资源在各产业部门之间的流动。这种流动是从经济效益低的部门流向经济效益高的部门，从供给过剩的部门流向供给不足的部门，从而达到资源使用的节约及其在各部门的配置适应社会需求的变化。也就是说，达到资源配置的优化。

市场之所以能发挥这样的功能，在于各个市场活动的主体受到利益的激励和约束。这些市场活动的主体各自都是独立的利益主体，他们按照市场供求决定的价格在市场上进行交易活动，而市场上商品价格的涨落、高低，又调节着他们的经济利益。出于对经济利益的考虑，或者说在经济利益的激励和约束下，他们不得不根据市场价格的变动调节自己的生产和经营，即一方面他们必须改进技术，提高劳动生产率，降低成本；另一方面必须将生产要素由亏损的或获利少的部门转入获利的或获利多的部门。这样，就促使了资源利用的节约和供给结构与需求结构的适应，从而达到资源配置的优化。

市场之所以能发挥这样的功能，还在于竞争。竞争是一种市场选择，起着择优汰劣的作用。在由竞争所形成的市场价格下，提供物美价廉商品的生产主体将获得更多的利益，从而得到发展，反之则难以发展甚至破产。正是竞争推动着资源配置的优化。市场竞争越完全、越充分，市场功能的发挥也越有效。

可见，市场功能是通过市场上的价值规律，即价格机制、供求机制、竞争机制三大机制和物质利益规律等共同表现出来的。这些规律的交织作用制约或激励着企业的生产经营，调节着整个经济的运行。三大机制为什么是一个系统？为什么在这个系统内综合发生作用？因为，三大机制统一并归结为经济利益，经济利益实质上归结为人们的社会劳动，社会劳动的集约又归结为时间的节约。因此，价值规律说到底也就是时间节约规律。价值规律通过价格、竞争与供求三大机制的系统作用实现社会劳动时间的节约。实现社会劳动时间节约的基本方式，又体现为计划与市场及其相互关系。

调节社会资源配置的基本目标，是实现社会总供给与社会总需求的均衡。单纯的计划方式、单纯的市场方式都不可能顺利有效地实现均衡目标。计划与市场不是互相排斥和替代的，而是互补的、相辅相成的，它们在不同方面和不同层次上发挥各自的作用和优势。一般说来，计划主要是在整体的宏观调控、总量控制、结构调整、经济布局等方面发挥作用，解决重大资源和社会利益的调整等问题。市场是配置资源的基本形式，主要是在微观经济领域、日常生产经营活动和相关的资源配置方面发挥作用。计划与市场作为资源配置的基本方式，都是社会化商品经济的需要，都是市场经济的调节手段。

二、市场经济条件下的计划

让市场对资源配置起基础性作用，意味着充分发挥市场配置资源的基本功能。市场是在国家宏观调控下运转的，而计划是国家宏观调控的重要手段之一。我国的市场经济体制，不仅不应否定计划手段，而且还要十分重视和发挥好计划手段的作用。这既是社会化大生产的要求，也是市场经济运行的需要。

第一，从计划与市场的内在统一性看。计划与市场内在统一的结构形式是"国家—市场—企业"以及"企业—市场—消费者"。市场既是商品经济的载体与活体，同时又是联结国家与企业、企业与消费者的纽带与桥梁。国家、市场、企业、消费者都可以而且应当在计划的调控下活动。国家通过一系列计划参数的制订和市场环境的创造，从宏观和微观两方面协调经济发展过程中各个层次、各个方面、各个部门及各种经济利益主体的关系，通过市场引导整个社会经济系统

（包括企业与消费者）顺畅地运行，从而在实践中通过计划实施并把握市场对整个国民经济的基础作用。另外，计划与市场内在统一于价值规律，是价值规律双重规定性的实现形式。离开了计划性（比例性）的市场在现实生活中实际上是不存在的。

第二，从市场经济运行的需要看。市场能够实现资源的优化配置，推动社会经济的发展，这是毫无疑问的。但是，市场也不是十全十美的，更不是万能的，它同样有着历史的局限性，存在着不可避免的缺陷与弊端。计划对于市场的补充和校正已被实践证明是毫无疑问的。

在我国，之所以运用计划方式（手段），除了上述原因以外，还有以下特殊的原因。

第一，我国现在仍然是一个经济比较落后的国家，各项事业、各个行业、各个地区都要发展，而人口众多，资源、资金相对不足，对经济发展不利。另外，经济的计划性又具有能够集中力量办大事的优势。这两个方面的实际，决定了我们必须也有可能运用计划和其他宏观政策手段，集中资源，集中财力、物力去办一些运用市场手段难以办到的基础性事业，从而加快经济发展。

第二，由于历史的原因，我国产业结构、地区经济结构存在许多不合理现象，结构调整任务很繁重，而国际上高新科技迅猛发展，产业结构调整和升级也正掀起新的浪潮。我们要适应和赶上这种潮流，加快我国结构调整与升级及发展高科技的步伐，不可能所有的事情都经过市场去筛选，那样做时间长、见效慢、成本高。在使用市场手段的同时，运用计划手段，就可以避免出现这些弱点与不足，加快结构调整和升级。

第三，我国从传统计划经济体制向市场经济体制转轨，目的是要使市场在国家宏观调控下对资源配置起基础性作用，并给企业以压力和动力，实现优胜劣汰，使微观经济充满活力。因此，我们不需要也不应当在搞活微观经济的同时，放弃宏观调控和必要的计划手段。特别是我国现在市场发育程度低，各类市场还很不成熟、不规范，与市场经济相配套的法律、法规正在逐步建立。这些情况决定了我们在向市场经济体制转轨的过程中，要加强和改善宏观调控，重视运用计划手段，引导市场经济健康发展。

第四，以公有制为主导的中国特色社会主义市场经济的特殊性，尤其需要搞好国家宏观调控，重视运用计划手段。生产资料公有制决定了满足人民的需要是发展市场经济的根本目的，实现人民的共同富裕是中国特色市场经济发展的最终目标。允许一部分地区、一部分人先富起来，但要防止收入过分悬殊。先富起来的地区要带动和帮助后进地区，逐步走向共同富裕。为此，不仅在居民收入分配领域要注意发挥计划手段的功能，而且在地区布局、协调各地区经济发展以及在扶持少数民族地区、贫困地区的经济发展等方面运用好计划手段。

第五，计划经济并不是一种极为糟糕的资源配置方式。这里，要区别理论计划经济与传统计划经济。马克思、恩格斯所设想的理论计划经济是未来新社会——共产主义社会的资源配置方式，传统计划经济是苏联在当时特定条件下实施的一种高度集权的指令性资源配置方式，两者存在着本质的不同。传统计划经济在我国所发生的一系列问题，有经济条件不具备的原因，也有主观认识方面的原因，同时还有缺乏经验的原因。但是计划经济体制的长处在于动作迅速、力量集中、预期明确、传递简捷、效果明显，因而在战争、危机、灾害时期是极为有效的。

种种理由说明在中国现实情况下建立市场经济体制，应当在市场的基础上更好地运用计划手段。

根据市场经济运行模式的要求，市场经济体制中的计划和传统计划经济体制中的计划相比，有以下显著特征。

第一，市场经济体制中的计划是宏观调控的手段。所谓"宏观调控"不是去干涉企业等经济组织的微观活动。它的重点是：合理确定国民经济和社会发展的战略目标，搞好经济发展预测、总量调控、重大结构与生产力布局规划，集中必要的财力、物力进行重点建设，综合运用经济杠杆促进经济更好、更省，从而更快地发展。当然，在市场机制难以发挥作用和有所偏失的地方，要由政府管理和干预。例如，安排公共工程建设，干预某些稀缺资源的产量，以及必要时对价格、利率、汇率等市场参数进行干预等。

第二，市场经济体制中的计划调控是以市场为基础的。既然是市场经济，那么计划与市场相比，市场是基础，国家计划同样要以市场为基础进行间接管理。也就是说，要按照市场规律和社会需要来进行计划调控。国家计划不是排斥和否定市场，而是促进市场更有效地发挥作用。

第三，市场经济体制中计划调控是指导性的。市场经济条件下使用计划手段不是采取给各经济组织下达指令的办法，而是采用经济手段、法律手段和必要的行政手段，实施宏观指导，粗线条、大弹性。传统计划是建立在"产品经济"基础上的，依据"利益一致"的原则，实行以指令性计划为基本形式的大一统的计划；而市场经济条件下的计划，则是在经济利益主体自主经营、市场导向、分散决策的基础上，主要实行政策性和指导性的计划，采取经济手段、法律手段进行有效的弹性调控和软性干预。

总之，在市场经济的资源配置中，既要发挥市场的基础性作用，又要重视和发挥国家计划的宏观调控作用。我们要在市场经济体制的基础上，把计划和市场这两种资源配置的方式和手段很好地结合起来，发挥两者的互补作用。凡是市场能够解决好的，就让市场去解决；市场管不了或者管不好的，就由政府用政策和计划来管。通过两者的结合，使之各自分别在最有效地发挥作用的领域和经济活动层次上执行职能，两种手段的长处都能得到充分发挥，各自的弊端都能降到最小，从而使社会资源配置达到最优化。

三、市场经济的修复、补充与完善

虽然市场经济在发展过程中具有自完善与自组织功能，然而其过程很长，人们通过自己的认知能力主动修复、补充与完善是必要的。

完善市场经济体制，是完善市场机制的基础。要实现经济机制的效率，根本与首要的是必须实现资源的高效率配置。或者说，经济增长与发展中存在的种种问题，都与市场体制的不完善，特别是在一些重要方面和关键环节上的不完善，有直接的关系。

第一，采取可能与必要措施，保障市场能够充分发挥配置资源的基础作用。具有足够竞争性的要素市场与商品市场的统一、畅通，是市场经济有效运行的基本条件。市场配置资源，要求各种生产要素可以作为交易对象平等、自由进入市场过程，市场化的价格形成机制在要素市场上起作用，并由市场价格引导要素的流动。

第二，改善宏观调节方式与手段。由于调节机制上的矛盾而形成经济发展方面的阻隔、断裂，不仅影响经济增长与发展方式的转变、经济结构的调整和引发宏观经济均衡、协调、健康、稳定发展的深层次障碍，而且还可能扭曲收入分配格局，并成为寻租盛行、腐败丛生的渊源。要特别注意把握国家宏观调控的方式、力度与时点，防止过之与不及。

第三，完善市场经济有效运行所需要的若干"基础设施"和支持系统，如充分保护人民财产权利的法律体系，对市场规则和秩序的有效维护，构建合理、普惠的教育、卫生制度等。

第四，加快建立和健全社会保障体系，优化市场经济的运行结果。通过就业和分配制度的改革，使社会不同群体的收入水平都有所提高。加快建立和健全社会保障体制，帮助由于天灾、人祸、疾病、与生俱来的生理缺陷，以及历史和自然区位差异等方面的原因而形成的社会弱势群体，使他们同样得到由社会进步所带来的好处，共享社会进步的成果，维护社会稳定。

四、市场经济的发展趋势

随着市场经济的逐步完善，现代市场经济的发展趋势日趋明显，主要表现在：

1. 越来越规模化

优胜劣汰是市场经济的铁律。市场经济的基本规律及其实现形式必然引致生产集中乃至垄断，其表现与实现形式是市场经济的利益主体——企业在激烈的市场竞争过程中越来越规模化。一方面是市场竞争所导致的"大鱼吃小鱼"——生产集中；另一方面是企业为了在市场竞争中处于优势地位而不断追求的集约与扩张——生产集聚。生产集中与生产集聚在生产资料私有制基础上的理性形式，则具体表现与体现为企业的规模越来越大。与此同时，消费方面也存在着量的增加和质的提高。因而，消费与生产的规模都在相应扩大，从而导致市场经济越来越规模化。

2. 越来越集约化

在市场经济激烈竞争的外部压力与企业内在追求利润最大化的过程中，企业作为市场经济的利益主体只能积极地、不断地改进技术，变革生产方式，提高劳动生产率，注重内涵型扩大再生产，因而必然使得企业越来越集约化。消费者方面同样如此。消费的越来越集约化主要表现在随着恩格尔系数的降低和基尼系数的缩小，人们的生活质量日益提高并且逐步走向劳动成果的共享。两方面的共同作用，致使市场经济也越来越集约化。

3. 越来越秩序化

既然市场经济的正常发展要求公开、公正、诚信、有序，同时又必须坚持自由、平等、竞争、利益和效率精神，那么，其集中体现只能是市场经济的发展越来越秩序化。很难想象，没有秩序或者秩序混乱的市场经济会给人们带来舒适的生活和经济持续发展的环境；也很难相信，人们可以长期"零容忍"市场经济发展的不公正、不诚信，以及不正当竞争和效率低下。市场经济是法制经济，因而必然是秩序经济。市场经济越来越秩序化，应当是其发展的趋势。

4. 越来越一体化

世界经济发展的事实已经证明并将继续证明，市场经济的发展越来越把世界带向一体化的过程。一方面，市场经济的开放性把各国经济的发展推向世界；另一方面，资本主义经济发展过程中的资本输出与跨国公司、国家垄断同盟也日趋将经济的发展导向经济一体化。虽然经济一体化及其过程对于经济发展中国家而言，是一把"双刃剑"，但是世界经济发展过程中的这一趋势，又是任何国家都回避不了的。问题在于，发展中国家如何应对挑战，从实际出发，在世界经济一体化的过程中走出一条符合自己国情的特色之路。

5. 越来越社会化

市场经济越来越一体化，意味着不但生产力的发展越出了国界，而且意味着生产方式也越出了国界。市场经济的发展不但排斥甚至消除各国民族经济的根基，而且把整个社会纳入一个"大工厂"，全世界的经济过程越来越被视为一个有序的"流水线"。生产资料的使用被社会化了，生产过程被社会化了，生产的结果包括产品也被社会化了。从而，市场经济越来越不是一个国别概念，更不是一个民族概念了。

6. 越来越计划化

现代市场经济理论认为，计划与市场不是对立或单一的，而是互补和相辅相成的。计划不但是社会大生产的内在要求，而且是现代市场经济的内在要求。邓小平曾通俗地表述过：资本主义有计划，社会主义有市场，计划和市场都是经济手段。此次美国次贷危机引发的世界性经济危机，一些西方资本主义国家包括美国等在内，2008年以来不但使用了国有化方式，而且使用了计划方式，也说明了计划与市场相互关系的不可分性。随着市场及其市场经济的进一步发展与完善，市场经济的计划性也会越来越强化，而且会越来越成为主要方面。

7. 越来越平稳化

几百年来，市场经济发展过程中的周期性一直为学者们所关注。西方经济学有所谓"周期理论"，马克思主义经济学的经济危机理论则直言不讳地点明了资本主义经济不可避免的周期性。但是，在资本主义经济发展过程中，有一个不可忽视的事实，就是资本主义经济发展过程中的平稳期越来越长。换言之，即资本主义经济危机周期中的复苏与高涨阶段拉长了，"短周期"演变为"长周期"，从先前的七八年发生一次，到后来变成十多年才出现一次，再后来资本主义经济发展的"黄金时期"竟可以长达十多年，甚至更长一段时间。这种情况说明，在生产力发展的过程中，资本主义的生产关系也在相应地调整，以适应生产力的发展。那种认为资本主义一成不变的观点是不符合实际的。同时，对于资本主义的痼疾——经济危机而言，资本主义对其的"治疗"方法，也在"与时俱进"，特别是在这次世界性的经济危机过程中，"国有化"与"计划方式"更加明显和突出了。可以想见，一旦国有成为主体，计划方式成为主要方式，经济发展也就更加趋于平稳了。于是乎，生产资料公有制也就会应运而生。事已至此，难道社会主义还远吗？

8. 越来越现代化

市场经济的发展，从生产力的层面看，日趋先进，逐步从机械化、电气化、自动化走向信息化、智能化；从生产方式的层面看，日益进步，商品经济到市场经济、现代市场经济到世界经济一体化；从管理的层面看，日益科学，由规范管理逐步发展到一般管理、科学管理、人本管理、公约管理；如此等等。总之一句话，越来越具有时代特征和现代意义。

概括而言，市场经济发展与完善的趋势，方方面面的利益与要求集中到一点，就是分散的利益主体将会逐步演变并进化为单一的利益主体。这就是说，市场经济的发展与完善将由分散的私有制转化为总体的共有制。这就是人们常说的"天下为公"、"世界大同"；也就是"繁荣昌盛"、"共同富裕"。当然，这也就是马克思所设想的现代社会大生产基础上统一的生产资料公有制，如果配置以计划经济与按需分配、实现共同富裕，其实也就是马克思主义者所追求的共产主义社会了。

第十章　市场经济的调控

市场经济的调控，包括宏观与微观两个大的方面。市场经济的宏观调控，是市场经济宏观运行均衡与平稳运行的内在要求，也是商品性社会化大生产的内在要求。必须加强和完善国家的宏观调控职能，运用必要的宏观调控政策与手段，使市场经济的运行在宏观调控下更好地对资源进行优化配置。同时，还必须运用国家政权的社会管理和经济管理职能，优化市场环境，保证市场经济的正常运转与健康发展。

第一节　市场经济的宏观运行

市场经济的宏观运行主要涉及总供给与总需求的均衡关系。宏观调控体系主要由价值规律的宏观调节作用、国民经济计划、宏观经济政策、宏观调控手段组成。这些互相联系的不同调节层次，有机统一于市场经济的宏观运行过程之中。

一、市场经济的宏观运行目标

市场经济的宏观运行目标由以下主要内容构成：社会总供给与总需求的基本平衡；国民收入不断增长；劳动力充分就业；物价基本稳定；国际收支平衡。

在市场经济宏观运行的具体目标中，社会总供给与总需求的基本平衡是宏观调控的基本目标。这是因为：总供给、总需求的基本平衡，大致反映了市场经济运行的总体状态。总供给与总需求的平衡关系是市场经济运行中各方面矛盾的集中表现。社会总供给与总需求的基本平衡是保持物价基本稳定，从而使价格机制调节（即价值规律的调节）经济的作用得到充分发挥。国民收入不断增长是国家宏观经济调控的中心目标，因为人均消费的增长，由国民收入中积累和消费的分配关系所决定。劳动者充分就业和物价水平的稳定则是影响社会稳定的因素，在一定意义上是实现国民收入增长目标的外部环境。国际收支平衡，对于全面开放的我国经济发展具有重要作用，特别是我国加入 WTO 以后，世界经济对国内经济将有重大影响。

一般来说，市场经济宏观调控的目标，世界各国大同小异。目标之间的相对重要性，对于不同国家或者同一国家的不同时期可能有所区别。就中国特色市场经济而言，人民的共同富裕则是中国特色社会主义的本质要求，因而也是国家宏观调控的最终目标。

在现实经济运行中，上述宏观运行目标并不是各自独立的，而是存在着复杂的互动关系。国民收入增长同稳定的价格水平和国际收支平衡之间，人均消费增长与价格水平之间，充分就业与人均消费增长之间，国民收入增长与人民共同富裕之间，都存在着内在的相互作用。从我国宏观经济运行的经验来看，追求高速度而过度扩大总需求，会导致价格水平的上升及进口需求增加，从而可能引起国际收支的逆差；同样，在既定的劳动生产率增长范围内，为使人均消费水平有较快的提高而不同时压低投资的增长，也会导致总需求的过度膨胀并引起价格水平的上升；再者，在有限的国民收入条件下，由于要求就业的劳动人数众多，为了实现充分就业，社会就不可能使人均消费水平有较大的增长；而大量失业者的存在，又会影响社会稳定和国民收入的增长。还有，各种经济成分的发展、市场竞争的作用、国民收入增长的地区性差别，同时引起沿海和内地不同地区和各种职业间的贫富差距日益扩大等。由此可见，上述各个宏观运行目标之间的消长关系，都是以它们背后的现实经济运行过程中各个变量之间的互动因果为基础的。无论什么样的经济体系，内部都不存在这些变量之间的自动协调机制。因此，国家调控的职能就是运用各种经济杠杆调节各宏观变量，使现实经济运行中，由自在力量决定的宏观经济活动水平的实际值，趋近国家确认的宏观经济运行目标值。

二、宏观运行目标值的确定

国家宏观调控的前提，首先是确认它所认可的宏观经济活动运行目标的目标值。只有经过缜密周到的分析，科学确认宏观经济活动各个方面的目标值，才能据以判断实际经济活动的水平。相对目标值而言，是否发生偏离，并且相机抉择，采取扩张或收缩政策，是国家实施宏观调控的基本内容。宏观经济运行目标值的确认，取决于政府的理论素质，但更主要的是依据长期对于宏观经济活动的分析、干预与预测所积累的经验。理想的宏观经济运行目标值，应建立在各个宏观目标之间相互协调的基础之上。宏观经济运行目标之间协调的重要标志在于，运行目标中每一目标值的高低都不会妨碍其他各个目标值的实现。例如，在一定的高增长目标值下，政府采取刺激经济增长的各种政策，同时也可能使一定的价格水平上涨。如果一定程度的价格水平上涨与政府预期的价格上涨率不相悖，那么可以认为，宏观运行各项目标值之间是相容的，高增长是可取的。反之，价格水平上涨突破政府认定的价格上涨率，则说明各项宏观运行目标值之间是相悖的，在此意义上高增长就是不可取的。

国家宏观调控的运行目标值除了协调性之外，还必须具有相对稳定性。这是因为，目标值在短期内的稳定是国民经济稳定发展所必备的外部条件。但是，国家宏观调控运行目标值从长远来看，并不是固定不变的，必然会随着现实经济的发展而发生变化。

任何一项宏观运行的目标值，都应当反映社会某种经济运动的内在趋向。这种内在趋向可以由实际经济运行中的一些经常性状态得以显示。反映现实经济运行过程的常态值会随着现实的变化而变化。如果实际的经济活动水平及其常态值同政府既定的宏观经济的目标值发生偏差，那么国家就可能运用各种宏观调控手段对经济运行的偏差进行调节控制。

以现实经济运动过程的常态值为基础，确立国家宏观调控的运行目标值，并以此为参照系，调节宏观经济活动的偏差，使现实宏观经济活动按照经济体系运动的正常趋向稳定发展，这就是国家宏观调控职能的主要表现。

三、市场经济的宏观调控模式

市场经济的宏观调控，一般包括两种方式，即市场经济的自动调控与政府调控（包括计划）。这里所研究的宏观调控方式，主要是政府调控。

宏观调控的政府方式是指国家为实现宏观运行目标，采取某种政策或措施来刺激、制约和控制经济运行的政府行为。在市场经济中，这种方式的选择要考虑如何使微观搞活同宏观搞好有机地结合。

政府宏观调控经济的模式主要有以下几种方式：

第一，国家全面地直接控制市场，即国家利用行政手段对生产者的市场活动进行直接控制，对市场进行全面干预。实践表明，在生产力发展水平及实际管理水平达不到相应要求的条件下，这种模式既限制了企业应有的经营自主权，又不能使国家通过市场机制的充分发挥而实现计划目标，也无法实现社会总供给与总需求的均衡。

第二，国家部分地直接控制市场，即国家对一部分生产者的市场活动放开，让他们接受市场的自动调节，而对另一部分生产者的市场活动进行直接控制。这种模式实际上是把整个社会经济分为两块。这样做的直接后果是经济运行往往处于人为的主观的所谓"计划"状态之中，总供给与总需求长期呈现非均衡。

第三，国家直接规定信号干预市场，即国家直接规定价格、利率等。这种模式的实现有极强的条件限制。一般情况下国家还不可能科学地直接规定出价格、利率等市场信号。如果硬要这样做，会使国家陷入繁重的日常事务，从而会限制经济活力，束缚生产者、经营者的手脚。这一点已为传统计划经济国家的经济实践所充分证明。

第四，国家随机干预市场，即国家一般不对市场活动直接施加影响，而只有当市场靠自身调节难以保证正常运行时，国家才随机干预市场活动，以实现整个社会总供给与总需求的均衡。这种模式强调市场自我协调，忽视市场的政府协调，而当经济发生偏差或出现危机时，政府干预又往往效果不佳，容易造成经济运行的失衡和紊乱以及社会劳动的巨大浪费。西方经济运行的历史已证明，这种模式也是需要根据实际情况适时修正的。

第五，国家通过参数协调市场，即运用以经济参数为主的粗线条、大弹性计划对市场的运行予以指导。在这种协调模式中价格和利率等市场信号都是在市场供求关系变动的制约下形成的，国家并不直接规定价格和利率，而是根据经济发展的要求，通过掌握的市场参数调节之，使其在市场活动中发生内部机理变换，最终输出合乎经济发展要求的市场信号，对市场活动进行调节。这种模式，既可以保证各市场主体的选择权、主动性和积极性，又可以在不损伤市场内部机理和保证市场积极功能充分发挥的前提下，使经济发展目标渗入市场活动，从而使经济发展有序运行。

第二节　资源配置的层次性与第三配置方式

配置资源与协调利益既是市场经济学的理论主线，也是市场经济运行过程的操作面。配置是按实现组织目标要求进行的资源与要素的基本组合，其优化依赖协调的方式、方法与手段的最佳选择；协调是市场资源配置过程中对经济关系与利益矛盾的调整，是实现市场经济和谐发展的基本方式。

资源的有限性（稀缺性）是市场经济配置资源必要性的基本依据。使有限的资源发挥最大的效益，为达到预定组织目标而最大限度地节约和保护资源，实现经济社会的可持续发展，是人类的永恒使命。资源的稀缺性决定了人们必须作出选择，按照一定的规则和机制来匹配和设置资源。有限资源与永恒使命相结合的具体形式与过程，就是资源最优配置。

一、资源配置的内涵与特征

配置，即配备、设置。资源配置是各种配置的重要方面与内容，通常是指在资源数量一定的情况下，如何将有限的人力、物力、财力以及科学技术、信息等资源投向相关方面，以获得最大效益，以求组织获得稳定、协调、持续的发展。资源作为配置的对象，其范围的宽窄直接影响配置的深度和广度。资源的有限性与人们需求的无限性之间的矛盾，要求人们对各种资源在不同使用方向之间进行选择，以获取最佳效益。

资源配置的特征包括：

1. 基础性

组织的运行首先需要有必要的资源配置，否则组织无法正常运行。组织制定的发展战略也必须建立在资源配置的基础上。恰当的资源配置是组织生存、发展的基础。

2. 广泛性

配置所涉及的内容覆盖组织的各个方面，从人力资源到物质资源到财务资源到信息资源都是配置的对象与内容，组织的各个层级在各个时间都会面临配置问题。这些繁杂的内容决定了组织资源配置的广泛性。

3. 综合性

组织资源配置一般都需要从综合的角度加以考虑。配置所涉及的层级越高，内容越广泛、越重要，配置的综合性就越强，就越具有战略意义。在这样的情况下，仅考虑某个人、某个时间、某个部门的情况是难以解决问题的。

4. 利益性

人们各种社会活动的根本目的，最终都可以归结为对利益的追求。配置自然也是如此。资源配置不但关系到组织各方面的利益分配，而且关系到组织间利益的竞争与获取。

5. 局限性

资源的有限性决定了组织资源配置的局限性。绝大多数组织都面临资源不足的问题。即使是处境较优的组织，其资源配置在绝大多数情况下也是一种较优状态而不是最优状态。

6. 关联性

资源配置某方面的改变，无论是增加或者减少，一般都会引起一连串的后果，导致对于其他资源需求的变更，以及对于其他资源配置的改变。这是由资源配置的广泛性和综合性所决定的。

7. 长远性

资源配置具有战略性的基础意义，对于组织的长远发展至关重要。配置决定了组织在一定时期的可能的最佳表现。而人力资源和技术资源的合理配置更是组织未来发展的核心因素。

资源配置的特征决定了市场经济运行过程中资源配置的基本方面，即资源配置方式、资源配置能力、资源配置效益，这些方面体现着市场经济的体制与机制，从而直接关系着市场经济运行及其目标的实现。

二、资源配置的层次性

资源配置主要可以分为宏观和微观两个层次。从宏观层次考察，就是社会资源配置，指生产要素资源在社会各个部门和各地区之间的分配，其合理性的反映是如何使每一种资源能够有效地配置到最合适的地方去。例如，生产力的布局问题、区域经济发展问题等。从微观层次考察，就是组织资源配置，指组织运行过程中所需要进行的各种要素资源的配置，其合理性的反映是如何有效并使之发挥最大的效用。

在社会化的生产条件下，各个部门、各个地区在社会分工体系中是彼此相互依赖而又结成了一个有机的整体，就是要通过微观组织的各种资源配置，符合社会规模上的社会总劳动在各个部门、各个地区的按比例分配，才能实现社会资源的合理配置。

宏观和微观层次的资源配置既有联系，又有区别。宏观和微观层次资源配置之间的联系具体表现如下：首先，就全社会范围而言，现有的资源总量是一定的，现有资源在不同使用方向的分配情况，必然会影响到每一个具体组织的资源利用效率。如果宏观层次上资源分配不合理，必然会使相当一部分组织的资源利用效率降低。其次，如果大多数组织的资源利用效率提高了，这等于资源总量在增加，资源总量的增加比资源总量不变更利于资源在不同使用方向的分配。

宏观和微观层次资源配置之间的区别如下：首先，彼此的目标不同。宏观层次的资源配置的目标主要是让每一种资源能够得到合理的分配，通过生产要素在社会范围的重组，充分利用各种生产要素。微观层次的资源配置的主要目标是提高组织的资源利用效率，使一定的投入能有更多的产出。其次，实现的途径不同。宏观层次的资源配置合理化的实现，涉及生产要素在产业之间或地区之间的流动、产权关系的调整和规范、资产的转让、宏观经济调节手段的运用。微观层次的资源配置可以在不变更生产要素的前提下，通过组织内部的技术进步或一定的管理手段来实现资源利用效率的提高。

三、资源配置类型与第三配置方式

资源配置方式是指通过什么途径和手段实现经济社会资源的合理、优化配置，市场经济条件下主要有政府配置、市场配置、第三配置以及混合配置等类型。

1. 政府配置方式

政府配置方式主要是指计划配置方式，是传统计划经济体制中占主导地位的资源配置方式。传统计划经济体制下实行的是高度集中的行政性指令计划，资源配置的决策者是中央计划机构，配置的手段是以行政指令形式层层下达的计划指标，生产要素实行统一调拨和按计划供应计划平衡决算的差额而非产品价格成为产品稀缺程度的主要信号。这种资源配置方式在需求比较简单、易于把握，企业数量相对较少，生产规模和结构相对稳定，技术进步比较缓慢，资源替代和产品替代可能性较小的粗放经营条件下非常有效。但当经济发展由粗放式经营进入集约式经营阶段时，计划配置随着经济条件和经济环境的变化而暴露出越来越明显的缺陷。一是信息缺陷。计划者无法准确地收集到和把握种类繁多、千变万化的消费品市场需求规模和结构的全部信息，因而也就无法据此确定符合实际的生产资料和资源需求的规模与需求结构。二是动力缺陷。从计划的制订实施到调整和修正，主要依靠行政指令和政治动员来实现，以物质利益原则为核心的经济动力原则在各环节中没有得到有效体现，使整个社会经济活动缺乏应有的活力。三是协调缺陷。信息和动力缺陷导致计划方案难以符合实际的生产需求和消费需求，计划执行中出现的失误也只能在计划完成后才能被发现，造成计划适应需求变化和协调生产与需求之间平衡的过程缓慢而缺乏灵活性，纠正失衡的环节更是复杂和多重。经验表明，计划配置下由于计划失误所导致的宏观经济失衡和由此造成的资源浪费，有时甚至比市场配置还要大。四是配置成本缺陷。计划体制下建立的从中央到地方直至企业的计划制订、管理、实施、监督等庞大机构，需要支付巨额的资源配置成本，从整个国民经济的宏观层次上看则要耗费更大的社会交易成本，导致经济效率下降，而效率的下降和不断膨胀的管理机构，又会反过来加大资源配置成本，形成恶性循环。

2. 市场配置方式

市场配置方式主要是指市场机制的作用与功能。市场机制作为"看不见的手"能够有效地配置资源，协调经济运行并带来整个经济的高效率。在市场配置方式下，资源配置的决策者是各个分散的经济主体，配置的推动力量是经济主体自身的经济利益和它们之间的竞争，资源与要素稀缺程度的显示信号是市场价格。

由于生产要素流动和生产规模、结构由市场需求决定，而市场价格与竞争机制自发地调控着资源配置，使收入按生产要素贡献和市场效率实施分配，因此市场配置机制能够有效地刺激经济主体以最优配置投入生产要素，努力在竞争中提高市场效率及获得收入最大化，并成为宏观经济保持良好资源配置效率的微观基础。但由于存在着公共品、垄断、信息不对称、经济活动的外部性等情况，市场配置不仅对宏观经济总量和结构失衡问题的调节显得乏力或者需要经过较长时期的调节过程才能解决问题，制约着宏观经济发展战略和目标问题的有效解决，而且难以自发调节社会公共产品的生产和提供，对消费者和社会长远利益造成损害，特别是市场配置中按生产要素贡献和市场效率进行收入分配，与公正分配的社会要求不相符合，蕴涵着社会贫富差别过大、两极分化并引发严重社会冲突、导致经济发展与社会发展之间出现严重失衡的可能，所以仅仅依靠市场机制并不能实现资源配置的最优化。

3. 第三配置方式

第三配置方式指通过管理，包括社会公共组织或信用、习俗、伦理、社会心理、道德、意识形态等行为与手段，对社会资源进行协调性配置或再分配，弥补市场失灵与政府失灵，从而促进社会资源配置优化。第三配置内涵广泛，是由市场和计划之外的方式与力量实施的调节，实质是通过管理所进行的资源再配置。

无论是市场配置还是计划配置，从管理的角度考察，其调节对象均是指社会经济活动。第三配置的对象也是社会经济活动。但它不同于市场配置与计划配置，这是因为它的调节主体、调节手段与方式、方法等与前两者截然不同。从调节主体上看，市场配置的主体是市场，计划配置的主体是政府，第三配置的主体既不是市场，也不是政府，而是市场和政府之外的第三种力量。从根本上讲，这种力量主要来自于社会经济活动中自觉遵从一定的集体意识和社会规范的微观组织或个体；从调节手段、方式与方法上看，市场调节是通过价值规律、市场机制这只"看不见的手"来自发实现的，计划调节是通过各级政府部门运用各种经济政策、法律手段来强制或引导实现的，第三调节则主要是通过组织主体的能动性、规范性、自我性与约束性以及道德、约定、自觉等行为来实现的。

第三配置方式的存在不仅有其历史必然性，而且还有其现实必要性。

首先，市场配置和政府配置存在着局限性。市场机制只能对市场交易的经济活动进行调节，而不能对非市场交易活动进行调节，或者说它存在着"市场失灵"。它只根据利益原则或重要的"货币选票"来进行选择，而不能顾及社会经济活动的一些更为本质的目标，如人的幸福与发展等。虽然计划配置可以在一定程度上弥补市场配置的缺陷，它可以基于一种自觉的宏观经济战略和社会公正原则来调节社会经济运行，克服市场机制的自发性和片面性对经济以至整个社会生活的消极影响。但计划配置本身也存在着局限性。社会经济活动是极其复杂且变幻莫测的，而政府所能获得的信息则存在着不完全性和操作功能有限性，这就使得政府行为有可能偏离经济活动的客观规律，扭曲经济运行，造成"政府失灵"。

其次，完全只依靠市场配置和计划配置也会造成一些社会资源的浪费。市场配置是一种自发调节，它往往通过反复的"试错"才能实现，这常常导致资源的无效损耗。政府对经济的调节要通过诸多正式法规和组织来实现，其调节成本往往是很高的。特别是，如果人们缺乏道德自律时，其成本更可能是极为巨大的，其效果也无法保障。

最后，市场配置和计划配置本身也蕴涵着道德伦理。经济调节理论的大量假设前提如理性行为等概念都包括与道德观念有关的思想。政府在如何调节经济运行时，实际上也要依据一定的伦理原则来进行，如社会公正原则等。因而，在现实生活中第三配置方式的存在是完全必要的。

第三配置方式既分布于宏观、微观层面，也渗透于计划与市场过程中，实际是随着人类生产力发展，首先是分工的发展而专门化的实现资源节约、简约、集约、公约化的行为与过程。

宏观领域调节的是国家、政府的经济制度和秩序问题。大体包括两方面：一是经济制度，它对市场经济进行道德评价，确定市场经济所需的道德及市场经济本身是否符合道德要求。二是经济环境，它确定经济条件、经济秩序、经济和金融以及社会政策方面的伦理价值，协调经济与人的关系，如文化、教育、医疗等公共领域的政府伦理责任、社会信用等。

微观领域调节的是公司和企业。它也大体包括两方面：一是市场经济制度环境中运行的公司、企业或组织的性质与作用，如企业的性质、责任的伦理确认，企业的结构如何最佳反映企业的性质和责任等。二是组织、企业之间的利益关系，如怎样处理企业的交易伙伴之间的关系，如何处理竞争对手的关系等。

个体领域调节的是社会中独立的个体。它包括企业与企业内外的个人以及这些个人之间的伦理关系、行为规范和价值观。它具体包括两类：一是企业与个人之间的伦理关系；二是个人之间的伦理关系，如雇员与雇员的关系等。

以上三个领域之间都具有相关性、交叉性和整体统一性，从而所有对象之间构成一个既相对独立又紧密相连的有机统一体。

4. 混合配置方式

混合配置方式是指在市场配置的基础上辅之以计划指导的资源配置方式。在这种资源配置方式下，基本经济活动的联系绝大部分通过市场机制来实现，企业直接受市场调节，价格信号是经济决策的主要依据。特别是收入分配以生产要素贡献和市场效率为主要依据，通过收入再分配兼顾公平，使收入分配不仅成为资源配置的结果，而且成为资源配置的推动力。计划是参数而不是指令，是指导力量而不是强制行为，是基本框架而不是捆绑绳索。因此，计划与市场相结合的资源混合配置方式不仅突出了市场的主体作用，而且强调了国家宏观调控或计划指导作为资源配置方式在市场机制力所不能及的部门和领域所发挥的补充与调节作用，既规定着政府职能部门的行为及活动规范，又为微观经济主体提供了宏观经济发展的信息，促使其决策与宏观经济发展的趋向相符合与相协调。因此在很大程度上讲，政府的显著特征——拥有全体的社会成员和强制力——使政府在纠正市场失灵方面具有某些明显优势。

四、第三配置方式的基本原则

第三配置方式在资源配置的过程中应按最优原则进行选择，使资源配置的效益（绩效）最大化。这是市场经济运行的最终目标，也是第三配置方式的意义所在。

1. 效率优先原则

具体的表现是，使既定的有限资源用于生产那些消费者最需要的产品，并使既定的有限资源分配给那些生产效率最高的生产者。从技术效率层面来看，资源配置最优是指以既定资源获得的各种产品数量达到最大值。或者说，在各种产品数量既定条件下，尽可能少地消耗所用资源。

2. 效益最大原则

在现实运作过程中，往往出现技术层面上达到资源配置最优，并不等于经济层面上也是最优的情况。如果为使用此资源而支出的成本大于使用此资源所带来的收益，那么技术效率再高也不会有人使用。从经济效益方面来看，资源配置最优是指在各种备选方案中，将等量资源所得到的收益与成本相比较，选择净收益最大的方案。

理想的资源配置最优必须同时满足技术上和经济上的要求。但在现实运作中，被同时满足的情况很少。因此，当它们发生冲突时，首先选择的是经济效益大的资源配置方案。

3. 统筹兼顾原则

资源配置的优化可以体现在宏观和微观两方面。宏观资源配置优化就是全社会的生产性资源在不同部门、不同地区之间的使用达到了最优，没有资源的闲置与浪费。全社会由许多个不同的生产部门和不同的地区组成，当资源用于不同的生产部门和不同的地区时，会导致部门和地区产量的不同水平增大。社会资源用于每一单位资源投入的边际产量最大的部门或地区，能使资源配置优化；反之，则使资源使用效率降低。

微观资源配置的优化，是指一个组织在现有的条件下，各种生产要素都充分发挥了它们的作用，规模达到了最优，没有资源闲置和资源浪费。事实上存在着三种因素影响一个组织的资源配置：

首先是价格。价格过高或过低都会影响资源的最优配置。在这种情况下，即使是在一个组织内部实现了资源的优化配置，也会与社会、与宏观的资源配置优化产生矛盾。其次是资源自由转移程度。如果资源不能自由转移，一个组织在不需要某种资源时不能移作他用，在需要某种资源时又不能自由取得，这会使它无法调整自己的资源配置，资源配置的优化也无法实现。最后是社会资源的短缺程度。这是影响一个组织资源配置的最大问题。社会存在着广泛的资源短缺现象，一个组织要得到一定数量的生产要素往往要等待很长时间，有时还会得不到。一个组织为了保证不影响正常的运作，就必须囤积一部分生产要素。这种囤积会造成资源的短缺和闲置。

资源配置优化对社会经济发展有着重大影响。一是资源配置优化导致社会总产量增大。在资源数量不变的情况下，通过资源转移和优化，就能实现一定规模的经济发展。二是资源配置的优化，能够促使社会生产的部门结构合理化。通过不断的资源（资金）转移，促进短线产业和新兴产业的发展，调整落后、不合理的产业结构，进而形成一种合理有序的产业结构。三是提高社会生产的效益。无论是微观资源配置的优化，还是宏观资源配置的优化，都会导致社会能够用相同的生产要素投入，获得更多的产量和收益。

第三节　国家宏观调控的职能与政策

市场经济就是要使市场成为资源配置和经济调节的主要手段和基本方式，充分发挥市场经济运作中的价格机制和竞争功能，及时协调生产和需求的波动变化。但市场经济并非完美无缺，也有其局限性，这就是通常所说的"市场失灵"，而且市场调节还存在着滞后性、被动性与盲目性的弱点与不足。因此，必须加强和完善国家的宏观调控职能。

国家宏观调控是指政府运用一定的财政、货币、产业、区域、分配、外贸等政策及计划、法律、行政等手段，对国民经济的总体发展实施一定的指导、调节和控制作用，以保证国民经济健康、稳定、协调、持续发展的行为与过程。政府为弥补"市场失灵"所采取的其他措施也属于宏观调控范畴。市场经济的运行要求加强和完善国家的宏观调控职能。

一、国家宏观调控的必要性

世界各国经济发展的历史证明，市场经济的稳定发展离不开国家宏观调控。加强国家的宏观调控职能是现代市场经济客观规律的必然反映。

1. 国家宏观调控是市场经济发展的必然要求

在资本主义的初期，由于当时资本主义经济本身的力量不够强大，需要依靠资产阶级国家政权力量促进商品经济的发展。作为对资本主义生产方式最早理论研究的重商主义者曾提出了国家干预经济的思想。18世纪以后，资本主义经济发展了，力量强大了，自由放任思潮和自由竞争经济开始占据统治地位。19世纪初，资本主义周期性经济危机加剧，工厂倒闭、工人失业等社会灾难日益表面化。从19世纪后半叶开始，自由竞争市场经济的剧烈波动，迫使资产阶级学者寻找在市场经济框架下治疗市场经济弊病的办法。20世纪初，自由竞争资本主义完成了向垄断资本主义的过渡，形成了垄断条件下的市场经济。20世纪30年代大危机以后，国家垄断开始代替私人垄断；国家垄断资本主义获得了明显的发展。于是，自由竞争逐渐受到国家干预，出现了以美国总统罗斯福"新政"为代表的国家干预经济的实践和以英国学者凯恩斯的《就业、利息和货币通论》为代表的宏观经济管理理论。这一理论和实践的实质内容是国家干预经济，计划校正市场。第二次世界大战以后，西方各国普遍接受了凯恩斯理论，各国政府通过财政、货币政策等手段对经济实行宏观调节，一些国家还制订了指导性计划。由于这些国家以私有制为主体的市场经济的基础未变，不可能完全摆脱资本主义基本矛盾的困扰，但国家宏观调控和社会福利政策的实施，使周期性经济危机和阶级对抗有所缓和。

当代资本主义经济被西方学者称为"混合经济"。在经济运行中，既有市场经济充分发挥作用，又有国家对经济生活的宏观干预。按照凯恩斯所说，就是"国家之权威和私人之策动力量互相合作"。[①] 历史证明，国家的宏观干预对现代市场经济是必要的，是现代市场经济矛盾性与社会性的客观要求。

从理论上看，市场经济本质上就是由价值规律调节的经济。价值规律既有其微观的规定性，又有其宏观的指导性。而价值规律的宏观指导性，即社会总劳动依据社会需求按比例分配于社会生产各部门，自然要在市场经济的运行中客观地体现并外化为政府的宏观调控职能。这就是说，政府的宏观调控职能实际上体现了市场经济的内在要求。

2. 国家宏观调控是社会化大生产的必然要求

市场经济是商品生产发展到社会化大生产阶段客观要求采用的资源配置方式。一方面，商品生产的市场化要求必要的宏观调控；另一方面，社会化大生产也要求必要的宏观调控。但由于市场结构本身难以达到完全竞争和提供准确信息，而市场调节本身又带有自发性和滞后性，具有被动性和盲目性，因而仅靠市场经济自身运转，难以避免周期性的经济危机，难以实现经济长期稳定发展，难以防止两极分化，难以保护生态、环境和资源。为了弥补市场机制的缺陷，必须采取国家对经济的宏观管理和调控，以干预并校正市场的运行。

宏观调控是国家运用计划、法规、政策等手段，对经济运行状态和经济关系进行干预和调整，把微观经济活动纳入国民经济宏观发展轨道，及时纠正经济运行中的偏离宏观目标的倾向，以保证国民经济的持续、快速、协调、健康发展。社会化大生产客观要求市场经济的宏观调控，其必要性还表现在：

（1）在社会化大生产条件下，国民经济系统是由诸多要素组成的复杂整体，社会经济的各部门、各地区、各企业以及居民的经济活动，是相互联系、相互依赖和相互制约的。而市场经济本身存在着缺陷和不足，与社会化生产的客观要求存在着矛盾，不能保证社会中各种关系的协调。

（2）市场经济的发展，要求有一个安定的社会环境、公平的分配制度、和谐的自然环境、良好的市场秩序和完整的法律体系。而这一切市场经济本身无法实现，必须依赖于政府的宏观管理，以保证市场经济必需的良好环境和条件。

① 凯恩斯. 就业、利息和货币通论 [M]. 北京：商务印书馆，1964. 321

（3）市场经济中的自发调节是一种事后调节，而且市场调节所依据的信号——价格与供求状况只反映此时此地的状况，既不能表现全局，也无法预示未来。这种市场信号的短期性和局部性势必导致市场主体行为的盲目性和自发性，从而造成资源浪费和社会经济的波动。这些问题单靠市场经济是难以解决的。

（4）由于市场调节是以微观经济效益为依据的调节，因而不可避免地会产生企业微观经济效益与社会宏观经济效益的矛盾。例如，企业在追求自身经济效益的同时，可能会造成环境污染或者破坏生态平衡、影响宏观经济效益。对此，市场调节无能为力。同时，像国防事业、基础设施建设，以及教育、基础科学研究等领域的发展，也同样不能依靠市场调节来实现。

（5）市场本身不具备反垄断的力量，因而不可能自己创造自身发展所需要的公平竞争条件。市场只有保持充分竞争，市场机制才能有效地发挥作用。可是市场竞争又有"马太效应"：生产经营规模越大，经济效益越好。这种倾向引导生产要素的积累和集中，以致产生垄断，最后抑制竞争。简言之，市场竞争必然走向垄断。为了使自由、公平的竞争能持续进行，保证市场的有效运转，就需要在市场微观主体以外有一个宏观主体来抑制垄断，才能维持市场公平竞争的秩序。

二、国家宏观调控的职能

一般来说，政府对经济生活的宏观调控应遵循间接指导原则，以经济政策和经济法规为主，配合必要的行政手段、法律手段。

国家对于市场经济宏观调控的职能，具体而言，包括以下主要内容：

第一，制定符合国情和国际经济形势的经济发展战略，使一国的经济能够健康顺利地发展。战略目标应符合本国的实际，经过努力是可以实现的。它确定适当的经济增长速度，保证社会经济持续稳定地发展与增长。

第二，确定合理的经济结构与产业结构，协调好国民经济发展的主要比例关系，实现经济发展的均衡与协调。经济结构首先是产业结构，包括地区布局和企业组织结构等。主要比例关系主要是两大部类的比例、三次产业的比例、国民收入使用额中积累和消费的比例等。

第三，创造良好的社会经济环境，维持正常的社会经济秩序，提高社会经济效益，保证社会经济健康、稳定发展。所谓良好的经济环境，主要是形成社会总供给与总需求大体平衡的较为宽松的经济环境，即有利于商品生产者平等竞争的环境；同时，要理顺各方面的经济关系。所谓正常的经济秩序，主要是公平诚信、遵纪守法，管而不死、活而有序，排除不正当的非经济干预。

第四，调节社会利益关系，实现社会公平正义。

三、国家宏观调控的手段与政策

国家宏观调控的手段与政策是相辅相成的，共同构成宏观调控系统。

1. 国家宏观调控手段

市场经济的宏观调控手段主要有经济手段、法律手段和行政手段。三大手段共同构成一个完整的系统。其中，经济手段是宏观调控的核心手段。它能够充分发挥市场机制的作用，有利于增强信息反馈的准确性、及时性和灵活性；能从物质利益角度调动各方面的积极性，较好地解决经济发展的动力问题，引导经济活动健康发展。但经济手段不是万能的。经济手段是建立在经济主体追求自身经济利益的基础之上的，利益驱动在一定情况下会使经济手段失效。另外，单纯的经济方法难以建立和维持经济的秩序性，因而我们还需要法律手段。

法律手段也是宏观调控的重要手段，它通过确定各种法律规范，为人们的经济活动确立各种准则界限。但法律手段主要调节经济运动过程中出现的不稳定因素。不具备市场动力机制，难以适应复杂多变的市场运动，因此我们还需要行政手段。

行政手段同样是不可缺少的宏观调控手段，特别是当社会经济活动出现严重倾向问题时，采用行政手段可以很快见效。但行政手段不利于充分发挥市场机制的作用。

（1）经济手段。经济手段是国家运用经济计划和政策，通过对经济利益的调整来影响和调节经济活动的措施。主要方法有财政政策和货币政策的调整，制订和实施经济发展规划、计划等，对经济活动进行引导。

经济手段是实施宏观调控的主要的、基本的手段。它是国民经济计划、经济政策和经济杠杆的统一。

1）国民经济计划是宏观经济调控的总体依据。国民经济计划是国家对未来经济发展所作的总体部署与安排。国民经济计划是国家在一定时期经济和社会发展战略目标、战略任务等宏观决策的具体化，是政府从宏观引导和调控国民经济正常运行的基本依据和原则。国民经济计划是具有整体性、长期性、全局性并具有一定弹性的计划。它一般包括长期计划、中期计划和年度计划。

2）经济政策既是调控宏观经济的指导方针，也是实行宏观间接调控的重要手段。经济政策直接调整的是各种经济变量，通过各种宏观经济变量去达到调节市场机制运行的目的。

经济政策主要包括财政政策、货币政策、产业政策、收入分配政策等。

（2）法律手段。法律手段主要通过法律法规来调整各种经济关系，维护市场秩序，为国民经济的良性循环创造条件。随着市场经济的发展，经济关系和经济活动越来越复杂，分散的经济主体在自身利益独立性不断加强的同时，相互之间的联系也越来越密切。与此同时，各种经济摩擦和矛盾也越来越频繁。因此，要保持市场经济的正常运行，必须强化法律手段的调控作用。

对宏观经济的调控除了经济手段外，往往同时采用法律手段。这是因为：

第一，法律是统治阶级意志和利益的集中表现，具有权威性、强制性和普遍的约束力，可以弥补市场经济的缺陷和不足。法律由国家制定或认可，在一个主权国家范围内普遍有效，有普遍的约束力和最高权威性，并通过专门机关实施，以专政工具（如军队、警察、法庭）作后盾，对违法行为实行不同形式的强制和制裁。因此，在运用其他宏观调控政策措施的同时，还要运用法律手段弥补市场经济的缺损、缺陷和不足，才能保证其他政策措施发挥充分的作用。

第二，法律具有规范作用，可以规范经济主体的经济行为，调整经济关系，规范市场经济秩序。自古以来法律就是一种调整人们行为和相互关系的规范。它规范着政府、企业、个人的市场经济行为，规范着市场经济中生产、分配、交换、消费的相互关系。维护经济主体各方的正当权益和经济秩序，从而保证市场经济健康发展。

第三，法律具有引导和教育作用，可以为市场经济创造良好的社会环境。法律是人们行为和关系的规范。它告诉人们该做什么、不该做什么；如果违反法律规定应当承担哪些法律后果等，这可以引导人们按法律规范行事。通过各种法律的实施，对违法者予以制裁，不仅对被制裁的人是一种教育，对社会所有的人都具有教育作用。这一方面可以维持市场经济秩序的稳定性、连续性；另一方面也有利于增强人们的法律意识和法制观念，维持社会秩序，为市场经济健康发展创造良好的社会环境。

第四，法律具有评判和保障作用，市场经济运行中的许多重大问题和矛盾必须靠法律来解决。法律作为一种社会规范，可判断、评判人们的经济行为是合法或违法；如果违法会受到什么样的法律惩罚。这不仅可以保障市场经济主体的平等地位和合法经营的正当权益，而且可以对违反市场经济规律、破坏经济正常秩序、违反法律的行为予以处罚，以其权威性、强制性来处理和解决用其他手段难以处理和解决的矛盾和问题。充分发挥法律的评判作用和保障作用，才能保障市场经济健康发展。法律手段是世界各市场经济国家干预经济所不可缺少的。

（3）行政手段。行政手段指国家通过行政机构，采取带强制性的行政命令、指示、规定等措施，来调节和管理经济，如利用工商、商检、卫生检疫、海关等部门禁止或限制某些商品的生产与流通。行政手段的特点在于：

第一，具有统一性。行政手段的实施，一般有一定的范围、时间、对象。在此范围、时间及对象之内，各级政府、政府的职能部门、企事业单位和居民个人，必须按国家行政指令和行政指示的统一要求从事经济活动。

第二，具有强制性。行政手段是依靠权力和权威的力量实现对经济的调节，接受调节的经济单位必须无条件地接受和执行上级机关下达的命令、指标、指示和任务，不能打折扣，更不能阳奉阴违，因为它具有很强的约束力。

第三，具有快速性。行政手段的强制性和统一性的特点，决定了行政手段调节过程短，见效快。

行政手段能够补充经济手段和法律手段的不足，并同它们共同构成有效的调控体系，从而保证市场经济的有序运行。行政手段对宏观调控的作用主要体现在：

第一，依靠行政手段可以有效而及时地解决全局性的问题。国民经济和社会发展中许多具有全局性的问题，如总供给与总需求的平衡、外汇收支平衡、通货膨胀的抑制、统一市场的形成、市场秩序的维护、环境污染的治理、社会保障体系的建立以及人口的控制等，单纯用经济手段或其他手段，往往会旷日持久、收效缓慢，有的则难以奏效甚至完全失效。而行政手段依靠国家行政权力，有各级政权组织保证，见效快，作用显著。

第二，依靠行政手段能够有效而及时地推进有关国计民生和国防的重大项目。国家重大的工业和能源建设项目，特大水利工程、大型港口和机场及重要交通干线的建设、重大科学研究项目等，采用行政手段，辅之以经济手段配合，往往能集中人力、物力和财力，保证它们以及与之配套的项目按质、按量和按期完成，从而调整产业结构与产品结构。

第三，依靠行政手段可以使社会经济运行中出现的不正常状况得到迅速遏制，并使局势得到较快扭转。由于行政手段其权威性强、约束力大，因而运用行政手段调节各方面经济关系，制止市场主体的短期行为，打击经济领域中违法活动往往比其他手段更易见效。同时，在发生战争、危机、灾害等特殊情况下，使用行政手段也可以迅速有效地控制国家经济生活，保证国民经济在非常时期不受损失或减少损失。

行政手段也存在着自身不可克服的局限性，主要是缺少灵活性、适应性，缺乏激励机制。凡行政手段所涉及范围内的机关团体和企事业单位，必须按统一的政策要求办事，不允许有任何特殊的经济利益。因此必然对各经济主体的自主性、积极性产生一定的抑制作用。

总之，在市场经济运行中，三大宏观调控手段各有必要，也各有局限。因此，在实际操作中应以经济手段为主，并根据不同经济发展时期的特点，综合运用法律手段和行政手段，发挥它们的总体功能，以保证对宏观经济的有效调节和控制。

2. 国家宏观调控政策

国家宏观调控的手段与实施过程中的宏观经济政策相比较，宏观调控政策更具体、更直接、更实际。

事实是，市场经济条件下国家对宏观经济一般以间接调控为主。国家对宏观经济的间接调控，是指根据国家宏观调控的运行目标，运用财政政策、货币政策、国际收支政策、产业政策、区域发展政策、收入分配政策等调节手段，从而改变生产者、消费者的市场条件，使其从自身利益出发进行有利于资源配置的经济选择。这种间接调控，是为了弥补、校正并减少市场机制的缺陷和误差，保证国家的宏观经济运行在市场动力的基础上高效、稳定、协调、持续地发展。

（1）财政政策。财政政策指政府通过财政支出与税收政策来调节总供求的宏观调控的方式，主要内容包括政府支出与税收。政府支出对于国民收入是一种扩张性的力量，因此增加政府支出可扩大总需求，增加国民收入；减少政府支出可以缩小总需求，减少国民收入。政府税收对于国民收入是一种收缩性力量，因此增加政府税收可以缩小总需求，减少国民收入；减少政府税收可以扩大总需求，增加国民收入。根据上述原则，对财政政策的运用一般是：经济萧条时期，总需求不足，所以政府增加支出，减少税收，以便刺激总需求的扩大，使之适应或刺激总供给。增加政府开支包括增加公共工程开支，增加政府购买，增加社会保险、福利、救济开支等。这样一方面直接增加了总需求，另一方面又刺激了私人消费与社会投资，同时也刺激了总供给。减少政府税收（包括减税和免税），也可以扩大总需求。这是因为减少个人所得税，可以使个人有更多的可支配收入，从而增加消费；减少企业所得税，可以刺激企业的投资；减少间接税，也会刺激消费与投资。反之，在经济膨胀时期，存在过度需求，会引起通货膨胀，所以政府应减少政府支出，增加税收，以便抑制总需求，平抑通货膨胀，缓和供求矛盾。

宏观财政政策的原则是"逆经济风向行事"，即在经济过热时对其进行抑制，使经济不会过度高涨而引起通货膨胀；在经济萧条、停滞时对其进行刺激，使经济不会严重萧条而产生萎缩，这样就可以实现稳定增长。

（2）货币政策。货币政策是国家通过中央银行调节货币供给量，从而影响利息率的变动来间接影响总供求的宏观调控方式。货币供给量可以影响利息率是这一政策的前提。

宏观货币政策的目的，是在萧条时期扩大货币供给量，以降低利息率，刺激总需求；在膨胀时期缩小货币供给量，提高利息率，抑制总需求。货币政策措施主要有如下几方面。

1）公开市场业务。公开市场业务指中央银行在金融市场上买进或卖出政府债券，以调节货币供给量。其具体办法是：在萧条时期，中央银行买进政府债券，把货币投入市场。这样，一方面出售债券的厂商和公民得到货币，把这些货币存入商业银行，于是银行的存款增多，并可以通过银行机制与行为使市场上的货币流通量增加，利息率下降，总需求扩大。另一方面，中央银行买进政府债券，还会导致债券价格上升，根据债券价格与利息率成反比例变动的关系，债券价格上升也会引起利息率下降，刺激总需求。反之，在经济膨胀时期，中央银行卖出政府债券，使货币回笼，使市场上货币流通量减少，利息率上升，抑制总需求。

2）贴现率政策。贴现率（或官方利息）是商业银行向中央银行借款时的利息率。贴现率政策是指中央银行变动贴现率以调节货币供给量与利息率的措施。其具体措施是：在经济萧条时期，中央银行降低贴现率（包括放宽贴现条件），商业银行向中央银行增加借款，从而增加商业银行的储备金，扩大放款，并通过银行增加货币提供量，降低利息率。同时，随着中央银行贴现率的降低，商业银行的利息率也将随之降低，刺激总需求。反之，在经济膨胀时期，中央银行提高贴现率，利息率上升，从而抑制总需求。

3）准备率政策。法定准备率是以法律形式规定的商业银行必须以库存现金形式持有的资金准备的最低限度。银行"创造"货币的多少与法定准备率成反比，这样中央银行就可以通过变更法定准备率来影响货币供给量与利息率。其具体措施是：在经济萧条时期，降低法定准备率，使银行能够"创造"出更多的货币，从而增加货币供给量，降低利息率，刺激总需求。反之，在经济膨胀时期，提高法定准备率，从而提高利息率，减少货币供给量，抑制总需求。

除了上述三种主要措施外，宏观货币政策还可以通过道义上的劝告、局部的控制、规定利息率的上限、控制分期付款的条件和控制抵押货款的条件等措施来调节货币供应量，从而调节总需求。

（3）国际收支政策。国际收支政策指国家在一定时期内管理对外贸易和非贸易收入和支出的宏观调控方式，即用各种法令和措施鼓励或限制进出口而保持国际收支平衡的政策。国际收支一般分为三部分：一是经常项目，包括对外贸易收支，即商品出口的收入和商品进口的支出；非贸易收支，即运输、保险费、旅游费等劳务进出口的收支，还包括对外投资和外国在本国投资的利息、股息、红利以及汇款、年金等收支。二是资产项目，包括国际投资、借款等资本往来的收支。三是平衡项目，包括官方储备资产变动与错误遗漏项目。国际收支差额反映一国对外的债权和债务情况，是影响本国货币在国际市场上地位强弱的主要因素。

（4）产业政策。产业政策指国家根据国民经济宏观调控的运行目标及内在发展规律，调整产业组织形式和产业结构，从而调节供给总量与结构，并使供给结构能有效地适应需求结构的宏观调控方式。从产业政策的调节对象、过程来看，具有如下特点：第一，着重于调节供给。这主要是通过对供给的源泉和基础，即产业活动的调节，从而使供给在总量和结构上都能满足需求，实现供需平衡。第二，干预社会再生产过程。这主要是干预产业部门之间和产业内部的资源分配及使用过程，从而调节宏观经济的运行。第三，调节时间跨度大。产业政策的调节着眼于改善产业组织形式和产业结构，因此要经过一段时间才能见效，而且波及效果深远。第四，具有鼓励和限制的功能。鼓励和促进需要发展的产业尽快建立和扩张，推进技术进步；限制不需要发展的产业，促使其缩小生产规模或转向其他生产领域。

产业政策是国家宏观经济调控政策的核心，制约着其他经济调控政策。国民收入政策、货币政策、财政政策、投资政策等都要保证产业政策的实现。产业政策包括产业组织政策和产业结构政策。产业组织政策主要是通过增减供给量，改善供给，协调供给与需求的总量矛盾。它主要包括：组织起高效利用资源的大批量生产体系，组织起合理分配资源的产业关系，组织起不浪费资源的产业竞争秩序。产业组织政策的目标是追求规模效益、保护合理竞争，避免垄断。这部分可由市场法规和市场机制配合完成。产业结构政策，是通过对产业结构的调整来调节供给结构，从而实现对供给结构和需求结构之间矛盾的协调，实现供给结构合理化。具体地说，就是按照产业结构的发展规律，规定各个产业部门在社会经济发展中的地位和作用，制定出协调产业结构内部的比例关系和保证产业结构顺利发展的具体方针措施。产业结构政策的目标是使资源得到最优的配置。

（5）区域发展政策。区域发展政策指国家依据对于生产力的合理布局，协调和促进各地区经济顺畅发展的宏观调控方式。实施区域政策的基本方针是兼顾效率与公平，促进优势互补、实现共同发展。区域政策的实质在于从不同的经济区域的实际出发，不断调整和优化生产力布局，促进各地区各种优势资源的合理利用，在全国范围内实现资源的最佳配置。在考虑生产力的总体布局时，首先要考虑生产力宏观层次的布局，全面分析整个国民经济范围内生产力的地区分布现状、基本特征和存在的主要问题，综合评价全国及各地区的自然资源、社会经济资源及其开发利用的程度与潜力，确定解决全国生产力布局中主要问题的途径、政策和方法，实现全国生产力整体布局的总蓝图和总框架。从国家和全局看，经济的均衡发展是必要的；但从生产力发展的实际看，非均衡发展是必然的。各地区的发展应当允许有差距，坚持国民待遇原则不是市场经济的重要原则。可见，正确的区域发展政策必须把握好其中的"度"。

（6）收入分配政策。收入分配政策是政府直接调节收入分配的走向、数量、结构、效益等的各种经济政策和社会政策。收入分配政策有四大经济目标和两大社会目标。四大经济目标：①防止个人收入增长速度快于产出增长速度，从而控制需求过快增长。②弥补财政、货币政策的不足，使国家更有效地干预经济。③减轻财政、货币政策可能导致的滞涨现象。④通过工资与生产率的密切联系更好地完善微观调节机制。两大社会目标：①提高低收入阶层的收入水平。②减少社会各阶层之间的不合理收入，使之逐步达到共同富裕。收入分配可采取各种形式：其一是由政府规定工资、物价标准；其二是由政府强制推行工资、物价管制政策；其三是由政府通过税收、补贴、社会保障等方式实现对居民收入的再分配等。采取何种形式的收入分配政策，主要取决于各国的法律规制、社会结构、政治权力归属和所面临的政治、经济、文化等方面的状况。

市场机制决定的资源配置格局并不能直接兼顾经济效率与分配公平两个方

面，而过分悬殊的分配不均将引起种种社会问题。这种情况在一定条件下又反过来影响经济效率的提高。所以国家对分配的调控是必要的。采取什么样的分配政策，是一个十分复杂的问题。因为过多地顾及分配的公平，往往不利于经济效率的提高；片面强调经济效率而忽视公平，又会造成社会生活的不稳定。

上述宏观调控政策并不是相互分离、各自独立的。这些宏观调控政策往往体现在国家的计划之中，政府在进行宏观调控与管理时，应根据市场情况和各项调节措施的特点，灵活机动地决定和选择相应政策，同时对不同政策可进行配合使用，使国家的宏观调控及时准确地达到目的。

四、国家宏观调控的基本原则

国家对于市场经济的宏观调控，应遵守以下基本原则：

第一，以市场为基础。社会资源的合理配置和供需的基本协调都要通过市场来实现。宏观经济调控既要适应市场经济发展的要求，又要随时弥补市场的缺陷。这就必须突出市场配置资源的基础性作用，密切关注市场的变化，以便通过调控市场来达到引导市场主体的活动，使之与宏观调控的政策要求协调一致。

第二，间接调控为主。调控市场经济，是要充分发挥市场机制对市场主体生产经营活动的调节作用、激励作用、促进作用，以及通过对资源配置的评价与导向作用间接影响市场，而不是直接干预生产经营活动。只有那些关系国计民生的重要和关键产品，以及重点工程项目或特别时期，政府才直接干预。

第三，宏观效益与微观效益相统一。宏观调控应反映包括各种经济主体和各种资金等在内的整个经济活动的全貌。各项宏观调控指标口径应立足全社会，重点反映总量、结构、比例等宏观效益的情况，调控数量界限对各经济主体应具有普遍的指导意义和约束力，注意激励市场主体微观效益的提高，宏观调控要适当集中，防止演化为过多层次的盲目干预和管制，实现宏观效益与微观效益的统一。

第四，多种调控方式协调运用。宏观调控的方式和手段是多种多样的。概括地说，可分为法律的、行政的和经济的三类。前两类多表现为直接调控，后一类则多表现为间接调控。它们各有其用途和长处，也各有其自身的局限性。只有对它们协调、配合运用，才能产生较好的整体调控功效，避免顾此失彼、互相矛盾而削弱或抵消其应有的调控功效。

第五，把握时点与力度。在宏观调控过程中，调控的手段与政策"何时"出手为好，出拳"多重"为好，都是需要反复考虑和认真对待的。"治大国如烹小鲜"，"出手快、出拳重"不是任何时间、任何场合都必需的，也不是任何时间、任何场合都适合的。把握好宏观调控的"时"与"度"是宏观调控政策客观与科学的具体化。

第十一章 市场经济的环境

市场经济是开放型经济。在各国经济日益互相渗透的今天，任何国家的经济发展都不可能独立于世界经济体系之外，必须承认自己是世界经济的一部分，并把本国经济的发展同整个世界的经济发展联系起来，即实行对外开放。面对中国已加入 WTO 的新的世界形势，改革中的中国应该以更大的步伐、更快的速度提高经济的对外开放程度，实现本国经济与世界经济的对接，积极地参与国际分工、国际交换、国际竞争，以有效地促进我国经济迅速发展。

第一节 市场经济环境及国际市场

在开放的经济环境中，市场经济必然走向国际化的轨道。世界各国在利用本国市场的基础上，可以更多地利用世界市场这一外部环境，在更大的范围内实现各类经济资源的合理配置，以推动本国乃至世界经济的发展。

一、市场经济的国内环境和国际环境

市场经济的外部环境即市场经济的产生、发展和运行的外部条件。市场经济的外部环境可分为国内环境和国际环境两类。

市场经济的国内环境，指一个国家市场经济所处的各方面条件的总和，它包括政治、经济、文化、科技、教育、人口等。一个国家市场经济的形成、发展及运行状况，是上述诸方面因素共同作用的结果。因此，国家政局的稳定，政府各项政策的制定和稳定延续，适应市场经济发展需要的行政管理机构，整个社会发展的法制化和民主化，市场经济体制的建立及完善，统一开放、平等竞争、规则健全、运转有序的市场体系的建立，经济关系的市场化和秩序化，与经济发展相适应的人口增长比例，各种有悖于市场经济发展的传统观念的革除，科学技术的发展及推广应用，教育的发展及各类高素质人才的培养等，都是市场经济建立与发展所必需的外部条件。

在中国长达几千年的封建社会里，统治阶级的基本国策是重农抑商，因而商品经济的发展严重受阻。新中国是在商品经济没有充分发展的基础上诞生的，由于传统观念的影响，商品经济缺乏生存空间，缺乏有利于市场经济产生、发展的外部条件。中共十一届三中全会以来，我国进行了以市场为取向的改革，市场经济发展的外部环境得到极大改善。十六届三中全会后，经济体制的改革已进入向市场经济体制迈进的新阶段。但是严格来说，市场经济建立并健康运行的外部环境仍不尽完善。进一步深化改革，创造良好的适应市场经济发展的外部环境，仍是一项重要的系统工程。

市场经济的国际环境，指以市场经济为基础的一国经济的运行与发展所处的国际政治、经济环境，它包括国际政治局势、国际市场状况、国际经济关系的发展等。国际政治局势的变化，实际上反映了各国经济地位的变化，而国际政治环境的状况又影响着各国发展战略的选择。例如，苏联由于经济实力的变化最终导致两极格局的解体，而由经济实力变化的启示性作用所导致国际范围的竞争已转向科学技术、世界经济份额，以及高素质的科技人才方面。世界上越来越多的国家认识到，对抗不如对话，全球性的政治和军事对抗在国际事务中的影响逐渐削弱，各国纷纷将战略发展的重点放在促进科学技术发展和增强综合国力上。各国政策重点的转移，特别是一些大国的政策重点转向经济领域，表明世界历史已进入以经济为基础的综合国力竞争的新时期。国际经济环境的变化，也必然对一国经济形式的选择和国民经济发展产生影响。因为，在世界经济越来越一体化的情况下，任何国家都不可能独立于世界经济体系之外而求得发展。从经济形式的选择来说，一国经济形式的选择不仅是本国经济发展的结果，而且受国际经济发展及国际经济关系发展的制约。我国以市场经济为取向的改革，既是我国经济发展的必然要求，同时也是世界经济一体化发展的大势所趋。从国民经济发展的角度来说，世界经济发展状况对一国经济发展也产生着越来越重要的影响。因为，世界经济一体化的发展，使得世界经济发展中的传递作用越来越明显。当国际经济环境较好时，一国经济运行的外部环境会比较轻松，从而使一国经济发展和经济调整的余地比较大；当国际经济环境恶化时，一国经济发展和经济调整的余地就比较小。国际经济联系越紧密，这种影响作用就越大。因此，一国市场经济的运行与发展必须清醒地认识所处的国际政治经济环境。

二、国内市场和国际市场

在市场经济外部环境的诸多因素中，国内市场和国际市场具有重要地位。市场经济是通过市场实现资源配置的经济形式，市场经济的发展离不开市场环境。

1. 国内市场

国内市场是指各国国内进行商品交换的统一场所或流通领域。国内市场的发展同商品经济的发展紧密相连。随着商品经济的发展，生产和交换的规模不断扩大，市场也随之不断扩展。这是因为，一方面，生产规模和能力不断扩大，要求日益扩展销售市场和原料来源；另一方面，越来越大的需求，又要求生产能力的扩大和市场的发展。市场就是这样在商品经济发展的推动下不断发展着。国内市场最初只是区域性的、彼此分割的。当商品经济发展到一定程度，交换在社会经济生活中占据支配地位，国内各地区的经济消除了彼此孤立、互相隔绝的状态时，国内统一市场最终形成。国内市场的发展不仅表现在场所的扩大和统一上，而且表现在功能结构的完善上。国内市场最初只是消除了地区的分割与无序的商品交换，随着商品经济的发展，国内市场逐渐形成结构完善、体系健全、竞争有序的有机整体。这时，它已不是单纯的商品交换场所，而是实现着更高功能的市场关系，即它是实现资源配置的有效经济形式。达到这种成熟状态的国内市场才是市场经济赖以生存的基础。

国内市场的形成与发展和生产力的发展水平与特点是分不开的。由于机器的发明和使用，使商品生产成为社会化大生产。以使用机器为主要特征的社会化大生产，其发展过程既是一个不断地把科学应用于生产的过程，又是一个使社会分工和生产专业化不断扩大的过程。日新月异的科学在生产上的应用，新技术的不断涌现，使生产力突破了某些自然条件和个人生理条件的限制而得到了迅猛的发展，生产的专业化达到了空前的规模，分工日益社会化，商品经济也得到普遍发展。当生产专业化和社会分工的扩展日益减少地域限制，社会化大生产的廉价质优产品最终征服国内所有市场的时候，以国内统一市场为特征的市场经济则为社会生产力发展开拓了更广阔的空间。

中国特色社会主义的国内市场是经新民主主义革命胜利，完成了对生产资料的社会主义改造后建立起来的。其特殊性在于：第一，现时社会主义首先在一些比较落后的国家取得胜利，这些国家逾越了资本主义经济的充分发展阶段，因而其国内市场不是随着商品经济的历史发展而建立的。第二，现时社会主义是建立在商品经济不发达的基础上的，加之长期否定或排斥商品经济，严格限制市场的作用和范围，因而其国内市场在结构、机制、功能等方面也不同于严格意义上的商品经济的国内市场。第三，现时社会主义的国内市场是建立在"消灭资本主义"基础上的，它一直试图使自己独立于以资本主义为中心的国际市场之外。可见，现时社会主义还未形成严格意义上的市场经济，还存在着严重的体制性与功能性缺陷与不足，并且需要实现与国际市场的对接。因此，现时社会主义的国内市场呈现一种先天不足、后天发育不良的状况。

然而，经济发展的客观规律以不可抗拒的力量促使现时社会主义破除不现实的传统观念，接受不同社会制度的国家共存于一个世界的现实，承认经济发展必须遵循社会经济发展的共同规律，必须吸收和借鉴人类社会共同创造的文明成果。据此，中共十一届三中全会以来，我国坚决地进行着以市场为取向的改革，并在改革中实行对外开放和与世界经济接轨。在建立和完善市场经济过程中，积极培养以商品市场为基础，以资金、劳动力和技术市场等要素市场为重点的完善的市场体系，既是市场经济所必须具备的市场基础，也是这一新体制形成的标志。市场应是统一开放、平等竞争、规则健全、运转有序的，这不仅为市场经济所必需，而且为我国走向世界所必需。

2. 国际市场

国际市场是指世界范围内的所有国家或地区之间在国际分工的基础上进行商品和劳务交换的场所或领域。从更广的意义上讲，国际市场泛指国际间进行的一切商务活动，不仅包括商品交换，而且包括技术交流、资金融通、生产协作、劳务合作等各个领域。在国际市场的范围内，各个国家的国内市场成为国际市场的组成部分。

国际市场的存在与发展以国际社会分工和商品交换的存在与发展为前提。国际市场实际上是社会分工和商品交换超越国界和地区限制的结果。随着生产力的发展，建立在社会化大生产基础上的商品生产和交换，日益从一国一地向世界范围扩展。这是因为，生产规模和能力的不断扩大，要求日益扩大的市场，而越来越大的需求又要求生产能力的扩大和社会分工的发展。因此，当社会分工和商品交换的扩展为一国所无法容纳时，社会分工和商品交换必然要突破国家的界限，形成国际分工和国际市场。

第二次世界大战后，由于第三次科技革命使世界经济和当代国际经济关系发生了深刻的变化，国际市场不仅发展更为迅猛，而且产生了一些新特点，其作用也越来越重要。①国际市场不仅容量迅速增加，即国际贸易额迅速增加，而且商品结构也发生了显著变化，工业制成品贸易迅速发展，新产品大量涌现，技术与劳务贸易等日趋重要。②国际市场的国家结构发生变化，形成了由发达国家、发展中国家和地区等不同经济类型的对外贸易所构成的国际市场。③国际市场的统一性增强，各国的对外依存度普遍强化。无论哪一个国家的商品，只要进入国际市场，都要按照国际价值和国际市场价格，按照国际上对商品质量、数量、性能、用途、包装装潢的要求，通过国际货币进行交换。国际市场的统一性还表现在它使世界经济日益融为一体，各国经济都不能例外地成为世界经济的一部分。④国际市场的垄断性进一步加强。第二次世界大战后垄断组织不仅没有消除竞争，反而加剧了发达国家之间、垄断组织之间在国际市场上的竞争。在竞争中，许多国家，特别是西方发达国家，加强了国家对对外贸易领域的干预。国家通过贸易立法，制定各种政策和措施来维护和支持本国垄断组织在国际市场上的竞争，甚至由国家出面组织区域性经济集团来垄断区域市场。⑤国际市场的竞争不仅更加激烈，而且更加复杂了。主要表现在：一是竞争的对象扩大化。第二次世界大战后，国际市场除了发达国家之间的竞争外，还出现了发达国家同发展中国家和地区之间的竞争等。二是竞争的内容多样化。除商品市场竞争外，还在金融、科技、劳务、服务市场等方面进行竞争。三是竞争的方式复杂化。除价格竞争外，非价格竞争日益成为主要手段，如改善品质、性能、售后服务和放宽支付条件等。四是竞争更多地表现在技术、人才、经济实力和扩大国际市场份额上。⑥国际市场的发展促使国际经济关系向开放型发展，从而推动了各国经济更加开放，更加国际化。

随着国际市场的发展，国内市场和国际市场的关系也出现了一些新变化。这种变化，首先，表现在它大大提高了各国经济的互相联系和相互依存程度，因而各国国内市场越来越以国际市场为转移。这是因为，国际市场最初只是国内市场的延伸，这时的国际市场只是国内商品交换场所的扩展，其交换的内容、规模更多地为国内市场所左右。随着商品经济的发展，国际市场已由原来的以商品交换为主的单一市场发展为商品市场、金融市场、劳动力市场、投资市场、技术市场、信息市场等无所不包的市场体系。国际市场的发展促使各国在商品、技术、管理、劳务、金融、投资、跨国经营等各个领域的经济关系全面发展，从而大大促进了各国经济的发展，一国的生产日益依赖于国际分工，很多国家的出口额占国民生产总值的比重越来越大，有些国家和地区的生产部门甚至主要依靠国际市场。各国的国内市场和国民经济运行越来越呈现出以国际市场需求为转移的趋势。其次，国内市场与国际市场关系的变化还表现在当代国际市场对不同经济制度国家的国内市场的融合作用上。一方面，国际分工日趋推进；另一方面，世界经济也越来越走向一体化。国际市场最初只是以发达资本主义国家为核心的、作为各国国内市场总和的国际交换场所。但随着商品经济和国际分工的发展，当代国际市场已不是各国国内市场的简单总和，而是由各个国家和地区之间在国际分工的基础上形成的互相依赖、互相联系的有机体系。这是一个以市场经济为基础，开放和竞争有序的国际市场体系，它在不断的发展运行过程中使任何国家，不论其内部社会制度如何，都无一例外地被纳入并融合于这一统一体系之中，使得各国经济生活越来越开放和国际化。从本质上讲，这种开放和国际化趋向，是由生产力发展的规律所决定的。因为，社会化生产必然要导致分工、交换、市场超越国界的发展，并最终导致民族经济向一体经济转变。因此，实行经济对外开放，积极步入国际化轨道乃大势所趋。

第二节　市场经济与对外开放

市场经济本质上是开放性的，开放对于市场经济极为重要。开放是中国特色社会主义市场经济的必由之路。

一、市场经济的开放性

在商品经济条件下，由于社会分工，需求的满足只能依赖于市场交换，生产的目的就是交换。而要实现商品生产的目的，商品生产者就必须到处开辟并占领市场，而开辟和占领市场的前提是打破封闭、实行开放。在商品经济开放性的冲击下，过去那种地方性的自给自足和封闭自守的状态被各民族的各方面的相互往来和各方面的互相依赖所代替，商品经济因而获得迅速的扩展。可见，商品经济的开放性是商品经济发展的条件，也是商品经济的内在要求。随着商品经济的发展，竞争、追求利润和扩大商品市场的动机，驱使商品生产者到处奔走，到处落户，到处创业，到处建立以商品生产和交换为纽带的联系。对于商品生产者来说，社会分工的空间扩张意味着生产的扩张，市场的扩大意味着其生存空间的扩展。实现上述扩展的途径就是开放，没有开放，商品经济就不可能在更大的范围内获得发展。为了生存和发展，商品生产者必须冲破社会分工和交换的地域限制，破除封闭的桎梏，到处拓展其生存和发展的空间。

在商品经济发展的低级阶段，实行开放要求打破社会分工及交换的地域限制和市场的地域分割，要求国内所有市场开放。在商品经济发展的高级阶段，即现代市场经济阶段，它不仅要求国内市场的开放，而且要求对外开放，即打破社会分工的国家界限和市场的国家限制，使社会分工和市场国际化。对于商品经济的发展来说，只有打破生产和交换的国家限制，实行开放，才能促使资源和生产要素的国际性流动，从而实现其最优化配置，以获得最佳效益；只有实行开放，参与国际性竞争，才能更有效地提高劳动生产率。商品经济从简单商品经济到市场经济的发展，就是循着商品经济发展的内在要求进一步开放的。商品经济发展的历史就是一部经济开放史。开放是商品经济的生命线，开放程度的高低决定了商品经济发展程度的高低。

商品经济越发达，其开放性就越强。开放性的不断强化，一方面表现为它导致了民族与地区经济向世界经济、世界经济向一体化的转化。这是因为，在商品经济开放性的推动下，社会分工获得国际性扩展并不断深化，资源配置和生产要素的优化组合超越国界，国际贸易在更广的范围得到发展，国际金融活动得以发挥越来越重要的作用，生产的社会化和国际化发展到了一个新的阶段，从而使各国经济更紧密地联系在一起，世界经济的发展越来越呈现整体性趋向。另一方面，世界经济因为它的整体性，进一步增强了它对各国经济发展统一性的要求，即要求各国经济有更高程度的对外开放。因为，世界经济关系实质上就是国际竞争与国际经济合作。在各国经济联系越来越紧密的世界经济体系中，各国经济关系是相互依赖的，任何国家都不能独立于世界经济之外而发展，都必须相互开放。这是由市场经济的开放性所决定的，是大势所趋。

民族与地区经济向世界经济转化及世界经济一体化的发展，实际上就是各国经济开放不断深化的过程。在开放的世界里，任何国家的经济发展，都必然经历这样一个经济开放程度不断深化的过程。一方面，开放是商品经济发展的客观规律，发展商品经济必须按照这一客观规律办事；另一方面，从一国经济运行系统来说，开放性的运行将使其经济运行系统在同世界进行的物质、能量、信息的交流传递中不断得到优化，从而促进本国经济发展。当代世界经济的发展也证明，现代经济增长的主要源泉和动力是知识、技术和人力资源。落后国家要发展经济，就必须在开放中加速先进科学技术、知识和人力资源在世界范围内的传递，使本国的知识、技术和人力资源的水平迅速提高，从而缩小同发达国家的差距。

二、中国特色社会主义的对外开放

我国要发展的是中国特色市场经济，这是公有制为主导的生产社会化和市场化的商品经济。作为商品经济开放性的逻辑发展，市场经济客观上要求更高程度的开放。特别是在商品经济已造就了一个高度开放的世界，一国经济的发展越来越依赖于国际市场的情况下，现代经济发展对市场经济国际化提出了新的要求，它要求更加细致的国际分工与协作，要求市场、资金、科技开发及应用、资源配置的进一步国际化。因此，把发展中国特色社会主义市场经济同开放的世界紧密联系起来，在同资本主义商品经济的紧密联系中来发展中国特色社会主义市场经济，具有特别重要的意义。那种认为世界上存在"两个平行市场"——资本主义市场和社会主义市场的观点；认为社会主义和资本主义完全对立，不能发展经济联系的观点在理论上是错误的，在实践上是有害的。不仅如此，我国的对外开放还由中国特色社会主义的性质和特殊国情所决定。

第一，中国的特殊国情决定必须对外开放。社会化大生产是市场经济的物质技术基础。在社会化大生产条件下，生产资料、生产过程和产品的社会化既是开放的形式，又蕴涵着不断开放的客观要求，它不仅要求国内各地区之间的开放，而且要求国际间的开放。中国特色社会主义诞生于一个经济比较落后的国家，经过60年的努力，我国的社会化大生产已达到相当程度，不仅为中国特色社会主义提供了相应的物质技术基础，而且客观上也产生了更高的对外开放的要求。这种开放的客观要求推动我国经济进一步走向世界。

第二，中国特色市场经济是开放性的生产方式，既有在与其他社会生产方式的联系过程中吸纳、同化其他社会生产方式，尤其是资本主义生产方式先进科技、管理经验的机能，又有不断将自身文化文明化的功能。也就是说，既有对外开放的客观要求，又有极强的自我完善的内在动力，因而为进一步扩大开放提供了更广阔的前景。

第三，社会主义要最终超越资本主义，必须对外开放。资本主义使商品经济在社会经济生活中占据了支配地位，同时由于商品经济的发展，使得开放性联系向更广的范围发展。特别是当资产阶级开拓了国际市场以后，使一切都成为世界性的了，历史在越来越大的程度上成为全世界的历史。资本主义生产方式也由于其不断地扩大与外界的经济联系，冲破各种地域性限制，把地方市场扩展为国际市场，把地域性生产扩展为国际化生产，从而使自己获得了世界历史性的存在。比资本主义更高级的社会主义与共产主义要获得这种存在，就必须在开放中从地域性的存在向世界历史性存在转变，即彻底否定把社会主义当做一种地域性存在和自我封闭的错误观念，实行全方位的开放，使社会主义在同世界的广泛联系中大胆吸取和借鉴人类社会创造的优秀文明成果并获得发展，从而使社会主义与共产主义转变为历史现实。

第四，对外开放是我国实现现代化的必然。实现现代化是我国的奋斗目标，也是中国特色社会主义所赋予我们的历史使命。然而，我国还是一个幅员广阔、人口众多、比较落后的大农业国，要完全靠自身的积累来实现工业化、现代化，将要经历一个漫长的过程。要缩短这一过程，实现经济迅速发展，就必须实现开放，这是实现现代化的必由之路。

历史与经验证明，落后不是社会主义，封闭不是社会主义。对于社会和经济发展来说，封闭必将导致落后和衰亡，开放才有生机和活力，开放是历史的必由之路。特别是在国际经济关系日益紧密、竞争日趋激烈的时代，我们必须有一种紧迫感、危机感，要坚定不移地坚持对外开放，使中国特色社会主义置身于国际竞争的舞台，在更广阔的范围内获得世界。只有这样，才能为我国的现代化建设赢得效率与活力，才有可能如期或者提前实现现代化的宏伟目标。

第三节　国际贸易秩序与WTO

市场经济从国内市场走向国际市场的途径是发展对外贸易和推进国际经济合作。国际贸易是国际经济合作的重要方面。国际贸易及其通行规则与惯例对于市场经济发展至关重要。

一、国际贸易

国际贸易或称世界贸易，是指世界各国（或地区）之间的商品与劳务等的交换活动。国家（或地区）之间的商品与劳务交换活动，从一国看是对外贸易，从国际范围看，就是国际贸易。

国际贸易的一般功能是：①转换使用价值。由于受自然资源、生产技术及其他各种条件的限制，任何国家都不可能拥有发展经济所需要的全部资源和全部产品。因此，任何国家都需要通过对外贸易利用本国产品到国际市场换取本国需要的资源或产品，通过使用价值的转换，使社会再生产在实物形态上保持平衡，得以继续下去。②实现价值增值。根据马克思的国际价值理论，商品的国际价值是由世界的社会必要劳动时间来衡量的，而其国内价值由国内社会必要劳动时间所决定。当一国生产的商品所消耗的社会必要劳动时间少于世界平均必要劳动时间，在国际交换中就能实现较多的国际价值，从而增加本国产品的价值总量。因此，各国生产各自最有优势的产品，通过国际交换实现价值增值，获得比较利益，是国际贸易发展的又一功能与动因。③促使产业结构升级。这是现代国际贸易的高层功能。一方面，以相对较低的成本生产出符合国际市场需要的产品，能获得出口的比较利益。这将使国内生产要素流向国际市场需求量大、出口效益较高的产业部门，从而能促进产业结构的转换和升级。另一方面，进口先进技术与生产资料，对推动产业结构的转移与升级同样具有重要意义。④带动国民经济增长。通过出口产业的发展，可以带动一系列相关产业的发展，促进国民经济的增长。同时，通过扩大出口使企业获得规模经济效益，从而降低生产成本，增加更多盈利。

国际贸易对于促进整个世界经济的发展，具有越来越重要的作用。①国际贸易有利于生产力的发展。主要表现在两个方面：一方面，利用贸易方式为已创造出来的生产力拓展了保存空间。因为，只有在交往具有世界性质并以大工业为基础的时候，只有在一切民族都卷入竞争的时候，已创造出来的生产力的保存才有更大的空间保障。另一方面，国际贸易促进了各国之间的科技交流，从而促进了生产力的发展。②国际贸易作为国家之间经济技术联系的主要形式，已成为社会化大生产发展的重要环节。③国际贸易有利于充分发挥分工的经济效益。因为，作为商品交换的国际贸易，可以在发挥分工之利的情况下，使参加贸易的各国，能用同样的劳动为国际市场提供更多的产品。④国际贸易可以从经济利益上促使各贸易国不断提高劳动生产率。因为，在国际贸易中，商品的价值是按国际价值计算的，因此只有使出口商品的国内价值低于国际价值才能获利，而要使出口商品的国内价值低于国际价值就必须提高劳动生产率。所以，任何国家想要通过国际贸易获取更多的经济利益，最根本的方法就是提高本国商品生产的劳动生产率。

二、GATT 与 WTO

国际贸易体现各国之间的经济利益关系。随着国际贸易的发展，各国经济利益的相关性日益增强。因此，国际社会经济的健康发展乃各国经济利益之所系。然而，在主权国家各自独立的国际社会中，各国为了本国的利益都将独立自主地制定并实行一系列政策以追求本国利益的最大化，任何国家都不愿意牺牲本国利益去增进国际社会的平等。对本国利益最大化的追求，突出表现在各国对外贸易政策上。例如，当工业革命蓬勃发展，一些主要资本主义国家如英国、法国等国工业生产急剧增长，经济实力日益增强之时，为了适应工业品输出和原材料输入，以及向外扩张的需要，19世纪中叶至第一次世界大战，主要资本主义国家基本上都实行自由贸易政策，放松或解除对国际贸易的管制，促使国际贸易规模迅速扩大。但是，即使在这个自由贸易盛行时期，国际贸易也没有达到完全自由的境地，关税仍然存在，各国政府一直不同程度地干预商品、劳务和资本的国际间流动。特别是在1929~1933年世界性经济大危机时期，保护贸易政策在资本主义国家的对外经济活动中达到顶峰。一些主要资本主义国家为了保护本国市场，削弱外国商品的竞争能力，纷纷高筑关税壁垒。自由贸易突然成为管制贸易或保护贸易。这种状况一方面造成了国际市场的割裂格局，严重阻碍了世界经济与国际贸易的发展；另一方面，各国高筑关税壁垒的政策又使各国政策的结果相互抵消，最终使国际贸易额下降。

第二次世界大战后，由于生产的迅速发展，国际市场也迅速扩大，贸易自由化政策成为发展趋势。同时，随着国际贸易的发展，利用一定的协议或组织形式，对参加国单独追求自身利益的经济行为加以限制和约束，以推进国际贸易和整个国际社会福利的发展已成为必要。GATT（关贸总协定）正是在这样的历史背景下产生的。

"关贸总协定"，全称"关税与贸易总协定"，是以市场经济为基础，政府间为了降低关税、减少贸易壁垒而缔结的有关关税政策的多边国际协议。"关贸总协定"倡导贸易自由和自由竞争。其宗旨是：通过实施无条件的最惠国待遇，彼此减让关税、取消其他贸易壁垒和国际贸易中的歧视待遇，实现提高生活水平，保证充分就业，保障实际收入和有效需求大量而稳定的增长，充分利用国际资源，扩大商品生产和交换，促进经济发展。

"关贸总协定"成立于1947年，最初只是一项调整和规范缔约国之间关税水平和贸易关系的临时性多边协议，当时有28个国家在协议上签字。经过近50年的发展，"关贸总协定"缔约方的贸易额已占世界贸易额的95%以上，适用的国别范围已十分广泛，已由最初的"富国俱乐部"转变为发达国家与发展中国家、不同经济制度国家在世界贸易领域进行多边贸易谈判和解决国际贸易争端，并寻求扩大贸易机会的重要场所。"关贸总协定"的规范领域也不断扩大，由关税到非关税措施，由货物贸易到服务贸易、知识产权保护和国际投资领域，并扩大到环境保护领域等，成为世界各国所普遍接受的国际贸易共同准则。

1995年1月1日，GATT（关贸总协定）转变为WTO（世界贸易组织）。我国于1986年提出申请，恢复我国在GATT中的原始缔约国地位。经过15年"复关入世"的风雨历程，2001年11月11日我国加入WTO。

WTO 延续了 GATT 的主要规则：

第一，市场经济、自由竞争原则。参加国实行完全的市场经济，价格由市场供求关系决定，各国政府不得强行限制。

第二，互惠原则（或称对等原则）。贸易减让要互惠互利。发达国家之间总体减让对等（不是某一项产品的进出对等）。对发展中国家实施互惠，发达国家在作出贸易减让时，不应期待发展中国家给予对等的回报。

第三，非歧视原则。它包括无条件最惠国待遇和国民待遇原则（指国内外同类产品享受同等待遇）。国民待遇是指缔约国给予另一缔约国的贸易优惠和特权必须自动给予所有缔约国。无条件是指不得对给予最惠国待遇附加条件。

第四，关税唯一原则。缔约国对国内产业只能用关税进行保护，不得采用非关税壁垒的方法。

第五，贸易壁垒递减原则。贸易主要采取关税减让的办法，缔约国之间相互约束部分或全部产品的关税税率，一般不许提升，如要提升须同当初进行对等减让谈判的国家协商取得同意，并用其他产品的相当水平的减税来补偿提升关税所造成的损失。非关税壁垒要逐步减少直至取消。

第六，公平贸易原则。这主要指反对倾销和反对出口补贴。当企业以低于国内价格或低于成本的价格向国外出口商品时，进口国可征收反倾销税来抵消倾销所造成的损害。当政府对出口实行补贴时，进口国可根据补贴幅度的高低征收反补贴税以抵消补贴造成的损害。

第七，一般禁止数量限制原则。对进出口商品都不得实行数量限制，在某些例外情况下允许数量限制，但必须遵循非歧视原则。

第八，贸易法规统一、透明原则。原则上所有政策法规都应提前公布，使缔约国有一定时间熟悉，然后实施。但不要求公开那些会妨碍法令的贯彻执行，违反公共利益，损害某一公、私企业正当商业利益的机密资料。各种贸易政策与法规必须全国统一。

除上述原则外，还有一些例外条款：

第一，国际收支平衡例外。当缔约国遇到国际收支困难时，可以实行进口限制。发展中国家可以保持足够的外汇储备以满足发展需要。但根据国际收支平衡理由实行限制必须经 WTO 工作组认可并定期进行审查；国际收支改善后，应取消限制。工作组审查一个国家国际收支情况时，要听取国际货币基金组织对该国国际收支情况的报告。

第二，幼稚工业保护例外。为了建立一个新的工业部门或为了保护刚刚建立、尚不具备竞争能力的工业部门，可以实行进口限制。但不能笼统地将整个工业列为幼稚工业。幼稚工业由国家申请，WTO 审议批准并予以确认。对已有的幼稚工业可以采取提高关税，实行许可证，临时征收附加税等办法进行保护。

第三，危机产业保障例外。某一具体产业由于受到突然大量增加的进口产品的冲击而造成严重亏损时，可以实行临时性进口限制。但该行业有义务进行结构调整。紧急保障措施时间一般为一两年，长则可达四五年。

第四，关税同盟和自由贸易区例外。关税同盟或自由贸易区成员之间互相给予的贸易优惠不必同时给予非成员国。

第五，安全例外。可以为了国家安全和社会公德的纯正，禁止火药、武器、毒品、淫秽出版物等的进口。

第六，发展中国家特殊优惠例外。允许发展中国家的关税有更大的弹性，发展中国家不必对发达国家给予对等的关税减让。允许发展中国家在一定限制内进行出口补贴。允许发展中国家互相进行关税减让而不必同时对发达国家减让。发展中国家可以享受普遍优惠对等。

综上所述，WTO 保障各缔约方权利与义务的平衡，使每个成员国都能受益，它的规则中既规定了共同遵守的义务，也允许有各种例外以保障缔约相关方不因遵守共同规则而受损害。

三、中国与 WTO

我国是"关贸总协定"的原始缔约国之一。1947 年，当时的"中华民国"曾在"关贸总协定"上签字。1950 年 3 月，中国台湾当局宣布退出"关贸总协定"，后于 1965 年又以观察员身份列席"关贸总协定"会议。联合国于 1971 年 10 月恢复我国合法席位后，"关贸总协定"于 1971 年 11 月撤销了中国台湾当局的观察员资格。改革开放以来，随着我国对外贸易的发展，我国同"关贸总协定"的接触开始增多。自 1982 年以来，我国先后派代表列席了第 38~41 届"关贸总协定"缔约国大会。1984 年 1 月 18 日我国正式成为"关贸总协定"下属的"国际纺织品贸易协议"的成员。1984 年 11 月 16 日"关贸总协定"理事会决定同意我国列席代表理事会及下属机构的会议。1986 年 7 月，我国正式提出恢复"关贸总协定"缔约国地位的申请。1987 年 2 月，我国向"关贸总协定"正式递交我国外贸制度备忘录，同年 3 月，"关贸总协定"理事会决定成立"中国问题工作组"，并随后确定工作组职责范围和主席人选。至此，我国恢复"关贸总协定"缔约国地位的谈判正式开始。自 1992 年 2 月，从中国工作组第 10 次会议起，我国已进入实质性的议定书谈判阶段。

重返 GATT 及后来的加入 WTO 是我国改革开放与构建及发展市场经济的需要。

第一，中国的改革开放要面向世界、走向世界，就要更多地参与国际经济组织的事务，"复关入世"是必由之路。当今世界各国经济的互相影响和渗透已日趋成为发展潮流，而 GATT 或 WTO 在其中扮演着"经济联合国"的角色。加入 WTO，中国就在当今支撑国际经济秩序的三大组织（世界银行、国际货币基金组织、WTO)中占有了应有的位置。这对中国的开外乃至世界经济的发展都具有重要意义。

第二，加入 WTO 有利于实现我国经济与世界经济的衔接。"入世"后我国经济将成为世界经济的有机组成部分，这将有力地促进我国市场经济体制与机制的充分发展，并在此基础上形成比较稳定的市场经济秩序，从而提高我国经济与世界经济的融合度，为我国经济的更大开放创造条件。

第三，"入世"有利于我国打破发达国家的贸易保护壁垒，为我国进入国际市场开辟更广阔的道路。因为，只有置身于 WTO 体制内，才能享受与 WTO 其他成员国之间的稳定性较强的多边最惠国待遇，有权向有关缔约方就我国有重大出口利益的产品提出关税减让的要求，开拓更大的出口市场。可见，"入世"等于持有了国际市场的入场券。

第四，"入世"还有利于我国经济在国际竞争中形成比较稳定、正常的商品价格体系和竞争机制，迫使企业按国际标准体系、市场需求和经销惯例来组织经营生产活动，推动技术进步，从而提高企业乃至整个国民经济的整体素质。

第五，"入世"后我国将可以获得发展中国家享有的幼稚工业保护、出口补贴、关税减让和保护、国际收支平衡、解决贸易争端等方面优惠的差别待遇，从而为我国对外经济贸易发展创造良好的外部环境。

第六，世界经济一体化是国际经济发展的必然趋势。现代市场经济的发展，必然会排斥并挖掉小生产的根基，逐步用国际化分工替代各国经济的民族性，走向经济一体化。现代市场经济的这一趋势是不以任何个人、团体和政党的意志为转移的。适应世界经济发展的这一趋势，是人类文明的体现，也是社会进步的标志。

总之，加入 WTO，意味着我国以崭新的姿态和中国特色市场经济的身份进入了国际市场，意味着我国经济开放的深化与拓展。可以说，"入世"是我国经济真正进入国际经济循环和国际分工的契机，同时获得了我国经济又好又快发展的广阔平台。

第十二章　市场经济在中国

　　我国经济体制改革的目标模式是建立中国特色市场经济体制，这是对建设中国特色社会主义伟大实践及基本经验的科学总结与高度概括，是对马克思主义经济理论的重大发展，标志着我们不仅在认识上实现了从传统计划经济到市场经济的飞跃，而且对社会主义经济规律的认识达到了一个全新的升华。认真学习和研究中国特色市场经济理论，对于人们思想的进一步解放，对推进我国经济体制再改革，对自觉践行科学发展观，夺取中国特色社会主义现代化建设事业的更大胜利，以及对于整个国际共产主义运动，都有着十分重大的理论与实践意义。

第一节　市场经济是中国特色社会主义的必然选择

　　自改革开放以来，中国的市场取向的改革日趋扩展并深化。市场经济是我国经济体制改革的目标模式，是建设中国特色社会主义的必然选择。

一、资本主义社会经济关系自我调整的历史结果与经验借鉴

　　资本主义制度自确立以来，其经济关系一直处于不断调整的过程之中。从其运行机制来看，它经历了自由竞争、垄断、国家垄断、国家垄断国际同盟等发展阶段，即经济运行完全由市场机制进行调节的市场经济阶段；有调节的资本主义市场经济阶段；国家干预或调节的资本主义市场经济阶段、若干国家联合干预或调节的资本主义市场经济阶段。考察资本主义社会经济关系自我调整的历史进程、研究西方市场经济理论，其主要目的是科学认识资本主义经济发展的基本过程并借鉴其有益的经验，促进我国现代化建设的发展。党的十四大曾明确指出：社会主义要赢得同资本主义相比较的优势，必须大胆吸收和借鉴世界各国包括资本主义发达国家的一切反映现代社会化生产和商品经济一般规律的先进经营方式和管理方法。我们要尽快形成并完善中国特色的市场经济体制与体系，就要学习

和借鉴现代市场经济的先行者——西方发达国家建立并完善市场体制与体系的经验、管理市场的法制系统和执法的经验、对市场进行宏观管理的行之有效的办法等。加强对当代西方发达资本主义国家经济调节和发展经验的研究，勇于吸收其符合经济发展规律、能为我所用的有益经验，以利于我国市场经济体制的建立和完善。

二、国际共产主义运动的客观现实与商品经济的再认识

如果把我国经济体制改革与苏联、东欧各国的改革做一些比较，就能更加清楚地看出，遵循什么样的改革理论，选择什么样的改革道路，是改革取得何种结果的关键问题。苏联、东欧一些国家，在 20 世纪五六十年代就开始了经济体制改革，持续了二三十年，但都以失败而告终，导致了社会经济制度的根本变化。这些国家改革失败的教训，不在于进行了经济体制改革，而在于没有正确的经济改革的目标模式，在于不能正确认识和处理计划与市场的关系，把社会主义和市场经济看成是相互排斥、不能兼容的对立物，在"要社会主义"还是"要市场经济"的问题上陷入了片面性和形而上学。它们当年的改革，从总体上讲仍然是在中央集权还是地方和企业分权的问题上兜圈子，始终没有突破集权式计划经济体制的总框架，没有扩大并实现市场机制在资源配置和经济调节中的主要作用。作为改革的目标，特别是没有在增强国有企业活力，把国有企业变成独立的市场主体上取得突破，没有实现从传统计划经济体制向新的经济体制的转换，旧体制束缚生产力的问题没有得到根本性解决。于是，就急匆匆转向"民主社会主义"，进行激进的政治体制改革，抛开共产党的领导，转而采纳西方的政治与经济体制，葬送了人民用生命和鲜血换来的社会主义事业。回顾和总结这一惨痛的历史教训，对于我国确立中国特色的市场经济的意义，就会有更为深刻的认识。

当今世界，资本主义经济制度仍是主要经济制度，市场经济是世界通行与通用的资源配置方式。纵观世界各国现代化的历史，无疑是资本主义的历史任务，是资产阶级的产业革命与民主革命改革了地主阶级、封建贵族的自然经济与君主专制的历史结果。中国实现现代化，要跨越或超越商品经济这一历史阶段，是没有理论与实践依据的。

三、我国改革开放基本经验与教训的总结

建立中国特色的市场经济，是党对我国社会主义经济发展规律认识不断深化的结果，也是我国经济体制改革经验与教训的基本总结，是社会主义经济改革实践进一步发展的必然选择。

从根本上改变束缚生产力发展的传统计划经济体制，建立起充满生机和活力

的市场经济新体制，解放生产力，促进生产力的发展，这是我国经济体制改革的总任务。我国的经济体制改革始于20世纪50年代末。当时的改革基本上是围绕着中央集权还是地方分权兜圈子。真正意义上的经济体制改革是在党的十一届三中全会以后才逐步展开的。对于经济体制改革目标模式的选择，是不断地沿着实践—认识—再实践—再认识这条唯物主义认识路线前进的，是在改革的实践中不断探索总结的。以土地集体所有、家庭承包经营为基础，统分结合、双层经营的农村经济新体制，把几亿农民逐步引向了市场，促进农村经济沿着专业化、产业化、集约化和商品化的道路迅速发展，从而使我国这一最古老的经济部门率先走上了市场经济的道路。1984年，党的十二届三中全会通过的《中共中央关于经济体制改革的决定》，标志着我国经济体制改革的重点从农村转移到城市，揭开了我国经济体制全面改革的序幕。这个时期的经济体制改革，以搞好国有大中型企业为核心，以价格改革为关键，以传统计划管理体制改革为主要内容，其实质是把整个国民经济有步骤、分阶段地全面推向市场经济新体制，强化市场机制的作用，增强整个国民经济的生机和活力。就改革的实际效果来看，市场覆盖的范围越来越大，发挥的作用越来越突出。不论是农村经济体制改革，还是城市经济体制改革，我国经济体制改革的基本走向，都是逐步缩小传统指令性计划机制对资源配置和经济调节的作用，不断地扩大市场机制对资源配置和经济调节的作用。这是我国改革开放以来经济体制改革的基本实践。改革开放取得的成就和经验，为创立中国特色的市场经济理论奠定了坚实的基础。

今天，我国人民群众的生活水平与生活质量都已经有了极大的提高和改善。市场已从卖方市场转变为买方市场，短缺经济已经从根本上得到了扭转。这里，"卖"与"买"虽然只是一字之差，但内中的含义却用千言万语也难以表述，包含着党和人民的千辛万苦。中国现今的人口不是比改革开放前少了，而是更多了；可耕地不是比改革开放前多了，而是更少了；自然资源不是丰富了，而是趋于紧缺了；国有企业减少了，非公企业增加了。然而，情况不是更糟了，而是更好了。这是为什么呢？因为效率大为提高了。效率为什么迅速而又有效地提高了呢？因为经济体制改变了，由原来的传统计划体制改换为市场经济体制。事情就是这么简单，道理也就是这么明白。

四、市场经济是人类文明发展的新形式

人类文明的发展是一个有阶段、有层次、有特点的渐进过程。不同时段、不同地域的文明有着巨大的差异性。然而，从自然经济向商品经济的过渡，却有着人类意志不可抗拒的共同性。市场经济作为商品经济发展的高级阶段，不仅在不同民族、不同地域、不同条件下有着市场经济的一般特点，而且超越了社会制度的不同，将人类文明的发展推进到了一个新阶段，并且采取了不同以往的新形

式。任何国家和民族，都不可能也不应该以自己情况的"特殊"而拒绝这一人类文明发展的新形式，因为它既是生产力发展，即生产分工与社会化的必然结果；又是生产关系进步，即人们平等地相互交换自己的劳动而实现社会需要多样化的必然产物。人类文明，实际上就是人类社会发展的必然。所谓必然，就是不以人们的意志为转移的客观性。从这样的层面认识问题，将会极大地提高我们改革开放的自觉性，从而从规律性的高度来说明我们的理论，规范我们的行为，以免出现某些"风吹草动"时，动摇我们走市场经济道路的信心与决心。

当然，我国选择中国特色的市场经济体制，也是对外开放的必然要求，与加入WTO、实现与世界经济的接轨、完成祖国和平统一大业也是密切相关的。

第二节　中国特色市场经济理论的形成与发展

由封建社会自给自足的自然经济产生并发展而来的商品经济，到现代社会的市场经济，在西方发达国家已经有了几百年的历史。我国自明清以来，虽然已有商品经济的萌芽与发展，但商品经济始终未能上升为资源配置的主要形式。新中国成立后至党的十一届三中全会以前，商品经济一直被视为社会主义的"异己"。出现这种情况的原因是复杂的，其中对于马克思主义理论的误解、曲解与不理解是重要原因。

一、中国特色的市场经济理论的确立，是我们党在现代化建设的曲折前进中对社会经济规律的认识不断深化的结果

中国共产党的成立，标志着自辛亥革命以来中国现代经济理论的发展有了新的历史平台。至此，中国社会主义经济理论经历了三大阶段并作出了三大贡献：新民主主义革命阶段贡献了以毛泽东为代表的新民主主义经济理论；社会主义改造与初步建设社会主义阶段贡献了社会主义改造与工业化理论；改革开放新时期贡献了中国特色的市场经济理论。

市场经济，是一种按照价值规律合理有效地配置社会资源的经济形式，在现代经济生活中发挥着越来越重要的作用。但是，我们从片面地把市场经济等同于资本主义，到党的十四大明确决定建立中国特色的市场经济体制，并作出理论上的高度概括，实现了认识上的飞跃，却经历了一个长期、艰难的探索过程，并付出了沉重的代价。

众所周知，我国原有的经济体制是在20世纪50年代初期学习苏联的经验建立起来的高度集中的计划经济体制。这种体制对于我国当时集中力量进行重点建

设，奠定社会主义的物质技术基础，曾起过积极作用，实现了经济的迅速发展。但是，随着社会生产力的发展、经济规模的扩大、经济结构和经济关系的复杂化，以及人民生活需求水平的不断提高，这种传统的计划体制越来越不适应我国现代化建设的要求，进而严重地束缚了社会生产力的发展。虽然在 20 世纪五六十年代，我们党就曾提出过要尊重价值规律，要发挥商品生产的作用，但由于当时对社会主义经济规律缺乏科学的认识，特别是由于"左"的思潮的泛滥，这种正确的思想并未变成大家的自觉行动，也未在实践中得到全面的贯彻执行。这种状况一直持续到 20 世纪 70 年代末期。1978 年 12 月，党的十一届三中全会是中国特色的社会主义市场经济理论萌生的起点。十一届三中全会正确地提出，实现四个现代化要求大幅度地提高生产力，也就必然要求改变同生产力发展不相适应的生产关系及其上层建筑，改变一切不适应的管理方式、资源配置方式和思想方式，因而是一场广泛的、深刻的革命。这就为探索我国新的经济体制奠定了思想基础。此后，我们党在改革实践中逐步引进市场机制，对传统的高度集中的计划经济体制进行改革，从而赢得了改革开放以来我国经济的迅速发展和整个社会面貌的巨大变化。回顾十一届三中全会以来我们党对中国特色的市场经济问题的认识过程，大体轨迹为：

第一，中国特色的市场调节概念的提出和"计划经济为主，市场调节为辅"原则的确立。党的十一届三中全会闭幕后，党中央对我国经济体制改革的原则取向进行了认真分析。1979 年 3 月 8 日，陈云在一份讲话提纲中指出，整个社会主义时期经济必须包括两部分：一是计划经济部分（有计划按比例的部分）；二是市场调节部分（不作计划，根据市场供求变化进行生产，即自发调节部分）。1979 年中央工作会议提出，在我国国民经济中，要以计划经济为主，同时充分重视市场调节的辅助作用。1979 年 4 月，在无锡召开的价值规律研讨会上，理论界提出市场经济是社会主义商品生产的必然产物，计划经济应该和市场经济相结合的思想。特别是 1979 年 11 月邓小平在会见外宾时指出：市场经济只限于资本主义社会，这肯定是不正确的。社会主义为什么不可以搞市场经济？当时尽管还没有明确提出社会主义经济体制改革的目标模式是建立中国特色的市场经济体制，但社会主义可以搞市场经济，邓小平已讲得十分肯定。但当时这一认识并未引起人们的高度重视并在实践中推行。1982 年，党的十二大把"计划经济为主，市场调节为辅"确定为经济体制改革的基本原则，标志着我们党在市场与计划关系正确认识上的初始阶段的开始。

第二，有计划的商品经济理论和计划经济与市场调节相结合的经济体制和运行机制的确立。1984 年 10 月，党的十二届三中全会在总结农村经济体制改革经验的基础上提出，商品经济是社会主义经济发展不可逾越的历史发展阶段，我国社会主义经济是公有制基础上的有计划的商品经济。这是党对我国经济体制认识上的一次质的飞跃。虽然全会通过的《中共中央关于经济体制改革的决定》确定

"不搞完全市场调节的市场经济"，但以市场为取向的改革已经迈出了关键性的一步。1985年10月，邓小平在会见美国企业家时再次提出："社会主义和市场经济之间不存在根本矛盾"，"把计划经济和市场经济结合起来，就更能解放生产力，加速经济发展"。①党的十三大报告采用了邓小平的建议，指出"社会主义有计划的商品经济体制，应该是计划与市场内在统一的体制。其中，计划和市场的作用范围都是覆盖全社会的"。并提出了"国家调节市场，市场引导企业"的经济运行机制，要求加快社会主义市场体系的培育。这是关于计划与市场相互关系认识上的又一次重大突破。之后，党的十三届四中全会又提出了"经济体制改革的方向是建立计划经济与市场调节相结合的经济体制和运行机制"。这是我们党对市场与计划关系问题认识上的继续深化。

第三，中国特色的市场经济理论的正式确立。进入20世纪90年代，改革的实践充分证明，哪里重视市场的作用，哪里经济就发展得快，社会主义不但与市场经济不矛盾，而且社会主义也可以搞市场经济。随着商品经济的发展、人民需求的提高和多样化，20世纪90年代的改革和建设都面临着如何有效地、合理地配置资源的难题。在这种历史背景下，邓小平1992年春天视察南方的谈话引起了人们的高度重视。"计划多一点还是市场多一点，不是社会主义与资本主义的本质区别。计划经济不等于社会主义，资本主义也有计划；市场经济不等于资本主义，社会主义也有市场。计划和市场都是经济手段。"②这些正确认识被人民广泛接受，从而为创立中国特色的市场经济理论奠定了思想与理论基础。同年10月党的十四大顺应历史潮流，果断宣告："实践的发展和认识的深化，要求我们明确提出，我国经济体制改革的目标是建立社会主义市场经济体制，以利于进一步解放和发展生产力"。③这标志着中国特色的市场经济理论在我国正式确立。

第四，中国特色的市场经济理论的丰富、完善与创新。理论的创新促进着实践的发展，实践的发展推动着理论的创新。市场经济被确立为我国经济体制改革的目标模式后，市场经济理论日趋体系化、科学化，至今已逐步丰富并完善为六大支柱理论，即市场经济原因论、市场经济体系论、市场经济主体论、市场经济运行论、市场经济调控论、市场经济环境论。当然，这并不意味着这一理论及其体系是终极真理。在西方，市场经济理论在发展；在中国，市场经济理论因其年轻而更是处在发展、丰富与完善的过程中。

总之，生动的社会实践丰富了人们的认识，深化了的认识又有力地推动着实践的前进。原来的认识不能准确地、完全地反映变化了的实际，就需要有新的认识，以致作出新的理论概括。中国特色的市场经济理论正是循着这样一种历史

① 邓小平文选. 第三卷 [M]. 北京：人民出版社，1993. 148~149
② 邓小平文选. 第三卷 [M]. 北京：人民出版社，1993. 373
③ 中国共产党第十四次全国代表大会文件汇编 [M]. 北京：人民出版社，1992. 22

与逻辑，在对社会主义经济规律的认识逐步深化的过程中，逐步形成和发展起来的。

二、邓小平在创立中国特色的市场经济理论过程中发挥了历史性的作用

中国特色的市场经济理论的创立，是我们党对社会主义经济规律的认识不断深化的结果，是全党和全国人民集体智慧的结晶。邓小平在这一理论的形成过程中作出了历史性的重大贡献。

第一，"社会主义也可以搞市场经济"是邓小平的一贯思想。早在 1979 年11 月，他在会见美国不列颠百科全书出版公司副主席兼副总裁吉布尼时就指出："说市场经济只限于资本主义社会、资本主义的市场经济，这肯定是不正确的。社会主义为什么不可以搞市场经济，这个不能说是资本主义。我们是计划经济为主，也结合市场经济。但是这是社会主义的市场经济，当然方法基本上和资本主义社会相似，但也有不同，这是国家所有制，都是全民所有制之间的关系，当然也有同集体所有制之间的关系，也有同外国资本主义的关系。但归根结底是社会主义的，是社会主义国家。市场经济不能说只是资本主义的。市场经济，在封建社会时期就有了萌芽。社会主义也可以搞市场经济。"①

邓小平的这次谈话，第一次对中国特色的市场经济作了理论阐述。他指出，市场经济并不受社会经济制度的限制，资本主义可以搞，社会主义也可以搞；社会主义的市场经济，方法上基本与资本主义相似，但所有制不同，国家制度不同；市场经济萌芽于封建社会，不能说只是资本主义的。之后，在我国改革开放事业的一系列关键阶段中，他都反复重申了这一思想。1989 年"六四"政治风波刚刚平息，邓小平就尖锐地提出：十三大确定的路线不能改，"我们要继续坚持计划经济与市场调节相结合，这个不能改。实际工作中，在调整时期，我们可以加强或者多一点计划性，而在另一个时候多一点市场调节，搞得更灵活一些。以后还是计划经济与市场调节相结合"。"绝不能重复回到过去那样，把经济搞得死死的。"② 1990 年 12 月，针对理论界有些人对市场经济提出的诘难，邓小平在与中央几位负责人谈话时进一步指出："我们必须从理论上搞懂，资本主义与社会主义的区分不是在于计划还是市场这样的问题。社会主义也有市场经济，资本主义也有计划控制。不要以为搞点市场经济就是资本主义道路，没有那么回事。计划和市场都得要。不搞市场，连世界上的信息都不知道，是自甘落后。"③ 1992年春，邓小平在视察南方时的重要谈话中，又专门谈到了市场经济问题，深刻地

① 邓小平关于建设有中国特色社会主义的论述专题摘编 [M].北京：中央文献出版社，1992.95
②③ 邓小平文选.第三卷 [M].北京：人民出版社，1993.306~307，364

指出：计划多一点还是市场多一点，不是社会主义与资本主义的本质区别。这个谈话，反映了当代世界经济的运行规律，解除了人们对市场经济姓"社"还是姓"资"的疑虑。邓小平的上述精辟论断，从根本上解除了把计划经济和市场经济看做属于社会基本制度范畴的思想束缚，使中国共产党对市场经济的认识有了新的飞跃。这个飞跃，是党的十四大确立中国特色的市场经济体制的思想与理论基础。

第二，邓小平关于中国特色的市场经济的唯物辩证法，为中国共产党创立中国特色的市场经济理论提供了科学的方法论指导。邓小平用计划和市场都是"手段"来认识市场经济是相当深刻的。既然是手段，就不是唯一的，就允许，也必须与其他手段相配合；既然是手段，使用这种手段的主体就是可变的；既然是手段，就不是一种社会价值观念，就不是我们追求的社会形态目标；既然是手段，就要顺应使用这种手段的主体要求。搞市场经济曾经受到种种责难，但是，只要有利于发展社会生产力，就可以大胆地试、大胆地闯、大胆地冒险。在关于中国特色的市场经济的每一次谈话中，邓小平从来不是单纯地就市场论市场，而总是把市场经济问题放在整个现代化建设的大视野中，放在与政治等其他方面工作相互联系的大背景下加以阐述。邓小平在论述中国特色的市场经济问题时所运用的这些方法，可以在党的十四大确立的中国特色的市场经济理论中找到其影响。

第三，邓小平对待中国特色的市场经济的科学态度，为我们继续发展和完善中国特色的市场经济理论树立了榜样。这种科学的态度，至少表现在两个方面：一方面，一旦认准了真理，就毫不动摇地去追求；另一方面，不借助个人的权威，把自己的观点强加于人，邓小平一再申明"允许争论"。自1979年以后的十多年中，邓小平多次提出或重申"社会主义也可以搞市场经济"的思想。这期间，党中央先后确立的一系列新提法，标志着全党的认识在不断发展深化。邓小平尊重实践，尊重群众，耐心等待着实践的发展和大多数人认识的提高，他反复重申、提倡市场经济，不断推动实践和认识向前发展。作为我国社会主义改革开放和现代化建设事业的领导者，时刻关注最广大人民的利益和愿望，善于概括群众的经验和创造，敏锐地把握时代发展的脉搏和契机，既继承前人又突破陈规，表现出了开辟现代化建设新道路的无比巨大的政治勇气和开拓马克思主义新境界的巨大理论勇气，对建设中国特色社会主义理论包括中国特色的市场经济理论的创立，作出了历史性的重大贡献。

三、中国特色市场经济理论的发展及其科学体系

中国特色的市场经济理论作为科学的理论体系，有着丰富的内涵和鲜明的时代特征。它吸收了一百多年来马克思主义研究和国际共产主义运动创造的优秀成果，概括了十一届三中全会以来中国共产党和中国人民改革开放与现代化建设的

实践经验。在此基础上，党的十四大对其主要内容第一次作出了科学的概括。如果说在十四大以前，还只能勾画出这个理论的轮廓，那么我们现在已经可以从党的文件和理论界的概括中，把握这一理论的逻辑结构和科学体系。

第一，解放思想、实事求是是这一科学理论的哲学基础。一个科学理论的逻辑起点和历史起点往往惊人的一致。回顾中国特色的市场经济理论的创立过程，正是思想理论战线拨乱反正、否定"两个凡是"，重新确立"解放思想、实事求是"思想路线的过程。自改革开放以来，党在实践中创立中国特色的市场经济理论的每一个阶段性进步，都伴随着一次思想上的大解放，都伴随着实事求是精神的恢复与发扬。正是在解放思想的旗帜下，我们党逐步摆脱了把市场经济与社会基本制度等同起来的"左"的思想束缚与理论僵化，实现了认识上从传统计划经济到有计划的商品经济，再到中国特色的市场经济的历史性飞跃。现在，我们又面临着在实践上通过市场经济体制与道路实现新型工业化的新的更加艰巨的任务。闯这一关靠什么？仍然要靠解放思想这个马克思主义的"法宝"。解放思想就是要实事求是，就是要在马克思主义指导下打破旧框框，冲破旧的习惯势力的束缚，研究新情况，解决新问题，使我们的认识、方针和策略更加符合变化了的客观实际。没有思想解放，就没有实事求是。解放思想是实事求是的前提与基础，实事求是是解放思想的结果与标准。解放思想、实事求是，是建设中国特色社会主义理论的精髓。这个鲜明的马克思主义世界观和方法论，同样渗透于中国特色的市场经济理论的每一个方面，同样是这一科学理论的灵魂，是构造这个理论的哲学基础。

第二，社会主义初级阶段是这一科学理论的历史基础。中国特色的市场经济理论是在社会主义初级阶段理论的基础上产生与发展的。社会主义初级阶段理论是建设中国特色社会主义的理论基石。它科学地概括了我国现阶段社会的性质、所处的历史阶段、社会的基本任务、发展方向、基本特征、主要矛盾等，认为我国已建立中国特色社会主义制度，既不能走资本主义发展的老路，也不能"全盘西化"；我国的社会主义尚处于社会主义初级阶段，绝不能陷入空想，硬要去干那些现在不应该干，也不可能做到的事。社会主义初级阶段的主要矛盾是人民群众日益增长的物质与文化的需要同落后的社会生产力之间的矛盾。这就决定了要把发展生产力置于压倒一切的中心地位，把是否有利于生产力的发展，是否有利于综合国力的提高，是否有利于人民群众物质文化生活的改善作为检验一切工作的根本标准。这样，社会主义初级阶段理论就从我国当前社会的性质、发展阶段、基本特征、主要矛盾和中心任务等方面作出了符合中国实际的科学概括，为我们解决当代中国的一系列基本问题确立了根本的立足点，为在这个历史阶段制定和执行正确的路线、方针、政策提供了理论支持，从而真正突破了过去那些超越社会主义初级阶段的"左"的思想和政策的束缚，开辟了不是从经典著作的条条框框、外国模式、一般原则和主观空想出发，而是以马克思主义为指南，从当代中国实际出发，创造性地探索中国社会主义现代化建设的道路，从理论上摆脱了盲目追求"纯粹"社会主义的空想论和认为"中国要补资本主义这一课"的机械论，同时也克服了教条主义。中国特色的市场经济理论正是根植于社会主义初级阶段理论这一当代科学社会主义理论的基础之中，以社会主义初级阶段为历史背景，是在这一理论指导下产生与发展的，也是建设中国特色社会主义理论的重要组成部分。

第三，正确认识和处理计划与市场的关系是这一科学理论的核心问题。从中国的国情出发，探索我国经济体制改革的目标模式，关键是要正确处理计划与市场的关系。实践证明，什么时候计划与市场的关系处理得比较好，我国的经济建设就顺利发展；反之，则会遭受挫折。中国特色的市场经济理论所要解决的核心问题，就是要正确地处理计划与市场的关系问题；就是要研究和解决社会主义条件下使市场在国家宏观调控下对资源配置起基础性作用，使经济活动遵循价值规律的要求，适应供求关系变化的途径和方式；就是要研究和解决、加强与改善国家对经济的宏观调控的手段和方法。党的十一届三中全会以来，在处理计划与市场关系的问题上，经过了一个认识不断深化的过程。党的十二大提出"计划经济为主、市场调节为辅"的原则；十二届三中全会提出"我国社会主义经济是公有制基础上的有计划的商品经济"；党的十三大提出"社会主义有计划商品经济的体制应该是计划与市场内在统一的体制"；十三届四中全会后，提出"建立适应有计划商品经济发展的计划经济与市场调节相结合的经济体制和运行机制"；1992年春提出"计划和市场都是经济手段"，社会主义与资本主义的本质区别不是计划多一点还是市场多一点，社会主义有市场，资本主义有计划等观点；党的十四大确定"我国经济体制改革的目标模式是市场经济"。1993年春，中国特色的市场经济理论被载入宪法。中国特色的市场经济理论正是在对计划与市场关系的认识逐步深化的过程中，才得以逐步形成和发展起来的。

第四，解放和发展生产力，建设中国特色社会主义是这一科学理论的基本目标和本质内容。实践赋予理论活力，实践呼唤着理论指导其前进。我国经济体制改革的目标模式是建立中国特色的市场经济体制，这是解放和迅速发展我国社会生产力的客观要求。我们所要建立的中国特色的市场经济体制，一方面具有发达资本主义国家和地区已经存在的市场经济的共性，即市场经济的一般要求：所有产品、服务和生产要素都是商品；商品的交换和流通都应通过市场；市场在资源配置中起基础性作用；经济活动必须符合价值规律的要求，经济运行必须适应市场供求的变化；价格主要由市场决定；竞争机制充分发挥其作用，市场中的交易应当是公正、公开、诚信的，市场应该是开放、统一、有序的；企业是独立的市场主体，企业行为自主化；市场体系完善，不仅有商品市场，而且有劳动力市场、房地产市场、信息市场、技术市场、金融市场等各种生产要素市场；宏观控制以间接调控为主；社会经济管理法制化。另一方面，它又具有自己的特殊性，受基本国情、经济发展阶段、市场发育程度和民族文化特点等若干因素的影响。如果缺乏对市场环境深入细致的理论研究，我们的实践就会陷入极大的盲目性，就可能迷失方向。同样，中国特色的市场经济理论如果脱离了中国特色社会主义这一主要目标和客观载体，就成了无源之水、无本之木，就失去了赖以存在的现实基础。建立中国特色的市场经济体制，其最终目的是解放和发展生产力。所以，中国特色的市场经济理论，从更深的层次讲，正是紧紧围绕解放和发展中国的社会生产力、建设中国特色社会主义这一根本任务发展起来的。我们在建立中国特色的市场经济体制的实际过程中概括和升华出的理论观点能否被纳入这个理论体系，也是以这个根本问题为取舍标准的。换言之，这一理论的任务、前提和要素，都是为解放和发展生产力这个根本问题服务的，都是从这个根本问题上展开的。这是党的十一届三中全会把党和国家的工作着重点转移到经济建设方面在理论上的集中反映。离开这个根本问题，就不可能真正理解这一科学理论，不可能把握其理论内涵的实质。

第五，与中国特色社会主义基本制度结合是这一科学理论的基本特征。我国进行的改革，是现时社会主义制度的自我完善和发展。改革必须坚持社会主义方向，这是现时社会主义制度的本质要求，是全国各族人民的根本利益所在。把市场经济体制与中国特色社会主义基本制度结合在一起是我国市场经济理论的基本特征。要深入研究社会主义市场经济与资本主义市场经济的联系与区别，一方面，要明确无论是社会主义市场经济还是资本主义市场经济，都是社会化大生产和商品经济高度发展的产物，从而大胆运用、吸收和借鉴世界各国包括西方发达国家的一切反映现代社会化大生产和商品经济一般规律的先进经营方式和管理方法；另一方面，要深入研究中国特色的市场经济在所有制结构、分配制度、宏观调控、政治环境等方面的重大特征，要看到中国特色的市场经济就是中国特色社会主义条件下的市场经济：在所有制结构上，是以公有制为主导，允许并鼓励个体、私营、外资经济的发展，各自发挥优势，平等竞争；在分配制度上，以按劳分配为要求，以其他分配形式为特点与补充，坚持效率与公平相统一的原则，既允许收入存在合理差距，同时也要防止贫富两极分化，逐步实现共同富裕；在宏观调控上，国家对市场的干预与控制在有雄厚物质基础保证的条件下，充分发挥市场、计划、行政、法律等多种手段的作用。总之，要在把握中国特色的市场经济特殊性的基础上努力探索中国特色市场经济的具体模式、形式与机制，自觉地为现代化建设服务。

中国特色的市场经济理论，作为当代中国的马克思主义政治经济学，从其主要任务和内容来看，它是为解放和发展社会生产力，为建设中国特色社会主义而创立和发展起来的。这个理论以其基本特征以及各方面的基本内容有机形成自身的科学的体系。这个科学体系，反映了当代中国社会生产力和生产关系、经济基础和上层建筑的矛盾运动，较为系统地回答了建设中国特色社会主义、实现现代化的一系列基本问题。用这一理论自觉地指导中国的现代化建设，中国人民就一定能够如期实现自己宏伟的经济发展目标。

第三节　中国特色市场经济的特殊性

从中央集权的指令性传统计划经济逐步过渡到中国特色市场经济，是改革开放实践发展和理论认识深化的必然抉择。改革开放30年的伟大成果，从理论层面看，形成了中国特色市场经济理论；从实践层面看，构建了中国特色市场经济体制。中国特色市场经济体制的建立与发展是一个长期的过程，能否全面实现这一历史性转变，关系着我国现代化建设的全局。

一、中国特色市场经济的特殊性

中国是从一个半封建半殖民地国家经新民主主义革命走上中国特色社会主义道路的。从党的十一届三中全会开辟改革开放新的历史时期以来，我国经济逐步由传统计划经济体制转向市场经济体制。但这并不意味着，中国的经济运行与资源配置方式已经是市场经济了，也不意味着中国的市场经济是完善的和成熟的了。中国市场经济的顺畅发展，不能不充分考虑由中国国情所决定的中国特色市场经济的特殊性。

马克思主义活的灵魂是具体问题具体分析。任何一种经济运行与资源配置方式的形成与发展都有其历史背景与时代条件，其在一个国家的实现与发展程度取决于它满足这个国家发展的需要程度以及它能给这个国家创造多大的发展空间；另外，各国社会历史的发展过程与条件的特殊性以及经济发展道路与模式的多样性，不仅决定了相应的经济运行与资源配置方式在其发展过程中必然要产生自己的风格和特点，而且决定了其发展过程中的创新程度与实践层次。历史和实践告诉我们，现实中的社会主义一般都不是马克思、恩格斯所设想的从发达资本主义国家经无产阶级社会革命建立起来的。中国特色社会主义，至少在如下一些方面表现出了自己的特点：

第一，不是在资本主义基础上，而是从半封建半殖民地社会发展而来的，反封建的任务相当沉重。

第二，不是经过无产阶级社会革命，而是通过新民主主义革命，即资产阶级民主革命建立起来的，与同盟者的团结极为重要。

第三，不是以社会化大生产为经济基础，而是普遍地存在着小生产，当时近现代工业只占国民经济的10%左右，因而要艰苦创业，用整个社会主义初级阶段大约一百年甚至更长一些的时间实现生产的商品化、社会化、市场化、现代化，努力完成本来应该由资本主义完成的历史任务。

第四，不是全社会的生产资料公有制，而是多种生产资料所有形式并存，非公有制经济仍是社会经济发展的重要组成部分。

第五，不是全社会范围内的按劳分配，而是多种分配形式并存，允许生产要素的所有者参与分配。

第六，不是不存在商品生产和商品交换，而是仍要大力发展商品生产和商品交换，实行市场经济，劳动力仍是商品。

第七，不是教育已经高度地普及，而是文盲半文盲仍占有一定比例，提高整个中华民族的文化素质实属当务之急。

第八，不是科技已经高度发展，而是科技相对落后，科教兴国、转变落后的生产方式以及经济增长方式，科学并可持续发展甚为重要。

第九，不是精神文明高度发展，而是必须下大力建设社会主义精神文明，实现物质文明、精神文明、政治文明、社会文明一体化发展。

第十，不是民主已经普及化、社会化，而是建设社会主义民主、健全社会主义法治仍是一个相当长的历史过程。

考虑到中国现实社会主义的一系列环境特点，综观中国市场经济的基本属性及时代特征与现实意义，就不难理解市场经济在中国的发展既不是简单的逻辑回归，也不是经济发达国家所经历的本来意义的市场经济，这就是中国特色市场经济，从而也就使中国市场经济成为中国国情的"函数"。

首先，中国的基本国情与西方发达国家市场经济所依据的客观条件差异颇大。旧中国是一个半封建半殖民地国家，资本主义在其沿海一带虽有一定程度的发展，但从总体看并没有进入资本主义发展阶段。在农村是小生产的汪洋大海，在城市是小手工业者的汪洋大海，因而具有浓重的后封建性质。由此所决定，推翻旧制度的革命不是打倒资本主义的社会主义革命，而是领导民众推翻"三座大山"——帝国主义、封建主义、官僚资本主义的新民主主义革命，即无产阶级领导的资产阶级民主革命。这一重大历史背景告诉我们，中国所面临的社会主义首先是如何尽快建立起自己得以存在和发展的物质技术基础，如何在"大国小生产"的条件下建立起全社会范围内的社会化大生产及其资源配置形式。

其次，中国革命的进程决定了中国特色市场经济的基本内容。对于中国独特的历史背景及其基本经济特点，中国革命卓越先驱们的认识是清楚的。孙中山认为，节制资本不是消灭私人资本，相反在中国当时的情况下，私人资本的存在对经济的发展是有益处的。中国的主要问题是个"穷"字，私有资本有益于治穷。1934年1月，毛泽东在第二次全国工农代表大会的报告中就革命根据地的经济进行了分析，指出：现在我们的国民经济，则是国营事业、合作社事业和私人事业这三方面组成的，私人经济不仅在当时，而且在以后相当长时间内也必然还是优势。1948 年 9 月，张闻天在科学分析新民主主义经济的五种经济成分及其相互关系的基础上提出了新民主主义经济建设的基本方针：以发展国营经济为主体，普遍地发展并紧紧地依靠群众的合作社经济，扶助与改造小商品经济，允许与鼓励有利于国计民生的私人资本主义经济，尤其是国家资本主义经济，防止与反对商品的资本主义经济所固有的投机性与破坏性，禁止与打击一切有害于国计民生的投机操纵的经营。1949 年 6 月，刘少奇在《关于新中国的经济建设方针》一文中指出：新中国经济建设方针应是发展国营经济为主，普遍建立合作经济，并使之与前者结合起来；扶助独立的小生产者，并使之向合作社经济发展；组织国家资本主义经济，在国民经济允许的范围内允许私人资本主义经济存在；在可能的条件下，逐步增加社会主义经济成分，加强国民经济计划性。总的认识是：中国的经济不但十分落后，而且在民众素质、科技文化、民主法制各方面都面临着紧迫的提升任务；与浓重的封建、自然经济相比，资本主义当然是一种进步的经济形态；在中国，不是多了一个本国的资本主义，而是多了一个外国的帝国主义和本国的封建主义；在新民主主义的国家制度下，中国不但不怕资本主义，而且提倡它的发展，因为它的发展更有利于中国社会主义的稳固与发展。这就是说，中国的基本国情及其革命胜利后的历史任务决定了新中国的经济结构只能是多元化的，经济现代化必然是长期的艰巨任务，从而为市场经济的中国式发展奠定了客观基础。

最后，中国社会经济发展阶段的历史定位铸就了其市场经济的主要特色。历史与实践都证明，生产力发展的连续性决定了经济发展阶段的不可逾越性。市场经济的中国特色不只在于理论，更重要的是在于实践。本来，按照中国革命先驱者们的正确认识组织新中国的经济建设，我们的事业估计要顺畅得多，然而由于新中国成立之后不久"左"的思想逐步占据上风，并形成了长期性的主体错误，因而导致到中国共产党的十一届三中全会之后，才又重新开始认识我们究竟处于什么样的历史阶段，即按照基本国情重新进行历史定位。实际上，我国市场经济体制目标模式的确定，一方面是重新肯定了新中国成立前后关于社会主义模式多样化的正确认识；另一方面则从社会主义基本经济制度与经济形式方面进一步深化了当时的认识并上升到了理论的新高度。因此，当我们回过头来在认真而又科学地考察中国市场经济的形成与发展时，不能不特别注意到其国情基础与时代特点的原因与必然。

由中国国情所决定的中国特色市场经济的特殊性主要表现在：

第一，中国的市场经济不是从封建生产关系中产生的，而是由中国特色社会主义形成和发展而来的。

第二，中国的市场经济不是历史自然发展的结果，而是由上层建筑的政权力量强制形成和发展而来的。

第三，中国的市场经济不是从自然经济的历史进程形成，而是由传统计划经济改革而来的。

第四，中国的市场经济相对应的不是上层建筑在政治方面的多元化，而是马克思主义为指导思想的中国共产党领导的多党合作。

第五，中国的市场经济不是以生产资料的私有制为基础，而是以生产资料的社会主义公有制为主导，多种经济形式并存。

第六，中国的市场经济不是以现代企业制度为运行主体，而是多种利益主体都还不够成熟，素质有待进一步提高，建立现代企业制度和实施国民待遇原则仍是市场经济体制进一步完善的重要任务。

第七，中国的市场经济不是以成熟的监管与调控为特征，而是需在党政分开、政企分开方面继续改革和推进，国家要进一步明确角色定位。

第八，中国的市场经济不是以生产社会化为发展的基础，而是生产的社会化以市场经济的发展为基础性资源配置方式。

中国市场经济的特殊性，即中国特色社会主义所必然选择的经济运行方式的风格与特点，不能不在其运行与发展的具体进程中表现出来，因此在我们现代化建设的过程中必须给以充分的注意，尤其不能任其自由自在，要择其所长，避其所短，以使中国的市场经济日趋成熟与完善。

二、把握建立市场经济体制的核心

如何正确认识和处理计划与市场的关系，不仅是政治经济学研究的重要理论问题，而且是建设中国特色社会主义的实践课题，更是我国经济体制改革目标模式的核心问题。

首先，从我国经济理论研究的主要方面与基本问题看。在中国社会主义经济理论的基本研究中，关于国民经济有计划按比例发展的理论，关于商品经济理论，关于价值规律理论，关于经济核算理论以及我国经济体制改革的理论等，实际上就是直接对计划与市场关系的研讨。至于新中国成立以来，关于政治经济学研究对象的研究，关于生产力与生产关系的研究，关于社会主义生产资料所有制及其结构的研究，关于社会主义基本经济规律及其实现形式的研究，关于国民经济综合平衡与社会再生产的研究，关于社会经济结构的研究，关于中国特色社会主义市场经济的研究等，也无一能够摆脱计划与市场及其相互关系而孤立地进行，要么是计划与市场及其相互关系在相关方面的延展或引申；要么直接或间接地受到计划与市场及其相互关系的影响或制约。所有这些理论问题的研究与讨论，都离不开对社会生产力发展的存在与实现形式——中国特色社会主义生产关系的基本认识，也都离不开对于中国特色社会主义生产关系的存在与实现形式——经济形式与经济体制的基本认识，当然也离不开对于中国特色社会主义经济形式与经济体制——计划经济或者市场经济，或者有计划的商品经济，或者有市场的计划经济的基本认识，同时也离不开中国特色社会主义经济运行机制——计划调节或市场调节，或国家调控市场并市场引导企业等的基本认识。

其次，从改革开放以来对经济体制改革目标模式的设计看。1978年以来，在经济体制改革的实践中，对计划与市场及其相互关系经历了一个认识上逐步深化、实践上不断前进的过程。中共十一届三中全会明确提出：应该坚决按经济规律办事，重视价值规律的作用，并且提出大胆下放权力，让地方和企业有更多的自主权。这实际上提出了计划与市场以及发挥市场机制的作用问题。党的十二大提出计划经济为主、市场调节为辅，把市场调节正式引入中国特色社会主义体制模式。十二届三中全会关于经济体制改革的决定，指出商品经济是社会经济发展不可逾越的阶段，我国社会主义经济是公有制基础上有计划的商品经济，突破了把计划经济同商品经济对立起来的传统观念，为全面进行经济体制改革提供了理论指导，实现了社会主义经济理论的重大突破。党的十三大进一步提出了社会主义的计划商品经济体制应该是计划与市场内在统一的体制，计划与市场的作用都是覆盖全社会的，从而将计划与市场的关系从理论上深化了。十三届四中全会以来，又提出了建立适应社会主义有计划商品经济发展的计划与市场调节相结合的经济体制和运行机制，并强调要把两者的长处结合起来。邓小平在1992年初南方谈话中更加明确地指出："计划经济不等于社会主义，资本主义也有计划；市场经济不等于资本主义，社会主义也有市场。计划和市场都是经济手段。计划多一点还是市场多一点，不是社会主义与资本主义的本质区别。"这一精辟论断从根本上解除了把计划经济和市场经济看作是属于社会基本制度范畴的思想束缚，使我们对计划与市场关系的认识有了新的更大突破。2003年10月，中共十六届三中全会深刻、系统总结了我国市场经济体制改革的基本经验与教训，作出了《完善社会主义市场经济体制若干问题的决定》，对于深化经济体制改革，促进社会经济全面、协调、可持续发展，建立完善的社会主义市场经济体制和更具活力、更加开放的经济体系进行了新的战略部署，从而使计划与市场的关系从理论上更深化了。

最后，从我国现代化建设的经验与教训看。新中国成立60年来，国民经济在曲折中发展，经历了1949年10月至1956年底从新民主主义向社会主义转变的历史时期，以及从1957年一直到现在仍在继续的社会主义初级阶段的历史时期。在前一个时期，主要是恢复和发展国民经济，进行土地改革，贯彻党在过渡时期的总路线，准备按第一个五年计划进行经济建设等，一方面调整计划与市场的比重、关系及作用，另一方面为全国建立社会主义计划经济进行各方面的协调，而首先是经济基础方面的改造。这一时期又可划分为两个阶段：前一阶段的主要内容是恢复国民经济，在稳定市场、制止通货膨胀方面做了大量工作；后一阶段的主要内容是进行生产资料方面的社会主义改造，加强计划指导并建立社会主义的生产资料公有制，从而在为社会主义计划经济提供强大的物质基础方面进行了卓有成效的努力。将这两个阶段联系起来看，实际上贯穿着计划与市场及其相互关系的内容。

这也就是说，自新中国成立以来，包括实施第一个五年计划以来，我国的经济建设一直是在如何正确对待和处理计划与市场及其相互关系的过程中曲折前进的。当我们能够正确对待并处理计划与市场及其相互关系的时候，我国的经济发展就顺利，人民群众的物质文化生活就能够得到较快的改善。反之，情况就比较麻烦。"大跃进"三年，其后调整了五年，由排斥否定商品、货币到不得不肯定与发展商品经济，即肯定与发展城乡市场，"十年动乱"期间，国民经济跌到了崩溃的边缘，但市场却并没有被消灭；其后改革开放的30年，是大力发展中国特色社会主义商品经济的30年，并确定建立市场经济体制，走上了富民强国的建设中国特色社会主义的正确道路。

实行中国特色社会主义市场经济，并不排斥和否定国家宏观调控的作用。市场和计划，作为经济调节的手段各有其长处，要尽可能地将两者的长处结合起来，以达到趋利避害的目的。当今世界，没有不干预经济的政府，也没有不受政府干预的经济。政府管理经济的职能随着社会化大生产的发展而日趋强化，这本身正是市场经济发展的内在要求。必须明确，任何市场都是具体的，中国的市场也不例外；任何市场经济都是具有历史与现实背景的，中国的市场经济同样也不例外。只要市场经济存在，就需要调整、校正、组织、管理、规范、约束，一句话，即国家干预经济，计划校正市场。

可见，计划与市场及其相互关系，的确是当今经济的一个重大理论和实践问题。正确认识和处理两者之间的关系，是整个社会主义初级阶段经济理论与实践的核心。正因为如此，我国经济体制改革确定什么样的目标模式，是关系整个现代化建设全局的一个重大战略问题。

三、完善向市场经济转轨的内外部条件

一般说来，任何性质的经济及其所采取的形式，都具有条件性，市场经济也是如此。实现传统计划经济向市场经济的转轨，既要认识转轨得以实现的内部条件，又要全面把握其外部条件。

1. 把握市场经济的内部条件

所谓传统计划经济向市场经济转轨的内部条件，即决定市场经济得以存在的社会经济结构内部的条件。对于市场经济存在的内部条件，一般认为有三个因素：一是社会分工的存在，二是独立的物质利益的存在，三是个别劳动不能直接表现为社会劳动。其实，社会分工的存在并不是引起市场经济的直接原因，而只是前提条件。至于独立的物质利益的存在和个别劳动不能直接表现为社会劳动，究其本质原因，则不能不归结到生产条件所有制方面的问题上来。因为，物质利益的独立性也好，个别劳动表现为社会劳动的间接性也好，不仅是由生产条件两个方面——生产资料所有制与劳动力所有制的内容及归属的矛盾引起的，而且是生产条件所有制两方面相统一的结果。

从我国的实际出发，考察中国特色社会主义市场经济存在的内部条件，就生产资料所有制方面来说，中共十一届三中全会以来的实践充分证明，我们打破原来那种与现时生产力水平极不适应的单一公有制结构，实行在坚持公有制经济主体地位的前提下，发展多种经济成分的改革方针是正确的，是与我国社会主义初级阶段生产力水平相适应的。非公有制经济的发展，有效地调动了各方面的积极性，对发展经济、方便生活、解决就业等诸多问题发挥了重要的作用。它所具有的运转灵活、反应敏捷、介入市场能力强等特点，对市场经济是比较适应的。就劳动力所有制方面来说，从否认劳动力为商品到中共十四大提出要发展劳务市场（实为劳动力市场），反映了我们在市场经济认识上的深化。从现实状况来看，近些年来，我国劳动力市场由小到大，不断发展，不但为实现劳动力的合理配置提供了条件，为社会提供了劳动力的储备，而且也反映了市场经济的基本要求，为我国全面走向市场经济迈出了重要的一步。现在的问题是，决定市场经济存在的生产要素所有制的两个方面在我国社会经济结构内部还很不完善。其主要表现，一是公有制经济仍严重缺乏活力，还远远不能适应市场经济的要求；二是劳动力成为商品、走向市场还受到多方面的限制。因此，要实现传统计划经济向市场经济的转轨，必须进一步解放思想，加大改革的力度。

第一，建立以公有制经济为主导，个体、私营和外资经济多种经济成分长期并存、共同发展、平等竞争的所有制结构。单一的公有制或国有制经济难以建立真正的市场经济。要发展市场经济，需要进一步调整和完善现存的所有制结构。一方面，要进一步发展包括国有经济、集体经济和乡镇企业，以及公有制资产占主体的股份制经济在内的公有制经济，确立并坚持它们的主体地位，特别是切实转换国有大中型企业经营机制，注重公有制经济的运营效率与效益，发挥它在基础产业和关系国计民生的其他重要领域的控制与影响力；另一方面，在真正搞好公有制经济的同时，继续鼓励和引导各种非公有制经济的发展，进一步创造非公有制经济发展的良好环境，使公有制经济和非公有制经济能在平等竞争中相辅相成、共同发展。

第二，大力发展劳动力市场，建立可以自由流动的劳动就业制度。劳动力进入市场，实行企业和劳动者之间在"劳务市场"中的双向选择，是市场经济的一个基本特征。要坚决冲破"左"的思想束缚，充分认识到，没有劳动力商品市场的市场经济，是不完整的市场经济；积极探索建立和完善劳动力市场的具体形式，彻底破除传统计划经济体制下政府集中管理的劳动用工制度。重要的是要认真落实企业的自主招工权、分配权和劳动者的自主择业权。为培育和发展劳动力市场，还必须有相应的配套措施，如建立劳动保险制度，为劳动者在劳动力流动过程中暂时的待业提供生活保障；建立具有普遍权利的社会福利制度，医疗、住房、养老等方面的社会保障与具体的劳动单位脱钩，使劳动者通过缴纳必要的保险金，从社会获得这些福利和保障；改革工会制度，使工会组织适应企业劳动合同制与建立劳动力市场的新形势，增强工会维护职工合法权益的功能；建立健全劳动争议的协商、调解、仲裁、诉讼的法规和相应的机构，解决人才流动、劳动者招聘、辞退等方面的矛盾和纠纷等。

2. 改善传统计划经济向市场经济转轨的外部条件

传统计划经济向市场经济转轨的外部条件包括国内因素和国际因素。国内因素主要包括：

转换国有企业特别是大中型企业的经营机制，建立现代企业制度，从而重塑市场主体，加快市场体系的培育，深化分配制度和社会保障制度的改革，以及加快政府职能的转变。

优化产业结构，为经济转轨创造良好的经济环境。经济转轨的过程，实质是新体制代替旧体制的过程，在传统计划经济管理体制下形成的我国现有的产业结构，已越来越不适应市场经济发展的要求。因此，必须把调整和优化产业结构放到十分突出的地位，并切实部署。合理地调整产业结构是优化经济体制改革的经济环境和重要任务之一。

建立严谨、科学、统一和完备的经济法律法规和经济监督体系。市场经济从根本上说是法治经济，要求一切经济活动都要按照科学而严谨的法规体系进行。经济管理部门按照相关的法律法规来评价、控制与监督各类经济活动，是市场经济体制不同于以行政指令为标志的传统计划经济体制的重要方面。因此，随着改革的深入进行，必须加强相应的法制建设，将一些收效良好、比较成熟的改革措施，尽可能以法律形式确定下来，同时学习、借鉴国际上市场经济运行的一般法则，逐步建立一整套与市场经济相适应的经济法律和法规体系。

国际因素主要包括：经济生活的国际化、市场经济的国际机制，以及国际通用的市场经济规则与惯例等。这里主要阐述国际因素对我国实现经济转轨的影响。

在现代社会化大生产条件下，任何一个国家不论其制度如何，都不可能在与世隔绝的情况下发展经济。当代经济的这种外向性，是我们考察国际因素对我国实现经济转轨的影响的重要前提。根据世界经济的运行规律，为了加快我国市场经济体制的建立和完善，必须努力做好与国际经济的对接工作。

经济生活的国际化，主要是指生产方式与交换方式的国际化，这是生产力发展的必然结果。它从出现到今天，已经过了与自由竞争资本主义相适应的商品国际化阶段和与垄断相适应的资本国际化阶段。这两个阶段的国际经济交流，形式比较单一，范围局限于资本主义世界体系内部，并且带有超经济性。第二次世界大战后，在新的科技革命推动下，生产力迅速发展，国际分工日益深化，进入了生产国际化的新阶段。这个阶段的特点，一是各国经济交往的内容不断丰富，形式日益多样，出现了包括商品交换、资本融通、生产协作、科技交流、劳务合作、信息沟通在内的资源全面流动；二是殖民体系的瓦解和发展中国家经济的成长，促使国际经济交往逐步摆脱超经济因素的控制，互利的因素逐步增加；三是出现了不同社会制度、不同发展阶段国家之间资源合理流动的崭新局面。由于经济生活国际化的日益加深，各国对外经济关系开始形成一个完整的体系。当代经济的这种国际化，既是现代世界经济发展的趋势，也是现实社会主义国家在摆脱僵化的经济体制模式之后不可避免的发展趋势。因此，我国市场经济体制建立和发展的过程应当是一个不断开放的过程，即不断地打破与外界的隔绝与封闭，从而使国与国之间商品、劳务、资金、人才、技术、信息等的交流越来越频繁的过程。

国际间的生产要素流动、资源转换，合理地实现各生产要素的结合是市场经济的一大优势，而现代国际市场关系的分析也是以生产要素在世界范围内的流动和国内外市场的资源转换为基础的。如果国际间生产要素是不流动的，那么各国只能从比较优势出发，按各自相对丰富的生产要素进行生产，然后进行国际交换。但在生产要素国际流动的情况下，国际贸易的产品不再是某国的优势生产要素的组合，而是全球生产要素的优势组合。生产要素的国际流动和资源转换，实现了跨越国界的资源优化配置。国际经济合作是现代市场经济运行的国际体制，现实社会主义国家在参与世界市场竞争的过程中必须发展国际经济合作，从而使国内外市场对接，促进本国的经济发展。

国际通行的市场经济规则和惯例，自市场经济诞生以来，已经有了几百年的发展历史。在长期的运行过程中实用、有效并普遍为各国所接受，成为现代市场经济运行的法则。我国经济要真正走向世界，必须尽快适应这些规则和惯例。这样，才能实现国内市场与国际市场的对接，并在世界范围的竞争中立于不败之地。

总之，国际因素对我国实现由传统计划经济向市场经济转轨的影响是广泛而深刻的。我们要顺利完成这一转轨过程，必须加快对外开放的步伐。要继续扩大对外开放，形成多层次、多渠道、全方位的开放格局；要进一步拓宽利用外资的领域；要积极开拓国际市场，促进对外贸易多元化，大力发展外向型经济。

四、转轨过程中的经济发展战略选择

实现由传统计划经济向市场经济的转轨既然是一个长期的过程，那么在这场巨大的历史变革中，就可能出现一些预想不到或者难以把握的事情与问题。这就要求我们必须尽可能地预见到可能发生的问题并及早采取措施，预防不利因素可能带来的不利结果，将隐患消除于萌芽之中。

转轨过程中必须切实注意的几个关键性问题:

从改革开放 30 年来现代化建设的基本情况看,在向市场经济的转轨过程中,至少有以下重要问题值得关注:

第一,转轨过程中的农业问题。如何认识农业,如何进一步发展农业和农村经济,是一个关系改革能否深入、全面地展开,国民经济能否全面、协调、可持续发展,现代化宏伟战略目标能否顺利实现的重大问题。农业问题实质是农业生产力问题,也是"三农"问题的核心问题。

农业在我国占有特殊的重要地位,它是经济发展、社会进步和国家自立的基础。由于农业是社会效益大、经济效益比较低的弱质产业,在国民经济的大格局中处于既是基础产业却又不利的地位,这就决定了在市场竞争中农业必然处于弱势。因此,在市场经济条件下,必须注意保护农业、强化农业、发展农业,这样才能加强其基础地位。特别是在我国加入 WTO 后,国际市场对国内市场的冲击中,农产品将首当其冲。根据各国的经验,对农业的支持和保护问题会更加突出。要在财政上有支持农业的充足资金,在资源配置上首先保证农业发展的需要,在分配上切实保护农民的利益。要加强对农业的宏观管理,深化农业生产体制改革,以适应市场经济的要求。

理论、经验和实践都告诉我们,努力促进农民增收是"三农"问题之重,科学发展之首,和谐社会之本。农民富裕了,中国就实现小康了;农民安康了,中国社会就必定和谐。

第二,转轨过程中的工业化道路问题。我国是一个从半封建半殖民地经新民主主义革命走向中国特色社会主义的国家,现在仍处于社会主义初级阶段,根本任务是努力尽快实现现代化。在中国,现代化的确切内涵其实是工业化,从而实现工业化的道路至关重要。西方发达国家实现工业化的一般道路是从轻工业开始的,苏联在特定历史条件下走了一条优先发展重工业的道路。我国工业化道路曾是正确处理农、轻、重的关系,优先安排农业。随着世界经济的发展和现代科学技术的进步,信息化已成为现代化的关键与核心。因此,中国新型工业化道路已成为转轨过程中的实际问题。信息化是我国加快实现工业化和现代化的必然选择。以信息化带动工业化,以工业化促进信息化,走出一条中国特色的新型工业化道路。

第三,转轨过程中的产业结构问题。实现"两个根本转变"是我国现代化建设过程中的根本问题,即生产力的发展方式从粗放型向集约型转变,生产关系由传统计划经济向市场经济转变。"两个根本转变"都直接涉及了经济发展过程中的产业结构问题。一方面,产业结构关系着生产力发展的水平、特征与质量;另一方面,产业结构也关系着生产关系方面的一系列问题,如劳动力素质,劳动组合的结构与质量,体现生产力发展的具体形式、层次与特征等。以往,经济发展过程中的"有增长而无发展"的情况,与产业结构的不合理、不适应有着直接的关系；改革开放以来出现的几次大的经济波动也与产业结构的不合理、不适应密切相关。产业结构不只是一个资源配置的结构问题，还是一个技术水平、档次与质量问题，是一个生产与需求的适应问题，是一个生产方式的实现与形式问题。因此，在实现现代化的过程中绝不能掉以轻心。

第四，转轨过程中的金融改革问题。金融市场是市场体系的中心。建立市场经济体制，金融政策与杠杆将发挥极为重要的作用。为使我国金融运行适应市场经济的要求，应加快金融体制改革：一是逐步建立健全适应市场经济发展要求的金融体系，在稳定货币的前提下支持经济发展；二是建立商业银行风险机制，使银行成为自主经营、自负盈亏、资金平衡、自担风险、自我约束、自我发展的商业性金融企业；三是建立以间接调控为主的金融调控体系；四是大力发展金融市场，落实金融诚信；五是切实避免货币供给忽紧忽松的现象；六是科学把握金融政策，实现预先干预，有效"熨平"经济波动，避免经济发展的大起大落。

第五，转轨过程中的财税政策问题。在传统计划经济体制向市场经济体制转换过程中，政府对经济的管理面临着从行政手段向经济手段，从实物形态向价值形态，由年度审批计划向中长期规划指导的转变。要通过财政的分配和财政法规政策的运用，调整国民经济的分配和管理方式，促进市场机制的发展。应当看到，市场经济本身存在"市场失灵"问题，一些公用性极强的"产品"，如能源、交通、基础设施等，都是市场自身组织功能所难以解决的，而且市场调节还具有周期性的特征。为了减少市场这个"看不见的手"在资源配置中的滞后性、盲目性，弱化或消除周期性的影响，需要运用财政的分配与立法监督职能，来"熨平"经济发展的波动，弥补市场调节的不足。这样，能否根据经济体制转换过程中出现的新问题适时地制定或调整财政政策，就成了关乎转轨能否顺利完成的关键。

第六，转轨过程中的经济发展速度问题。经济发展速度问题，历来是人们普遍关心的问题。这不仅因为社会主义初级阶段根本任务的最后完成要靠较快的经济发展速度作物质保证，而且因为经济发展能否保持正常的发展速度，还直接关系整个社会的稳定和进步。考察经济转轨过程中的经济发展速度问题，必须注意把握以下原则：①正确处理改革与发展的关系。建立市场经济体制的目的，从根本上说，是为经济的较快发展创造良好的运行机制。但是，鉴于过去的经验教训，在改革与发展的问题上，特别是在发展的关键阶段，必须坚持把改革放在首位，通过改革来带动经济的发展。发展是硬道理，速度要考虑各方面的制约因素。②正确处理提高质量、增进效益、优化结构与经济发展的关系。我国经济发展有两个突出问题：一是资金、资源相对短缺，同时又存在着严重的浪费；二是现有的产业结构、产品结构不适应市场需要，也不适应进一步参与国际竞争的需要。所以，必须从提高质量、改善结构、增进效益上去追求速度，从适应和开拓市场中去求速度，这样获得的速度才是扎扎实实的，才能真正促进经济的规模和素质尽快登上新的台阶。③在时机成熟的情况下，抓住机遇，积极追求较高的发展速度。国际上，一些市场经济较发达国家发展的经验证明，在体制转换的过程中，只要国际、国内条件具备，同样可以使经济保持较快的发展速度。

我国从传统计划经济向市场经济转化的过程中，还必须注意把握好两方面问题：一方面，就政府的宏观经济管理职能而言，政府该管什么，不该管什么；直接管什么，间接管什么；用什么手段管，具体如何管等一系列问题，都应当认真研究并严格规范。另一方面，就市场的机制与功能而言，体系如何建立，结构怎样设置，范围如何控制，价格怎样波动，功能如何调控，供需怎样平衡等一系列问题，同样必须认真研究并切实把握。其实质就是政府必须从实际出发，用粗线条、大弹性的计划控制住、把握好国民经济发展的重大比例关系；市场必须贯彻竞争原则，按价值规律办事，从而促使整个经济有活力、有效率、有效益。建设中国特色社会主义市场经济，尤其要防止市场经济的某些盲目性，以及由此可能造成的对生产要素的浪费和对经济功能的破坏。转轨过程中还要特别注意建立与完善现代企业制度体系、价格体系、社会保障体系、法规与监督体系，以及宏观调控体系，相互配套，协同运转。

把握与实现传统计划经济向市场经济的转轨，是进一步深化改革和扩大开放的关键。从理论上科学地说明市场经济的运行、特点、条件及趋势，是整个经济体制改革理论的基石。我们要进一步学习、研究和完善市场经济理论，为实现向市场经济体制的稳定与胜利转轨提供自觉的理论指导和坚强的理论支持。

第四节　市场经济在中国的发展与战略

实现现代化是近现代以来中华民族梦寐以求的理想与追求，是一百多年来中国人民的深切期望与抱负。自 1840 年鸦片战争以来，多少仁人志士为之奋斗，多少热血青年为之献身！直到 1949 年新中国成立，中国的现代化才显现出了希望的曙光；新中国第一个五年计划的实施，拉开了中国现代化建设的序幕；1978年中国共产党十一届三中全会为新时期中国现代化建设吹响了前进的号角；随着改革开放事业的进一步深化与扩大及市场经济体制基本框架的确立，对现代化建设的规律性及经济发展内外环境的认识日趋深刻，以新时期中国特色市场经济理论为基本平台的实现现代化的战略理论有了新的发展，概括而言即新时期新阶段的科学发展观，为现代化建设制定了根本性、全局性、方向性、科学性的战略指南。

一、科学发展观的理论支点与基本要点

构建和谐社会，是新时期新阶段中国共产党领导全国各族人民为之奋斗的总体目标，其关键在于从中国实际出发，以市场作为资源配置的基本方式，走出一条人与自然、社会、文化以及其他各方面都适合、有效、促进的富民强国之路，实现经济发展的科学化，这就是党的十六大（2002 年）以来逐步丰富与完善起来的科学发展观。

科学的理论与理论的科学是互相关联的基本方面，理论的科学是科学理论的前提。马克思主义中国化，实际上就是依据马克思主义的基本原理，结合中国的具体实际，灵活而不死板、发展而不背离、创新而不浪漫地分析与解决中国富民强国过程中的具体问题，从而显现出生动鲜活的中国风格、中国气派、中国形式、中国特点。邓小平理论的新发展正是党的十六大以来，在改革开放进一步深入发展过程中，以科学发展观为主要内容的新阶段现代化建设的基本思路与战略理念体系。

科学发展观与中国特色市场经济理论是紧密关联的，市场经济是实现科学发展观的运行平台。在马克思主义经典里，社会主义不是市场经济。中国特色社会主义的基本资源配置方式则是市场经济。改革开放从经济体制来看，就是要从传统计划经济转变为市场经济；从经济发展方式来看，就是要从粗放型转变为集约型，"两个根本性转变"是我国生产力发展走向商品化、产业化、社会化、现代化的必然要求。选择市场经济为中国特色社会主义经济的实现形式，中国的现代化建设终于驶上了"快车道"。与此同时，科学发展观则规定了中国市场经济与现代化建设健康、稳定、协调、均衡发展的整体思路，是今后一个长时期内指导我国市场经济发展与现代化建设的科学理论体系。概括而言，其理论支点主要表现为：

1. 实践第一

实践是检验真理的唯一标准，既是马克思主义的基本原则，也是中国共产党人所坚持的基本原则。正是这一原则的大讨论，成为现代中国的第二次思想大解放。科学发展观的全部内容，贯穿着马克思主义的这一基本原则。一方面，没有真理标准原则的实际落实，就没有今天的科学发展观；另一方面，没有真理标准原则的进一步贯彻，也就没有科学发展观的发展与完善。应当说，科学发展观的提出与确定是一个过程，而这一过程本身也经受着真理标准原则的检验。因此，实践和理论都告诉我们，十六大以来关于中国实现现代化的基本思路与战略是科学的，因而称之为：科学发展观。当然，科学发展观也有丰富与发展的问题，也有实践过程中的再检验问题。

2. 实事求是

实事求是既是马克思主义的基本原则，也是马克思主义中国化的具体形式——毛泽东思想与邓小平理论的精髓与灵魂。邓小平理论的新发展——科学发展观更是实事求是的产物，即从新时期中国现代化建设与改革开放的实际出发，客观而又科学地体现中国富民强国、努力在21世纪中期基本实现现代化的内在趋势与要求，坚持以人为本，全面、协调、可持续发展，既是新中国经济建设基本经验的概括与总结，又是改革开放以来建设中国特色社会主义新鲜经验的结晶与升华。没有实事求是，也就没有新时期的科学发展观。必须强调实事求是的两个基本点，从实际出发和按规律办事，如同一个硬币的两个面，缺了哪个都要出问题。人们有时往往强调从实际出发，而忽略按规律办事，因此也会偏离科学发展观。

3. 以人为本

中世纪的黑暗过后，西方的启蒙运动就已经开启了"以人为本"的闸门。马克思主义的全部理论，实际上无一不体现以人为本的原则。人类社会所追求的共产主义，应当是一个全面的以人为本的理想社会。以人为本，既是中国共产党的核心理念（宗旨）——为人民服务，也是中国共产党的核心利益——执政为民。认真体会中国共产党十六大以来确立的科学发展观，其前提就是以人为本，过程贯彻以人为本，归宿实现以人为本。可见，科学发展观直接体现着以人为本这一基本原则。毛泽东曾说：中国共产党的最高利益是人民的利益，中国共产党的根本任务，就是让人民群众认识到自己的利益，并且为自己的利益团结奋斗。既然中国共产党是中国人民根本利益的代表者，那么一事当先，先要考虑的就是人民的利益，即百姓利益无小事，从大处说，也就是立党为公，执政为民。可见，具体地说，以人为本实质上就是关注人民的利益，追求人民的利益，实现人民的利益，提升人民的利益。"民生"概念的提出，直接体现了以人为本，实质上是以人民的利益为最高宗旨，从而成为科学发展观的核心理念。

4. 全面、协调、可持续发展

马克思主义经典理论中虽然没有明确提出经济可持续发展原则，但是在阐述社会资本再生产过程中，已相当清楚地概括了社会再生产的计划原则、按比例原则，并且就社会总产品实现的价值补偿与实物替换进行了详细而又具体的说明，有图表、有公式、有模型，实际上已经蕴涵了经济可持续发展的基本内涵。中国共产党在建设中国特色社会主义的实践中，创造性地丰富和发展了马克思主义再生产理论，更加强调人与自然的协调与和谐，在中国现代化建设过程中总结并概括出了一整套人口、资源、环境协调统一的理论，并且更加主张生态平衡的重要性，这是指可持续。与此同时，为了实现经济发展的均衡性，中国共产党还从改革开放30年的经验和教训中提炼出了"全面、协调"四个字：全面，即不仅东部沿海要继续迅速发展，而且还要统筹西部大开发、振兴东北老工业基地加中部崛起；协调，即抓紧并强化农业、交通运输业、能源工业、基础设施以及公共事业等薄弱环节与落后事业的发展。从而"全面、协调"与"可持续发展"共同构成了科学发展观的基本内容。

5. 两个根本性转变

中国实现现代化的基本内涵，表现为两个重要方面：一是生产力方面，发展方式要从根本上实现粗放型向集约型的转变；二是生产关系方面，经济体制要尽快实现从传统计划经济向市场经济的转变。"两个根本性转变"是科学发展观的基本要求，也是科学发展观的实现形式。前者，是在中国实现现代化的基本内容与要求；后者，是中国实现现代化的基本道路与平台。在中国，要实现经济的科学发展，如果没有"两个根本性转变"是不可能的。这是时间和实践给我们的答案，也是理论与逻辑给我们的结论。

6. 新型工业化道路

这是随着时代与科技的进步而产生的一个新问题。不仅马克思经济理论中没有具体涉及，而且中国共产党在执政初期也没有碰到。只是到了电子与信息化时代，中国工业化道路的重新认识就有了重要意义。中国共产党人与时俱进，既不拘泥于传统的经典，也不局限于自身的经验，而是迅速依据客观实际调整自己的理念与思路，把中国工业化道路果断地从"以农业为基础、工业为主导"、按农轻重的次序安排国民经济转移到"信息化带动工业化、工业化实现信息化"的轨道上来了。相对于英美等国的古典工业化道路、苏式工业化道路、亚洲"四小龙"的工业化道路，中国这一新型工业化道路的提出，不仅创新了中国特色社会主义的理论内容，而且更加丰富和发展了邓小平理论，成为科学发展观的重要特点。

7. 新农村建设

马克思主义所主张的社会主义，是在发达资本主义生产方式基础上经过无产阶级革命建立起来的崭新社会经济制度，其经济基础是以社会化大生产为特征，其上层建筑是以民主政治为核心，在全社会的生产资料公有制基础上实行计划经济和按劳分配。而中国特色的社会主义，其母体是"两个汪洋大海"，在农村是小农的汪洋大海，城镇是小手工者的汪洋大海，中国特色社会主义是在半封建半殖民地基础上经过新民主主义革命建立起来的多种所有制经济并存的特殊社会经济制度。社会化大生产的全面确立，对于新中国而言，是 2050 年左右的事情，因而整个社会主义初级阶段的历史任务，就是要用 100 年甚至更长一些的时间，艰苦奋斗，勤俭建国，去完成本来应该由资本主义完成的实现生产的商品化、社会化、现代化的历史任务。这里，自然就产生了马克思主义经济理论中显然有所涉及但并没有给出具体答案的极为特殊的问题，即农民、农村及土地问题。也正是由于这一问题的特殊性，使得中国共产党人获得了一块发展与创新马克思主义的理论空间。新民主主义革命时期，中国共产党人客观而又科学地处理好了农民与土地问题，因而赢得了农民的支持，从而上升为执政党；新中国成立后，农民、农村、农业问题，一直是中国共产党最关注的问题，是中国现代化建设的重中之重。党的十六大以来，"三农"问题则更是成为中国共产党治国理政的核心，成为科学发展观的重要组成部分和基本原则。建设社会主义新农村，则是十六大以来解决"三农"问题的具体方略和基本举措，成为中国特色社会主义的新内容。

8. 科教兴国

科技与教育在社会主义建设过程中的地位与作用在马克思的著作中虽有论及，但在邓小平理论中却更加重视和强调，被认定为中国现代化建设的战略重点，随后逐步形成中国特色社会主义在新时期的经济发展战略。科学与技术是中国现代化建设的特点与内力，教育则是科技的基础与动力，是民族振兴的基石，是国家富强的保障。只有依靠科教，发达科教，我们才能从一个人力资源大国发展成为一个人力资源强国，巨大的人口压力才能转化为强大的经济动力，民族才能富裕，国家才能强盛。科学发展观认同并强化了这一战略，并使其进一步得到了丰富与发展。

9. 统筹兼顾

任何经济发展战略都应该有具体的落实与部署的方式与方法。新中国的经济建设开始不久，毛泽东在《论十大关系》中就曾提出了经济建设过程中的统筹兼顾问题。随着现代化建设事业的全面展开与逐步深入，各方面的关系越来越复杂，稍有不慎，就可能引发经济方面的问题或波动。在市场经济条件下，由于市场主体之间利益的相关性及排他性，统筹兼顾的必然性与必要性就更为重要。发展是硬道理，发展要讲道理，利益要兼顾，方法是统筹，"治大国如烹小鲜"，丝毫都马虎不得。城乡之间、区域之间、经济与社会、人与自然、国内发展与对外开放以及人口、资源、环境，包括节能、降耗、减排等一系列方面、环节都必须认真安排，统筹兼顾。否则，科学发展观的贯彻与落实就会无从下手，失去可行性及可操作性。

二、科学发展观的理论创新与重要贡献

科学发展观是中国共产党大力推进马克思主义中国化的重大成果，既是中国共产党执政理念、执政方略、执政举措的新的理论概括，又是关于加快发展、科学发展、和谐发展的本质和规律的探索和总结；既是为谁发展、依靠谁发展的世界观理论，又是怎样实现又好又快发展的方法论思想。科学发展观是一个科学的理论体系，是马克思主义中国化的新成果。

1. 马克思主义中国化的新形式

在邓小平理论指引下，我们走出了一条符合中国国情的发展道路。但是，新的挑战和考验依然存在。我们只有从世界发展潮流和我国发展实际的结合中分析问题、解决问题，才能在推进经济社会发展和实现民族复兴的道路上不断取得新进展。科学发展观的深邃之处就在于，它既以中国自身的发展作为出发点和落脚点，又把中国的发展和世界的发展联系在一起；既着眼于当代中国发展的具体历史条件，又体现了当今世界发展的新趋势，具有很强的实践性和指导性。

运用马克思主义的立场、观点、方法来思考和解决中国自身的问题，是马克思主义中国化理论创新的轨迹。这一轨迹决定了这种创新必定是既一脉相承又与时俱进的。马克思主义中国化的理论创新成果都是运用马克思主义基本原理解决中国实际问题的光辉典范，不仅在理论风格上具有中国特色、中国气派，而且在理论内容上与既有成果又有直接的传承关系。毛泽东思想对于马克思列宁主义，邓小平理论对于毛泽东思想，是既一脉相承又与时俱进的辩证统一关系。科学发展观同样与毛泽东思想、邓小平理论关于发展的思想既一脉相承又与时俱进。所谓一脉相承，主要体现在它们所着力回答的都是有关中国发展的问题，其主旨都是抓住机遇、实现发展，从而实现好、维护好、发展好最广大人民的根本利益，实现中华民族的伟大复兴，并为最终实现党的最高纲领创造条件。所谓与时俱进，主要体现在科学发展观是对我们党关于发展的思想的系统总结和进一步深化，围绕新形势下我国怎样发展这一根本问题，提出了一系列新思想、新观点、新论断，是立足国情、着眼当代、面向未来的发展思想，极大地丰富了马克思主义的发展理论。

2. 中国国情认识的新内容

社会主义初级阶段是科学发展观的历史基础。社会主义初级阶段理论科学地概括了我国现阶段的社会性质、历史定位、基本特征、发展方向、主要矛盾、中心任务等，认为中国特色社会主义既不能走苏联式传统计划经济的老路，也不能"全盘西化"；不能陷入空想，硬去干那些现在不应该干，也不可能做到的事；也不要干那些"拖泥带水"连百姓都认为落后的事情。社会主义初级阶段的主要矛盾是人民群众物质与文化需要同落后的社会生产力之间的矛盾。这就决定了要把发展生产力置于压倒一切的中心地位，把是否有利于生产力的发展，是否有利于综合国力的提高，是否有利于人民群众物质文化生活的改善作为检验一切工作的根本标准。从而社会主义初级阶段理论符合中国实际的理论概括，为我们解决当代中国的一系列基本问题确立了根本的立足点，为在这个历史阶段制定和执行正确的路线、方针、政策提供了理论支持，突破了过去那些超越社会主义初级阶段的"左"的思想和政策的束缚，开辟了不是从经典著作、外国模式、一般原则和主观空想出发，而是以马克思主义为指南，从当代中国实际出发，创造性地探索中国现代化建设的道路，从理论上摆脱了盲目追求"纯粹"社会主义的经济浪漫主义的空想论和认为中国要补资本主义课的机械论，同时也克服了教条主义以及长期以来对马克思主义人为地"附加"与"强加"。社会主义初级阶段是中国市场经济的历史背景和运行平台，社会主义初级阶段理论是中国特色市场经济理论的理论基石。

解放和发展生产力，实现现代化是科学发展观的基本目标和本质内容。实践赋予理论活力，实践呼唤着理论指导其前进。我国经济体制改革的目标模式是建立社会主义市场经济体制，这是解放和迅速发展我国社会生产力的客观要求。我们所要建立的社会主义市场经济体制，一方面具有发达资本主义国家和地区已经存在的市场经济的共性，即市场经济的一般要求；另一方面，它又具有自己的特殊性，受基本国情、经济发展阶段、市场发育程度和民族文化特点等若干因素的影响。如果缺乏对市场环境深入细致的理论研究，我们的改革实践就会陷入极大的盲目性或浪漫性，就可能迷失方向。同样，中国特色市场经济理论如果脱离了中国特色社会主义这一运行目标和客观载体，就成了无源之水、无本之木，就失去了赖以存在的现实基础。中国的历史与现实告诉我们，建立中国特色市场经济体制，其最终目的是为了解放和发展生产力。所以，中国的市场经济理论从更深的层次讲，正是紧紧围绕解放和发展中国的社会生产力、建设中国特色社会主义这一根本任务发展起来的。我们在建立市场经济体制的实际过程中概括和升华出的一系列理论观点能否被纳入这个理论体系，也是以这个根本问题为取舍标准的。换言之，这一理论的任务、前提和要素，都是为解放和发展生产力这个根本问题服务的，都是在这个根本问题上展开的。这是党的十一届三中全会把党和国家的工作重点转移到经济建设方面在理论上的集中反映。离开这个根本问题，就不可能真正理解这一科学理论，不可能把握其理论内涵的实质。

任何一种经济运行模式与资源配置方式的形成与发展都有其历史背景与时代条件，其在一个国家的发展与实现程度取决于它满足这个国家经济发展的需要程度以及它能给这个国家创造多大的发展空间；另外，各国社会历史的发展过程与条件的特殊性以及经济发展道路与模式的多样性，不仅决定了相应的经济运行模式与资源配置方式在其发展过程中必然要产生自己的风格和特点，而且决定了其发展过程中的创新程度与实践层次。改革开放以来新时期的重大基础性成就，正是传统计划经济有序向市场经济转变。这种转变不仅是科学发展观的实践基础，而且是科学发展观得以丰富与实现的内在动力和基本平台。历史和实践告诉我们，市场经济体制基本框架在中国的确立，是与中国现实生产力的发展水平、生产关系的基本属性密切相关的。应当清楚，中国特色社会主义与马克思主义本来意义的社会主义有着很大的不同，在若干方面都表现出了明显的特点。忽视或者忘记中国特色社会主义的一系列国情及环境特点，就很难理解科学发展观的基本内容了。

历史与实践都证明，生产力发展的连续性决定了经济发展阶段的不可逾越性。经济发展的中国特色不只在于理论，更重要地在于实践。市场经济是人类文明发展的新形式，在人类文明史上，市场经济是一个必然阶段。当今世界，资本主义经济制度仍是主体，市场经济乃世界通行与通用的主流资源配置方式。建立社会主义市场经济，是党对我国社会主义经济发展规律认识不断深化的结果，也是我国经济体制改革经验与教训的基本总结，是社会主义经济改革实践进一步发展的必然选择。实际上，我国市场经济体制目标模式的确定，一方面是重新肯定了新中国成立前后关于社会主义模式多元化的正确认识；另一方面则从中国的社会主义基本经济与政治制度以及经济形式方面进一步深化了当时的正确认识并上升到了理论的新高度。因而，新时期新阶段经济发展的大思路与总战略也就随着现代化建设事业的发展越来越清楚了，这就是十六大以来逐步发展与完善、十七大给予科学概括的科学发展观。

3. 中国现代化建设平台的新认识

科学发展观与以往现代化战略最基本的不同，不仅在于内涵的科学性方面，而且在于其运行平台以及经济体制不同。

改革开放 30 年来的最大成就，就是我国成功地由传统计划经济转轨为市场经济。必须明确，市场经济是科学发展观形成与发展的实践平台，而不再是传统计划经济了。

应当说，科学发展观不仅是对于改革开放 30 年来现代化建设过程中基本经验的概括与升华，而且是对于党的十一届三中全会以来推进市场导向经济体制改革基本经验的概括与升华。市场经济是科学发展观的实践基础，科学发展观是市场经济的科学指导。深入贯彻科学发展观，不能不进一步理解与把握市场经济及其理论，不能不正确认识与把握由中国国情的基本特点所决定的我国市场经济的时代性与特殊性。

所谓市场经济，就是主要以价格波动和竞争力量配置资源的经济形式。价值规律是市场经济的基本规律。价格、竞争、供求是市场经济的主要机制。市场经济条件下，经济利益是人们及社会各种关系的基本方面。公开、公正、诚信、有序是市场经济的基本原则。自由、平等、竞争、利益、效率是市场经济的基本精神。

中国特色市场经济有着丰富的内涵和鲜明的时代特征，与中国具体的基本国情相联系，在吸收一个半世纪多以来马克思主义研究和国际共产主义运动创造的优秀成果，充分认识中国市场经济的特殊性，借鉴西方市场经济发展几百年的经验与教训，概括新时期改革开放与现代化建设实践经验的基础上，把握中国特色市场经济理论的逻辑结构和科学体系的基本特征同样极为重要，对于全面、自觉、切实贯彻科学发展观具有重要的理论支撑作用。

4. 实现现代化路径的新概括

新中国成立以来，科学发展观并不是中国实现现代化的第一个发展战略。发展是人类社会的永恒主题，发展是硬道理。在中国，发展的核心问题是实现现代化。实现现代化的关键，首先在于发展战略的客观与科学。实现现代化是中华民族的百年期盼，发展是中国共产党执政兴国的第一要务。应当说，对于为什么发展、怎样发展这个基本问题的认识，即关于实现现代化的基本战略，人们的认识有一个从片面到全面的过程。特别是在我国经济社会发展面临的内外环境发生深刻变化，在处于"战略机遇期"与"矛盾凸显期"并存、机遇与挑战同在之时，怎样认识和把握发展的规律，如何正确回答为什么发展、怎样发展的问题，关系进一步深化对共产党执政规律，社会主义建设规律和人类社会发展规律的认识。

改革开放以来，我国坚定不移地贯彻邓小平同志提出的发展是硬道理的战略思想，聚精会神搞建设，一心一意谋发展，完成了现代化建设"三步走"战略的前两步目标，人民生活总体上达到小康水平，我国的综合国力和国际地位显著提高。发展取得的成绩，让每一个中国人自豪。但是，发展中存在的问题也不容忽视：农民收入增长缓慢，公共危机管理体制建设滞后；不断拉大的城乡差别、区域差别，严重制约经济社会更快的发展；不少地方在发展中单纯追求增长规模，经济质量和效益低下，资源浪费严重，生态环境遭到极大破坏；重大安全事故接连发生。以往的发展观、发展模式面临严峻考验。

就世界范围而言，发展理论和发展观念是在资本主义工业化、现代化发展过程中产生的，也是随着资本主义工业化、现代化过程的发展而演变的。发展理论和发展观念实际上是对工业化、现代化过程的反思和总结，不同的发展阶段、不同的历史条件形成着、产生着不同的发展理论、不同的发展观念。综观西方工业发达国家在理论和实践中占支配地位的发展观和发展理论，实际上是单纯经济增长的片面发展观。这种发展观指导下的发展实践在取得经济增长的同时，则导致了对文化的否定和排斥，导致了文化价值的分裂，导致了文化危机乃至社会危机、生态和环境危机，导致了一系列的全球问题，世界上富国和穷国之间的鸿沟也不断扩大。

由于经历了一系列全球性问题所带来的痛苦之后，从20世纪60年代起，人类开始反思和总结传统的经济发展观念和发展模式的问题和矛盾，探索能在发展经济的同时保护资源环境，实现社会和人的持续发展，提出新的发展观念和发展模式。从传统的片面发展观、发展模式向新发展观、新发展模式的转变已成为当代具有全球性质的时代潮流。

党的十六大以来，中国共产党的领导集体全面把握中国特色社会主义事业发展的全局，科学分析我国参与经济全球化和深入展开工业化、城镇化、市场化、国际化的情况与规律，从实际出发，总结实践经验，进行理论创新，在建设中国特色社会主义的伟大实践中推进理论创新，在党的十六届三中全会上明确提出和践行科学发展观。党的十六届五中全会进一步指出，制定十一五规划要以邓小平理论为指导，全面贯彻落实科学发展观。党的十七大全面而深刻阐述了科学发展观，并全面运用科学发展观统领经济社会发展全局，进一步丰富和完善了我国现代化建设的指导思想，确立了以人为本，发展为了人民、发展依靠人民、发展成果由人民共享，不断实现好、维护好、发展好广大人民的根本利益为科学发展观的核心；把坚持以人为本和经济社会全面、协调、可持续发展统一起来，把"发展才是硬道理"、"坚持科学发展"、"把发展转入全面协调可持续发展的轨道"三者融为一体，注重经济发展与社会发展、政治发展与文化发展以及人与自然的和谐发展，实现了对传统发展观的历史性超越，是我们党在发展指导思想上又一次重大飞跃，表明我们党对现代化建设的规律性认识和把握提到了新高度，把邓小平关于"发展是硬道理"的思想提高到了新水平，也是当代人类发展文明成果和我国实际相结合的产物，是当代人类发展文明成果的中国化运用，是对当代人类发展问题的中国式回答。这种结合、运用、回答是同从中国实际出发的创新结合在一起的，是创新中的结合、创新中的运用、创新中的回答。

科学发展观深化了对共产党执政规律、社会主义建设规律和人类社会发展规律"三大规律"的认识，正确回答了为谁发展、依靠谁发展、怎样发展的基本问题，从战略的高度第一次把坚持以人为本与经济社会全面协调可持续发展有机地统一起来，实现了对传统发展观的历史性超越。

5. 具有鲜明特色的新战略

科学发展观，是继承传统、引领未来的理论创新成果，也是高瞻远瞩、运筹帷幄的实践指南，具有很强的开放性、前瞻性和规范性。

首先，从时间维度上看，科学发展观与马克思主义关于发展的世界观和方法论一脉相承而又与时俱进。从党的八大强调要"集中力量发展社会生产力"，到邓小平同志"发展才是硬道理"，再到党的十六届三中全会提出"坚持以人为本，全面、协调、可持续发展，促进经济社会和人的全面发展"，再到十七大对于科学发展观的全面、深刻、系统阐述。从发展脉络来看，科学发展观既有对前人智慧的继承，又有体现时代要求的创新，既坚持了毛泽东思想、邓小平理论关于发展的科学理论，又总结国内外发展的经验教训，特别是我国改革开放30年的实践经验，对未来发展指明了方向和道路。随着实践的深入，科学发展观的理论还将继续发展和完善。

其次，从空间维度上看，科学发展观是立足中国、面向世界，从中国人民根本利益出发谋发展、促发展的理论。中国将坚定不移地走和平发展道路，努力实现和平的发展、开放的发展、合作的发展。和平的发展，就是通过争取和平的国际环境来发展自己，又通过自己的发展来促进世界和平。开放的发展，就是中国将主要依靠自身力量实现发展，同时坚持对外开放战略，以开放促改革、促发展。合作的发展，就是中国将同世界各国广泛开展交流合作，努力实现互利共赢。求和平、求发展，是中国发展战略的正确选择，是科学发展观的重要内容，这标志着科学发展观理论体系具有开放性、前瞻性和规范性的基本特征，是指导新的伟大实践的新战略。

6. 生态环境的新要求

人类社会在进入现代化、知识化、信息化之前，往往对于生态与环境的意义与保护重视不够，甚至在实现现代化的过程中发生了严重的生态与环境的损失与破坏。我国在"大跃进"与"文化大革命"期间，包括在改革开放过程中，污染环境与破坏生态的情况时有发生，甚至频频告急，才使人们认识到：人口、资源与环境必须协调、统一，人与自然、与社会、与自己必须和谐。生产力发展的实质性内容，不是改造和战胜自然，而是与自然相协调、相统一、相和谐，也就是可持续发展。在新中国现代化建设战略思路的概括中，科学发展观首次提出了对于生态环境的新要求，突出地强调"可持续"，并且以"全面"与"协调"约束"发展"，提出"发展"的出发点与归宿都必须"以人为本"，从而把人口、资源、环境、生态与发展统一了起来。这是了不起的进步，是中国现代化建设战略思想的大提升、大创新。

7. 发展过程与特征的新宣示

实现现代化是百年来中华民族梦寐以求、卓绝奋斗的伟大追求。然而，自1911年辛亥革命以来，近百年的发展过程如果以1949年新中国成立为界，前面30多年先是军阀混战，后是日本帝国主义入侵，接着是国共内战；后面60年，前30年几乎"折腾"不断。这就是说，近百年来，多半时间是在"折腾"，经济发展一直处于不正常、不平稳、不顺畅的状态中。1978年党的十一届三中全会后，现代化建设终于摆脱了以"折腾"为特征的不正常的发展过程，因而，现代化建设突飞猛进，取得了举世瞩目的伟大成就。其基本经验之一，就是"不折腾"。显然，"折腾"一定不是以人为本，以人为本肯定不"折腾"；片面与不协调发展一定会导致"折腾"，"折腾"就会造成经济发展面临更多更大的问题；可持续发展一定不能"折腾"，如果"折腾"可以持续，那么发展就一定不可持续。可见，践行科学发展观，重要特征是"不折腾"，基本要求也是"不折腾"。这些，都是最一般、最平常、最普通的道理，然而却也是国家之大幸，民族之大幸，也是现代化建设的大幸。

科学发展观既简明扼要、言简意赅，具有高度的概括性，又思想深刻、阐述精辟，具有鲜明的创新性；既符合理论本身所具有的逻辑架构，又易于被人民群众广泛接受、理解、实践，其原因就在于科学发展观具有鲜明的群众实践性与理论创新性。科学发展观既符合中国特色社会主义的基本要求，又体现了对当代中国在市场经济基础上实现现代化的必然趋势的科学认识，充分展现了新时期马克思主义中国化的理论素养与实践要求。

三、把握新阶段，推进再改革

进入新世纪新阶段，我国发展呈现一系列新的阶段性特征，包括方方面面的差距、困难和问题。当前我国发展的阶段性特征，是社会主义初级阶段基本国情在新世纪新阶段的具体表现。认清社会主义初级阶段基本国情以及新阶段的特征，不是要妄自菲薄、自甘落后，也不是要脱离实际、急于求成，而是要坚持把它作为推进改革、谋划发展的根本依据。因此，必须始终保持清醒头脑，立足社会主义初级阶段这个最大的实际，科学分析我国全面参与经济全球化的新机遇新挑战，全面认识工业化、信息化、城镇化、市场化、国际化深入发展的新形势、新任务，深刻把握我国发展面临的新课题、新矛盾，更加自觉地走科学发展道路，奋力开拓中国特色社会主义更为广阔的发展前景。

站在改革开放已经走过 30 年的开始，把握新阶段的关键词：深化改革、关注民生、科学发展。三个关键词合成一个意思，就是推进再改革。

回顾改革开放 30 年来的风雨历程，我们开创了中国特色社会主义事业新局面，开拓了马克思主义中国化新境界。机遇前所未有，挑战也前所未有，机遇大于挑战。具体到民生方面，主要是劳动就业、社会保障、收入分配、教育卫生、居民住房、安全生产、司法和社会治安等方面关系群众切身利益的问题仍然较多，部分低收入群众生活比较困难。特别是近一个时期以来，从 2008 年上半年的结构性物价上涨、通货膨胀压力加大迅速演变成为 2008 年下半年的由于世界经济危机冲击引发经济下滑，民众对深化改革的呼声与要求迫切而又强烈，国家发展经济与宏观调控的任务艰巨而又复杂。冷静地面对现实，出路只有一个：坚持科学发展观，把握新阶段，推进再改革。

所谓再改革，就是认真总结 30 年来改革开放的基本经验与深刻教训，从新世纪新阶段的实际与特征出发，针对之前改革过程中的不足、缺陷甚至误区进行补充、完善、矫正与纠偏，以保证改革的以民为本和实现现代化的宏伟目标。因为，改革是一个过程，发展也是一个过程，不可能毕其功于一役；同时，世界是发展的，情况是变化的，没有一成不变，也没有一劳永逸，要适应变化着的世界与环境，改革也就必须不断深化，并且随着情况的变化推进再改革；再则，人们的需求与观念也在发展和变化，昨天的满意可能发展成为今天的不满意，今天的"贫困"可能变成明天的"小康"。因此，推进再改革既是以人为本的要求，也是改革本身的必然，更是实现中华民族复兴的题中应有之义。

实际上，推进再改革，本质是对当前改革的继续深化，但这种深化并非是对以往改革的简单延续、重复或修补，而是有着双重使命：一方面要针对传统计划经济时代遗留下来的体制性问题与障碍继续下大力气排除；另一方面更要结合新阶段的实际，特别是依据市场经济进一步发展的要求，按照新的思路与战略（即科学发展观、和谐社会论、治国新方略）实现科学发展、共享和谐的新水平、高档次的小康社会。

与民生相关的再改革主要包括：

1. 推进劳动就业制度方面的再改革

就业是民生之本，也是民权之首。改革开放 30 年来，传统计划经济体制下的那种"统一招工、统一分配、城乡隔离、难以流动"的"计划一统天下"的格局已经被打破了，劳动力的流动性与市场化适应了市场经济发展的需要，同时也产生了大量失地农民和下岗员工。"农民工"与失业者挑战着改革进程中的劳动就业制度，特别是出现了一个扭曲的充满各种歧视的"就业市场"，因而任何人都可能或正在成为被歧视者。这种情况，既不公平也不正义！真正的市场经济铁面无私，劳动面前人人平等，劳动的权利与生俱来。因此，劳动就业制度再改革的核心应该是：打破劳动的身份、户籍、残疾、性别、年龄等歧视，尊重每个公民的生存权、劳动权、职业选择权，实现劳动平等、就业平等、职业平等、部门平等、流动平等；完善市场就业机制，构建就业援助制度；规范劳动关系，实现公平就业。

2. 推进社会保障制度方面的再改革

社会保障是社会安全的重要保证，是现代社会不可或缺的"稳定器"与"减震器"。"社保制度"是现代市场经济的重要内容和基本方面，特别是在我国从传统计划经济体制向市场经济转轨过程中，尤其重要。应当说，"社保制度"不但是覆盖全社会的，而且是惠及全体公民的，"社保"面前人人平等。改革开放 30 年以来，人们生活的总体水平得到了迅速改善和提高，一部分人进入了先富起来的群体，但社会保障制度的改革却相对滞后，甚至残缺不全，"应保未保，该保不保"，不仅"国民待遇原则"没有建立起来，而且最应该保障的弱势群体与贫困人口，包括失地农民和失业人口的生存危机屡屡发生。可见，迅速建立健全公平、正义、普惠、共享的中国特色社会保障制度及其体系已经不能再迟疑了！社保制度的再改革，既要尊重国情，又要尊重"社保"的内在要求；既要坚持经济发展的可持续，又要坚持社保制度的可持续；既要承认不同社会群体、层面与要求的差异性，又要坚持"社保"的公益性、普遍性、公平性、救助性与福利性；既要坚持"社保"是政府职能，是其常规性的公共行政，又要调动各方面的积极性，先是民间力量，分轻、重、缓、急予以落实；既要贯彻社保工作的监管制与问责制，又要坚持其运行的公开化与透明化；既要建立"社会保障"与"商业保险"、"慈善事业"的联动机制，又要把"教育保障"、"计生保障"以及"医疗与养老"纳入社保范围，逐步走向全国统一管理。总之，推进社会保障制度的再改革已成当务之急。

3. 推进收入分配制度方面的再改革

合理并科学的收入分配制度是社会公平的重要体现，也是社会和谐的实现形式。改革开放 30 年来，国民经济的持续发展带来了社会财富的迅速积累，综合国力极大增强，但收入分配的失范与不公现象却明显地凸显了出来。近几年来，基尼系数屡创"新高"，甚至跨越了国际警戒线。在一个收入分配不公平的制度安排下，不只是对穷人不公平，实际上富人也是不可能享有公平的。况且，一些人个人财富的急剧增长，甚至比起人们当年所说的"暴发户"还要来得"痛快"，他们奢侈的消费令世界瞩目！进而，整个社会的诚信与公德急转直下，人们越来越关注的是金钱与财富，而不是诚实与守法。因此，必须推进收入分配制度方面的再改革，不仅要强调"让一部分人先富起来"，重要的是实现"共同富裕"；在确保社会公平与分配正义的条件下，越来越多的人能够依靠诚实合法的手段和科学、合理的分配制度安排走向共同富裕，共享改革发展的成果。不如此，和谐社会断无成功之理。需要说明的是，新阶段的共享改革发展成果，绝不是新形势下改换了面孔的平均主义，也不是套用新模式的大锅饭。"差距"还要有，"共享"要强调。这既是政府的责任，也是民生的要求。要真正、切实、迅速、有效地采取果断措施，整顿分配秩序，逐步扭转收入分配差距扩大的趋势；国民收入的初次分配和再分配都要处理好效率和公平的关系，再分配要更加注重公平；着力提高低收入者收入，调节过高收入，取缔非法收入；逐步提高居民收入在国民收入分配中的比重，提高劳动报酬在初次分配中的比重，创造条件增加民众的财产性收入。通过改革成果共享走向社会和谐，构建和谐社会。

4. 推进教育、卫生制度方面的再改革

教育是民族振兴的基石，教育公平是社会公平的重要基础。健康是国民全面发展的基本内容，是生命的正常状态，关系千家万户的幸福。"办好人民满意的教育"，"坚持教育公益性质"，"完善国民健康政策"，"建设覆盖城乡居民的公共卫生服务体系"并且"强化政府责任和投入"既是国民的愿望，也是政府的职责。可是，一个时期以来，教育方面片面强调"教育产业化、市场化"的声音压倒了"教育的公益性"，高等教育因扩招、创收、师资缺乏，以及教育体制僵化等原因而质量下降，中小学教育长期以来甚至连"减轻课业负担"这样并不复杂和困难的问题都解决不了。与此同时，忽视继续教育，歧视职业教育，百姓大呼"上学难，学费贵"。卫生方面，公共医疗卫生的公益性减弱，而营利性膨胀，白衣天使的形象恶化，百姓大叫"看病难，药费贵"。"两难两贵"成为百姓内心的"伤痛"。事实雄辩地告诉我们，推进教育卫生制度的再改革，已经是不争的事实！就高等教育而言，一个简单的事实是，山不在高、水不在深、大学不在大，而在精，要办出特色、办出风格、办出水平来。还有一个人们都承认的道理是：大学生的素质与质量比大学生的数量更重要。具体说来，教育卫生制度如何再改革，科学发展观给了我们指导思想的战略、方案与措施，我们应该认真执行、具体落实。改革千万不要亏待或耽误我们的孩子们，也不要侵蚀和损害民众的健康。

5. 推进居民住房制度的再改革

在中国特色市场经济条件下，必须在经济发展的基础上，着力保障和改善民生，努力使全体人民学有所教、劳有所得、病有所医、老有所养、住有所居，推进建设和谐社会。民以食为天，以住为地。住有所居是民生大事。所以政府启动了再改革，提出"房改新政"，即发展保障性住房，"健全廉租住房制度"，同时完善经济适用房建设。不能说，"房改新政"是原来住房制度的回归，但可以说，"房改新政"是推进居民住房制度的再改革。

奋力推进与民生相关联的一系列再改革，一方面是对新时期新阶段的精到把握；另一方面也是依据科学发展观对于改革进一步深化的贯彻与部署。认真理解和把握新阶段、推进再改革，就是要在改革开放的新阶段努力形成中国特色市场经济的新局面：社会和谐人人有责，和谐社会人人共享。

参考文献

[1] 周成启，李善明，丁冰.政治经济学原理的历史考察 [M].上海：上海人民出版社，1988

[2] 李子猷.社会主义政治经济学奠基史 [M].郑州：河南人民出版社，1989

[3] 卢希悦.当代经济学概论 [M].济南：山东人民出版社，1994

[4] 辜胜阻.市场经济学教程 [M].武汉：湖北人民出版社，1995

[5] 曹长青.市场经济概论 [M].郑州：河南人民出版社，1995

[6] 袁克忠.现代市场经济学 [M].南昌：江西高校出版社，1996

[7] 杨屹.市场经济学概论 [M].哈尔滨：黑龙江人民出版社，1997

[8] 叶世昌，施正康.中国近代市场经济思想 [M].上海：复旦大学出版社，1998

[9] 荣朝和.简明市场经济学 [M].北京：高等教育出版社，1998

[10] 孙庆杰.现代市场经济研究 [M].沈阳：辽宁大学出版社，1999

[11] 施凤江.市场经济学 [M].天津：天津大学出版社，2001

[12] 刘丽霞.市场经济学概论 [M].济南：山东大学出版社，2002

[13] 王毅武.中国现代经济理论探索 [M].香港：香港新风出版社，2004

[14] 王毅武.市场经济学 [M].北京：清华大学出版社，2006

[15] 王毅武，赵康太.当代青年践行科学发展观六讲 [M].海口：海南出版社，2009

[16] 王毅武.中国现代经济理论研究 [M].海口：海南出版社，2009

后　记

在 1986 年和 1993 年发表的论文《社会主义市场经济的几个理论问题》中提出"社会主义有计划商品经济与社会主义市场经济的一致性"，1993 年、1994 年和 1995 年先后出版了几本市场经济理论方面的著作、教材后，一下子十多年过去了。十多年来，一是改革开放的实践发展很快；二是现代市场经济理论日新月异的进展越来越强烈地要求理论及时地给以概括和总结；三是对于现代市场经济理论研究的深入越来越呼唤相应的形式予以体现。与此同时，高等院校经济类、管理类专业开设市场经济学的必要性也越来越成为人们的共识。

《现代市场经济学》采用了章节式教材体例，可以作为高等院校经济类、管理类基础课程的教材；同时，本书又是一部学术性著作，内容不仅涉及很多关于现代市场经济理论研究的新成果，而且有相当部分是关于中国特色市场经济理论与实践的内容与评论。其实，学术著作与高校教材之间并没有什么绝对界限，教授们的研究成果本来就应当并且可以作为高校相关专业学生的教材；高等院校的教材也从来都没有规定不可以是教授们的学术著作。

本书主要是我和康教授辛勤劳作的结晶，其中第六章和第十一章是海口经济学院王永斌讲师撰写的，我的研究生陈首哲、陈丕衡、张芸在本书写作过程中也付出了很多辅助性劳动。感谢金铸仁教授、张俐俐教授、李俊教授、刘同德教授等学界同仁以及海南大学中国现代经济理论研究所的支持和帮助，感谢对本课题研究给予支持以及认同师资共享的同事们，感谢刘淑竑馆员付出的辛劳。脑力劳动表象是个体的，事实上是集体的，让我们一起共享愉快和幸福！

在中国，市场经济既是一种实践，又是一种改革，还是一种理论。实践是理论的源泉，理论要经受实践的检验。在今后的改革过程中，现代市场经济理论将会进一步经受实践的检验，并进一步接受改革的洗礼。我们期待着现代市场经济理论的新成果！

王毅武

2009 年 7 月 18 日于椰城